BIBLIOTECA DE DERECHO PÚBLICO

Tommaso Edoardo Frosini
(Director)

Carlos Antonio Agurto Gonzáles
Sonia Lidia Quequejana Mamani
Benigno Choque Cuenca
(Coordinadores Generales)

HERMANN HELLER

Teoría del Estado

Edición al cuidado de
Carlos Antonio Agurto Gonzáles
Sonia Lidia Quequejana Mamani
Benigno Choque Cuenca

Ediciones Olejnik

Título: Teoría del Estado.

Primera Edición en Ediciones Olejnik: 2021.

Ediciones Olejnik
Huérfanos 611, Santiago-Chile
E-mail: contacto@edicionesolejnik.com
Web site: http://www.edicionesolejnik.com

ISBN: 978-956-407-098-8

Diseño de carátula: Ena Zuñiga

Diagramación: Hayden Méndez. hayden.mendezq@gmail.com

Impreso en Argentina 2021 Printed in Argentina

ÍNDICE

SECCIÓN TERCERA
EL ESTADO

PRÓLOGO

La amargura que me invade al tener que prologar, en lugar del autor, su *Teoría del Estado,* queda superada por la conciencia que tengo de que la muerte fue vencida, pues a la Gran Destructora no le fue dado estorbar la formidable labor de aquel poderoso espíritu. Hermann Heller compuso la obra de su vida, la *Teoría del Estado,* luchando con sobrehumana energía contra la muerte. Aquejado de una dolencia cardíaca que, con los sinsabores de los últimos años, se convirtió en enfermedad mortal, no dejó, sin embargo, de trabajar intensamente, día tras día, en el edificio de esta obra, con una acuciadora impaciencia que era ya el anuncio del próximo fin. «Anhelando vivir el más hermoso momento de su vida», la terminación de la *Teoría del Estado, y* lleno su espíritu, en total madurez, de planes para el futuro, de ideas y energías, la muerte le perseguía con la celeridad que le era precisa para alcanzar a aquel hombre tan lleno de vida.

La circunstancia de que no haya podido terminar nuestro autor, hasta su último detalle, la presente *Teoría del Estado,* ni puede sustraer a sus últimos días el tono del triunfo, ni reducir la importancia de este libro. Lo que Heller quería decir sobre el mundo del Estado se halla contenido, si no con todo el desarrollo que él hubiese querido, sí en lo principal, en la forma en que lo dejó. El pensamiento de Heller revela, ya en sus primeras producciones, los gérmenes de sus frutos últimos, aunque a menudo en forma menos precisa. Del mismo modo, en esta *Teoría del Estado* se halla también la clave para conocer su pensamiento sobre los problemas que no llegó a tratar en particular. Si, por ejemplo, no dejó redactado el importante capítulo referente a la soberanía, se encuentra en los demás un tan gran número de consideraciones sobre este tema y, por otra parte, las tesis sociológicas y metodológicas de la obra conducen tan necesariamente a una precisa concepción de la soberanía, que ningún lector atento puede tener dudas sobre cuál era el pensamiento de Heller en ese particular. Para facilitar tal labor de complemento de la obra se incluyen en un apéndice todos aquellos datos que figuran en los papeles que de él quedaron, concernientes a los capítulos que no pudo llegar a escribir. Aparte de eso, presenta el manuscrito tantas adiciones y correcciones de su propia mano, que puede fundadamente conjeturarse que solo faltaba una última elaboración para su forma definitiva. Lo poco que ella habría de añadir se deduce de lo meditado de la redacción de esta obra en la que, como en todos los escritos de Heller, cada palabra mantiene su esencial imprescindibilidad. Con frecuencia la formulación de una sola frase era, para nuestro autor, el resultado de todo un día de trabajo concentrado. La conciencia de la responsabilidad sobre lo que decía a sus oyentes o lectores no conocía límites, ni en la autocrítica, ni en la intensidad de la labor.

La honradez intelectual a que se sentía obligado, como investigador, respecto al objeto de su trabajo, su rigor en el análisis científico, que no se veía afectado ni por ansias de originalidad, ni por resentimientos, ni por la estética del sistema, han sido los que dieron a Heller su crédito como científico. Los problemas de su especialidad no eran para Heller solo interesantes temas intelectuales, ni el objeto de su investigación significaba un hecho más o menos casual. Lo que investigaba y enseñaba nacía en él, como hombre y como líder político, de ineludibles necesidades de su vivir; los problemas que se planteaba eran resultado de la totalidad de su conciencia social y moral. Por tal razón, la problemática de la teoría del Estado brotaba de las cuestiones que presentaba objetivamente la realidad social, que él sentía con la pasión del político. Este enlace vital de los temas científicos explica lo inconciliable de su actitud con la de los tratadistas que intentan soluciones formalistas para la problemática social. Según Heller, la decadencia presente de las ciencias políticas, y también, en parte, la crisis política actual, se deben a la falta de relación de las teorías políticas con la realidad y al carácter relativo de sus afirmaciones causado por su manera subjetiva de plantear los problemas. La falta de responsabilidad o, mejor, de conexión con lo real, de que adolece la investigación positivista la descubre ya nuestro autor, en germen, en un escritor de la talla de Georg Jellinek. El mayor peligro de esta *science pour la science* adviene cuando, prescindiendo olímpicamente de los datos de la realidad, eleva a lo absoluto un factor social parcial, con lo cual puede, ciertamente, construir un sistema sin contradicciones que presenta, sobre todo, un valor estético, pero que, en la misma medida, se distancia del conocimiento, lleno de sentido, de la realidad y de la dirección de la conducta social de acuerdo con un fin. Esto es aplicable tanto a la lógica normativa sin Estado de Kelsen como al decisionismo sin normas de Carl Schmitt[1]. Ambos son ejecutores testamentarios del positivismo científico, en cuanto consideran, en un caso al orden normativo y en otro al centro de poder, de un modo aislado y prescindiendo de su correlación entre sí y de su referencia a un sentido, con lo cual elevan un fenómeno parcial a la categoría de punto medular de una sistemática del Estado puramente abstracta.

Prescindiendo de la línea científica concreta que no lleva a Heller a aproximarse a Kelsen ni a seguir a Schmitt, sino más bien a adoptar una posición intermedia entre las de ambos, su actitud de conocimiento, que es radicalmente distinta de la de aquéllos, se caracteriza por la cuestión, para él fundamental, del por qué y del para qué del Estado y del Derecho, superando así el formalismo político, cuestión que, en nuestra época, solo puede ser resuelta mediante la determinación de la función social del Estado. Por esta función social, y solo por ella, hay que explicar causalmente todas las propiedades, instituciones y notas conceptuales del Estado y, asimismo,

1 En un trabajo aparecido en 1934 («*Ueber die drei Arten des rechtswissenschaftlichen Denkens*») Schmitt se aleja del decisionismo en una sorprendente «vuelta hacia la idea». De todos modos, no hay que olvidar que la doctrina de la decisión de una autoridad o de la autoridad de una decisión caracterizó, durante quince años, el influjo ejercido por Cari Schmitt. Por esta razón, solo los acontecimientos ulteriores podrán decir si esta nueva posición del teórico de la dictadura será cosa permanente y, entre tanto, habrá que atenerse a las conclusiones de los trabajos que compuso en los años en que se gestaba el Estado total.

la referencia a la función es la única actitud fundamental posible para una comprensión esencial del Estado.

Mediante esta salida de la zona de aquellas posiciones políticas y jurídicas que, desde hace más de medio siglo, valieron como único dominio de la Teoría del Estado y del Derecho, se amplía, de nuevo, el campo de esta ciencia hasta convertirla en teoría de toda la política, tal como había sido hasta el romanticismo. Por esa razón, ha de referirse, de una parte, a la condicionalidad «utópica» de la realidad estatal, al influjo que sobre esta ejercen las supremas fuerzas ideales y morales del hombre y a su dependencia respecto a la legitimación por ideas supratemporales; y, de otra parte, ha de tener en cuenta también la base social-material de la política por medio de una Sociología del Estado ampliamente desarrollada. Los conocimientos obtenidos por medios sociológicos, en primer término de la realidad social y, luego, de las condiciones sociales de la actividad estatal, constituyen la clave para todas las posiciones particulares de la teoría de Heller. Con tales bases es imposible caer en la metafisización del Estado, como fue corriente desde los románticos y marxistas, la cual, con olvido de las condiciones sociales concretas de la organización estatal, refiere esta a causas no demostrables científicamente, sino solo creídas, como la raza, la clase, el automovimiento de la economía, la nación, el espíritu del pueblo o la vida orgánica propia de un Estado que se considera como persona. Heller ha demostrado, de modo inobjetable, que todas esas explicaciones seudometafísicas del Estado nacen de la oscuridad científica y, a la vez, del influjo de situaciones políticas de intereses, y, en contra de ellas, sostiene que el Estado hay que explicarlo partiendo de la conexión social total, en la cual, al realizarse todo nuestro ser, se realiza también su lado político. Solo una investigación profunda de todos los factores particulares, tanto materiales como ideales, de la totalidad social puede echar abajo esas nocivas leyendas sobre el poder unificador, que se pretende exclusivo, de algunos de ellos. Tales errores, de funestas consecuencias políticas, hay que atribuirlos a un imperfecto esclarecimiento de las bases sociológicas por parte de la teoría del Estado y proceden de la ignorancia del hecho de que ninguno de los momentos culturales o naturales tiene carácter exclusivo ni decisivo para el mantenimiento de la conexión de los hombres. Por el contrario, la realidad social se constituye según una estructura dialéctica de todos los factores parciales, que solo pueden aislarse en la mente y que nunca se dejan absolutizar.

La constitución sin contradicciones de los fenómenos estatales, de no recurrir a demiurgos semimetafísicos, no es posible, evidentemente, si se parte, con Kant y los neokantianos, de un individuo aislado, que se estima originario y que, tanto para entenderse con los demás como para actuar socialmente, tiene que tender puentes a otros individuos, o bien hay que apelar a la existencia de relaciones de cambio interindividuales o a la del espíritu objetivo. Solo si se concibe al individuo a la vez como condicionado por la sociedad, en su forma total de vida, y vez como condicionado por la sociedad, en su forma total de vida, y como condicionado y cooperando en la constitución de la sociedad mediante sus exteriorizaciones vitales, puede llegar a comprenderse, sin teologías políticas, el nacimiento no organizado de conexiones de sentido, y la actividad, orientada en una misma dirección, incluso de individuos que no aparecen como integrando el grupo de manera inmediata. El pensamiento fundamental de la sociología de Heller, revolucionario en su aplicación, pero imprescindible para la comprensión de su teoría, es que no hay una existencia individual aislada, separable de la conexión social y esencialmente autónoma frente a ella. Solo así es posible y razonable llegar a admitir que, en la constitución de instituciones sociales, intervengan individuos volitivamente indiferentes u opuestos, hecho que, como es sabido, dio lugar a las más extrañas explicaciones. En tanto el individuo, en su fluir vital, sigue vías esencialmente preformadas, colabora consciente o inconscientemente en el mantenimiento de las ordenaciones sociales y conexiones de actividad. Estas, de su parte, solo así son posibles como unidad, pero, a la vez, solo de ese modo pueden ser consideradas independientes de las voluntades concretas y como producidas únicamente por actos sociales.

El concepto dialéctico del yo, de este modo logrado, explica el nacimiento y la permanencia de ordenaciones sociales que no responden a un plan, por la legalidad inmanente al acuerdo y unión de los hombres entre sí. Con ello se evita el caer en una metafísica social idealista que considera al espíritu del pueblo o a la idea personificada como el creador de aquellas ordenaciones, y, asimismo, se esquiva el peligro de incurrir en una metafisización de la sociedad en sentido materialista, para la cual la estructura social surgiría, por misteriosos modos, de hechos económicos o naturales. Ese concepto del yo viene a ser, de esta suerte, el más importante supuesto metódico de la interpretación humano-inmanente del Estado. Excusado es ponderar el alcance de tal resultado en tiempos en que domina la superstición política.

A la naturaleza dialéctica del individuo, es decir, formada por muchas acciones particulares como un todo, y que, a su vez, también reacciona sobre los factores formativos, corresponde la estructura del todo social que consiste en la actividad de los individuos.

Como el hombre está siendo siempre, aunque no en igual medida, formado y requerido, a la vez, por los distintos momentos de su ser social, no puede atribuirse importancia decisiva ni absolutamente preponderante a ninguno de los contenidos parciales de esa totalidad. *El homo œconomicus* los mismo que el homo politicus no son más que ficciones que se utilizan con fines de conocimiento científico, sin que corresponda a ellas la realidad del individuo, sino solo la de un factor parcial de su existencia. El sector de lo político toma también parte, no obstante, su innegable preponderancia social, en esta articulación del todo, debiendo ser considerado como un aspecto de la actividad y de las vivencias del hombre con el que no puede llenarse por completo al individuo a causa, precisamente, de aquella estructura dialéctica de su forma vital. Al señalar claramente y afirmar la necesidad de los límites inmanentes de lo político, se hace posible apreciar la legalidad específica de la política dentro del todo social, determinar su destacada importancia para todas las funciones sociales y poner así de relieve su alta dignidad, singularmente contra el desconocimiento que, de su universal significación, implicó el liberalismo.

Estas investigaciones, que encierran importancia suma porque analizan y relativizan la sociedad, desembocan, en lo que a la teoría del Estado respecta, en la idea de que toda vida común humana es una vida común determinada por normalidades y normatividades, ordenada siempre de algún modo. La ordenación de la coexistencia es, así, un fenómeno de la sociedad y no, en primer término, del Estado. Pero la capacidad de obrar para fines comunes no nace en la sociedad, simplemente en virtud de esa ordenación, sino solo mediante un proceso que se llama organización. La organización es aquel proceso por el cual se ponen a contribución y se aplican unitariamente actividades individuales de carácter social para lograr una acción común conforme a un plan. De este modo se acumulan, primeramente, numerosas y diversas actividades, para ser luego puestas en movimiento y dirigidas en el sentido de la acción, es decir, actividades (actualizadas), por un centro de organización. De la acumulación de las actividades nace poder social; de su actuación, acción organizadora. Si el plan de unificación de la acción, de su acumulación y actuación, se convierte, para lograr permanencia, en un orden normativo, tenemos, entonces, delante, el tipo de la organización como, en general, aparece en las grandes agrupaciones humanas. Es indudable que, en tales organizaciones, creadas con propósito de permanencia, la ordenación reguladora desempeña un papel decisivo al tratar, en primer término, de asegurar la actividad y continuidad del grupo. Pero no por eso hay que ver la esencia de la organización en este orden sino, más bien, en la conexión recíproca de actividades entre órgano y organizados. Estos elementos, en cuanto tales, solo es posible concebirlos correlativamente, ya que ni pueden existir organizados sin órganos y plan de organización, ni órganos sin organizados y sin la regulación de la conexión, dependiendo, a su vez, esta regulación únicamente de la relación permanente entre los factores personales. La única realidad, es decir, la actividad de los organizados, de los órganos y de la organización, como un todo, hay que buscarla en la regularidad de una serie de actividades recíprocamente condicionadas, cuyos elementos constituyen la organización, por abajo o por arriba.

El Estado, que, según la acertada expresión de Marx, es «la sociedad en acción», solo puede ser comprendido en su estructura esencial, si se parte del concepto supraordinado de organización. Distínguese de las demás organizaciones por el hecho de que la ordenación que regula la cooperación de todos los factores de la organización es, al mismo tiempo y en cierto sentido, objeto de la organización y, de este modo, viene a ser tanto condición como efecto, tanto cimiento como techo. Mientras en las demás organizaciones la ordenación es meramente un medio auxiliar técnico para unificación y acumulación de las actividades, al objeto de lograr un determinado fin, el sentido del Estado consiste, precisamente, en la garantía y perfeccionamiento de su ordenación. Esta ordenación en cuanto ordenación jurídica se halla tan estrechamente ligada a los más altos valores morales que, desconociendo la vinculación dialéctica de Estado y Derecho, pudo plantearse la cuestión de cuál de ambos elementos, en una valoración social, debe estar subordinado al otro. La ordenación, valiosa no solo por su función técnica, es de este modo, en el Estado, el fin de la organización, sin dejar por eso de ser su medio; su realización y garantía son la acción para la cual se acumulan en el Estado actividades sociales.

La determinación de la función social del Estado, como aseguramiento de la convivencia y de la cooperación entre hombres, es la clave inmediata para comprender los fenómenos estatales que más problemas plantean, como la soberanía, la supremacía territorial, el monopolio coactivo, etc. La función de decisión y ordenación de un grupo social, en épocas de tráfico intenso y amplia división del trabajo, reclama, inmediatamente, el carácter territorial para su autoridad, es decir, la posibilidad de asegurar también su eficacia en los conflictos que no procedan de miembros del grupo, la extensión de su competencia sobre toda posible fuente de perturbación. Esa potencial universalidad de decisión solo es posible si se la limita a un determinado territorio, con lo que esta determinación del límite de la acción queda unida, en manera necesaria, al carácter soberano del poder estatal. Este, por su parte, es un fenómeno que surge como consecuencia de lo complicado de la moderna sociedad y de lo amplio de sus relaciones de intercambio, lo que impone una unidad de decisión común para quienes no se hallan unidos por ninguna comunidad de contenido. La naturaleza puramente formal, por ser material, de estas extensas relaciones es lo que, a falta de una compenetración y armonía de carácter comunitario, hace precisa una organización central, conforme a un plan, del orden social y, con ello, una instancia que establezca garantice y perfeccione el derecho.

Si es verdad que esta organización para la creación del derecho tiene, como es natural, respecto a los preceptos jurídicos positivos, el carácter de soberana, porque los condiciona, sería erróneo y supondría un absoluto desconocimiento de las bases del sistema helleriano el atribuir a su concepto de la soberanía parentesco con las teorías integrales del Estado-poder o con las ideas del decisionismo. Los críticos que se han ocupado de la tesis helleriana, desde la publicación de la *Souveränität* en 1927, pasan por alto el hecho —premisa sociológica de la conclusión jurídica— de que, socialmente, no existe una voluntad humana libre de normas y, por otra parte, que una norma solo puede desplegar eficacia por medio de un querer humano. No existe norma ninguna que, como tal, sea ya «factor» de la vida social; solo puede serlo mediante su concreción a través de actos reales de voluntad humana. Si esto vale para los mandatos de la ética, cuya validez, sin duda, es independiente del querer efectivo, en medida mucho mayor ha de valer para las normas jurídicas, cuya validez está condicionada por su eficacia social. Su positividad depende, sobre todo, del acto de individualización de los principios jurídicos básicos en mandatos o prohibiciones concretos. Es indudable que, tanto lógica como sociológicamente, tal función solo puede ser cumplida por una instancia realmente independiente situada sobre el orden jurídico. Esta función de individualización de preceptos jurídicos es la que, más aún que la otra, sin duda importante, de garantía, supone la soberanía de un poder que establezca y desarrolle el derecho.

Se cometería la mayor injusticia con el jurista Heller si se interpretara la *legibus solutio* de esa voluntad de decisión como libertad pura y simple frente a toda norma. Por encima de toda voluntad creadora de derecho, coloca Heller principios jurídicos generales de contenido ético o lógico-constructivo, que engendran y limitan todas las posibilidades de contenido de un derecho positivo. Solo dentro del círculo de estas representaciones de lo que es «recto» (pero no todavía «derecho») puede el poder creador de derecho adoptar su decisión, para dar carácter positivo a los preceptos jurídicos concretos. Tanto la conciencia de la voluntad que manda, como la que obedece, están determinadas por los contenidos de estas representaciones. Lo cual significa que solo puede ser considerado regularmente como precepto jurídico y, como tal, obedecido, lo que se deriva de principios jurídicos. De la misma manera que el que quiera hacerse entender ha de observar las reglas del lenguaje, quien aspire a mandar con carácter de permanencia, es decir, por las vías del derecho, ha de hacerlo dentro de los contenidos jurídicos conocidos por los destinatarios de la norma, o sea por medio de una decisión sometida a los principios jurídicos válidos en el grupo social.

Claro es que no hay que confundir esta vinculación normativa de la voluntad de decisión con una reedición de las concepciones jusnaturalistas. Precisamente lo que constituye la esencia del Derecho Natural falta en la noción helleriana de los principios jurídicos, a saber, la validez de normas jurídicas *a priori*, con independencia de la conducta humana del tiempo y del espacio. Existen también, sin duda, de acuerdo con recientes indagaciones, ciertos principios jurídicos cuyo contenido es, necesariamente, un elemento constructivo de toda clase de orden jurídico o está tan unido a la naturaleza humana que su validez se extiende a períodos relativamente largos y a amplias zonas. Pero el contenido ético-material del derecho, en lo esencial, sigue la corriente de la historia y depende de las circunstancias de la comunidad cultural a que pertenece y que lo realizan. Y, sobre todo, los principios jurídicos, tal como los entiende Heller, se diferencian de toda especie de Derecho Natural en que no pretenden, como este, una positividad inmediata por sí mismos, sino que solo tienen validez ideal mientras la realidad social no entre en los preceptos jurídicos, que son su concreción positiva.

Esta relativización de los principios jurídicos a la sociedad que los produce no pretende, naturalmente, despojarlos de su dignidad supratemporal y de su vinculación a los más altos valores morales de la existencia social. Así hay que entenderlo si la justificación del estado se vincula a la ejecución y respeto de esos principios jurídicos. Lo único que puede justificar la pretensión del Estado al máximo sacrificio de los individuos es su significación en cuanto realizador de esos supremos principios que estima «eternos». El hecho de que la conciencia jurídica individual se rebele —desde un punto de vista moral, en manera absolutamente justificado— contra un poder estatal que no cumpla el objetivo antes señalado, no es más que el necesario correlato de la soberanía del poder de decisión del Estado.

Esta sumisión fundamental del poder del Estado a principios jurídicos suprapositivos es, ciertamente, una de las más viejas tesis de la doctrina del poder político. La necesidad de restaurar la conciencia perdida de la relación dialéctica Estado-Derecho y cimentarla, con todos los medios de que dispone la moderna doctrina, resalta del hecho de que, incluso en los medios socialistas, no se conoce otra «justificación» del Estado que la de la idea nacional, creyéndose que, si se desvaloriza este principio, se priva al Estado de su sostén ideal. Ante esta ignorancia de los datos reales, presenta enorme importancia para la nueva ordenación de la realidad política el dejar bien sentada, con científica claridad, la relación necesaria en que se halla el Estado respecto al Derecho. Sin un poder estatal soberano, orientado según principios jurídicos, ni es posible una creación con sentido de normas jurídicas, ni puede asegurarse una aplicación y ejecución iguales de las mismas; pero, de otra parte, sin la forma del Derecho henchida de principios suprapositivos, el Estado no tendría poder ni legitimidad.

Basta esta somera exposición de los rasgos fundamentales de la doctrina de Heller para comprender hasta qué punto es difícil reducirla a fórmulas y definiciones. Menos que cualquier otro objeto se adecúa el mundo político-social a un encasillamiento en un sistema lógico cerrado. Más bien hay que comprenderlo tal como es: como realidad de la conducta humana, dialéctica, viva y, por consiguiente, contradictoria. Por eso trata Heller, más que de ofrecer a sus lectores resultados definitivos, de enseñarles el modo específico como se deben tratar los fenómenos estatales de acuerdo con la pluralidad dialéctica de este dominio. Las definiciones —que no eran, para él, sino medios auxiliares mnemotécnicos— solo se deben comprender desde el punto de vista de la conexión total, y únicamente son exactas en relación con la totalidad político-social. Tomadas aisladamente, no son más que una exigencia del método discursivo del pensamiento analítico que, para fines de conocimiento, separa el momento parcial del conjunto a que pertenece, sin que ello suponga atribuirle valor absoluto.

Quien desee ser justo para con la concepción helleriana debe tener siempre presente el fundamental tono dialéctico del libro. Y ha de percatarse, asimismo, de que esta obra no es de fácil lectura, porque, en ella, no se va gradualmente hacia un objetivo determinable, sino que supone una elaboración, constantemente renovada, de las diversas relaciones de cada uno de los momentos de la realidad estatal y política. Puede muy bien suceder que este esfuerzo que Heller exige de sus lectores se oponga a una fácil popularidad de la obra. Pero si ninguno de los grandes teóricos de la política que la historia ha conocido sacrificó jamás la profundidad de su pensamiento científico a la popularidad que pudiera alcanzar, una actitud semejante no ha de reducir, a todas luces, el valor y el influjo de la presente *Teoría del Estado.* El político Hermann Heller, hombre de apasionada voluntad para la acción social, estaba convencido de que solo una fundamentación científica profunda podía ser garantía de una duradera penetración de la vida política por una doctrina del Estado. No era su propósito llegar a ejercer influjo mediante una construcción más o menos arbitraria, dictada solo por anhelos para el futuro, sino haciendo apelación a las fuerzas autodeterminantes del hombre por medio de un análisis crítico y penetrante de las conexiones políticas. ¡Qué perspectivas no abre a la actuación social de las energías creadoras del hombre una «doctrina funcional del Estado» que elimine de este toda irracional divinización, considerándolo como una organización, y que, de otra parte, al demostrar racionalmente su función social, destaque toda la dignidad de sus posibilidades de creación! Revélase entonces el valor que, para el destino del hombre, entraña lo político, esta zona suprema, por ser universal, de la razón humana. La esencial universalidad, la amplitud y alteza de la función política, empero, ponen de relieve la importancia de todas aquellas cosas que, por su naturaleza, nunca pueden ser objeto de regulación estatal, sino que siempre se dejaron a la responsabilidad autónoma de la conciencia humana.

Gerhart Niemeyer

SECCIÓN PRIMERA

OBJETO Y MÉTODO DE LA TEORÍA DEL ESTADO

I

Objeto de la teoría del Estado

1. La Teoría del Estado como ciencia política

Pareto: *Traite de sociologie genérale,* 1917-19; Scheler: *Die Wissensformen und die Gesellschaft,* 1926; Mannheim: *Ideología y Utopía,* México, 1941; Mannheim: artículo «Wissenssoziologie», en el *Handwörterbuch der Soziologie,* de Vierkandt, 1931; Max Weber: *Gesammelte Aufsätze zur Wissenschaftslehre,* 1922; Stoltenberg y Koigen: «Begrifsbildung in der Soziologie», en *Verhandlungen des VII. Deutsch. Soziologentages,* 1931; Heller: «Bemerkungen zur staats-und rechtsheoretischen Problematik der Gegenwart», *Archiv d. öffentl. Rechts,* vol. 55, p. 19.

La Teoría del Estado se propone investigar la específica realidad de la vida estatal que nos rodea. Aspira a comprender al Estado en su estructura y función actuales, su devenir histórico y las tendencias de su evolución.

No puede ser materia de la Teoría del Estado, como luego hemos de ver con todo detalle, el investigar «el fenómeno del Estado en general», o «el» Estado «en la totalidad de sus relaciones». Y tampoco tratamos de inquirir la esencia «del» Estado. Al señalar las notas necesarias del ser del Estado actual, creemos determinar su modo y esencia necesarios, entendiendo por «esencia» «la unidad de una cosa en cuanto entraña para sí la necesidad de ciertas propiedades» (Sigwart, *Logik,* I, 4, pp. 269 ss.).

No hemos de ocuparnos de los problemas del fenómeno o de la esencia «del Estado en general» y sin otra determinación, ya que estimamos que ello no corresponde al objeto de nuestro conocimiento, por lo cual no cabe plantear la cuestión en esos términos. Pues, como pronto hemos de ver, aquellos problemas parten de la idea de que el Estado es algo así como una cosa invariable, que presenta caracteres constantes a través del tiempo, concepción que, como también veremos, es completamente errónea.

Del título de la presente obra se desprende ya que no nos proponemos construir una Teoría «general» del Estado, con carácter de universalidad para todos los tiempos, porque no lo estimamos, en absoluto, posible. No son de temer confusiones con una Teoría «particular» del Estado, aunque existiera una ciencia semejante. La Teoría del Estado se ha cultivado en Alemania, desde hace tiempo, como una disciplina especial que, a partir de mediados del siglo XIX, se denomina expresamente «general» porque, desde entonces, el círculo de sus problemas se restringe progresivamente, viniendo, al fin, a quedar reducido a poco más de la historia y construcción de algunos conceptos fundamentales de Derecho Político.

En cambio, la presente Teoría del Estado, por la forma como se plantean en ella los problemas, se halla más cerca de la «Política» en el sentido de Dahlmann, Waitz y Droysen o de la *Enciclopedia de las ciencias del Estado* de Mohl, ese último intento académico de comprender al Estado según amplias conexiones. Semejante concepto de la Política, que los pueblos latinos e Inglaterra también conocen bajo las denominaciones de *science politique, scienza política, ciencia política y political science,* no se ha desarrollado, por desgracia, entre nosotros en Alemania. Es característico que el economismo apolítico del siglo XIX haya llegado a vaciar a la denominación «Ciencia del Estado» de su verdadero sentido, limitándola casi exclusivamente al círculo de las ciencias económicas.

La Ciencia Política solo puede tener función de ciencia si se admite que es capaz de ofrecernos una descripción, interpretación y crítica de los fenómenos políticos que sean verdaderas y obligatorias. Si no se acepta esto, una declaración sobre cualesquiera procesos políticos puede, en verdad, llenar la función práctica de servir como arma, en la lucha política, para la conquista o defensa de las posiciones de dominación, pero no cumple una misión teórica. El hecho de que una afirmación o declaración sobre el acontecer político pueda ser arma útil para la lucha política práctica no excluye, en modo alguno, el que tal afirmación sea, también teóricamente, verdadera y obligatoria. Pero ¿cuándo habrá que considerar como verdadera y obligatoria una declaración que describa, interprete o critique en el sentido de la Ciencia Política? Se ha dicho, acertadamente, que toda descripción e interpretación de la realidad política depende de criterios según los cuales se seleccionan los hechos adecuados y de importancia para la descripción del fenómeno de que se trate, de suerte que toda descripción e interpretación presuponen ya ciertos módulos críticos. ¿Dónde halla, pues, la Ciencia Política los criterios de verdad y obligatoriedad para sus afirmaciones?

Para una conciencia ingenua, la respuesta a esta fundamentalísima cuestión es sencilla. Su simple dogmatismo le permite atribuir validez universal a las propias concepciones y convicciones, que concuerdan con las de su medio. Pero una vez que esta conciencia ingenua se ve ampliada por las experiencias y convicciones de otros grupos y tiempos y se siente estimulada a una comparación crítica de los propios con los ajenos criterios, comienza a distinguirse, después que la conciencia crítica hizo imposible el dogmatismo ingenuo, entre conocimiento objetivo y voluntad subjetiva, entre idea e interés. Y aún quedan dos posibilidades. En un caso, la conciencia crítica descubre ideas que sirven como criterios que puede presentar, a los intereses «de todos los miembros», como verdaderos y obligatorios. No es necesario que esta «totalidad» trascienda de la historia y la sociedad. Cuando solo comprende los grupos que contienden en determinado tiempo y lugar, incumbe a la Ciencia Política la función, llena de sentido, de establecer las afirmaciones que para esos grupos son verdaderas y obligatorias. El que se encuentren criterios que puedan unir a los tiempos, partidos, clases o pueblos depende de que, en el acontecer político que engendra la lucha de los grupos, quepa o no señalar un sentido atribuible a todos los contendientes. Pero si a la Ciencia Política no le es posible presuponer un sentido tal y, por consiguiente, no posee criterio alguno que sea aplicable a todos los contendientes para la verdad y obligatoriedad de sus afirmaciones, pierde su condición de ciencia. En este caso queda todavía, en la política práctica, el simple poder y la necesaria dogmática de partido, pero no hay lugar para una Política teórica.

En la Edad Media, el pensamiento político, como todo otro pensamiento, estaba subordinado a los dogmas religiosos y, como *ancilla theologiæ,* sometido a los criterios, universalmente obligatorios, de la fe revelada. La conciencia política se creía también al servicio de concepciones y normas que estaban por encima de todos los antagonismos y que eran admitidas por todos los grupos en pugna. La historia trascendente de la salvación, del cristianismo, y la creencia jusnaturalista en el progreso y perfectibilidad del género humano permitían formular juicios de validez universal y explicar el devenir político como una conexión llena de sentido. Las ideas implícitas en la fe revelada estaban fuera de toda pugna y se consideraban como establecidas en interés de todas y cada una de las partes en contienda. Por esta razón, cada parte podía apelar a las mismas frases de la Biblia o del Derecho Natural, y la función de todo pensamiento político consistía en demostrar que tal o cual objetivo político o poder político estaba en armonía con aquellos dogmas. El pensamiento histórico-social del siglo XIX eliminó definitivamente esta simplicidad dogmática. La fuerza de convicción de los argumentos teológicos como los que se usaban en las luchas por el poder político de la Edad Media y hasta el siglo XVIII, ha desaparecido hoy, incluso para los creyentes. La creencia del Derecho Natural racional en un «orden natural» de validez universal se ha visto amenazada y, finalmente, destruida en el momento en que, analizados los contenidos concretos del Derecho Natural, que se pretendía absoluto, se vio que eran expresión de la situación histórico-política de intereses de ciertos grupos humanos, en los siglos XVII y XVIII, especialmente de la burguesía, cuya potencia, tanto económica como política, iba en ascenso. En la actualidad, es ya verdad generalmente aceptada la del condicionamiento histórico-social de nuestros conceptos y normas políticas, y la «Sociología del saber» trata de exponer la dependencia de todas las concepciones políticas respecto a los intereses de poder de la Iglesia, la monarquía, la aristocracia, la burguesía, el proletariado, etc., en todos sus aspectos, de tal manera que hoy ya no cabe discutir esta perspectividad de nuestro pensamiento, sino más bien la posibilidad de una Ciencia Política en general.

La Ciencia Política crítica destruyó la ingenuidad, tan segura de sí misma, de su dogmática predecesora que, por no tropezar con los obstáculos de una conciencia histórico-sociológica, ponía, sin el menor escrúpulo, el espíritu al servicio de los intereses políticos de los grupos. Pero la crítica del dogmatismo vino a cambiar de raíz la función de la Ciencia Política. Hasta entonces, había estimado que su misión consistía en determinar lo que hubiera de común en todas las instituciones y aspiraciones políticas, en las normas y en las formas. Todavía constituían para Fichte las bases de su filosofía del Estado el «destino» del género humano y la «igualdad de todo lo que tiene rostro humano». En el siglo XIX se considera este modo de pensar, según un dicho característico de Napoleón, como cosa de «ideólogos» y sus aseveraciones fueron calificadas, por los llamados políticos realistas, de «ideologías». La Ciencia Política crítica consagra su atención, más que a lo común, a lo que los criterios y formaciones políticos tienen de peculiar, tratando, justamente, de describir las diferencias histórico-sociales en toda su variedad y explicarlas en sus causas y consecuencias. En los sectores culturales latino y anglo-americano, especialmente, continúa todavía influyendo de tal modo la confianza que la época anterior había tenido en la historia y en la razón, que esa relativización del pensamiento a lo histórico y social no pudo poner en peligro el sentido y función de la Ciencia Política. Aún se cree en una relativa autonomía del espíritu frente a las situaciones de intereses, temporal y socialmente cambiantes; todavía considera posible *v. gr.* un Ranke una Ciencia de la Historia que solo exponga «cómo ha sido» el pasado; todavía se atribuye a la Ciencia Política la misión de mantenerse imparcial, en lo posible, frente a todas las tendencias políticas exponiéndolas en su dependencia respecto a las diversas condiciones naturales y culturales, y esforzándose, si no por una reconciliación, al menos por una mediación entre los antagonismos, sobre una base espiritual. La opinión corriente cree que existe una base común de discusión para todos los intereses en pugna y que el espíritu debe lograr establecer, sobre esa base, un *status vivendi* común que fuera políticamente aceptable por todos los partícipes.

Pero a finales del siglo XIX se inicia una autorrelativización de la conciencia con respecto al ser social-vital cuyo resultado sería la autodestrucción de la Ciencia Política. La confianza que, en tiempos pasados, se tenía en la ciencia había dado lugar a que se propendiera a adscribir valor absoluto a la autonomía de la teoría frente a la práctica política; en el presente existe la tendencia, aún más peligrosa, a negar, lisa y llanamente, la legalidad propia de la teoría política, poniendo, con ello, en cuestión la posibilidad, en general, de una Ciencia Política. Hoy se sociologiza, historiciza y polemiza, de modo radical, sobre todas las formas de pensar de las ciencias políticas, y hay que medir bien el volumen y las consecuencias de tal hecho para darse cuenta, en toda su magnitud, de la gravedad del peligro que entraña tanto para la teoría como para la práctica política. En el siglo XIX partíase, de ordinario, de la vinculación del espíritu respecto a la historia, únicamente, o tan solo para con la sociedad, y aun en los casos en que se tomaban en consideración ambas vinculaciones, se reservaba siempre una posición que trascendía de lo social e histórico. Ya Hegel, con su traducción del espíritu a lo histórico, había sostenido que la existencia histórica del hombre es su única verdadera realidad; pero, a pesar de ello, la filosofía de Hegel pretendía ser todavía «su tiempo», todo su tiempo «captado en pensamiento». La sociologización marxista de la conciencia solo admitía, ciertamente, un pensar que comprendiera en conceptos una situación histórica de clases. Pero también en Marx la filosofía de la historia de los tiempos pasados estaba aún lo bastante viva para considerar a la historia como una conexión llena de sentido y distinguir entre una conciencia verdadera o falsa.

En el siglo XX, y especialmente bajo el influjo de la filosofía de la vida, de Nietzsche y Bergson, con la relativización radical del espíritu a la «vida» aparece un peligro mortal. Según Georges Sorel y Vilfredo Pareto, todo postulado de la ciencia política es solo la sublimización de una situación vital, completamente individual y absolutamente irracional, y toda idea, en el sector de lo político, únicamente la «correspondencia» de una singularidad histórico-social y personal con la que nada tiene que ver el pensamiento. De ser ciertas tales afirmaciones, la Ciencia Política vendría, con ellas, a suicidarse, renunciando, definitivamente, a su carácter científico; pues a este total eclipse del espíritu va anexa la admisión de que la Ciencia Política se halla incapacitada para actuar sobre la práctica política y aun para conocerla. En el siglo XIX se aspiraba a aniquilar las ideas enemigas en su eficacia política, mediante el descubrimiento de su funcionalidad política, pretendiendo, en cambio, que las ideas propias poseían exactitud objetiva. Pero dese el momento en que la conciencia humana es una mera función del ser social-vital, simple reflejo, ficción o ideología, y el espíritu solo un arma para la lucha por el poder político, tales afirmaciones tienen que conducir a la autodestrucción de las propias posiciones políticas, y en este caso, los criterios propios se verán privados, en definitiva, de su aparente objetividad.

A fin de evitar estas consecuencias, tanto en la teoría como en la práctica, se apela, en primer término, al recurso de sustraer a aquella radical relativización un fenómeno histórico-social cualquiera y elevarlo a la categoría de criterio absoluto y de constante, del cual se derivan todos los demás fenómenos histórico-sociológicos. Esta absolutización de fenómenos temporales, típica de nuestra época, aparece como la contrapartida de la historicización y sociologización de todos los contenidos absolutos. Sobre la base de una tan pésima metafísica, que considera ciertos hechos de la experiencia como los únicos reales y afirma que los otros son ideológicos, discuten hoy los movimientos extremistas su fundamentación científica. Y ello es aplicable lo mismo a la deificación del Estado o de la nación que a la absolutización de la raza o de la clase, o a la afirmación de que la economía, la voluntad de poder o de la clase, o a la afirmación de que la economía, la voluntad de poder o una libido cualquiera sean los únicos móviles de toda la vida política.

La práctica política del momento pudiera considerarse satisfecha con esta solución del problema. Pudiera, en la actualidad, estar conforme con que el saber político es posible como doctrina de partido, y que el valor de esta doctrina solo se determina por el que pueda tener, actualmente, como propaganda, es decir por su utilidad, en cuanto «doctrina de poder», para la dominación de las masas. Vilredo Pareto, el llamado padre del fascismo, ha fundamentado, en forma penetrante y articulada, este neomaquiavelismo burgués, al hacer depender toda conciencia del «residuo», del estado general individual-irracional del que obra. Para él, todas las doctrinas políticas, de Platón a Marx, son solo mala metafísica, y todas esas ideologías únicamente medios de lucha para el *bellum omnium contra omnes.* Las coberturas ideológicas del querer político irracional no son más que ficciones necesarias para la domesticación de la bestia humana, de ellas ha de valerse la *élite* que se halla en posesión del poder en cada momento, para poder triunfar en la lucha siempre igual y, en sí, carente de sentido, que sostienen las élites por el poder. Pero si toda conciencia política es solo expresión de una situación eminentemente individual, si entre generaciones y clases, partidos y naciones, no existe ninguna conexión de sentido, en ese caso no puede haber, ni en la Política teórica ni en la práctica, ningún *status vivendi* que actúe espiritualmente como intermediario entre todos aquéllos, ninguna base de discusión, ninguna conducta racionalmente moral, sino únicamente un obrar que aspire a vencer al adversario y aun a aniquilarlo. La apoteosis del poder político puro y desnudo, que corresponde a tan desilusionadora actitud, aparece en la obra de Georges Sorel *(Réflexions sur la violence,* 1906-07). En Alemania fue popularizada por Oswald Spengler, quien, en el segundo volumen de su *Decadencia de Occidente* (1922), considera a la guerra como la protopolítica de todo lo viviente: «la lucha, no de principios sino de hombres, no de ideales sino de caracteres raciales, por el ejercicio del poder, es lo primero y lo último». Y, finalmente, Cari Schmitt ha arreglado estas doctrinas para el fascismo alemán, estableciendo, como categoría fundamental de lo político, la oposición amigo-enemigo, debiendo ponerse el acento en el concepto de enemigo, que debe estimarse «como algo existencialmente distinto y extraño» y a quien, en caso de conflicto, hay que exterminar (*Begriff des Politischen,* 1931) (cf. *infra,* pp. 224 5.).

La práctica política del momento puede darse por satisfecha con esa concepción, pero sobre tal base es imposible que pueda haber en el futuro una cultura política, ni, en general, cultura alguna, ni en lo práctico ni en la teoría. A nuestro parecer, trátase aquí de la cuestión vital de la ciencia del Estado, del problema de si su autodestrucción es algo necesario por razones histórico-sociales o histórico-espirituales, o no. Si todo pensamiento humano es solo la expresión de una situación individual histórico-social, la fundación de una ciencia teórica (aunque tal denominación le sería impropia) solo puede consistir en suministrar las ideologías que, para su vestimenta, precise el poder político que se ha impuesto de un modo cualquiera. Si se ahoga por completo al espíritu en la lucha por el poder político y si en ella no se le deja ninguna autonomía, advendrá, como ineludible consecuencia, la anarquía teórica, y también la práctica, y su correlativa forma autoritaria, la dictadura. La Ciencia Política solo podrá aportar verdades generalmente obligatorias si le es posible mostrar, a través de todos los cambios histórico-sociales, ciertas constantes idénticas. Esta cuestión fundamental fue planteada ya por Marx para la esfera del arte y contestada afirmativamente: «la dificultad» —dice— «no consiste en comprender que el arte y la épica griegas se hallan vinculadas a ciertas formas de la evolución social. Lo difícil está en el hecho de que ellas guarden aún para nosotros goce artístico y, en cierto sentido, valgan como norma y modelo inasequible» (*Kritik der politischen Oekonomie,* p. XLIX). Esta legalidad peculiar del espíritu, que aquí se admite, no se limita, sin embargo, en modo alguno, al dominio del arte. Si se acepta aquella reducción del espíritu a mera función, como propugna la filosofía de la vida, no cabe explicar cómo es posible que lo que, sobre temas políticos, nos dicen un Aristóteles, un Hobbes o incluso un Marx pueda tener validez para los pensadores del día siendo tan diversas las situaciones políticas. Y aún menos podrá explicar el irracionalismo activista, que quiere ver en todas las teorías políticas autoengaños ilusionistas; por qué, de entre la multitud de concepciones políticas, se ha considerado, en el correr de los tiempos, a unas como obligatorias y verdaderas y a otras no.

Es verdad que, en todas las épocas, la Ciencia Política ha cumplido también la función de fundamentar o atacar situaciones de supremacía política; pero, con ello, no se agota su total función. Así, por ejemplo, el hecho de que la doctrina política del abogado hugonote Bodino se propusiera afianzar la monarquía absoluta francesa del siglo XVI, no excluye el que, a través de su obra, haya esclarecido de singular manera ciertas verdades permanentes de la vida política. Si podemos aprender aún algo de Bodino, si la historia es algo más que un conglomerado confuso de situaciones momentáneas sin conexión entre sí, se debe a que existen, de hecho, constantes idénticas en el acontecer político, sustraídas para la razón práctica a la relatividad histórico-sociológica. La más sustancial de estas constantes es la naturaleza humana, que no hay que concebir, ciertamente, a la manera del Derecho Natural racional, como algo anterior a la sociedad y a la historia, sino al contrario, como una naturaleza que lleva su impronta. La Prehistoria podrá interesarse por otras formas humanas e infrahumanas, pero la Historia política solo puede tener que ver con un hombre que, a diferencia de los animales, transforma el mundo que le circunda según sus pensamientos y aspiraciones. De esta suerte, la Ciencia del Estado, como, en general, todo conocimiento histórico-sociológico, tiene que partir de una conducta humana que, según una acertada frase de Marx (capítulo I), «pertenece exclusivamente al hombre».

La conciencia que transformar con sentido el mundo circundante, guiada por marcadas leyes ideales, pertenece, como algo necesario, al ser peculiar del hombre. Esta naturaleza del hombre que sale y se destaca de lo meramente dado puede ser, para la Historia Natural, una variable, pero para la Historia de la Cultura es una constante. Por otra parte, las realidades naturales y culturales que encuentra el ser del hombre consciente transformador del mundo, y que condicionan su obrar en forma de leyes, revelan también, aunque en medida muy diferente, una constancia histórico-sociológica, gracias a la cual, precisamente, es posible la cultura. Trátase de aquellas innumerables condiciones naturales y culturales que han impreso su sello en el ser y en la conciencia del hombre y que constituyen el cimiento de su actual conducta histórico-social. Según que la base de abstracción sea más restringida o más amplia, así habrá más o menos supuestos constantes, tales como ciertas realidades antropológicas, geográfico-climáticas, nacionales, sociales y técnico-económicas. Todas ellas, no obstante, las diferenciaciones de clase, se extienden a todos los grupos, en este terreno común, y muchas permanecen inmutables para períodos de tiempo prácticamente casi ilimitados. Factor esencial en la política de Rusia, prácticamente casi ilimitados. Factor esencial en la política de Rusia, tanto de la zarista como de la soviética, ha sido el hecho de que ese país no posea suficientes puertos libres de hielos, así como el que no haya vivido el Renacimiento europeo. En toda historia, tanto natural como cultural, que está produciéndose, actúa la ya producida. El hombre es siempre producto y productor de su historia, forma impresa relativamente constante que viviendo se desarrolla. Lo devenido no es algo simplemente pasado, que aparezca frente al sujeto histórico como un objeto extraño a él. Pero si, por esta razón, todo espíritu es expresión de una concreta situación de vida, también es cierto que se eleva, consciente o inconscientemente, sobre ella, pudiendo conservar su validez, con independencia de su génesis, para situaciones esencialmente distintas. Siempre que en la historia fue posible captar espiritualmente ciertas características de una realidad política, y no se interrumpió, en forma definitiva, la conexión de mediación social, nuestros conocimientos políticos se han enriquecido con uno más, que puede mantener su legalidad propia a través de las cambiantes situaciones de vida y poder. La peregrina afirmación de Spengler de que, en la historia «real», haya ejercido quizá menos influjo Arquímedes, con todos sus descubrimientos científicos, que el soldado que lo mató en el asalto a Siracusa, puede, ciertamente, ser muy adecuada para contribuir a la quiebra de la conexión cultural del Occidente, pero aun cuando fuera una realidad esa «decadencia» de nuestra cultura, ejercería Arquímedes en la misma herencia del Occidente, pero aun cuando fuera una realidad esa «decadencia» de nuestra cultura, ejercería Arquímedes en la misma herencia del Occidente un influjo incomparablemente mayor que su asesino. Por este motivo también, cumple a la Ciencia Política la función, llena de sentido, de trabajar por una descripción, interpretación y crítica, verdaderas y obligatorias, de los fenómenos políticos.

2. Desarrollo y objeto de las ciencias políticas

Blakey: *History of Political Literature from Earliest Times,* 1854; Mohl: *Geschiclite und Literatur der Staatswissenschafter.,* 1855-58; Janet: *Histoire de la science politique dans ses rapports avec la morale,* 4.ª ed., 1913; Pollock: *An introduction to the history of the science of politics,* 1893; Rehm: *Geschichte der Staatsrechtswissenschaft,* 1896; Gierke: *Das deutsche Genossenschaftsrecht,* vol. III, 1881, vol. IV, 1915; Gierke: *Johannes Althusius und die Entwicklung der naturrechtlichen Staatstheorien,* 3.ª ed., 1913; W. A. Dunning: *A History of Political Theories Ancient and Medieval,* 1902; W. A. Dunning: *From Luther to Montesquieu,* 1905; W. A. Dunning: *From Rousseau to Spencer,* 1920; Merriam-Barnes: *Recent Times,* 1924; H. J. Laski: *Political Thought in England from Locke to Bentham,* 1920; Heller: *Die politischen Ideenkreise der Gegenwart,* 1926; G. Jellinek: *Allg. Staatslehre,* 5.ª ed., 1929; Fleiner: *Politik als Wissenschaft,* 1917; Kjellèn: *Grundriss zu einem System der Politik,* 1920; Feilchenfeld: *Völkerrechtspolitik als Wissenschaft,* 1922; Croce: *Grundlagen der Politik* (edic. alem.), 1924.

Desde los tiempos de la antigüedad clásica se nos viene trasmitiendo, de palabra o por escrito, un cúmulo de doctrinas y conocimientos a los que hoy se da el nombre común de ciencias políticas, sin que haya sido posible determinar, de modo preciso e inequívoco, el objeto o el método de esta singular ciencia enciclopédica. No aparece claro, en tal designación, ni el concepto de lo político ni el de ciencia, porque no se puede hablar ni de una esfera de problemas claramente delimitada ni tampoco de métodos específicos de esa ciencia.

El problema de la diversidad de ramas de las ciencias políticas y la discusión de lo que ellas deben ser, por su objeto y método, se encuentran hoy, sustancialmente, en el mismo estado en que se hallaban en los últimos tiempos de la antigüedad helénica. La política significaba, para los griegos —quienes, en el período clásico, solo conocían de modo inmediato el Estado-ciudad—, todos los fenómenos estatales, tanto las instituciones como las actividades. La necesidad de una instrucción especial, mediante una doctrina teórica, para llegar a dominar esta Política, se pondrá de manifiesto en aquellos casos en que sean, también, admitidos a la actuación política quienes no pertenezcan al estrecho círculo de los iniciados en las ancestrales enseñanzas, trasmitidas por tradición. Por esta razón, no se conocieron en el antiguo Oriente las ciencias políticas y, por ello también, sus comienzos en Grecia coinciden con los de la democratización de Atenas y de los Estados-ciudades de Sicilia. Como primeros maestros de la Política, encontramos, entonces, a los llamados sofistas, tales Protágoras y Gorgias, que enseñaban la Política como una especie de arte para la vida del individuo, como una técnica política cuyo fin esencial era la carrera política del discípulo y que, por esta causa, podía limitarse a exponer la manera de emplear los medios necesarios para alcanzar ese fin. La base de aquella enseñanza estaba constituida por una formación enciclopédica general que comprendía rudimentos de Matemáticas, Medicina, Botánica, Zoología y Astronomía, así como de Economía y Pedagogía y conocimientos sobre el arte de la guerra y sobre diversos pueblos. En sus esfuerzos por preparar, de la mejor manera, a sus alumnos para la política del momento y dotarlos de las habilidades necesarias para la acción política, los sofistas dedicaron especial atención a la Retórica, como arte de hablar en público, por la que el discípulo aspiraba a influir sobre la multitud para llegar a un puesto dirigente. No trataba de capacitarse para el más acertado desempeño de determinadas misiones o puestos públicos, sino, como dice el Protágoras platónico, ser instruido, en general, sobre «cómo se debe hablar y obrar en los asuntos del Estado para llegar a ejercer el máximo influjo». El objetivo de toda formación científica era la ἀρετή, en la que se identifica lo bueno con lo inteligente y lo malo con lo sandio.

En cuanto doctrina de cómo se puede ser más útil en el servicio del Estado, como doctrina cívica, esta técnica es, luego, objeto de profundo desarrollo por parte de Sócrates. En vez de una mera instrucción para la conquista del poder por el individuo, Sócrates presenta una Ética política que no se agota con la enseñanza sobre el empleo de los medios políticos, sino que investiga los principios para el obrar político, estableciendo objetivos ético-políticos y sentando, como norma suprema, la absoluta dedicación del individuo al Estado. Con esto se vincula en Sócrates, necesariamente, el problema de delinear la imagen ideal del Estado perfecto, con lo que se vino a crear, para innumerables continuadores, el modelo de una Filosofía moral del Estado.

La problemática política y ética aparecen en Grecia indisolublemente unidas, debido al hecho de que la polis helénica era un grupo religioso y político a la vez. Lo que Platón hace, en este aspecto, es también, fundamentalmente, Ética política y Metafísica política, así como Filosofía de la historia del Estado. La cuestión predominante de su *República* sigue siendo la del Estado ideal, moralmente el mejor. En las *Leyes,* sin embargo, se acerca a una consideración más empírica del mundo político, pues, en ellas, aparece el ideal de un Estado más próximo a la realidad dada, el segundo en el orden de la bondad. El tipo de una Ciencia Política más semejante a la nuestra lo creó, en Grecia, Aristóteles, al dar el salto de la especulación lógica y metafísica al campo de lo empírico. No significa esto que haya renunciado al conocimiento del Estado mejor, como último propósito de la ciencia; sino que trata de conseguir ese último objetivo después de haber recogido, de modo análogo a como se hace en las ciencias naturales, un extenso material de hechos que le permite conocer perfectamente la realidad empírica, la cual ha de tener en cuenta para la determinación del último objetivo deontológico. A Aristóteles debemos una descripción y crítica, extensas y exactas, de las constituciones políticas históricas de los atenienses y espartanos, de los cretenses y fenicios. Al estudiar más de cien constituciones históricas, ha venido a ser el fundador de la Ciencia histórico-descriptiva de la Política. En él apunta, también, la explicación sociológica de los fenómenos estatales por las transformaciones de la sociedad y, en este sentido, atribuye las innovaciones en la organización política de Atenas a las luchas políticas y sociales entre nobles y plebeyos, entre pobres y ricos. Y tampoco descuida los ingredientes científico-jurídicos de una amplia Teoría de la Política, dado que su crítica de las constituciones presta también detenida atención a las ordenaciones relativamente permanentes del Estado.

Vemos, pues, que ya en la antigua Grecia se desarrolla una Ciencia Política que presenta, en sus objetos y métodos, una gran variedad. Según el punto de vista particular de las correspondientes direcciones de la investigación, nos encontraremos con una técnica del poder, un arte cívica o Filosofía moral, con una Metafísica histórica, una Sociología o una disciplina especial. Todos estos tipos existen hoy también, solo que, debido a la mayor amplitud intelectual e histórica de nuestra conciencia, su diferenciación y especialización es mucho mayor. Solamente fue desconocida de los griegos una de las perspectivas del problema: la doctrina dogmático-jurídica del Estado; porque, aunque Aristóteles realizó importantes investigaciones de derecho comparado, la cultura griega no llegó a conocer una teoría general del Derecho Político, y lo mismo les sucedió, en el fondo, a los romanos. Ella es, propiamente, una creación de la baja Edad Media.

Como es sabido, las formas del pensamiento antiguo han ejercido enorme influjo en las concepciones políticas medievales. Pero en una decisiva cuestión vino el cristianismo a paralizar, hasta hoy, la antigua concepción de la polis, dado que, para la antigüedad clásica, el Estado era un grupo a la vez político y religioso. El cristianismo, religión monoteísta que exalta el valor del alma del individuo, tenía que considerar inadmisible la idea del Estado como una comunidad total y, por consiguiente, también religiosa; solo podía admitir un Estado limitado en sus funciones, por lo menos en lo concerniente a la esfera religiosa. Con lo cual hizo su aparición el problema que constituyó el tema central del pensamiento político medieval: la cuestión de las relaciones entre el poder espiritual y el secular, entre el Pontificado y el Imperio.

No cabe hablar, al principio, en esta contienda, de una ciencia de la política. En el cristianismo antiguo predominaban hasta tal punto los intereses religiosos sobre los demás, incluidos los políticos, que no puede hablarse entonces de una discusión política. Así, cuando San Agustín se ocupa del Estado, no lo hace en un sentido político, sino que por civitas entiende una forma general de vida, aplicable tanto a este mundo como al otro. Es en la contienda eclesiástica gregoriana cuando, por vez primera, las luchas por el poder político reciben expresión literaria. Tanto en el campo del poder espiritual como en el del temporal hay teólogos que sostienen el combate con argumentos teológicos; se le quiere decidir sobre la base del Derecho Natural cristiano, considerado como una emanación de la voluntad divina. Pero el contenido de este Derecho Natural está, en lo sustancial, constituido por concepciones jurídicas canónicas y de la antigüedad hebrea, griega y romana, así como de los pueblos germanos. La cuestión cardinal era la de si solo el poder papal era de institución divina o si también lo era el del Emperador, o si este procedía de los hombres y nacía, por consiguiente, del pecado. Según se admitiese una u otra solución, el Emperador estaría subordinado al Papa o sería su igual. Manegold von Lauterbach (*circa* 1085), al derivar el poder temporal del pueblo, saca de esta *potestas populi* la conclusión de que le es lícito al pueblo expulsar a los tiranos, siendo el derecho de aquél tan superior «quanto hominum a natura distat porcorum». Y Juan de Salisbury (1159) reclama para los sacerdotes incluso la potestad sobre los príncipes, en lo que se revela el fuerte influjo del modelo del Estado judío.

En los últimos tiempos de la Edad Media se produce una progresiva secularización del pensamiento. La divulgación de los escritos originales de Aristóteles (*circa* 1200) influyó grandemente en las discusiones políticas. Mientras, hasta entonces, la derivación del poder imperial del pueblo daba a aquél el peor título y conducía a someterlo al Papado, a partir del siglo XIV se emplea el mismo argumento para defender la independencia del Emperador respecto al Pontífice. En esta disputa interviene, también, la jurisprudencia romana conducida por Bártolo y Baldo. En lo fundamental, la literatura política de aquella época consagra su atención a dos problemas. El primero es el de si el Papa tiene el derecho de nombrar y deponer al Emperador romano, como en 1314 había pretendido Juan XXII; y el segundo, relacionado con el anterior, es si el Emperador manda sobre toda a Cristiandad y, por tanto, también sobre todos los príncipes extranjeros, lo que cobró actualidad con motivo de la contienda entre Bonifacio VIII y Felipe el Hermoso de Francia. La fundamentación del poder temporal sirve ahora, también, para justificar la independencia de los príncipes territoriales respecto al Emperador.

La nota más característica de las relaciones de poder, en la Europa de la Edad Moderna, la constituye la disolución de la unidad del Imperio medieval en una multiplicidad de Estados independientes, nacionales y territoriales. La literatura política de la Edad Media se había ceñido, de modo tan exclusivo, a la justificación religioso normativa, que casi nada podemos extraer de ella sobre la realidad política de aquellos tiempos. Es con el Renacimiento cuando empieza a desarrollarse el pensar empírico, también en lo político. El moderno Estado soberano nace de la lucha de los príncipes territoriales para la consecución del poder absoluto dentro de su territorio, contra el Emperador y la Iglesia, en lo exterior, y con los poderes feudales organizados en estamentos, en lo interior. Ciertamente que el pensamiento de la Edad Moderna continúa, todavía, justificando el poder del príncipe, que entonces se había fortalecido considerablemente, con argumentos ético-religiosos; junto a ellos aparece, con creciente fuerza, una teoría de la Política completamente secular. De manera especial, se emancipa el Derecho Natural de la Teología y ya no se le considera como un mandato divino, sino como interna necesidad de la razón. Ya en 1501 formula el alemán Gabriel Biel aquella atrevida afirmación de que habría un Derecho Natural, cognoscible por la razón humana y obligatorio por sí mismo, aun cuando Dios no existiese o la divinidad fuera irracional e injusta. Maquiavelo y todos los autores de la razón de Estado que de él arrancan, llegan, incluso, a eliminar toda clase de límites normativo-morales que puedan trabar la autoridad del príncipe, y solo lo someten a las normas técnicas del poder, a la *ratio status*. En cuanto a Bodino, si es verdad que admite, todavía, el *jus divinum et naturale*, como obligatorio para la *suprema pote.st.as*, no acepta, en cambio, que pueda serlo el derecho positivo. La cuestión de las relaciones entre el poder espiritual y el temporal pasa a un segundo plano, y el problema que se plantea entonces y que viene siendo, hasta hoy, el fundamental, tiene carácter político inmanente, y es el de la disputa por el poder entre el soberano y el pueblo. En los primeros tiempos presenta, en verdad, todavía, carácter religioso la lucha que, como consecuencia de la Reforma, se entabla en torno a la cuestión de la soberanía del pueblo o del monarca. Los príncipes reclaman para sí, como un derivado de su soberanía política, el poder de imponer a sus súbditos la creencia religiosa; y, en contra de esta pretensión, luchan los monarcómacos, tanto católicos como protestantes, al defender la libertad de religión sobre la base de la soberanía del pueblo. Como antes había sucedido, ambos bandos utilizan como armas, en la lucha, concepciones jurídicas de origen hebreo, grecorromano, cristiano y germano. Así, la teoría política de los escritores de la Reforma apela, con preferencia, al testimonio de los profetas judíos, a la alianza de Dios con el pueblo elegido y la de David con las tribus de Israel en Hebrón. La sumisión del soberano al derecho positivo se fundamenta con la frase de Aristóteles: «lex facit regem», aunque es notorio que, en su autor, esa frase tiene solo el carácter de un postulado moral. La tesis medieval: «populus maior principe», se emplea como prueba de que el príncipe manda, no por derecho propio, sino como representante del pueblo. El derecho feudal germánico y las Capitulaciones alemanas del Electorado sirven de base para justificar que el soberano se halla limitado, de manera contractual, por ciertos derechos de los súbditos. La doctrina del contrato político, es decir, una tesis completamente inmanente, viene a ser, de esta suerte, la concepción que domina a las dos partes contendientes. Es verdad que la idea del origen contractual de la autoridad política se encuentra ya en la época de Gregorio VII, pero en la Edad Media se ciñe exclusivamente a la doctrina del establecimiento contractual de la autoridad en el Estado. Y hasta Richard Hooker no se convierte en una doctrina del nacimiento democrático del Estado. En oposición a esta doctrina, los defensores de la soberanía del monarca se apoyan, con preferencia, en aquella frase del Nuevo Testamento: «non est enim potestas nisi a Deo». Como es natural, los monarcómacos tienen que admitir este principio; pero tratan de eludir las consecuencias absolutistas a que pudiera conducir, mediante la tesis; «electio deo, constitutio populo tribuitur» (Junio Bruto). Pero de esta afirmación deduce Barclay que el soberano, elegido por Dios aunque nombrado por el pueblo, no puede nunca ser depuesto por este, sino que solo Dios puede castigarlo; a lo que el calvinista Altusio replica que la facultad que posee el pueblo para darse una autoridad tiene su fuente inmediata en Dios, mientras que la designación del soberano solo mediatamente cabe referirla a la voluntad divina.

Con tal modo de argumentar, en el que ambas partes invocan siempre los mismos dogmas, la disputa, evidentemente, no podía proseguir. Para fundamentar la soberanía del monarca, se bacía inevitable, si se quería mantener la polémica dentro de los lindes teológicos, desplazar por completo al pueblo de toda intervención en la designación del soberano, o bien había que encontrar, fuera de toda justificación teológica, una base política inmanente. El primer camino, todavía teológico, es el que siguen, en Francia, Bossuet y Fénelon, y, en Inglaterra, Salmasio y Filmer. Pero la segunda dirección, completamente nueva, que da al poder del Estado y del soberano una fundamentación esencialmente independiente de la ético-religiosa, se inicia con Hobbes (*De cive*, 1642), quien puede ser considerado como el fundador de las modernas ciencias políticas. Aunque de tendencia absolutista, Hobbes renuncia, por completo, a la tesis de que el soberano sea de institución divina. En su tiempo era, sin embargo, la tradición bíblica todavía tan fuerte que el capítulo XI del *De cive* está lleno de citas de la Sagrada Escritura; pero estos testimonios bíblicos referentes al poder ilimitado del soberano tienen en Hobbes valor secundario y más bien cumplen una finalidad decorativa. Lo primario y decisivo en este autor es su fundamentación absolutamente inmanente partiendo del fin del Estado, que es, para él, la ley suprema de su ser y deber ser. Hobbes entiende por tal fin la función sociológica del Estado, el aseguramiento de la «pas et defensio communis» entre los hombres que lo integran. A pesar de su matiz absolutista, sostiene rotundamente: «civitas enim non sui sed civium causa instituía est». La función social-inmanente del Estado sirve también en Hobbes para dar fundamento a casi todos los preceptos del Derecho Natural con lo que, al hacerlos derivar del fin del Estado, les atribuye un origen político-sociológico y no lógico-formal. No vamos ahora a analizar si Hobbes consiguió fundamentar el derecho propio e irrevocable del soberano a su poder, mediante sus dos contratos, el contrato social por el que cada individuo promete a los demás someterse al mismo jefe, y aquel otro por el que cada miembro cede al jefe el derecho, que en estado de naturaleza posee, de regirse a sí mismo. Lo importante es que, con la doctrina contractual de Hobbes, el Estado recibe, por primera vez, una fundamentación inmanente, es decir, referida a la función de la organización estatal en el seno de la totalidad social. Hobbes no pretendió explicar empíricamente, con su doctrina contractual, el nacimiento histórico del Estado, sino que solo quiso afirmar que la necesidad de un poder político absoluto debía justificarse partiendo de la esencia del propio Estado. Lo más genial de su teoría fue su método, tomado de las ciencias naturales de la época, que aspira a explicar y justificar lo existente partiendo, únicamente, de las fuerzas que laten en su interior.

Dos son las grandes corrientes de la literatura política de los siglos XVII y XVIII que, cada una a su modo, han promovido el desarrollo de la ciencia política moderna. De un lado —cosa, por otra parte, muy comprensible— los trabajos consagrados, de modo directo, a la descripción empírica y a la explicación causal de la realidad política; pero, de otro lado, también —lo que ya no es tan comprensible— la corriente jusnaturalista del pensamiento político. Al buscar esta corriente una fundamentación racional-normativa de las relaciones de poder político legadas por la tradición, al lado de la de carácter causal, contribuyó, en gran medida, en virtud de esa racionalización del mundo político, al desarrollo del pensamiento político empírico. Es verdad que, en la base del Derecho Natural, hay una confusión entre lo racional-normativo y lo histórico-causal. Así, la doctrina de Locke, que tanto influjo ejerció y que, por lo demás, se apoya en la idea hobbesiana de la función social del Estado, ha pretendido explicar, de hecho, el nacimiento histórico del Estado mediante un contrato. Por otra parte, la reducción de las instituciones políticas a la voluntad de los particulares entraña también, sin duda, el grave peligro de un racionalismo e individualismo unilaterales. Los efectos de este unilateralismo aún no han desaparecido por completo de la ciencia. Hasta hace poco se aceptaba el sofisma, que no es raro encontrar todavía, de que a la función objetiva social del Estado o de cualquier institución política, corresponde siempre una intención de los hombres que forman parte de ella, conscientemente dirigida a ese «fin». El Derecho Natural de la Ilustración cometió el grave error de considerar a la totalidad del mundo político como una obra humana arbitraria e intencional. Pero a pesar de todos estos inconvenientes, la concepción jusnaturalista representa un importante estadio en el desarrollo de las ciencias políticas modernas, pues a ella se debe que, desde los tiempos del Humanismo y del Renacimiento, se afirme, de modo cada vez más fuerte, la tesis de que la realidad política solo puede comprenderse, interpretarse y justificarse como actividad humana. El hecho de que la Política jusnaturalista no haya referido ya los fenómenos políticos —como se hizo en la Edad Media y aun por los mismos monarcómacos— el vago concepto de pueblo, ni tampoco, como Bodino y Altusio, a la unión de familias, sino que más bien haya tratado de analizar tan equívocos conceptos, lejos de ser una grave falta, como se vino sosteniendo desde el Romanticismo, implica un esencial progreso en la esfera del conocer. El único error en que incurrió, aunque este sí fue de largas consecuencias, consistió en considerar al *homo politicus* creador del Estado como un ser abstracto que obra de modo absolutamente libre, independientemente de todas las condiciones concretas de naturaleza y cultura, de la geografía, familia, nación, clase y tradición. El Derecho Natural racional de Locke a Rousseau y de Pufendorf a Kant ha ignorado, casi por completo, la enorme importancia que tienen esas dos imponentes conexiones de hechos que son la sociedad y la historia, y, por tal motivo, atribuyó al hombre primitivo, inventor consciente del Estado, ciertas cualidades que son exclusivas del hombre que vive en sociedad y que solo adquiere gracias a esta y a una larga historia.

Para comprender y explicar el mundo político como la obra del hombre histórico-social, quien no siempre obra por fines racionales, se necesitaba un amplio material empírico-histórico, sociológico y psicológico. Tal concepción constituye, en la esfera de las realidades humanas, el objetivo de todas las ciencias desde el siglo XVI al XIX. Sus métodos y resultados son aplicados al conocimiento de los procesos políticos por aquella otra gran corriente del pensamiento político que se orientaba más hacia el ser político real que hacia el deber ser jusnaturalista. La línea de esta dirección del pensamiento aparece jalonada por los nombres de Maquiavelo, Bacon y Bodino, y alcanza su más alto nivel en el siglo XVIII con Montesquieu. Este autor, en su célebre *Esprit des lois* (1748), recoge los postulados del Estado de derecho, tal como aparecen en Locke; pero los presenta, lo mismo que las demás formas de organización política, como condicionados por las características geográficas y climáticas de territorio y por el modo de vida, carácter, economía y religión de la población, acompañando, además, para probar sus asertos, un rico material de observaciones concretas históricos-sociales. Es Montesquieu quien, por vez primera, realiza, al menos de un modo programático, el intento de explicar el Estado y la actividad política por la totalidad de las circunstancias concretas, naturales y sociales. Por la misma época, en Inglaterra, David Hume (1741-42) desterraba, de modo expreso, todo dogmatismo religioso y ético de los estudios políticos, y el propio ideal político ya no lo estimaba absoluto y de validez universal, sino que lo hacía depender de la situación política de un Estado concreto, en su caso, el inglés.

Por mucho tiempo continuaron teniendo validez simultánea en la teoría de la Política el método racional normativo y el histórico-sociológico, y aun hoy aparecen unidos en muchos investigadores franceses y anglo-americanos. Es indudable, sin embargo, que, desde comienzos del siglo XIX, la consideración histórico-social aparece decididamente en primer plano y las ideas jusnaturalistas solo se atreven a aparecer, de ordinario, bajo un disfraz sociológico. Los cambios políticos e ideológicos contribuyeron a la victoria de la postura empírico-positivista. En la política práctica, la racionalización jusnaturalista había llegado a ser peligrosa para las relaciones de poder existentes, aun en los casos en que el escritor fuese de tendencia conservadora. La doctrina de Hobbes según la cual el fin del Estado constituía la ley suprema de este, así como la concepción kantiana del contrato político como piedra de toque para determinar la juridicidad de todas las instituciones del Estado, tenían que dar lugar a una crítica racional de los poderes políticos existentes. Pero cuando el mundo se vio sacudido, asustado e incluso desengañado por la Revolución francesa; cuando vio que sus exigencias de libertad e igualdad para todos los hombres y el culto a la diosa Razón conducían, en lo interior, al régimen del Terror, y, poco después, en lo exterior, al imperialismo napoleónico, surgió una tendencia del pensamiento político que hizo que los escritores, no solo los contrarrevolucionarios, sino también los mismos revolucionarios, se percatasen de los numerosos y complejos factores histórico-sociales que condicionan la actividad política. La vieja cuestión: soberanía del dominador o soberanía del pueblo, sigue siendo el tema central de discusión de la teoría política, pero se la trata desde puntos de vista metódicos completamente distintos. Como la política doctrinaria había defraudado sobremanera, el problema de las relaciones entre la razón y la sociedad, de una parte, y entre la razón y la historia, de otra, se convierte en el problema central de la Filosofía política. Este problema se presenta a la Ciencia Política empírica bajo la forma de cómo pueden nacer las determinaciones de objetivos políticos de situaciones políticas dadas y cómo pueden realizarse aquéllos en las condiciones histórico-sociales dominantes. La confianza que el Derecho Natural había tenido en la razón aparece sustraída por un escepticismo general que solo deja un muy reducido margen a la razón humana frente a la sociedad y la historia. La Filosofía política de Hegel, en la que aparece, junto a la Metafísica idealista, una visión singularmente clara de la realidad política ejerció un poderoso influjo tanto en el pensamiento conservador como en el revolucionario. Su máxima: «todo lo racional es real y todo lo real es racional», fue aceptada lo mismo por el nacionalismo que por el marxismo. Las demandas políticas y las instituciones que pretenden validez general son miradas, por lo menos, con desconfianza, y, en todo caso, se hacen depender, en lo sustancial, de la realidad histórico-social, tanto por parte de las izquierdas políticas como de las derechas. En 1835 aparecieron dos obras que representan, de una manera característica, el nuevo tipo de Ciencia Política. La *Política sobre la base y medida de los objetos reales* de Dahlmann expresa, ya en el título, su postura metódica; y la misma actitud sigue Tocqueville en su *Democracia en América,* aplicándola al caso de la pretensión de igualdad y de sus supuestos concretos en Norteamérica. La Ciencia Política aparece, finalmente, imbuida de un empirismo y positivismo antimetafísicos, e incluso antifilosóficos, cuya forma más consecuente afirma que todo deber ser puede deducirse del ser real y que todos los objetivos políticos legítimos propuestos a la voluntad pueden ser extraídos del análisis de los hechos de la experiencia. Y, en último extremo, los materialistas históricos, lo mismo que los idealistas, renuncian a oponer a la realidad una idea, al ser un deber ser. Su pretensión es descubrir, a través de las tensiones políticas del presente, las tendencias formadoras del futuro, estando dispuestos a aceptar como verdadera y legítima toda tendencia que se realice en el porvenir.

En la actualidad, la Ciencia Política presenta una cierta limitación en cuanto a su objeto, pero sus métodos se han multiplicado sobremanera. Solo cuando se reconozca a lo político su legalidad relativamente peculiar, podrá decirse que existe un objeto específico del conocimiento político. Si, por el contrario, se concibe a lo político como un mero reflejo adjetivo de la esfera religioso-metafísica de la naturalístico-económica o de cualquiera otra, no es posible una Ciencia de la Política por falta de un objeto propio de conocimiento y solo podrá existir, todo lo más, como una rama de la Teología, la Economía, etc. Y esto es aplicable lo mismo, por ejemplo, a la doctrina del Estado según San Agustín, que a la concepción económica de la historia de Marx y Engels.

El objeto de las ciencias políticas cambia, más a causa de los problemas y complicaciones, de carácter concreto, histórico-sociológicos que plantea la misma vida política, que según los intereses subjetivos y los puntos de vista personales de cada investigador. El planteamiento de los problemas en la teoría de la política no nace, pues, del hecho de que el investigador «lleve» sus preocupaciones subjetivas a la realidad política, sino de la circunstancia de que, en esta realidad, ha aparecido algo que, desde un punto de vista objetivo, es cuestionable y precisa de explicación. En los tiempos actuales, la problemática de la Ciencia Política aparece reducida debido a que, desde hace alrededor de un siglo, el interés especulativo se ha orientado, casi exclusivamente, hacia la cuestión del ser político empírico, y solo en grado mucho menor paró atención en la de lo que debe ser el Estado. Ya desde el Renacimiento la teoría tiene que renunciar, según la opinión dominante, a apelar a la intervención inmediata de fuerzas sobrehumanas, es decir, divinas, en la descripción e interpretación de la realidad política, lo que significa que tiene que partir de una concepción inmanentista del mundo político, aun en los casos en que el investigador profese una religión trascendente y admita que la voluntad divina se encuentra, como causa remota, detrás de todas las acciones políticas. Toda especulación lógica y ética que vaya más allá queda desplazada de la problemática de la ciencia de lo político por estimarse no científica.

Otra limitación del círculo de problemas de la Ciencia Política, que guarda relación con la precedente, resulta del hecho de que nuestra ciencia no se propone hoy, en modo alguno, abarcar todo lo concerniente al Estado. Es indudable que lo político aparece influido y condicionado por la totalidad del ser humano y que, a su vez, también influye y condiciona esa totalidad. Pero en tan amplio sentido no constituye lo político un objeto aprovechable para una Ciencia Política empírica. No todo lo político, ni aun todo lo estatal y ni siquiera toda actividad del Estado, pertenece a la esfera de problemas a que consagra su atención la actual Ciencia Política en cuanto disciplina especial. La Ciencia Política se ocupa por principio —y esto no es un juicio deontológico sino existencial— únicamente de aquellas actividades políticas y formas institucionales de actividad que suponen un ejercicio autónomo de poder, que no aparece predeterminado de cabal manera mediante precisas reglas jurídicas normativas. La mera aplicación de las reglas jurídicas existentes, actividad política que nada nuevo engendra, que no supone una dirección creadora de los asuntos públicos, en el sentido de introducir una transformación esencial en la distribución del poder del Estado sobre la base de decisiones autónomas, esa actividad, pues, y la institución en que encarna pueden, en algún caso, ser políticas pero, normalmente, no forman parte del objeto de la Ciencia Política. Así, pues, esta ciencia se ocupa, preferentemente, de los problemas que surjan en torno al Gobierno y a la Legislación, y no dedicará su atención, o solo lo hará en muy especiales circunstancias, a los de la Jurisdicción y Administración. En los casos, sin embargo, en que los órganos judiciales y administrativos se hallen capacitados para alterar, en forma sustancial, la distribución del poder político mediante decisiones autónomas, como es el caso —para citar solo un ejemplo muy conocido— de la Suprema Corte Federal de los Estados Unidos; o bien, cuando la actividad judicial o administrativa suponga una traba o un estímulo para el Gobierno o la Legislación, como en las dictaduras, en que se realiza la concentración de los poderes, en uno y otro caso tales formas de la actividad estatal se incluyen, inmediatamente, en el círculo de problemas pertenecientes a la Ciencia Política.

El amplio campo de materias que abarca la actual Ciencia Política descriptiva puede detallarse, aproximadamente, del modo que sigue: en el centro aparece el problema de la organización y división del poder político y el de su adquisición, ya exponiéndolo con referencia a un Estado concreto, ya haciendo una exposición comparativa de una pluralidad de caracteres estatales concretos, ya, en fin, como una teoría sistemática del Estado en una estructura estatal más o menos general, por ejemplo en el moderno Estado occidental. Luego vendría la descripción y explicación de esta organización de poder en sus conexiones causales con las condiciones geográfico-climáticas, raciales y otras de carácter natural y con las peculiaridades económicas, militares, morales, religiosas, nacionales, etc., de la población, y también, y aun en primer lugar, su conexión con la constitución jurídica del Estado. También comprendería la crítica de esta constitución, así como de la total constitución política. Incluiría, asimismo, la descripción de las más importantes formas de autoridad política, de la organización y acción de los grandes grupos del Estado (teoría de los partidos); la exposición del papel que desempeñan las ideas políticas en la formación y desarrollo de los cuerpos políticos; las relaciones de los poderes políticos organizados con los grandes poderes sociales, especialmente, en nuestros tiempos, las clases sociales y, también, con la Iglesia, la opinión pública, la prensa, así como, y de modo destacado, con las potencias económicas, enormemente influyentes (capital financiero, industrial y agrario, sindicatos); y, finalmente, habría de referirse también al Estado en sus relaciones con los poderes internacionales y los otros Estados, ya se trate de relaciones federativas, confederativas o cualesquiera otras exteriores y de Derecho Internacional. En la moderna ciencia de la política predominan las cuestiones de política interior sobre las de política exterior, lo que se explica, de un lado, por el débil grado de racionalización logrado hasta el día en los procesos políticos exteriores y, de otro lado, por una notoria falta de comprensión para ese sector de la vida política, patente en los tiempos recientes. Los problemas jurídicos solo interesan a la Ciencia Política en cuanto el derecho, como orden social escrito o no escrito, venga a legitimar, fundamentar o limitar, de modo efectivo, el poder político, y en cuanto ordene, de modo real, las relaciones de poder de los órganos estatales entre sí y con los habitantes del territorio o con otros Estados. Así, pues, constituye una parte de las ciencias políticas la doctrina político-sociológica del derecho, pero en manera alguna la jurisprudencia dogmática.

A pesar de todas las coincidencias en cuanto al método y de la general apelación a los hechos positivos del empirismo histórico-sociológico, la Ciencia Política moderna no ha conseguido aquella ausencia de prejuicios y aquella objetividad que fueran de desear; antes revela, tanto en su aspecto expositivo como en el crítico, una gran variedad de opiniones, mayor, sin duda, que en los siglos pasados. Las imágenes que se ofrecen, no solo en lo referente a objetivos políticos e ideales para el futuro, sino incluso al emprender la descripción de la realidad política presente, son completamente diferentes, dependiendo ello de la importancia que se atribuya, para el presente y el porvenir, a los hechos de que se trate. Nadie niega, en principio, que la realidad política sea un constante devenir histórico-social. Pero, en cambio, se discute si el motor, relativamente no accionado por ningún otro, de tal devenir es el Estado, la nación, la clase, la raza, el genio o la masa, la geografía o la economía. En esta parte histórica, lo único que cumple hacer, respecto a tales discusiones —y sin repetir lo que se puede decir en otro lugar— es referirse a manifestaciones semejantes en el pasado. Debemos citar aquí las concepciones elaboradas en la época romántica y dirigidas especialmente contra el racionalismo y atomismo del pensamiento político jusnaturalista. Constituye la base común de todas ellas la afirmación de que lo históricamente realizado es un artículo de fe irracional y, por consiguiente, sobre el que no cabe discusión. Toda discusión científica queda descartada si, tal como lo hizo la escuela histórica, toda la vida política es referida al espíritu del pueblo, que obra de modo lento, inconsciente y orgánico y es esencialmente irracional. El punto de partida de esta doctrina, como en la concepción medieval del Estado, es un vago concepto del pueblo, que no quieren analizar empíricamente por estimar que tal propósito es puro atomismo racionalista. Lo mismo cabe decir de aquella otra doctrina que afirma que el Estado es un fin en sí, y califica de utilitarismo racionalista la cuestión del fin del Estado.

3. La Teoría del Estado en la realidad estatal

Dahlmann: *Politik,* 1835; Mohl: *Enzyklopädie der Staatswissenschaften,* 1859; Triepel: en *Verwaltungsarchiv,* vol. 5, 1897, pp. 314 ss.; Rehm: *Allg. Staatslehre,* 1899; G. Jellinek: *Allg. Staatslehre,* 3.ª ed. alem., 1919; R. Schmidt: *Allg. Staatslehre,* 1901; Kelsen: *Allg. Staatslehre,* 1925; Waldecker: *Allg. Staatslehre,* 1927.

La actual Teoría del Estado no puede aceptar aquella estrecha delimitación en su problemática que conocieron las dos últimas generaciones. Pues las Teorías del Estado de esa época dejaron sin examinar gran parte de los más importantes problemas teóricos y prácticos, como los de la naturaleza, función y unidad del Estado, el de sus relaciones con la sociedad, la economía e, incluso, con el derecho, los del Estado de clase, de la opinión pública, de los partidos políticos, etc.; o bien, si se ocuparon de ellos, lo hicieron en medida insuficiente.

Para poner bien en claro nuestro punto de vista sobre las relaciones entre la Teoría del Estado y la vida estatal, vamos a considerar, como un problema previo, la propia problemática de nuestra ciencia. ¿Cómo surge esta problemática? ¿Sucede, acaso, que el investigador lleva, de modo arbitrario, a la realidad que se trata de conocer, aquellas cuestiones que a él personalmente le interesan, o sea que las preguntas que se hace dependen de su subjetivo capricho, sin rastro de una necesidad objetiva y sin más traba que la de los imperativos lógicos y el influjo de lo que, habitualmente, se estima como dominio de su especialidad? ¿O, por el contrario, son los propios interrogantes de carácter objetivo, de la realidad estatal que nos rodea, quienes crean nuestra problemática, de tal forma que, en último extremo, es la misma vida estatal la que nos plantea los problemas, imponiéndonoslos, bien que con fuerza y según matices variables?

Sin titubeos, nos declaramos opuestos a la concepción que atribuye un origen anárquico-subjetivo a nuestra problemática. Y ello no solo porque la vemos contradicha por la historia real de la cuestión, sino, además, porque descubrimos que tal concepción se basa en un completo desconocimiento de la función vital social de toda ciencia, en una falsa comprensión de la relación que existe entre el pensar y el querer, entre el sujeto y el objeto de conocimiento.

Quien acepte plenamente el carácter subjetivo de nuestra problemática debe, en consecuencia, admitir que la realidad social es un caos desarticulado que solo puede ser ordenado gracias a los puntos de vista valorativos que aporte el investigador. La especial constitución del objeto de conocimiento que ello supone, según la cual todo objeto, no solo el lógico-matemático sino también el histórico, es producido por el sujeto de conocimiento, tiene que admitir la existencia de un ser de ficción que interroga y conoce estando situado fuera de la realidad social; no puede utilizar el hombre vivo y real, que es el único que existe y que, aunque cultive la Teoría del Estado, se halla siempre inserto en esta concreta realidad estatal gracias a la cual se ha formado y a la que, a su vez, ayuda a formar, en cuanto existe en y con ella y a la que encuentra siempre en sí, con placer o con desagrado, como buena o mala, aquietadora o cuestionable. Todo conocimiento sobre el Estado tiene que partir del supuesto de que la vida estatal incluye siempre al que investiga; este pertenece a ella de un modo existencial y no puede nunca abandonarla. No es el Estado un objeto extraño al sujeto que interroga, algo que, espacialmente, se halle «frente a él»; por el contrario, lo que constituye la esencia de tal relación es la identidad dialéctica de sujeto y objeto.

Toda cuestión pura tiene, por eso, su origen en la cuestionabilidad relativamente objetiva de la vida, fácticamente convivida por nosotros. Las cuestiones arbitrarias engendran problemas aparentes; los problemas serios y fecundos son extraídos siempre de la misma vida del Estado. De la capacidad que la Teoría del Estado muestre para responder a tales cuestiones y para ayudar a vencer dificultades concretas y explicar oscuridades reales de la vida práctica del Estado depende, únicamente, la justificación de su existencia. Sucede, sin embargo, que a causa del alto grado de desarrollo de la teoría y de la práctica sociales de nuestros tiempos, solo puede ser determinado el valor práctico de un problema y de su solución mediante amplios rodeos y por el especialista.

Con lo expuesto queda dicho que nunca haremos Teoría del Estado por amor a la teoría. No puede haber en nuestra ciencia cuestiones fecundas ni respuestas sustanciales si la investigación no tiene un último propósito de carácter práctico. Una concepción errónea, pero muy extendida, afirma que una tarea científica es tanto más perfecta y profunda cuanto más distante y ajeno permanezca el espíritu que conoce frente a su objeto. La prueba definitiva de que lo contrario es lo cierto la ofrece la historia de la Teoría del Estado en Alemania, en los últimos cien años. En la primera mitad del siglo pasado, las figuras más destacadas de la Teoría del Estado, en Alemania, eran los exponentes de una clase que luchaba en el palenque político y, casi en su totalidad, políticos prácticos. Desde hace dos generaciones la burguesía alemana aparece políticamente saturada y los tratadistas alemanes de Teoría del Estado, que se jactaban de no tener nada que ver con la política práctica, dedicaron los mayores esfuerzos a «despolitizar» su disciplina. ¿Hay todavía quien pueda abrigar alguna duda sobre cuál de esas dos corrientes de Teoría del Estado fue más fructífera, más profunda y de más valor para la vida, la de los políticos Dahlmann, Stahl, Stein y Mohl o la de los apolíticos Gerber, Laband, Jellinek y Kelsen?

Estos últimos autores pretendían, queriendo como engañarse a sí mismos, que les era posible eludir la problemática política de su tiempo; pero, de hecho, se vieron forzados a aplicar soluciones históricamente desplazadas a los problemas tradicionales o, al contrario, a adoptar soluciones tradicionales sin recoger, con ellas, las cuestiones a que respondían. Nació, de esta suerte, una Teoría del Estado cuya parte más valiosa, cultivada sobre todo por Georg Jellinek, era una historia de conceptos; pero el trabajo principal se dirigió hacia la Teoría «jurídica» del Estado que venía a parar en una teoría por la teoría, por cuya necesidad nadie preguntaba y para la cual tampoco podía encontrarse en la realidad nada que la hiciera precisa.

El único que, en esta época, suscitó la cuestión de para qué se necesita una Teoría del Estado ha sido R. Schmidt, y ello es un innegable mérito de este autor. Si no se alcanza a poner en claro esta cuestión de su necesidad, la Teoría del Estado no puede determinar su problemática de modo concreto y por fuerza ha de vagar en lo impreciso. Para R. Schmidt la Teoría del Estado basa su necesidad en el hecho de ser una ciencia auxiliar de la Ciencia del Derecho. «Comprende —dice— todo lo que el legislador necesita para poder llegar a establecer un derecho determinado de carácter político, y lo que el funcionario precisa para su racional aplicación» (I, p. 6). No hay inconveniente en declararse completamente de acuerdo con tal punto de vista si se extiende el concepto de la Ciencia del Derecho en la medida correspondiente y se prescinde de una consideración del Estado excesivamente burocrática.

De este modo de plantear el problema surge algo que se echa de menos en otras muchas Teorías del Estado y ello es su mirada consciente dirigida hacia la propia vida estatal. De hecho, ciertamente, las Teorías del Estado de todos los tiempos, aun aquellas que se decían expresamente generales en el sentido de una universalidad espacial y temporal, se limitaban, tanto en el material utilizado como en su problemática y en sus perspectivas políticas, al aquí y ahora, claros e inequívocos, del investigador, aunque este creyera moverse en el terreno de la más pura teoría y no tuviera el más insignificante propósito político. Esta creencia, sin embargo, ha originado considerable confusión.

Dado que no consideramos posible una olímpica emancipación de nuestro conocer científico respecto a la realidad histórico-social, tenemos que establecer, por motivos tanto teóricos como prácticos, una expresa limitación espacial y temporal de la materia de nuestro estudio. El objeto de nuestra Teoría del Estado es, por ello, únicamente el Estado tal como se ha formado en el círculo cultural de Occidente a partir del Renacimiento.

Contra la limitación temporal que nosotros establecemos objetará, tal vez, el historicismo que un fenómeno solo puede comprenderse de modo cabal si se llegan a descubrir todas sus transformaciones *ab origine.* Tal opinión, según la cual toda investigación de cosas del presente requeriría, como base imprescindible, un conocimiento de lo pasado, en lo posible ilimitado, debe ser considerada, por diversas razones, como un prejuicio; prejuicio, por lo demás tan antihistórico cuanto que es un resabio de la metafísica racionalista del progreso y de la evolución del siglo XVIII. Pues ni lo primitivo e indiferenciado puede ser la clave para explicar lo posterior y diferenciado —lo contrario es, justamente, lo cierto—, ni tampoco puede afirmarse que en todos los casos en que ha habido un cambio histórico tuvo lugar también una evolución. De esta suerte, el Estado de la Edad Moderna tiene tan poco que ver con el medieval —si es que se puede hablar de un Estado en la Edad Media—, tanto en lo concerniente a su estructura como a su función, que, en este caso, solo puede hablarse de cambio y no de evolución. Lo mismo cabe decir respecto a las relaciones entre la estructura del Estado antiguo y la del medieval (cf. Jellinek, pp. 7 s., 22 s., 42 s.).

Los límites del conocimiento histórico son, en general, mucho más estrechos de lo que creía, por ejemplo, Gustav Schmoller, cuando puso al frente de sus *Elementos de la doctrina general de la economía política,* la frase de Goethe según la cual se encuentra a oscuras e inexperto «quien no sepa dar razón de tres mil años». El propio Schmoller se vería en no menguado aprieto si hubiera de tomar en serio lo que esa frase expresa. Pues toda historia es, aun para los más eruditos historiadores, tan solo un fragmento; períodos de luminosa claridad alternan con otros que permanecen en penumbra y aun con algunos que yacen en completa oscuridad. Pero, además, la historia, incluso para los historiadores más objetivos que tratan de exponer «lo que ha sido» con estricta fidelidad, es siempre «historia del presente», es decir, vista desde nuestra perspectiva actual (cf. Croce, *Teoría e historia de la historiografía,* pp. I *ss.).*

Dirigiéndose nuestra investigación hacia el Estado del presente, la cuestión del origen del Estado no es, por eso, decisiva para nosotros. La contienda entablada en torno a este problema, y en la que se utilizan oscuros conceptos y endebles hipótesis, no presenta mayor interés para el estudio del Estado de nuestro tiempo. Porque el afirmar que la estructura presente o futura del Estado depende, en forma decisiva, del hecho de que su nacimiento primario deba atribuirse a la lucha de clases o de razas o a otra causa, no pasa de ser un prejuicio historicista más. Es de realidad notoria que una formación política con un origen único puede desarrollarse, transformarse y cambiarse de muy diversos modos.

La limitación de la Teoría del Estado al mundo político del círculo cultural del Occidente aparece también fundamentada y justificada, al menos en parte, por la perspectividad sociológica de nuestro conocer. La vida estatal autóctona de los países no europeos nos es tan extraña culturalmente, y en buena parte, además, históricamente tan lejana y el material disponible tan fragmentario y reducido, que con facilidad nos exponemos al peligro de interpretar erradamente las instituciones estatales de los chinos o de los aztecas, por influjo de nuestras perspectivas occidentales; pero aunque lográramos su cabal conocimiento, ello sería de poca o ninguna ayuda para la solución de nuestros problemas.

Si la materia de nuestro estudio aparece condicionada, en todas sus relaciones, de un lado por el objeto y de otro por la perspectividad de nuestro pensar, lo mismo cabe decir de la sistemática de la Teoría del Estado. Siguiendo el modelo de las Matemáticas, el pensamiento europeo de la Edad Moderna, y solo él, planteó, a todas y cada una de las ciencias en particular y al conjunto de ellas, la exigencia de un sistema racional en el cual cada miembro tenía que ser previsto y «producido» partiendo del principio fundamental. Es de gran importancia que nos percatemos de la absoluta imposibilidad radical e incluso del contrasentido que supone un sistema racional de la Teoría del Estado. Tal sistema es, únicamente, aplicable en las Matemáticas y en la Lógica formal porque estas ciencias del pensar operan, tan solo, con formas conceptuales «puras». Pues siempre que el conocimiento tenga que habérselas con contenidos de conceptos, hay que aceptar como dados y en su facticidad esos contenidos y en modo alguno podrán ser estimados como «producidos» por nuestra razón. El propio Kant, no obstante declarar que el concepto matemático de la ciencia era el ideal absoluto, se dio cuenta perfecta, sin embargo, de que la razón pura no puede formular juicios sintéticos creadores de los objetos, por lo cual sus principios «no se pueden obtener directamente, partiendo de conceptos, sino que solo pueden lograrse de manera indirecta, relacionado estos conceptos con algo completamente casual, es decir, la experiencia posible» *(Kritik der reinen Vernunft,* Reclam, p. 564).

Dado, pues, que en la Teoría del Estado, lo mismo que en la Ciencia del Derecho y en todas las demás ciencias que no operan solo con formas mentales desnudas de realidad, los contenidos de los conceptos no pueden derivarse del principio de la formación racional y, por consiguiente, son irracionales, no puede haber en esas ciencias un sistema cerrado de conceptos; el contenido irracional interviene siempre, aquí, en la formación y en la estructura de las diferentes formas particulares, lo mismo que en sus relaciones recíprocas y, por esta razón, también en la estructura de la sistemática. No es posible, en estas ciencias, un sistema en el sentido de una definitiva fijación sistemática de las cuestiones; porque aun las mismas ciencias cambian con las aspiraciones e ideas de los hombres.

La conexión sistemática por la que la Teoría del Estado, como ciencia, ha de ordenar sus conocimientos no puede, pues, ser la de una concatenación lógica. Su construcción y la articulación de sus resultados serán determinadas, preferentemente, y hasta donde sea posible, por el objeto, es decir, por la relación que guarden los hechos concretos con la estructura del Estado. Cuando la Teoría del Estado persigue una sistemática abstracta cae, fatalmente, en el error de ordenar arbitrariamente los contenidos reales que encuentra —precisamente por querer articularlos de un modo escrupulosamente lógico— y, con ello, violenta y sacrifica la conexión natural que nace del objeto, en beneficio de un fantasma.

II

Método de la teoría del Estado

1. La importancia del problema del método

Dilthey: *Introducción a las ciencias del espíritu* (México, 2.ª ed. 1949) y *El mundo histórico* (México, 1944)[1]. M. Weber: *Ges. Aufs. zur Wissenschaftslehre,* 1922; Tillich: *System d. Wissenschaften,* 1923; Kelsen: *Hauptprobleme d. Staatsrehtslehre,* 1923; E. Kaufmann: *Kritik d. neukant. Rechtsphilosophie,* 1921; Heller: «Krisis der Staatslehre», *Arch. f. Sozial-Wiss.*, 1926, pp. 289 ss.; Holstein: *Arch. Ö. R.*, 1926, pp. I ss.; Smend: *Verfassung und Verfassungsrecht,* 1928.

La necesidad de investigaciones metodológicas surge de la situación en que se encuentra la Teoría del Estado, lo mismo que la Ciencia del Derecho que en ella tiene su base. Cuando se habla, y con razón, de la crisis actual de la Teoría del Estado no se debe ver en ella un fenómeno de decadencia, sino al contrario. La confusión caótica de las discusiones sobre temas de la Teoría del Estado en la posguerra alemana significa, sin duda, en comparación con la situación precedente y con la que actualmente reina en el extranjero, un estado espiritual más elevado, y si no cabe afirmar que ella represente un renacimiento científico, no puede negarse que constituye el síntoma de una problemática más hondamente vivida y de un sentido más serio para los problemas metodológicos. Así se reconoce también en el extranjero.

El impulso decisivo para ese hecho lo han constituido, evidentemente, las grandes revoluciones político-sociales que se produjeron, como consecuencia de la guerra, en Alemania, Italia y, más aún, en Rusia. Aquella seguridad de sí mismo que caracterizó al pensamiento político de la anteguerra sufre una grave conmoción. Habíase dispuesto, hasta entonces, de un conjunto de conceptos convencionales, procedentes todos, en medida mayor o menor, de la absolutización del Estado de derecho, liberal y burgués. Y aunque había discusiones científicas *intra muros,* los fundamentos de la construcción eran admitidos por todos; a tal punto que podía aceptarse de buena fe que todos

1 Citamos en esta obra la edición completa de las obras de Dilthey, publicada en México (1944-1945), bajo la dirección de Eugenio Imaz.

los antagonismos existentes en la Teoría del Estado no eran, en el fondo, otra cosa sino diferencias de claridad lógica.

Hoy no tenemos ya esta confianza lógica en la ciencia. Los fundamentos de la vida del Estado y del pensamiento sobre él, que nos había legado la tradición, se han visto conmovidos y, poco a poco, se abre paso la idea de que no tiene sentido científico discutir sobre resultados si no se está de acuerdo sobre los supuestos básicos. Hasta nuestros días era posible —aunque ello no resultara precisamente muy científico— que los contrincantes no se preocupasen gran cosa por poner en claro los supuestos teóricos, y deducían sus resultados de conceptos fundamentales formados de un modo completamente ingenuo, porque todos creían ya saber perfectamente lo que era el Estado, el Derecho, etc.

Una vez que los supuestos fundamentales se hacen problemáticos, se impone, en primer término, la necesidad de su examen y la de controlar la vía o método por medio del cual el pensamiento capta su objeto. Dentro del método hay que ocuparse de la relación que existe entre el sujeto que conoce y el objeto conocido, del problema de la actitud cognoscitiva y los modos de trabajo y del modo de formación de los conceptos. Quien se haya dado exacta cuenta del método que sigue y haya comprendido por qué su antagonista científico hubo de llegar, por otro camino, a resultados distintos, podrá afirmar, de modo definitivo, que la oposición radica en los supuestos y, con ello, renunciará, cuando trate de cada cuestión, a citar las opiniones discordantes en notas profusas, cosa que constituye algo más que una falta de buen gusto en la ciencia alemana. Cuando, en cambio, se discute partiendo de los mismos o análogos supuestos metódicos, la Metodología permite, evidentemente, llevar a cabo una crítica y un control inmanentes y llegar a una decisión lógica en el caso controvertido.

Pero también es necesaria la Metodología a causa de que la Teoría del Estado, especializada según una división de trabajo, se ve obligada por ella a ponerse en contacto con las corrientes fundamentales de la época y con la totalidad de su conciencia científica. El Estado es únicamente un contenido parcial de la compleja realidad de la vida, de la cual lo aísla la Teoría del Estado. Pero los conocimientos que integran esta Teoría solo pueden tener valor si ese aislamiento se complementa con una constante referencia a la realidad total, ya que solo en ella tienen vida y verdad.

El mérito de haber puesto sobre el tapete, en forma radical, la cuestión del método en los estudios de Teoría del Estado recae, sin duda alguna, sobre Hans Kelsen y los seguidores de su teoría pura del Derecho. Bien hace, en verdad, la Teoría alemana del Estado al rechazar, casi sin excepción, el método kelseniano y sus resultados. Pero, con ello, no ha hecho gran cosa si no pone, frente a la metodología de Kelsen, otra más satisfactoria. Y esto ha sido lamentablemente descuidado hasta ahora.

La claridad que la Metodología puede aportar a la Teoría del Estado se ve, evidentemente, sobremanera obstaculizada por la circunstancia de que la Filosofía contemporánea, que debía ayudar al logro de aquel propósito, se revela incapaz de hacerlo. El caso actual de Kelsen nos muestra que los neokantianos de la escuela de Marburgo rechazaban la vida histórico-social. La escuela suroccidental alemana nos ha dejado algunas investigaciones metodológicas en los trabajos de G. Jellinek, M. Weber y, sobre todo, de E. Lask, pero no concluyó su obra. Sugestiones singularmente valiosas contiene la crítica de la razón histórica tal como fue emprendida por Dilthy en sus últimos años. También debe mucho la Teoría del Estado a la Fenomenología de Husserl; ella nos enseñó a hacer pasar a segundo plano la cuestión de la existencia e interpretación de un fenómeno, y tratar, en primer término, de captar su esencia que inmediatamente aparece. Mediante el análisis fenomenológico de la conciencia, se llegan a conocer, sin duda, ciertas estructuras generalísimas psicológico-sociológicas cuyo conocimiento es también sumamente importante o, más bien, imprescindible, en cuanto supuestos de una Teoría del Estado. Sin embargo, el intento de aprehender fenómenos históricos como el Estado por medio de la intuición evidente de las esencias, conduciría siempre a la absolutización de las condicionalidades histórico-sociales. Los más importantes estímulos para la Teoría del Estado vienen hoy de Hegel y su método. Sin embargo, del renacimiento hegeliano, que tantos invocan, tal vez no haya quedado mucho más, en lo metodológico, de lo que, en sustancia, habían llevado a cabo Marx y Engels, en la llamada izquierda hegeliana, ya a mediados del siglo XIX.

2. La Teoría del Estado es ciencia cultural y no ciencia natural

Dilthey: *Hombre y mundo en los siglos XVI y XVII* (México, 2.ª ed., 1947); Sombart: *Anfäge der Soziologie, Erinnerungsgabe für M. Weber*, I, 1923, pp. 3 ss.; Freyer; *Soziologie als Wirklichkeitswissenschaft*, 1930; Heller: art. «Staat» en el *Hdwb. d. Soziologie*, de Virkandt, 1931.

Una teoría científica del Estado habrá de intentar comprender a este de un modo inmanente y renunciará, como ya lo había hecho la ciencia europea de la Edad Moderna, a apelar a fuerzas sobrenaturales. En oposición a cualquier interpretación trascendente del Estado y la justificación a ella anexa, que reclama necesariamente la intervención de factores suprahumanos, la concepción inmanente del mismo implica hacerlo derivar de la «naturaleza humana». El sistema de conocimiento llamado «natural», que aparece en el Renacimiento, pretende derivar lo mismo la religión que la moral, el derecho como el Estado, de la conexión causal condicionada, al menos en parte, por el mundo exterior, y que en el hombre opera. La concepción teológica de la sociedad, característica de la Edad Media, queda, con eso, liquidada. La concepción matemático-mecánica del mundo, que tantos triunfos se apuntó con Kepler y Galileo, aparece trasladada por Bacon a la esfera de la sociedad humana. La doctrina natural del Estado, así nacida, concebía a la naturaleza humana como un esquema, regulado por leyes, de diversas «fuerzas» o «facultades» constantes del hombre, siendo esas fuerzas las que, bajo el influjo del «medio», es decir, de la geografía, la economía, la técnica, etc., creaban el

Estado. Este esquema fundamental, en cuanto objetivo de una concepción inmanente de lo social, se ha mantenido sustancialmente hasta hoy, no obstante sus muchas y aun radicales transformaciones.

El problema más importante que se discutió dentro de esta concepción inmanente «natural», desde los siglos XVII y XVIII hasta nuestros días, fue el de si la naturaleza del hombre no es más que una parte de la naturaleza general o si, entre la naturaleza humana y la animal, existen fronteras profundas e infranqueables. Los «materialistas» eran monistas y se proponían conocer el reino animal y el humano con los mismos medios, es decir, los de las ciencias naturales. Entonces, como ahora, sostenían que no existe diferencia alguna esencial entre el Estado de los hombres y el «Estado» de las abejas, hormigas, castores y otros animales. Tal concepción tuvo su expresión más famosa en *La fábula de las abejas* del inglés Mandeville (1714), el mismo que llamó al hombre «the most perfect of animals». Esta doctrina de la sociedad y del Estado, de carácter naturalista-materialista, ha llegado hasta nuestros días, e incluso, cierta literatura popular osa considerarla como singularmente moderna. Hay una línea que arranca de los materialistas ingleses y franceses de los siglos XVII y XVIII y que llega hasta aquella cuestión, propuesta como tema de certamen para el Congreso de monistas de 1900: ¿Qué podemos deducir de los principios del transformismo en relación con la evolución política interna y la legislación de los Estados? (cf. las respuestas en *Natur und Staat,* 1903); y esa línea llega también hasta Karl Kautsky, quien, según su concepción «materialista, es decir, científico-naturalista», sostiene que la ley darwiniana de adaptación al medio es una ley general de la naturaleza que debe aplicarse, también, como «teoría del medio», a la sociedad humana, y, naturalmente, llega a decir que el principio «salus rei publicae suprema lex esto», es válido lo mismo para las sociedades animales que para los hombres (*Materialistische Geschichtsauffassung,* 1927, I, pp. 45, 436 ss., II, 630 ss.; cf. Korsch, *Material. Geschichtsauff.,* 1929).

No vamos a decidir aquí la cuestión general monismo-dualismo, sino, únicamente, el problema metodológico de si la conducta humana y la animal, con respecto al Estado y la sociedad, pueden ser estudiadas con los mismos procedimientos científicos. Desde luego, descartamos la posibilidad del monismo y, según eso, distinguimos las ciencias culturales de las ciencias naturales; y la distinción entre unas y otras la vemos, justamente, en aquello en que la viera —a diferencia de muchos marxistas— el propio Marx. Coincidiendo con él, tomamos como punto de partida una conducta que «pertenece exclusivamente *al hombre.* Una araña ejecuta operaciones que semejan las manipulaciones del tejedor, y la construcción de los panales de las abejas podría avergonzar, por su perfección, a más de un maestro de obras. Pero, hay algo en que el peor maestro de obras aventaja, desde luego, a la mejor abeja, y es el hecho de que, antes de ejecutar la construcción, la proyecta en su cerebro. Al final del proceso de trabajo, brota un resultado que antes de comenzar el proceso existía ya *en la mente del obrero;* es decir, un resultado que tenía ya existencia *ideal.* El obrero no se limita a hacer cambiar de forma la materia que le brinda la naturaleza, sino que, al mismo tiempo, *realiza en ella su fin,* fin que él *sabe* que rige como una ley las modalidades de su actuación y al que tiene necesariamente que supeditar su voluntad» (*El capital,* I, pp. 130-1)[2].

Con esto, aparece claro el principio de una separación objetiva entre ciencias de la cultura y ciencias de la naturaleza. La materia y el objeto de las primeras aparecen en todos los casos en que cabe concebir a las transformaciones de la naturaleza como expresión y resultado de la actividad humana dirigida a un fin. La cultura aparece, así, como la inserción de fines humanos en la naturaleza, aunque cumple advertir que, al hablar aquí de fin, no entendemos esta palabra en un sentido racionalista-utilitario, sino en el concepto amplio en que *v. gr.*, Dilthey la emplea. Según eso, los bellos dibujos que nos ha dejado el hombre de las cavernas constituyen también una conformación de la realidad según fines, en nuestro sentido.

El objeto de las ciencias de la cultura es, pues, aquella parte del mundo físico que podemos considerar como formación humana para un fin. No toda la realidad que el hombre conforma interesa a los estudios de las ciencias de la cultura, sino tan solo la que nos permite descubrir en ella la huella de la acción humana. El bloque de mármol que el hombre hizo saltar de la cantera no tendrá acaso tal condición; pero una vez trabajado por el artista, y aun también en cuanto haya recibido la menor señal de propiedad, presentará ya trazas inequívocas de la actividad teleológica del hombre, que no cabe confundir con las huellas animales.

No es solo, sin embargo, el mundo circundante el que ha de ser concebido como algo producido y que deviene incesantemente a consecuencia de la formación teleológica del hombre, sino que este mismo, en cuanto ser social, y, por consiguiente, fragmento de cultura, debe estimarse en situación análoga. El máximo error del Derecho Natural radicaba, precisamente, en esta cuestión, porque al cambio de lo histórico contraponía una naturaleza humana que se creía que, en todo tiempo y lugar, respondía a la misma legalidad, y sobre esa naturaleza humana se construyó el *ordre naturel.* Esa tendencia a elevar a lo absoluto situaciones y formas humanas, considerándolas como algo inmutable y como teniendo el carácter de una ley de la naturaleza, responde a una profunda exigencia de seguridad que siente el hombre a quien, sin embargo, solo es dado «ir de escollo en escollo». Y puesto que hoy los contenidos sociales se estiman ya mudables, tratamos, al menos, de defender las formas sociales e individuales como una especie de naturaleza eterna.

No obstante, si queremos evitar muchos errores de la Teoría del Estado y de la Ciencia del Derecho actuales, hemos de concebir al hombre y a sus formas de conciencia como incluidas también, de modo permanente, en el curso de la historia, aunque haya de aceptarse como punto de partida una igualdad formal de predisposiciones en el género humano. Si se considera a la naturaleza como «la existencia de las cosas, en cuanto está determinado por leyes generales» (Kant, *Prolegomena,* § 14), ni el Estado ni la sociedad podrán ser objeto de un conocimiento científico-naturalista, dado que nunca pueden considerarse como seres sometidos a leyes intemporales.

---

2 Citamos la versión directa e íntegra del *Capital* (2.ª ed.) por Wenceslao Roces, publicada en México, 1959, 3 tomos.

Hay que evitar, sin embargo, incurrir en la equivocación de creer que la delimitación de fronteras científicas entre la cultura y la naturaleza supone que la realidad aparezca desgarrada y hendida en esos dos campos. Por el contrario, es evidente que no existe una cultura independiente de la naturaleza y de sus leyes; pues la cultura nace, precisamente, del hecho de que el hombre se valga de las legalidades naturales para sus fines. La luz de nuestra habitación arde solo en virtud de leyes naturales, que el hombre utiliza para vencer, por ellas, la noche que afuera, también por leyes naturales, reina. La cultura no es, pues, en modo alguno, una libre creación de realidad, condicionada únicamente por el poder del espíritu humano, sino una conformación de la realidad sujeta a las leyes psíquicas y físicas de hombre y de su material. Debiendo añadirse que el conocimiento de estas leyes por el hombre, la manera como son utilizadas, en suma, su acción social y su significación cultural es algo que cambia también con la historia.

La diferencia metódica que existe entre las ciencias de la cultura y las de la naturaleza radica en la diversa actitud del conocimiento humano frente a esas dos esferas de objetos. Nuestra relación con la cultura, como formación humana, es fundamentalmente distinta de la que guardamos con la naturaleza. En aquélla el sujeto que conoce no se halla frente a un objeto externo y extraño, sino que el espíritu conoce vida espiritualizada, se conoce, en realidad, a sí mismo. «Solo lo que el espíritu humano y el sentido humano han formado, impreso y tocado, solo la huella humana nos enciende de nuevo. Lo que queda de tales expresiones o impresiones, de cualquier modo que sea, en cualquier lugar, nos habla, nos es comprensible» (Droyser., *Historik,* 1868, § 7).

Este «comprender» característico de las ciencias de la cultura constituya una especie singular de la aprehensión del objeto, y su singularidad consiste en que las transformaciones que tienen lugar en el mundo son concebidas desde el punto de vista de los fines del hombre. Comprendemos la cultura solo porque nosotros mismos somos un pedazo de cultura. Solo «por una trasposición basada en la plenitud de las propias vivencias» puede penetrar nuestra mente en las exteriorizaciones vitales de los demás (Dilthey, *Mundo histórico,* pp. 139-40).

Donde no haya ninguna traza humana psicofísica nada entenderemos y solo podremos, a lo sumo, y ayudándonos de analogías más o menos vagas con la actividad teleológica del hombre, explicarnos algo de la naturaleza viva. Así sucede que, respecto a los animales, de ordinario solo podemos descubrir una conducta mecánico-reactiva. Pero cuando se comprueban en ellos reacciones tendientes a un fin, lo que parece acontecer en algunas especies, la psicología animal emplea siempre analogías humanas, y de la propia fantasía reproductora del hombre se sacan consecuencias para la conducta de los animales. No cabe, en cambio, esperar que de la psicología animal pueda conseguirse una más profunda compresión de la conducta del hombre en el Estado.

Nadie ha combatido de modo más certero y completo que Marx esa superstición, de tan difícil desarraigo (cf. también Oppenheimer, *System der Soziologie,* I, 1922, p. 69), que sostiene que el Estado y la sociedad pueden ser mejor comprendidos si se les compara con las sociedades animales. Para Marx, la sociedad civil es la más desarrollada forma de organización y, precisamente por eso, permite comprender todas las formas sociales anteriores. «La anatomía del hombre es la clave de la del mono. Los indicios de lo superior en las especies animales inferiores solo pueden comprenderse si lo superior es ya conocido» (*Kritik der pol. Ökonomie,* p. XLII). Aun cuando existieran en el mundo animal indicios de formas análogas al Estado, solo podrían explicarse partiendo de lo superior y no al contrario.

La concepción inmanente del Estado no puede, pues, ser una interpretación suprahumana ni infrahumana del Estado, sino que tiene que ser, precisamente, humana. Pues solo para el comprender humano «significan» algo estas formas psicofísicas de la realidad que se llaman Estado o cultura. El comprender es la manera específica de aprehender aquellos objetos que, si no son concebidos como formación teleológica humana de la realidad, carecen de existencia. Para quien no quiere comprender no existe la cultura. A semejante sujeto le será imposible captar los objetos: instrumento, casa, economía, Estado, o bien estos otros: trabajador, ciudadano, abeja-reina, porque todas estas formaciones solo tienen sentido para el comprender humano. Siempre que se intentó estudiar al Estado desde un punto de vista científico-naturalista lo que se hizo fue dar a la naturaleza, inconscientemente, significaciones de carácter humano-estatal. Cuando, por ejemplo, Neurath considera al Estado como un «conglomerado de hombres, calles, cárceles, armas, fábricas, etc.», de acuerdo con su «fisicalismo», lo único que podemos decir es que, para tal suerte de «ciencia unitaria sobre base materialista» también nos falta a nosotros la ingenuidad que Neurath echa de menos en muchos investigadores (*Empirische Soziologie,* 1931, pp. 44, 69, 73).

En apoyo de la consideración científico-naturalista del Estado se afirma que ella implica una superior certeza en el conocimiento y una objetividad mayor. Y esto no es exacto. Pues, al modo como lo han hecho primeramente con las significaciones culturales, estos investigadores suelen también, y aun con mayor motivo, imputar a la naturaleza valoraciones políticas antes de deducirlas de ella «según la ley». Así, para el pacifista Kautsky existe en la naturaleza, de modo «normal», un «equilibrio»; y esa naturaleza en la que no hay, antes de la sociedad humana, «guerra, crimen ni egoísmo», viene a ser, en líneas generales, una especie de idilio pacifista (*ob. cit.,* I, pp. 187, 231 *ss.,* 279 ss.). En cambio, el rabioso antisocialista y biólogo Hertwig, también según la ciencia de la naturaleza y, por consiguiente, con la mayor objetividad, demuestra lo errado de un supuesto programa del partido social-demócrata (*Der Staat als Organismus,* 1922, pp. I *s.,* 153 ss.).

3. La Teoría del Estado es sociología y, como tal, ciencia de la realidad y no ciencia del espíritu

Spranger: «Zur Theorie d. Verstehens», etc., en *Festschrift f. Joh. Volkert,* 1918, pp. 360 ss.; Kantorowicz: «Aufbau d. Soziologie», en *Erinnerungsgabe für Max Weber,* 1923, I, pp. 75 ss.; Kelsen: *Der soziolog. und der juristische Staatsbgriff,* 1922; Scheler: *Die Wissensformen u. die Gesellschaft,* 1926; Freyer: *Theorie des objekt. Geites,* 1928; Mannheim: «Ideologische u. soziologische Interpretation d. geist. Gebilde», en *Jhrb. f Soziologie,* II, pp. 424 ss.; Landshut: *Kritik d. Soziologie,* 1929.

La doctrina dominante rechaza, casi unánimemente, la consideración de la Teoría del Estado como una ciencia de la naturaleza. Pero justamente contra esta misma doctrina dominante hay que demostrar, con todo empeño, que tampoco el Estado puede ser objeto adecuado para un conocimiento del tipo que es característico de la «ciencia del espíritu». Cumple tomar posiciones contra un «idealismo» que no aparece menos peligroso, ni en lo teórico, ni en lo práctico, que aquel «materialismo», idealismo que afirma que el Estado, la economía y los demás sectores de la cultura constituyen «una esfera que no es corporal ni psíquica, sino que está integrada por formaciones de sentido no psíquicas, que es espíritu» (Sombart, *Die drei Nationalökonomien,* 1930, p. 166).

La cuestión de si al Estado, en cuanto objeto de la ciencia de la cultura, hay que considerarlo como una estructura de sentido no psíquica, como espíritu objetivo, o, por el contrario, como una forma psicofísica de la realidad, encierra extraordinaria importancia para la Teoría del Estado y para la Teoría del Derecho. De la respuesta que se le dé depende el juicio que haya de formarse sobre el carácter de la realidad y el modo de ser del Estado, el partido que haya de tomarse ante cada caso concreto. Y es, precisamente, a aquel «idealismo» al que referimos la inadmisibilidad de una Teoría del Estado que considere a este como espíritu, idea, ideología, formación de sentido, orden normativo, abstracción, ficción o cosa parecida, con lo que le arrebata el atributo de su realidad.

Tratemos, pues, de delimitar, primeramente, la esfera objetiva que puede corresponder al Estado. Para nosotros, la cultura es aquella porción del mundo físico que cabe concebir como formación humana encaminada a un fin. El hombre al labrar la tierra, construir casas, crear obras de arte o formarse a sí mismo o a los demás de modo consciente o inconsciente, es portador de cultura, posee y crea cultura. Frente a esta cultura subjetiva del hombre puede presentarse, como hace Simmel (*Philos. Kultur,* 1911, p. 278), una cultura objetiva en la que aparecen reunidas, como patrimonio cultural o espíritu objetivo, todas las formaciones del hombre emanadas de la conexión de sus vivencias, siendo indiferente que se hayan proyectado fuera de la psiquis, insertándose en la naturaleza, o no. Semejante objetivización de la cultura es admisible para determinados fines teóricos.

No se debe, sin embargo, pasar por alto el hecho de que todos los bienes culturales significan únicamente una posibilidad de la cultura y nunca su realidad. Todas las objetivaciones técnicas y estéticas de los griegos y romanos no constituyeron para los bárbaros un bien de cultura. La cultura está en el hombre y solo en él (cf. Rothenbücher, *Ueber das Wesen des Geschichtlichen*, 1926, p. 78). El espíritu objetivo solo cobra realidad como espíritu subjetivo y carece, en absoluto, de existencia si no es vivido y comprendido, con realidad psíquica, por los hombres.

Esto es aplicable tanto a las formaciones o estructuras culturales insertas en la realidad física como a las llamadas estructuras de sentido o conexiones de significación. Un idioma, un cuadro o un libro solo tienen realidad, como objeto cultural, si son actualizados como cultura, en forma de realidad psíquica. Es evidente que los objetos de la naturaleza extra-psíquica que aparecen permeados por la formación cultural tienen también una existencia, que es independiente del hecho de que alguien lo piense y son —aparte de su calidad de bienes culturales— objetos de la realidad. En cambio, los objetos ideales, como lenguaje, moral, derechos, etc., son, exclusivamente, objetos ideales y solo tienen existencia al ser pensados y vividos.

Con lo dicho queda desplazado un peligroso y extendido error de la Teoría del Estado por el que se atribuye al espíritu objetivo una esencia propia, científicamente comprensible e independiente de toda vivencia psíquica. Y no serían, según eso, los hombres vivos quienes poseen la cultura; la cultura ya no sería la formación del ser humano sino un reino de conexiones de sentido corporeizadas, «formaciones objetivas sustraídas a la arbitrariedad y al casual capricho del individuo, y que aparecen ante este como un poder real y coercitivo» (Vierkandt, *Stetigkeit im Kulturwandel*, 1908, p. 102).

Nada habría que objetar, en sí misma, a la afirmación de que, en todo estudio sobre la cultura, nos vemos obligados «a admitir una zona que no puede llamarse corporal ni anímica... Lo psíquico, que solo se desenvuelve realmente en los individuos particulares, únicamente puede llegar a tener significación por el hecho de estar ligado a un modo supraindividual de formaciones de sentido no psíquicas» (Rickert, *Grenzen d. naturwiss. Begriffsbildung*, 1913, p. 181). Ese «ser ideal» intervendría —se afirma— en la formación de toda cultura; en nuestra propia estructura vital, sobre todo, hay espíritu objetivo «encerrado»; y, por todas partes, «lo ideal aparece, en la cultura, entreverado con las realidades físicas y psíquicas» (Spranger, p. 365).

Si, con lo anterior, se quiere únicamente decir que, en toda actividad humana evolucionada, existe a un plan humano «ideal» que, tal como es, solo es posible gracias a una milenaria experiencia cultural de la humanidad, no se diferenciaría mucho este idealismo del materialismo marxista. No hay duda que si quiero comprar algo me anticipo «psíquicamente el resultado objetivo mediante una representación o serie de representaciones» (Spranger, p. 379). Lo que hay que ver es si de tal hecho debo concluir que existe un «ente ideal», un espíritu objetivo al que se pueda atribuir una existencia independiente de toda realidad psico-física, o si este espíritu objetivo solo existe en el espíritu subjetivo y no es, por lo demás, otra cosa que una abstracción científica.

La Metafísica objetiva del espíritu, que va convirtiéndose, gradualmente, en una especie de misteriosa religión académica, se apoya, sobre todo, en las investigaciones lógicas de Husserl; estas investigaciones han revelado, con gran penetración, la independencia de las verdades respecto a los datos de la conciencia y de los conocimientos objetivos respecto a las vivencias psicológicas. La distinción se basa en el aislamiento de los psicológico subjetivo respecto al contenido espiritual objetivo de sentido o significación de un juicio. Mientras que un juicio que se halle en la conciencia del hombre es algo individual y temporalmente determinado que los demás hombres solo pueden vivir de distinto modo, todos los hombres viven la verdad de un juicio (verdadero) como algo idéntico, único e intemporal, es decir, como una verdad a la que le es indiferente cómo, cuándo y dónde es pensada (Husserl, *Log. Untersuchungen,* II, pp. 23 ss. y 247).

Lo que sucede con los procesos orientados hacia las verdades lógico-matemáticas debe suceder también —y este es el *thema probandum*— con todos los demás y, por consiguiente, también con los procesos políticos del hombre. El contenido objetivo de significación de todas las formaciones culturales —se dice— debe ser independiente de los procesos psíquicos que las realizan. Las formaciones culturales vendrían a ser intemporales ya que, en su significación, no dependen de que sean o no comprendidas «por este o aquel sujeto concreto». «Puede un hombre vivir en un Estado sin comprenderlo o llevarlo como una vivencia personal». Las formaciones culturales tendrían que ser independientes de nuestras vivencias reales aunque no es más fuese por el hecho que «solo una parte mínima» de ellas entra en nuestras vivencias. «¿Cómo podría un Estado, aun refiriéndolo solo a sus más visibles órganos y al orden jurídico válido en él, entrar en la esfera de vivencias de un individuo? El Estado, en esa esfera, no es más que uno entre muchos, existiendo, además, de él, el arte, la ciencia, la economía, la sociedad, la religión, cuyos contenidos jamás podrá agotar, en sus vivencias, un individuo» (Spranger, pp. 365, 363 ss.). Así, pues, en las funciones del yo deben hallarse «acantonados procesos objetivos de pensamiento»; en su contenido significativo puede también participar otro yo, y ellos constituyen lo espiritual objetivo en el que pudieran encontrarse los «yos insularmente separados», como en una comunidad (369 s.). Siempre se admite que el hecho de que las creaciones culturales no dependan de que sean vividas por los hombres constituye «el mayor enigma de la cultura».

Antes de intentar su solución trataremos de darnos cuenta de la actitud intelectual que caracteriza a todos aquellos investigadores que solo ven en la cultura un «objeto espiritual» (Dilthey, *Mundo histórico,* pp. 106, 170 s.). O. Spann, por ejemplo, al considerar a todo lo social como espíritu y a la Sociología como «ciencia pura del espíritu» *(HWB d. Staatswissenschaften,* 7, p. 650), se encuentra, en este respecto, en la misma línea que Kelsen con su teoría pura del derecho, y en ella se hallan también las tesis de Spranger. Y otro neokantiano caracteriza, asimismo, lo social como «forma de sentido de la relación de espíritu a espíritu» (H. Oppenheimer, *Logik d. sozial. Begriffsbildung,* 1925, p. 71).

Basta la breve referencia anterior para darse cuenta de que la Metafísica del espíritu de Hegel —por lo demás considerablemente realista—, hace tiempo interrumpida en su tradición, difícilmente pudiera incluirse en la doctrina que trata de eliminar de la cultura a lo real. Los motivos de Sociología del saber a que tal doctrina responde, se desprenden, tal vez, de las palabras de Dilthey, quien, admitiendo que la historia nos habla también de trabajo económico, de colonizaciones, guerras, fundaciones de Estados, etc., declara, sin embargo, que lo que a nosotros —es decir, a los intelectuales alemanes— principalmente nos mueve es lo «inaccesible a los sentidos», lo que puede ser vivido y comprendido; «en torno a ellas gira todo el alboroto de la historia» (*Mundo histórico,* p. 102, y análogamente Rickert, *loc. cit.).* Esa conversión de la realidad social y política en «espíritu», que llevan a cabo según el modo de las ciencias del espíritu, encuentra, acaso, su explicación psicológica en la actitud contemplativa de los eruditos, distante de la realidad, apolítica y burguesamente saturada, que se sumerge con fruición en el reino de las estructuras significativas, de las formas ya creadas y alejadas, por eso, del ruido de la historia, y que, frente al peligroso devenir de nuevas formas, muestra indiferencia, si no aversión.

Intentando una solución del enigma propuesto, no tardaremos en encontrarla al descubrir la existencia de dos confusiones inadmisibles; pues, de un lado, se equiparán, al menos metodológicamente, las formaciones sociales, como el Estado, con las estructuras o totalidades de sentido abstractas, como el Derecho; y, de otro, se confunden las totalidades de sentido lógico-matemáticas con totalidades de sentido de carácter histórico.

Detengámonos primero en estas. No hay duda que el objeto de las ciencias del espíritu son aquellas estructuras de sentido que tienen carácter de validez. Pero el supuesto de la validez, también para los contenidos de sentido lógico-matemáticos, es la base inicial real-psicológica. Decir que el contenido de significación podrá encontrarse, primeramente, en un juicio de la realidad, pero que —supuesta su verdad— es intemporal y no depende de si se ha realizado psicológicamente y en qué momento, afirmar tal cosa es exacto para las proposiciones lógico-matemáticas, en cuanto formas puras del pensar, pero es falso para todas las demás conexiones de sentido. Estas no tan solo dependen de su actualización psicológica, sino que únicamente existen en los actos que dan realidad al sentido, no siendo otra cosa que «unidades de actos realizadores de sentido» (Tillich, p. 102). Es indudablemente cierto que el contenido significativo de un acto trasciende del correspondiente acto concreto y que la forma cultural que de tal modo nace —*v. gr.*, un saludo— no depende ya de su comprensión «por este o aquel sujeto particular». Pero el contenido significativo jamás trasciende de la vida social real sin dejar de ser tal contenido significativo. Por lo menos para las ciencias de la cultura, no existe un espíritu que tenga una objetividad trascendente de lo social, es decir, una significación independiente de la vida humana. Si los «yos insularmente separados» necesitan del enlace mediante un tal espíritu «intercalado» en sus procesos mentales, la conexión social-estatal sería, en verdad, el máximo enigma de la cultura. El hecho, empero, de que nosotros vivamos, de ordinario, las formaciones culturales, no en el extraordinario volumen y plenitud de sus particularidades, sino por «fragmentos» o, mejor, según determinadas representaciones de la totalidad, nada nos dice respecto a su independencia psicológica.

La totalidad de sentido de carácter histórico no es nunca independiente de la realidad psico-física, sino que es, únicamente, un momento abstraído de esta realidad.

La otra inadmisible identificación que dio lugar a ese insoluble problema ficticio fue la equiparación, al menos metodológica, de la formación social real a la conexión de sentido abstraída de la realidad. En rigor, ni Dilthey ni sus continuadores incurrieron en el error de no mantener objetivamente separadas las conexiones de sentido de los grupos de voluntad, la «organización externa de la sociedad» de «los sistemas de la cultura» (Dilthey, *Introducción a las ciencias del espíritu,* páginas 80 ss.), el Estado del Derecho. La eliminación de esta fundamental distinción y el confundir el orden ideal con la organización real estaban reservados a la doctrina kelseniana. Sin embargo, Dilthey había ya vaciado de realidad al Estado, convirtiéndolo en espíritu, al formular un concepto de espíritu objetivo que comprende «desde el estilo de la vida, desde las formas del trato hasta las conexiones de fines que la sociedad ha establecido, las costumbres, el derecho, el estado, la religión, el arte, las ciencias y la filosofía». *(Mundo histórico,* p. 232; cf. también Freyer, *Theorie,* 2.ª ed., p. 64 y el lugar correspondiente de la 1.ª ed.).

El mundo histórico-social veríase, de esta suerte, espiritualizado y convertido en el reino del espíritu. Al oír, aun hoy, a muchos teóricos, expresarse en el sentido de corporeizar, si no personificar, al espíritu objetivo, pudiera creerse que ha tenido lugar la resurrección de la idea hegeliana del espíritu universal, el cual —para decirlo con las certeras palabras del joven Marx— como sujeto de la historia, hacía de los verdaderos sujetos históricos, de los hombres, predicados, a tal punto que, en último término, él mismo se convertía en «predicado de su predicado» (*Obras,* I, p. 426). El automovilismo hegeliano del espíritu se asemeja, como dice Stahl *(Rechtsphiosophie,* pp. 282, 272), al cuerno de postillón de Münchhausen cuyos propios tonos lo hacían sonar. No solo en esta visión histórica, sino también en aquel método de las ciencias del espíritu, el Estado vendría a ser, en el mejor de los casos, una idea y, a poco que descendiese de condición, quedaría convertido en mera ideología.

La formación social que se llama Estado debe ser diferenciada tajantemente, no solo desde un punto de vista objetivo sino, además, metodológico, de toda estructura de sentido. El Estado no es espíritu objetivo y quien intente objetivizarlo frente a su sustancia humana psicofísica, verá que no le queda nada en las manos. Pues el Estado no es otra cosa que una forma de vida humano-social, vida en forma y forma que nace de la vida.

A los dos objetos, formación de sentido y forma social, corresponden dos actitudes del conocimiento completamente distintas y, en consecuencia, dos caracteres y métodos científicos absolutamente diferentes. Ya H. Kantorowicz (pp. 80 *ss.)* había reclamado una separación semejante entre ciencia de la realidad y ciencia del sentido. Con ello coincide, en parte, el programa de Scheler de una Sociología real opuesta a la Sociología cultural (Scheler, pp. 2 ss.). Más recientemente, H. Freyer intentó delimitar, en conexión con el materialismo histórico, la «Sociología como ciencia de la realidad» frente a las ciencias del logos. En 1904, M. Weber había proclamado la existencia de una ciencia social como «ciencia de la realidad» con la misión de comprender, en sus peculiaridades, la circundante realidad de la vida en que estamos insertos *(Wissenschaftslehre,* p. 170). Pero, previamente, había vaciado, por decirlo así, de realidad a su ciencia de la realidad, al limitarla a lo comprensible, a contenidos de sentido, al espíritu objetivo.

La distinción entre aquellos dos caracteres científicos se hace necesaria debido a que la construcción dialéctica de la realidad social reclama de nosotros dos actitudes en el conocer completamente diferentes. Toda actividad social del hombre es una unidad dialéctica de acto y sentido. La ciencia de la realidad parte, en su consideración de la actividad, del acto, y de la conexión «actual» de la realidad hacia su objeto. La ciencia del sentido aísla el contenido de significación o sentido, e investiga la conexión de sentido en su legalidad específica, sin relación alguna, en lo posible, con la «actualización» real.

Ambos caracteres científicos habrán de ocupar nuestra atención como Teoría del Estado y como Ciencia dogmática del Derecho. La misión de la Teoría del Estado es investigar el Estado en cuanto realidad. Si su objeto es el Estado, resulta obvio que no ha de referirse solo a una conexión de sentido o a un contenido afectivo que tenga su expresión en el Estado, ni tampoco a las causas psíquicas de la actividad estatal, únicamente, sino que ha de proponerse la aprehensión de esa formación de la realidad que se llama Estado. Es, por esta razón, ciencia sociológica de la realidad y no ciencia del espíritu o del sentido.

No quiere ello decir que la ciencia de la realidad haya de renunciar a la interpretación del sentido. La realidad social solo conoce la unidad de sentido y acto, y es realidad social y cultura únicamente, una conexión de sentido, pero tiene un sentido. En el apartado anterior hemos visto que no existe un objeto Estado sin la comprensión de su sentido. Ahora debemos, sin embargo, mostrar que la comprensión del sentido, en la ciencia de la realidad, presenta un carácter completamente diferente del de las ciencias del sentido.

En la Teoría del Estado, como ciencia de la realidad, el sentido se capta partiendo de la conexión de la realidad, mientras que, en la Ciencia del Derecho, como ciencia de sentido, el sentido se aprehende partiendo de la conexión de sentido. Quien quiera determinar científicamente el sentido del Estado, por fuerza habrá de apoyarse siempre, en última instancia, en la conducta real del hombre y los objetivos que se propone. Por esta razón, los fines subjetivos de los individuos y el «fin» del Estado deben ser separados con escrupulosidad suma. Entendemos por fin el efecto de la voluntad calculado de antemano, es decir, aquello que se propone psíquicamente alcanzar un sujeto real de un modo concreto, ya sea consciente o inconscientemente. Cuando hablamos del fin objetivo o, mejor, del sentido del Estado, queremos referirnos no a los numerosos fines que, con el Estado, se proponen conseguir todos o la mayoría de los hombres, sino a aquel «fin» que debe cumplir el Estado en el seno de la conexión social real, que aparece actuada por hombres y sobre los cuales, a su vez, opera.

Esa comprensión del sentido, que realiza la ciencia de lo real, tiene que ser comprensión de la realidad social. El comprender parte siempre, como Spranger acertadamente declara, «de la totalidad de los factores participantes y solo logrará poner de relieve los diversos momentos particulares si procede de la conexión del todo» (p. 392). No hay duda de que, para el modo de comprensión característico de la ciencia del sentido, no existen «factores», pues no se trata aquí de una actividad que se desarrolle en la realidad, sino de interpretaciones, construcciones o conclusiones dogmáticas, en o partiendo de la conexión de sentido, que tiene una legalidad relativamente específica, en cuya conexión la obra de arte, el precepto jurídico o cualquier otra formación del espíritu tienen su lugar y su función. Pero si queremos determinar el sentido del Estado no conseguiremos gran cosa con una intuición de las esencias en el reino ideal de las unidades de significación, o cualquier otra pura comprensión de sentido. La totalidad de la que hay que partir, necesariamente, para poder comprender el sentido del Estado, según el modo de la ciencia de la realidad, es la convivencia humana real, «la producción y reproducción de la vida real» (Engels, *Dokumente d. Sozial.*, II, p. 71). Según una consideración no metafísica, el sentido del Estado solo puede ser su función social, es decir, la misión que tiene que cumplir como «factor», como unidad de acción en la conexión de actividad social. «Comprender» este sentido no significa otra cosa sino «explicar» al Estado por la conexión social total en la que se encuentra. La opinión que, con Dilthey, llegó a ser dominante, según la cual solo en las ciencias naturales habría un método explicativo-causal, pues en las del hombre solo es admisible la categoría del comprender, constituye un error característico de ese proceso de «desrealización» de la realidad social y de la confusión entre la formación de sentido y la formación social. En O. Spann se ve bien claro a lo que puede conducir una Sociología según la ciencia del espíritu, que, para ser consecuente, tiene que prescindir de la categoría de la causalidad, es decir, desterrar el concepto de efectividad de la realidad cultural y la base real de la «conexión de lo real». A lo que nos dice aquel autor, en la economía y otras zonas de la vida cultural, nada hay que se desenvuelva «como agente, como material, como operante». Todo es espíritu; no hay más que «ramificaciones de la totalidad», y la historia se convierte, de conexión de causa-efecto en conexión de sentido, de un encadenamiento de hechos en un silogismo de conceptos. La batalla de Waterloo, por ejemplo, no puede ser considerada, en modo alguno, como la «causa» que produjo la quiebra del régimen napoleónico; el único significado que puede aquí tener la «causa» es: razón de un obrar estatal, u otro, conexo por un sentido y, por consiguiente (!), razón conceptual y no causal o real» (Spann, *Kategorienlehre,* 1924, pp. 6 s., 13, 294 5.). La confusión entre estructura de sentido y formación social, entre la lógica y la vida aparece aquí clara.

La conexión de sentido puede, en verdad, concebirse partiendo del «movimiento del pensamiento», que es relativamente autónoma, pero la forma social solo puede serlo partiendo del movimiento del hombre que actúa como una constelación, constantemente cambiante, de fuerzas efectivas. En la estructura de sentido no acontece nada, es historia acontecida; en cambio, la formación social es historia que está sucediendo y operando. Las formaciones sociales son grupos de voluntad y, en ellos, la voluntad humana actúa como causa final; su estructura ideológica no excluye, en manera alguna, la causalidad, antes la tiene por base. Sin duda que en las ciencias de la cultura no se trata nunca, en último término, con referencia a la cuestión causal, del problema de las leyes causales más generales, sino de las conexiones individuales concretas a las que podemos atribuir este o aquel fenómeno. Mientras la causalidad, en el terreno de la Física, expresa relaciones de equivalencia puramente cuantitativas, es decir, que en el efecto nunca hay más de lo que la causa contiene, la causalidad, en el terreno histórico, significa que en el efecto hay algo nuevo con respecto a la causa, o sea, que se trata de una relación de producción cualitativa. Si Napoleón, después de la batalla de Waterloo, renuncia a la corona, se suicida o huye al extranjero, son cosas que no estaban, ciertamente contenidas en el hecho de la batalla, aunque esta, sin duda, ofreció fundamento real para esas tres posibilidades.

Para la ciencia del sentido, el problema de la causalidad carece de significación. Sus conexiones de sentido son, para ella, por ejemplo, bajo la forma de jurisprudencia dogmática, formas válidas y definitivas y plenamente emancipadas, en lo posible, de las condiciones reales de su aparición; es decir, independientes, en primer término, del proceso real de producción, de las condiciones de ambiente y real-psicológicas de su nacimiento, y, en segundo término, libres también, hasta donde sea posible, del sujeto de conocimiento; pues tampoco este mantiene una relación de conocimiento de carácter existencial con la formación objetiva de sentido —por lo menos según la exigencia metódica— sino que esa relación es, en lo posible, pura. El jurista que llega a conocer un precepto jurídico no se debe sentir obligado por este, sino que, únicamente, debe, comprendiéndolo, interpretarlo y, valiéndose de ciertos medios, insertarlo sistemáticamente en un todo jurídico.

En la actitud respecto al conocimiento que es característica de las ciencias de lo real, no existe ni la separación entre el que conoce y lo conocido, ni la oposición de un objeto independiente del sujeto. La formación social que queremos conocer somos nosotros mismos. Y no cabe que vengamos aquí a dar en la concepción de la conexión de sentido objetivizada, ni existe aquí ninguna teoría pura, porque estamos unidos existencialmente, como dijimos, con el objeto de conocimiento; porque estamos incluidos colaboramos en el grupo social y mantenemos con él indestructibles relaciones de ser y voluntad. Frente al universal, aunque justamente por eso irresponsable, *tout comprendre,* de la actitud que adoptan las ciencias del sentido, aparece aquí el ethos característico de la ciencia de la realidad, que no se dirige, exclusivamente, a nuestro intelecto, sino además y en toda circunstancia, como luego veremos, a nuestra responsable decisión de voluntad.

Así, pues, la ciencia del sentido y la ciencia de la realidad, la jurisprudencia dogmática y la Teoría del Estado aparecen, tanto por sus objetos cuanto, por sus métodos, claramente separadas.

No obstante, o justamente a causa de esta separación, cumple manifestar que la emancipación del conocimiento propio de las ciencias del sentido, respecto a la realidad social, no es jamás absoluta. Hemos distinguido entre conexiones de sentido lógico-matemáticas e históricas y no vamos ahora a examinar si esta distinción será, asimismo, solo relativa. La separación de las conexiones de sentido históricas, y también de todas las jurídicas —que nunca son formas «puras», sino que siempre aparecen condicionadas por la realidad—, respecto de su fundamento real y del sujeto de conocimiento, solo es posible en una relativa medida; su conocimiento nunca puede ser, por tal motivo, «pura» ciencia el sentido. Una interpretación exclusivamente inmanente y solo sometida a las leyes específicas de la correspondiente zona del sentido, será siempre insuficiente y requerirá ser completada, porque ninguna conexión histórica de sentido puede comprenderse cabalmente si no se tiene en cuenta la historia de su nacimiento y la situación básica psicológico-sociológica de la que ha surgido.

Así tiene que ser, porque las estructuras de sentido de carácter histórico, contra lo que corrientemente se sostiene, trascienden solo en muy relativa porción del devenir histórico. No hay contenido de significación alguno que, al cabo de un tiempo mayor o menor, no haya experimentado un cambio, en su significación, más o menos importante. Si se objeta que ese cambio no afecta a la «esencia» de aquella totalidad de sentido, ello implica que se ignora la correlación dialéctica entre ser y conciencia; se objetiviza aquella «esencia» —la cual se pretende que trasciende de la realidad histórica, aunque, en realidad, aparece concebida de diverso modo por la conciencia de cada momento— y se hace de ella la cosa en sí. No se puede sostener que el precepto jurídico «todavía está ahí, si bien se ha obtenido de él algo distinto», es decir, su significación, su contenido de sentido, se ha convertido, ciertamente, en una cosa distinta, pero «su ser objetivo» continúa siendo el mismo (Rothenbücher, p. 5). Pues la formación de sentido no tiene otro ser que su modo de ser concreto, que la significación actual que le acompaña. Y el contenido de significación tampoco es independiente de su manifestación real. Si se ha disgregado el bloque de piedra del que se había hecho la obra escultórica, esta última ha quedado destruida en todos sus aspectos, incluso en su contenido de significación. Lo que se hace, tanto en las formaciones de sentido como en las formaciones sociales, no es suprimir el tiempo sino, tan solo, «estancarlo» (en contrario, Freyer, *Soziologie,* p. 84).

Con todo lo que antecede, no queda destruida la autonomía metódica de la ciencia del sentido, que considera a sus formaciones de sentido como algo inmanente y las hace «valer» como formas que se apoyan en sí mismas. Debido al hecho de que todo objeto de conocimiento se engendra solo mediante su aislamiento de una totalidad compleja, toda ciencia se ve obligada a emplear, en algún punto, al lado de sus métodos autógenos, procedimientos de trabajo heterogéneos, que tienen carácter autogenero en otras esferas. La ciencia del sentido sostiene su autonomía en virtud de peculiar y exclusivo objetivo de su conocimiento, puesto que los préstamos que toma de la ciencia de la realidad los utiliza únicamente como un medio para el fin de su específica interpretación y para la cabal comprensión de la conexión de sentido.

Como la totalidad de sentido no es, pues, más que un momento parcial abstraído de la realidad social, esta realidad admite y reclama, además de la interpretación según la ciencia del sentido, una interpretación sociológica de las formaciones de sentido. El Estado, lo mismo que las demás formaciones sociales, solo puede ser interpretado según la ciencia de lo real; en cambio para la formación de sentido, y especialmente para el Derecho, aquellos modos de interpretación constituyen algo científicamente necesario. La interpretación sociológica de los contenidos espirituales de la cultura no los considera a estos de un modo inmanente, sino como una forma en la que se manifiesta la propia realidad social. Por este motivo, la interpretación propia de la ciencia de la realidad se preocupará para descubrir la relación que pueda haber entre las conexiones de sentido y el ambiente en que nacen, y comprender, hasta donde sea posible, su sentido en cuanto función social, es decir, hacerlas captables por los conceptos de la ciencia de la realidad.

Más adelante hemos de consagrar un capítulo al complicado problema de las relaciones entre el Estado y el Derecho. Aquí, sin embargo, declararemos que la Teoría del Estado no puede contentarse con una simple coexistencia de ambas interpretaciones sociológica y jurídica, sino que, como ciencia de la realidad, deberá dedicar su atención a la investigación del proceso denominado «método jurídico», al que incumbe también una activa función social (cf. *infra*, pp. 278-279).

De este modo la Teoría del Estado es, en todos sus aspectos, una ciencia sociológica de la realidad que, considerando al Estado como una formación real, histórica, se propone comprenderlo y explicarlo causalmente mediante la interpretación de la «conexión de actividad» histórico-social.

4. La Teoría del Estado es ciencia de estructuras y no ciencia histórica

Troeltsch: «Der Historismus und seine Probleme», *Obras,* III, p. 192; Lukács: *Geschichte und Klassenbewusstsein,* 1923; Mannheim: «Historismus», *Arch. f. Sozialwiss.,* vol. 49, p. I; Stern: «Die sog. Seinsverbundenheit d. Bewusstseins», *Arch, f. Sozialwiss.,* vol. 64, p. 492; Ziegler: «Ideogienlebre», *Arch. f. Sozialwiss.,* vol. 57, pp. 657 ss.

Según una consideración inmediata y, por consiguiente, ingenua, la realidad social toda y, en primer término, su *status* político, el Estado, presentan el carácter de una rígida entidad objetiva. No se concibe a las formaciones sociales como algo que ha devenido y que deviene, no se les reconoce su condición de formas de la actividad humana. La mayor parte de la enorme masa de vivencias de nuestros antepasados, que actúa en nosotros como experiencia y formación, ha penetrado tan solo en nuestro saber inconsciente. Sobre la base de estas experiencias, todas las formaciones sociales y formas espirituales posibles guían la corriente de vivencias del hombre en cuanto ser de cultura, y casi siempre sin que se aperciba de ello, por los cauces predeterminados por el lenguaje, las costumbres, el derecho, la familia, el Estado, etc. Se comprende, por eso, que la conciencia inmediata considere a todas aquellas formas y formaciones sociales como algo que no ha devenido, como algo inmutable, regido por leyes eternas. Pues «la reflexión sobre las formas de la vida humana, así como su análisis científico, abre un camino contrapuesto al de la evolución real. Comienza *post festum* y, por ello, con los resultados del proceso de evolución completamente terminados. Las formas... presentan ya la firmeza de formas naturales de la vida social antes de que los hombres traten de darse cuenta, no del carácter histórico de tales formas, que estiman más bien invariables, sino de su contenido». Aparéceselo así, en fin, a los hombres su propio movimiento como un «movimiento de cosas a cuyo control están, en vez de ser ellas quienes las controlen» (Marx, *Capital,* I, pp. 83 s.). Si el pensamiento acepta tal concepción, se falsea por completo el carácter de la realidad social (cf. Lukács, pp. 57 *ss.*, 94 *ss.*, 198 ss.).

La conciencia ingenua debe ser superada por la crítica histórico-dialéctica. Si así se hace, aquel rígido mundo de cosas aparece, esencialmente, como historia, como un acaecer humano, como actos concretos de hombres reales en relaciones reales. El Estado pierde entonces su carácter estático y se convierte en un fragmento de la historia que está aconteciendo. Cumple advertir que, frente a esta constante transformación de la historia, no existe tampoco una conciencia humana invariable. Hay que admitir, sin duda, a pesar de toda historización, una estructura humana fundamental que permanece a través de los cambios. La idea de la unidad del género humano habrá de mantenerse dentro de muy amplios límites, salvo que se acepte la creencia histórica milagrosa de una transformación radical de la esencia del hombre encaminada ya hacia lo infrahumano, ya a lo sobrehumano. Resulta, sin embargo, indiscutible que todos los contenidos de conciencia y todas las formas de actividad y aun las mismas cualidades físicas del hombre se hallan sometidos al cambio histórico-social, cambio que suele provocar en la conciencia ingenua una sensación de asombro y de inseguridad.

Tan pronto como la crítica histórica desplaza a esa conciencia ingenua, se desvanecen aquellas formas a las que se había atribuido condición de fetiches, de cosas; las formaciones sociales se muestran como procesos vivos entre hombres y los hechos que, según la concepción estática, se presentaban trascendiendo por completo de lo histórico y social e impenetrables a todo influjo humano, se revelan como formas históricas de la actividad humana. La historia aparece, ya sea ciencia, ya sea acontecer, como «lo que la humanidad sabe de sí misma, su autoconocimiento» (Droysen, p. 38).

La misión específica de la Ciencia de la Historia consiste en exponer este carácter de proceso de los fenómenos sociales. De esta suerte le pertenece la categoría fundamental del sucederse, de la serie temporal, del movimiento incesante y de la transformación permanente de todas las formas de la actividad humana. Pero la Teoría del Estado no es ciencia histórica y, por esta razón, resulta esencialmente inaceptable una Teoría el Estado que, al modo de la de R. Schmidt, nos dé un resumen histórico del «desarrollo» del Estado, el cual, según eso, se considera, de uno u otro modo, como algo constante; y también debe estimarse equivocada una Teoría del Estado que considere como clave de su construcción a la integración, es decir, el proceso de renovación permanente (Smend, pp. 18 s.), pues en la multitud de los procesos de integración, que se suceden unos a otros, tiene que disolverse y desaparecer lo único que puede ser objeto de la Teoría del Estado, a saber, la unidad del Estado que se afirma a sí mismo en todo cambio.

En cierto sentido, aquella ingenua concepción del *status* político viene a tener ahora aplicación, en un grado más elevado, para la Teoría del Estado; ha de utilizar esta, como punto de partida, un aspecto de la realidad social completamente distinto del de la serie temporal y no menos necesario que él. Por otra parte, sucede que toda «pura» consideración histórica, si no recibe la ayuda de ese otro aspecto, no solo es insuficiente sino incluso imposible. Pues toda historia es historia de algo; no existe una «historia en general». La corriente de la historia, lo mismo que la corriente de vivencias del individuo no puede ser concebida como una totalidad indiferenciada en movimiento, sino que se nos muestra como una estructura, sobremanera diferenciada, de funciones y formas que se condicionan recíprocamente. Cuanto más alto sea el grado de civilización, tanto más fuerte será la integración y diferenciación de esta estructura. La Ciencia de la Historia no puede hacer otra cosa sino describir la sucesión y la momentánea coexistencia de las diversas actividades y objetivaciones de carácter político, económico, religioso, etc. Y menos podrá renunciar a tal diferenciación una historia universal que, en la actualidad, apenas existe más que como aspiración.

Lo que, sin embargo, el historiador y, con frecuencia, también el teórico del Estado olvidan fácilmente es el hecho de que las formas históricas de actividad, como el Estado, la Iglesia o la economía, no pueden nunca ser comprendidas y, mucho menos, interpretadas utilizando los medios lógicos de la ciencia histórica, es decir, con la categoría de la serie temporal. Solo puede aprehenderse por medio del análisis de la interrelación que actualmente existe en la estructura social efectiva, por medio, diríamos, de un corte transversal practicado en la corriente de la historia. Este corte no nos revela un caos sino una conexión ordenada de efectividad, con algún grado de estabilidad, en cuya conexión las formas particulares, con una mayor o menor permanencia también por su parte, llevan a cabo funciones que se condicionan recíprocamente. Únicamente si logramos distinguir, en el conjunto de la realidad histórica, diferentes funciones y estructuras, presentará aquella corriente un aspecto ordenado y será entonces posible hacer, en la inagotable diversidad de hechos, una selección llena de sentido.

Con lo expuesto queda demostrado que es posible encontrar en la realidad histórica el punto de partida de la Teoría del Estado como ciencia de estructuras. No puede olvidar, en ningún momento, que el Estado es algo que deviene; pero tampoco puede desconocer que el Estado da forma a este devenir político. Ha de darse cuenta de que le cumple llevar a cabo, justamente, aquello que la Ciencia de la Historia no puede realizar por sus medios, a saber, la consideración del Estado como estructura histórica y como función, dentro de la totalidad de la estructura concreta histórico-social. Bajo el aspecto de la Ciencia histórica, el devenir aparece, para emplear una frase de Hegel, como la verdad del ser. En cambio, bajo el aspecto de la Teoría del Estado, ciencia de estructuras, el ser no aparecería, en modo alguno, como la verdad del devenir. Si tal creyéramos, vendríamos a dar por bueno lo que la Teoría del Estado y la Ciencia del Derecho han venido haciendo, especialmente en la última generación, a saber, la absolutización del Estado del momento. Las categorías políticas, por el contrario, son históricamente mudables y las mismas funciones y, con mayor motivo, la estructura del Estado actual, dependen de la historia. Toda historia es un proceso único, una corriente cuya dirección no admite regresión, y la estructura estatal que pueda existir dentro de una determinada estructura social general es, esencialmente, inaplicable para cualquier otra situación histórica. «El Estado verdadero» de O. Spann (3.ª ed., 1931) no contiene nada de verdad porque no es una realidad vinculada a lo temporal o al hombre; sin embargo, se le señala espiritualmente su articulación —por lo menos tal se pretende— como forma eternamente igual de una estructura fundamental eternamente igual (cf. Freyer, *Soziologie*, pp. 75 ss.).

El problema de la Teoría del Estado consiste, pues, en concebir al Estado como una estructura en el devenir. Pues, por una parte, solo existe el Estado si hay hombres que, en determinada situación y mediante sus actos reales de voluntad, operan para que llegue a ser. Pero, por otra parte, todos esos actos presentan un enlace y ordenación especiales, mediante los que se ordena su pluralidad en la unidad característica del todo activo que es el Estado. Si esta estructura tiene una cierta permanencia, la Teoría del Estado habrá encontrado ya su objeto; pero como dicha estructura o forma del Estado se halla constantemente inmersa en el río de la historia y sometida a un cambio incesante, aunque, de ordinario, apenas perceptible, no puede ser concebida como una forma cerrada. La historia fluye a través de ella. Por eso es absolutamente ineludible que la Teoría del Estado busque, en lo devenido, lo que deviene, las tendencias de la evolución de la estructura del Estado.

5. La Teoría del Estado y la política

R. Schmidt: art. «Politik», en Stengel-Fleischmann, *Wrtb. d. d. Staats-u Verw. Rechts.*, III, 1914, pp. 83 55.; Laun: «D. Staatsrechtslehren u. d. Politik», *Arch. Ö. R.*, vol. 43, pp. 145 55.; Triepel: *Staatsrecht u. Politik,* 1926; Karl Mannheim: *Ideología y Utopía,* trad. esp., Fondo de Cultura Económica, México, 1941.

De acuerdo con la concepción general de la vida y la actitud intelectual de las últimas generaciones, se creía que era posible trazar una tajante línea divisoria entre la Política, como ciencia práctica y de valoración, y la Teoría del Estado, como ciencia teórica y no valorativa. Nosotros no compartimos tal creencia y, por el contrario, la estimamos consecuencia de la nunca bastante censurada separación radical entre el sujeto y el objeto, gracias a lo cual pudo desconocerse, en la Teoría del Estado, la relación que existe entre lo teórico y lo práctico. El deslinde de los campos pertenecientes a esas dos ramas de la ciencia no es tarea fácil porque no existe general acuerdo sobre la nomenclatura y el reparto de sus competencias. El problema sería sencillo si por Teoría general del Estado se entendiera, únicamente, el análisis dogmático de los conceptos generales positivos del derecho político, pero esto solo es lógicamente posible en una Teoría del Estado sin Estado, es decir, cuando se identifica a este con el orden jurídico (Kelsen, *Staatslehre,* 1925). En los demás casos, las fronteras entre la Ciencia Política y la Teoría del Estado son imprecisas. Como resabio del pensamiento jusnaturalista, fue usual hasta hace poco equiparar la Teoría del Estado a la Filosofía del Estado, oponiendo esta a la ciencia empírica de la Política. Pero dado que la Teoría del Estado se vale también de métodos empíricos, tal oposición carece de sentido.

Hoy predomina la opinión de que la Ciencia política se diferencia de la Teoría del Estado en que la primera es una ciencia práctica y valorativa, y la segunda teórica y libre de valoraciones. Tal distinción se apoya en la tesis de que existe una absoluta separación entre los juicios políticos del ser y los del deber ser, lo que, en tal forma planteado, no es exacto. Únicamente si esta oposición significa que unos y otros presentan distinto acento, encerraría algo de verdad. Podría, acaso relacionarse con la caracterización que hace Aristóteles del político: Θεωρητικὸς τῶ ὄντων, πρακτικὸς τῶ δεόντω. Pero la distinción no se refiere a la de la Ciencia Política y la Teoría del Estado, sino, en general, a la que existe entre la teoría y la práctica políticas. La Teoría del Estado es también, en realidad, una ciencia práctica y no una ciencia libre de toda valoración y de toda política; y, por su parte, la Ciencia Política, en cuanto es ciencia, es también teoría. El ser y el deber ser aparecen tan entrañablemente entrelazados en todas las ciencias de la sociedad como la teoría y la práctica. No implica esto, sin embargo, desconocer la legalidad relativamente específica de los conocimientos políticos teóricos. Cualquier conocimiento o saber solo tendrá valor para el político práctico si puede ser utilizado como arma, de manera inmediata, en la lucha política del día; por esta razón, hace, sobre todo, apelación al sentimiento y a la voluntad del hombre. En cambio, el teórico de la política estima a cada idea por su valor para el conocimiento y no, como el práctico, por el influjo que, a modo de propaganda, pueda ejercer en la conducta humana. No le está permitido al investigador de la política utilizar el conocimiento como instrumento actual de la dominación política, sino que, para él, ha de significar siempre una formación espiritual de sentido que debe conservar su autonomía relativa a través de los cambiantes situaciones políticas de poder. La voluntad de poder del teórico de la política debe subordinarse a su voluntad de conocimiento, y por esta razón, habrá de atender más a la fuerza intelectual del juicio que a la capacidad de exaltación ética o emotiva del hombre. El objetivo del político práctico consiste en el logro de una conexión ordenada de la actividad política; el del teórico de la política es una conexión ordenada del conocimiento político. Pero de tal distinción entre la teoría y la práctica participan, en igual modo, la Ciencia Política y la Teoría del Estado, aun cuando los conceptos, más concretos, de la Ciencia Política puedan estar más cerca de lo práctico.

La especial naturaleza del Estado y de las demás formaciones sociales es lo que hace que una Ciencia de la política cuyo contenido consistiera en juicios de valor, prescindiendo de los juicios del ser, sea tan poco posible como una Teoría el Estado que solo contuviera juicios del ser sin ningún juicio valorativo. El devenir del Estado se concreta, en cada momento, en un ente actual; pero este ente presenta singular carácter, ya que es un querer humano-social, una realidad social, por ser actividad humana. En esta realidad del orden del ser, que siempre trasciende del presente y se proyecta en el futuro, nos encontramos existencialmente incluidos, es decir, con nuestra existencia total, con nuestro sentir, querer y pensar; en ella ocupamos un lugar, grato o adverso; por medio de este mantenemos relaciones con dicha realidad y tenemos de ella una cierta imagen; y, sobre todo, intervenimos de determinada manera, voluntariamente, en su evolución. No podemos conocer una realidad social si no participamos, a la vez, en su formación. Y tal situación no podría ser, en lo fundamental, alterada ni siquiera por una humanidad dotada de mayor sentido crítico para el conocer, a quien fuese dado realizar la proeza de convertirse en un sujeto puro de conocimiento, libre de todo influjo de la voluntad, y mantenerse, por sí solo, fuera de esa realidad. Pues una vez realizado tal prodigio, ese fantasma confinado fuera de la realidad no podría vivirla y pensarla más que como la puede pensar el hombre real, es decir, como realidad.

Los mojones con que se quiso jalonar la línea divisoria entre la Política como disciplina valorativa y la Teoría del estado como disciplina que no se preocupa por juicios de valor, procedían de aquella tendencia antihistórica que hacía del Estado una cosa rígida y de la que lo privaba de realidad, según los postulados de la ciencia del espíritu. Así, para Blunschli (*Allg. Staats.*, VI, p. 2), G. Jellinek (p. 15) y otros muchos, la Teoría del Estado y la doctrina del Derecho Político tendrían como misión estudiar el «orden estatal en reposo», el estado «como algo fijo y regulado», y en cambio, la Política se ocuparía del Estado «en su vivir». Tal distinción es, sin embargo, radicalmente inaceptable porque el Estado, al igual que toda otra forma de la actividad política, solo existe como institución en tanto se renueva de modo constante mediante la acción humana. La razón más seria para adscribir lo estático a la Teoría del Estado y lo dinámico a la Política radica en que la primera considera como su principal tarea la indagación de ciertos conceptos que tienen carácter básico para la Ciencia Política. En este sentido la Teoría del Estado vendría a ser la parte general y de conceptos de la Ciencia Política teórica. Con lo cual se explicaría el carácter más concreto y cercano a la vida de la Ciencia Política, y el más preciso en sus conceptos y más claro en sus métodos de la Teoría del Estado.

El propio Georg Jellinek se daba perfecta cuenta de que todos los procesos importantes de la vida del Estado han sido, antes de su nacimiento y en este, objeto de consideraciones y decisiones políticas, y de que toda acción estatal acarrea efectos políticos. Y aún más: reconocía, incluso, que una absoluta abstracción de toda política conduce a «resultados vacíos» en los que se comprueba la ausencia de toda traza de forma viva (p. 16). A pesar de eso, Jellinek permanece aferrado a los prejuicios de la doctrina científica de su tiempo. En vez de rechazar esa disociación de la teoría y la práctica, del orden estatal en reposo y en movimiento, acepta esos «resultados vacíos», al parecer como algo ineludible, y pretende, únicamente, «completarlos» mediante la observación de lo político.

Georg Jellinek reitera constantemente el intento de salvar la separación entre la Teoría del Estado y la Política, al menos en lo externo. El sueño de la época, o sea la eliminación radical de lo político de la Teoría del Estado, se hace realidad en Hans Kelsen, y, por cierto, *ad absurdum*. Solo podía creer en la realización de tal sueño quien osara negar al Estado la condición de realidad histórico-política. Tal hizo Kelsen —siguiendo la línea de la doctrina dominante de Gerber y Laband— al convertir al Estado en un orden normativo ideal, según los postulados de la ciencia del sentido, y al absolutizar, estimándolas como trascendentes de la historia, a las formas jurídicas, privadas, en lo posible, de contenido; no obstante lo cual, como fácilmente se comprende, tales formas no pueden renunciar a su vinculación con lo presente. Con lo cual el experimento kelseniano vino a conducir, por modo paradójico, a una Teoría del Estado sin Estado, ciertamente, pero no a una Teoría del Estado totalmente emancipada de lo político.

La razón de esta singular pirueta se encuentra en la imposibilidad de separar el sujeto del objeto, sobre lo cual no nos cansaremos en insistir. El ser del Estado es, cabalmente, su devenir a través de actos de decisión política constantemente renovados, es su devenir en la lucha política entre poderes reales de voluntad, ante los cuales no es posible que el sujeto de conocimiento mantenga una absoluta neutralidad. Este modo de ser del Estado es lo que hace que los juicios puros del ser, libres de toda valoración y semejantes a las proposiciones lógico-matemáticas, sean completamente inadmisibles. No es, por eso, extraño que una Teoría del Estado que, de acuerdo con los postulados de la ciencia del sentido, hace abstracción del acontecer real, de la vida estructurada, que es en lo que únicamente consiste el Estado, venga a encontrarse con que todo lo estatal se le ha volatizado, yendo así a dar en la Teoría del Estado sin Estado. El hecho de que esta Teoría contenga todavía una concepción del Derecho Político que, aunque relativista y sin contenido, aparece claramente teñida de un tono liberal, es cosa que debe Kelsen a la circunstancia de que no se coloca como un sujeto «puro» de conocimiento, desligado de toda voluntad, fuera y por encima de toda realidad histórico-política, sino —bien que en manera ciertamente insegura— dentro de ella. Por lo demás, el propio Kelsen ha confesado, con absoluta sinceridad, en sus *Hauptprobleme der Staatsrechtslehre* (1911, p. XI), la tendencia antisocialista de su restricción del concepto del Estado. «Ya que los resultados a que llego —dice el pretendido purista de la Teoría del Derecho—, se aproximan a los de la vieja teoría liberal del Estado, no trataré, en forma alguna, de defenderme de la observación que se me puede hacer de que en mi obra se perciben síntomas de ese neoliberalismo que parece apuntar por todas partes».

Por lo que con Kelsen ha sucedido llegamos a la conclusión de que la pretendida emancipación de la teoría respecto a la realidad política no limpia a la Teoría del Estado de lo político, aunque sí la vacía de lo estatal; y si no la hace libre de toda consideración valorativa, la priva, en cambio, de todo valor. Como la Teoría el Estado y la Política no se pueden separar, tampoco se precisa que esta última venga a completar a la primera, como piensa Georg Jellinek. Los juicios del ser, de la Teoría del Estado son, en cierto modo, también juicios deontológicos. El ente Estado, como acaecer humano cuyo sujeto-objeto somos nosotros mismos, sale de sí mismo mediante su contenido de voluntad y se proyecta en el futuro. Este contenido de voluntad se forma mediante un contenido político de valor, que no hay que buscar en una zona separada de la realidad del Estado, sino exclusivamente en la voluntad del hombre que actúa políticamente; los hombres, unidos en comunidades de voluntad y de valores por sus aspiraciones y concepciones políticas, se proponen conseguir algo para el futuro.

Quien quiera describir el ser del Estado, por fuerza ha de tener en cuenta las comunidades de voluntad y de valores que se actualizan en el presente del Estado y además referirse a su futuro. Pues toda representación presente de la estructura del Estado, cuya actualización se realiza en modo constantemente renovado, nace únicamente del hecho de que estimamos a un determinado poder de voluntad, frente a los demás, como el formador del futuro, es decir, que entre diversas tendencias de evolución, señalamos a una como únicamente válida para el futuro, pudiendo ella ser, en relación con la situación presente, reaccionaria, conservadora o revolucionaria.

El citado Georg Jellinek había visto también hasta qué punto era imposible hacer una afirmación sobre el ser del Estado —como luego veremos— sobre su derecho, sin llevar a cabo una valoración de la importancia que puedan tener para el futuro los poderes de voluntad política. En manera desconcertante, empero, declara nuestro autor que esos poderes de voluntad de carácter político reciben «su contenido y su objetivo, mediante la indicación de lo políticamente posible», de las investigaciones propias del Derecho Político, y no en primer término de las de carácter científico-social. Si esto es así, resulta insostenible su aseveración de que la Política se dirige esencialmente hacia el futuro, y en cambio la Teoría del Estado, como ciencia de lo que existe, se orienta hacia lo presente y lo pasado. La verdad es que no puede componerse una imagen del Estado en la actualidad sin una representación de lo por venir. Por tal motivo, la conexión entre la Teoría del Estado y la Política no es algo arbitrario, sino necesario; y sin un conocimiento de lo políticamente posible queda «excluida» la posibilidad de una fructuosa investigación del Derecho Político y, con mayor motivo, la de una investigación de Sociología del Estado. Ello es lo que hace que el más somero análisis permita descubrir, en los representantes del «método jurídico puro», a pesar de pretenderse apolíticos, una capa de «firmes conceptos políticos» como base de sus investigaciones (Jellinek, pp. 14, 16, 17).

El juicio sobre lo posible político se obtiene de la valoración de lo político real, es decir, de las diversas tendencias actuales de evolución. Por eso no hay nadie que, ante las fuerzas que actualmente contienden, pueda permanecer como un mero sujeto de conocimiento, sin ninguna relación volitiva con ellas; ni puede haber tampoco nadie que no vea a la realidad política también «bajo el aspecto de su posible mutabilidad» (Landshut, p. 67).

De todo ello se desprende cuán improcedente es esa antidialéctica oposición absoluta entre ser y deber ser, acto y sentido, voluntad y norma, tanto al diferenciar la Teoría del Estado de la Política como al distinguir la actitud del teórico político de la del practico. Pues del mismo modo que la política práctica es, únicamente, el arte de lo posible, la teoría solo recibe «su contenido y su objetivo» teniendo en cuenta lo políticamente posible. Ni la teoría ni la práctica pueden deducir sus ideas maestras del espíritu puro; una y otra ha de extraerlas de las motivaciones psicológico-pragmáticas de los hombres reales. Si las tendencias políticas del futuro pueden «preverse», como piensan los marxistas, mediante las tensiones dialécticas del presente, o si a lo actual se opone, en una mayor o menor concordancia con determinadas tendencias, un ideal para el futuro es cosa que no tiene mayor importancia en este caso. Pues, de todos modos, la visión que del futuro tiene el dialéctico teórico es, también, una orientación valorativa que trasciende de la realidad, es decir, de lo presente, o sea, una «utopía» en el sentido de Mannheim (*Ideología,* p. 173), a la cual no puede renunciar. Porque solo por el hecho de que la actualidad se le haga cuestionable, debido a ciertas tendencias que en ella actúan, puede planteársele un problema. Y únicamente por el hecho de considerar válidas determinadas tendencias de la evolución llega a encontrar una idea rectora que le permita orientarse, elegir e interpretar.

Resulta completamente fuera de lugar el intento de conseguir un alto grado de emancipación de la teoría respecto a toda consideración valorativa, por medio de la reunión de todos los puntos de vista políticos que pueden existir (como hace Mannheim, pp. 150 s.). Con una mera adición relativista de todas las posibilidades de orientación, lo único que se obtiene es desorientación. La suma de los programas de los partidos no conduce a una posición segura por encima de ellas, sino a la recíproca acumulación de todos los puntos de vista, con lo que se va a dar, necesariamente, en aquello a que lleva todo relativismo, es decir, al agnosticismo.

El conocimiento de la realidad política y su valoración se hallan, pues, entrañablemente unidos. Tanto el teórico como el práctico de la política encuentran siempre ante sí, de modo ineludible, la cuestión de determinar cuál de las diversas tendencias del presente habrá de conformar el futuro. Tales decisiones, naturalmente, no han de referirse a señalar si el querer formativo de la actualidad política es moralmente bueno, estéticamente bello o aparece como valioso según cualquier otro criterio de valor; lo único que hacen es descubrir, en tales tendencias, el «próximo estadio de la historia del mundo».

La Ciencia Política precisa, esencialmente, de una Teoría del Estado, ya de modo expreso o como algo tácitamente supuesto. Si quiere ser una verdadera ciencia, ha de procurar emplear las palabras Estado, Derecho, poder estatal, Constitución, soberanía, territorio, pueblo, etc., según acepciones inequívocas y sin contradicciones. Pero tan necesaria como la Teoría del Estado para la Ciencia Política, lo es la Filosofía del Estado para ambas. Es Filosofía toda actitud del pensar respecto al mundo considerado como unidad. Sin una inserción ideal de lo estatal en la universal conexión de una concepción del mundo, aunque solo sea como algo sobrentendido, no es posible una Ciencia Política. Incluso aquella Ciencia Política que pretende ser no más que una ciencia puramente empírica y absolutamente antimetafísica de la realidad, posee siempre su propia filosofía y metafísica. Pues necesariamente ha de tomar posición frente a ciertos fundamentales problemas, ya que, prescindiendo de cuestiones gnoseológicas, y por lo menos de hecho, si no expresamente, debe pronunciarse, por ejemplo, sobre si el hombre procede en la política, por regla general, con bondad o con maldad, racional o impulsivamente, si en la historia yace un sentido y si se debe creer en un progreso ascendente del hombre, en un destino humano, o no. Precisamente aquellas formas de la Ciencia Política que pretenden rechazar, del modo más categórico, toda filosofía, caen en la especulación metafísica al plantearse el problema de la realidad «verdadera» de os procesos políticos y resolverlo al modo naturalista o materialista. Porque no es solo metafísica aquella Teoría del Estado que, como se pensaba en la Edad Media, introduce factores superiores al hombre en la consideración de lo político, sino que también lo es aquella que proclame que las «últimas» fuerzas que impulsan al mundo político son causas infrahumanas y que los procesos políticos son simples epifenómenos de tales causas. La Ciencia Política empírica encuentra únicamente una pluralidad de determinantes del acontecer político. Al reducir todas esas determinantes a una unidad y hacer de esta, a su vez, otra determinante suprema, sea o no de naturaleza espiritual, que a todas las demás domina, ha abandonado ya el terreno de la experiencia. Por esta razón debe considerarse también como especulaciones metafísicas la Antropología política y la Geopolítica, por cuanto sostienen que la verdadera realidad que determina toda política es, en un caso, la sangre y, en otro, la tierra. Y es también metafísica el materialismo histórico de Marx y Engels, al pretender explicar todos los procesos políticos, en último extremo, por los cambios técnicos-económicos. Es verdad que a la ciencia se le señala, como un ideal, la explicación monista; pero, obsérvese bien, justamente como un ideal que, en cuanto tal, no es susceptible, por las vías de lo empírico, de una plena realización, sino tan solo de un acercamiento. Cuando la teoría política busca responder la cuestión de un *ens realissimum,* de un motor que nadie mueve, en los procesos políticos, viene a caer, en realidad, en lo teológico y a convertirse en sucedáneo de una religión monoteísta. La moderna ciencia política no se distingue, según eso, de la Filosofía política por el hecho de mantenerse alejada de toda filosofía y metafísica, sino tan solo por su propósito de exponer todo lo que la experiencia política pueda descubrir por medios empíricos y sin apelar a la especulación lógica y metafísica.

Como, en todo lo hasta ahora expuesto, hemos insistido constantemente en el carácter indisoluble de la conexión entre lo teórico y lo práctico, entre la Teoría del Estado y la Política, es necesario que proclamemos ahora, con singular énfasis, la relativa autonomía de la actitud teórica; pues hay, en verdad, una gran diferencia entre la actitud del teórico y la del práctico de la política. Es evidente que el pensamiento político se halla, en último extremo, ligado a los antagonismos políticos. No puede, por eso, verse absolutamente libre de toda valoración; pero sí puede serlo más o menos. El teórico se esfuerza constantemente por subordinar su voluntad de poder a su voluntad de conocimiento. Para el práctico, en cambio, el saber y el conocer solo tienen importancia en cuanto puedan ser inmediatamente utilizados como arma para la lucha política. No estima un conocimiento por su valor de tal, sino por la acción real que puede ejercer, mediante su influjo de propaganda, sobre las voluntades de los hombres. Es innegable que el teórico tampoco puede prescindir de las valoraciones, pero, para el práctico, la justeza de sus ideas conductoras se deduce de la práctica, es decir, del éxito que puedan tener, para lo cual ha de apelar más al sentimiento y a la voluntad que al intelecto. Los argumentos del teórico no van dirigidos, en primer lugar, a nuestra capacidad de entusiasmo a nuestro afán de actividad o a nuestra conciencia moral, sino a nuestro juicio racional. No es, para aquél, el conocimiento un instrumento actual de dominación, sino una formación de sentido que guarda una autonomía relativa frente a las cambiantes situaciones de poder. La cuestión que se formula no queda resuelta mediante la conquista o el afianzamiento de su posición de poder, sino solo —para decirlo, justamente, con palabras del filósofo de la «voluntad de poderío»— con la honradez intelectual; esta ha de sofrenar su voluntad de acción. Por ese motivo, la idea-guía presentará tan solo, para el teórico, el carácter de un hilo conductor del conocimiento, de hipótesis para su labor, hipótesis que ha de ser constantemente controlada y modificada; nunca tratará de defender, por encima de todo, su «utopía», antes bien, estará siempre dispuesto a verse contradicho por la realidad empírica. En la práctica política, la distinción entre prédica, propaganda o agitación, de un lado, y teoría, del otro, solo en muy raros casos plantea dificultades de alguna monta.

La hipótesis-guía de nuestra Teoría del Estado consiste en la afirmación de que es insostenible la estructura clasista del Estado actual y que, por consiguiente, se aceptan como válidas las tendencias de evolución que a ella se oponen. Y precisamente por el hecho de que estas tendencias ponen en tela de juicio la realidad y la unida del Estado, la cuestión cardinal de la Teoría del Estado debe ser la de si es posible, y de qué modo, el Estado actual como una unidad que opera en la realidad histórico-social, como una estructura real e histórica.

6. La formación de los conceptos en la Teoría del Estado

Rickert: *Kultur-und Naturwissenschaften,* 1915; Cohn: *Theorie der Dialektik,* 1923; v. Schelting: «Die logische Theorie der historischen Kulturwissenschaft von Max Weber», *Arcli. f. Sozialwiss.,* vol. 49, p. 714; Wertheimer: *Über Gestalttheorie,* 1925; Petermann: *Die Wertheimer-Koffka-Köhlersch Gestalttheorie,* etc., 1929; Heller: «Zur staats-und rechtstheoretischen Problematik», *Arch. Ö. R.,* n. s., vol. 16, pp. 321 *ss.;* K. Mannheim: *Zur Logik d. konkreten Begriffs,* 1930; Schindler: *Verfassungsrecht und soziale Struklur,* 1932; Stoltenberg y Koigen: en *Verhandlungen d. VII. deutschen Soziologentages,* 1931.

La Teoría del Estado es ciencia de la realidad. Aspira a conocer la realidad específica de la vida estatal que nos circunda. Sucede, sin embargo, que toda ciencia es una ordenación y transformación de lo real en la mente. No hay ciencia alguna que pueda reflejar inmediatamente la realidad en toda su enorme variedad, cumpliéndole solo representada en conceptos, mediante procedimientos intelectuales. ¿Cómo han de ser, pues, esos conceptos a fin de concebir adecuadamente al Estado y, sobre todo, si se quiere evitar que se le arrebate su carácter de realidad?

Para una ciencia que, de modo consciente o inconsciente, se oriente en sus procedimientos hacia las ciencias formales el pensamiento o hacia las ciencias exactas de la naturaleza, tiene que aparecer como imposible la formación de conceptos por nosotros requerida. Para una tal ciencia solo existen, de un lado, la «ley» general y, de otro, el «caso singular. El concepto «Estado occidental de la Edad Moderna», que no es ni una ley ni un caso incluido en una ley, no podría ser recogido por ella.

En las proposiciones lógico-matemáticas y en las leyes de la Física matemática, el pensamiento puede prescindir por completo del ser real —así, al menos, lo admiremos— y, por consiguiente, no se precisa tener en cuenta, en esos terrenos, la realidad individual. Todo lo individual aparece reducido a lo general, suprimida toda cualidad individual al disolverse en determinaciones mentales puramente formales o en relaciones de intercambio no cualitativas; cada parte es solo una cantidad del fenómeno total; y lo que le acontece al todo se determina por lo que son cada una de sus partes y por el modo como se reúnen para componerlo. La enorme impresión causada por los éxitos de la investigación de las leyes de la naturaleza hizo que, a partir de Bacon, la manera de construir los conceptos mediante generalizaciones, que a aquélla corresponde, se extendiera, como modelo ideal, a otras regiones, incluso a la ciencia de la convivencia humana.

Pasando por alto el hecho de que a la Física moderna no le bastan ya los meros conceptos-leyes, el fin de su conocimiento consiste, ciertamente, en obtener conceptos genéricos universales. No acontece así en las ciencias de la cultura. Como esa formación de conceptos mediante generalizaciones deja fuera, por principio, a toda la realidad histórica, Rickert opuso a tal modo de formar los conceptos, característicos de las ciencias naturales, otro de tipo individualizador, peculiar de las ciencias de la cultura. «La misma realidad —dice el autor citado—, es naturaleza si la contemplamos teniendo en cuenta lo general, e historia si atendemos a lo singular e individual» (pp. 2 *ss.*, 60). Contrapónese aquí a la naturaleza, como la «existencia de las cosas en cuanto aparece determinada por leyes generales» (Kant, *Prolegomena,* § 14), una historia que presenta una conexión serial temporal de «individuos históricos».

Sin embargo, la representación mental de la realidad social no puede lograrse ni con conceptos-leyes ni con conceptos individuales. Con conceptos-leyes no es posible aprehender ni una realidad cultural ni una realidad natural. Pues toda realidad es, sin excepción, individual, desde la última hoja de un árbol al hombre. La individualidad es algo irracional, y pro muchos círculos concéntricos de conceptos genéricos que se establezcan, nunca podrá ser aprehendida en ellos. Como lo que a las ciencias de la cultura principalmente interesa es la realidad histórico-social individualizada, aunque las leyes y los conceptos genéricos de carácter general sobre la cultura pueden proporcionar ciertos supuestos fundamentales para el conocimiento de esa realidad, en ningún caso, sin embargo, pueden proporcionar este mismo conocimiento.

Si, por el contrario, se aplica consecuentemente la historización a la formación de los conceptos y se acepta sin reservas la máxima: «la forma carece de valor si no es la forma de su contenido» (Marx, *Nachlass,* I, p. 319), resulta imposible toda conexión superior, y el individuo permanece en su individualidad, pudiendo ser solo contemplado, pero ya no comprendido; ni siquiera podríamos representarnos una conexión serial histórica, y mucho menos una Teoría del Estado.

En rigor, apenas si existe una sola ciencia que pueda darse por satisfecha con esa posición entre ambos modos de formación de los conceptos, generalizadora e individualizadora. La Teoría del Estado, que tiene como objeto al Estado occidental de la Edad Moderna, reclama una forma conceptual que, sin ser indiferente para con el contenido histórico concreto, no venga a confundirse con la individualidad del Estado real y particular; es decir, una forma que capte los rasgos característicos esenciales de una estructura histórica de la realidad, pero que tenga una validez que trascienda de lo meramente singular.

Es a Georg Jellinek a quien se debe —aunque ello se olvide con frecuencia— el haber puesto por primera vez de relieve la necesidad de que, tanto la Teoría del Estado como el derecho, se valgan de tal modo de formar los conceptos. Cuando, en 1904, Max Weber analizaba con todo detalle (pp. 186 *ss.*) la formación de conceptos según tipos ideales, Jellinek había perfilado (pp. 30 ss.), con suma exactitud, su concepto de tipo, que no es, como el concepto de ejemplar de una especie, un simple representante ilustrativo de la ley. Jellinek analiza en su obra, con singular acierto, lo mismo el carácter individual-histórico que la validez que trasciende de lo singular, e incluso la importancia heurística de sus conceptos-tipos, y el procedimiento por el cual se llega a obtenerlos. El concepto típico-ideal no es, para Jellinek y Weber, un concepto concreto, no representa una realidad sino solo el resultado de una abstracción que aísla y, a la manera lógica, idealiza. Pero, a diferencia de Max Weber, para quien la Sociología debe formar tipos ideales, en lo posible «puros», y buscar las «reglas generales del acontecer» (*Economía y Sociedad*[3], I, pp. 18 s.), Jellinek pone de manifiesto lo estéril de una generalización llevada demasiado lejos (pp. 37 s.).

La formación de conceptos según tipos ideales, especialmente tal como aparece en Max Weber, no puede satisfacer las exigencias de la Teoría del Estado, y ello por varios motivos. En primer término, el tipo ideal de Weber no puede representar al Estado como una estructura objetiva de la realidad, sino que por Estado entiende, tan solo, una síntesis subjetiva mental realizada arbitrariamente por el sujeto de conocimiento. A través de la breve exposición que Weber hace del «caso más complicado e interesante», es decir, el problema de la estructura lógica «del» (en modo alguno concretado) concepto de Estado, resalta claramente lo inaplicable de su tipo ideal a una ciencia de la realidad, que el propio autor propugna. Pues, según su parecer, no corresponde a la idea «Estado», en realidad empírica, nada más que «una multitud de acciones y pasiones humanas difusas y discretas, de relaciones fáctica y jurídicamente ordenadas, en parte de carácter único y en parte que se repiten según ciertas reglas, todas las cuales se mantienen unidas mediante una idea, la creencia en normas que valen o que deben valer y en relaciones de poder de hombres sobre hombres». Pero el concepto científico del Estado es «siempre naturalmente, una síntesis que *nosotros hacemos para ciertos fines del conocer» (Wissenschaftsl.*, pp. 170, 200 5.). Lo que, con otras palabras, quiere decir que, al concepto del Estado, según el tipo ideal, no corresponde ninguna unidad real, sino que es una ficción o síntesis mental que el estudioso, procediendo soberanamente, puede construir o abandonar a su placer, y para la cual utiliza un conjunto, carente de sentido, de actividades difusas, y una idea que las enlaza de cualquier manera. Nosotros conocemos ya el trasfondo gnoseológico de tal modo de formar conceptos: es aquella oposición, antidialéctica y reñida con la realidad, de un sujeto de conocimiento que, viniendo de afuera, «se acerca» al objeto, extraño a él, y mediante cualesquiera ideas de valor, completamente subjetivas, extrae de algo «absolutamente impreciso» una cosa arbitraria, puesto que depende exclusivamente de su consideración (p. 204). El hombre real, sin embargo, no vive jamás la vida social real como un caos o como algo absolutamente impreciso, sino como una estructurada conexión efectiva, en la que figura incluido; dentro de ella, el hombre no crea el Estado mediante una síntesis subjetiva, sino que se lo encuentra como una formación objetiva y real.

Con sus bases gnoseológicas, hemos de rechazar también los fundamentos psicológicos de la construcción conceptual de Weber. Pues aquel subjetivismo anárquico, para el que no existe una formación objetiva de la realidad social, se apoya, en último extremo, en la concepción que atribuye carácter de agregado a la realidad psíquica, y, según la cual, el yo se engendra, de un modo sintético, por la suma de las sensaciones recibidas. Esta psicología ha sido ya superada por el concepto de estructura de Dilthey, el principio de la síntesis creadora de Wundt, la tesis freudiana de la determinación llena de sentido y, finalmente, por el concepto de forma *(Gestalt)* de Ehrenfels.

---

3 Citamos la versión española, bajo la dirección de J. Medina Echavarría, publicada en México, 1944, 4 vols.

Para caracterizar, en la misma denominación, el procedimiento antisintético que seguimos para la formación de nuestros conceptos de Teoría del Estado, hablaremos de concepto-formas o concepto-estructuras (cf. Tillich, pp. 59 5.). En cierto sentido, el concepto-estructura viene a ser lo mismo que el concepto típico-ideal. Es, así, toda forma algo general y particular a la vez; por sus leyes estructurales, aparece como determinante de otras estructuras, pero por medio de su individualidad, se separa de ciertas otras. El Estado occidental de la Edad Moderna tiene determinadas leyes de estructura que caracterizan la estructura del Estado alemán, francés, italiano; pero su peculiaridad individual lo diferencia de todas las demás estructuras de Estados de otros tiempos y círculos de cultura. Cuanto más general es el concepto-estructura, tanto más se acerca al concepto-ley, y cuanto más concreto, tanto más se aproxima al concepto histórico individual.

Lo característico de la forma, en lo que no coincide ya con el concepto-tipo, lo ha hecho ver de modo muy claro Ehrenfels valiéndose del ejemplo de la melodía transportada. En una melodía semejante, los «elementos» han cambiado por completo y, sin embargo, la melodía es idéntica. No cabe, pues, sostener que la melodía se construya como algo secundario, nacido de la suma de los fragmentos particulares, sino que debe aceptarse que lo que en el individuo existe depende esencialmente de cómo sea el todo.

No puede pasarse por alto que la seductora argumentación de la teoría de la forma entraña, para la formación de conceptos de la Teoría del Estado (y también para la propia Psicología, cf. p. 300), el peligro de una objetivización corporeizadora. Si la forma no puede ser comprendida reduciéndola exclusivamente a sus «elementos» y a las leyes de estos; si la forma, pues, no puede ser reducida a mera función y relación, tampoco pueden ser considerados los miembros como funciones del todo, sino que conservan su vida propia y, mediante esta, determinan, por su parte, la totalidad de la forma. Hay que recordar la diferencia que existe entre la melodía, como formación de sentido, y el Estado, como formación social. Esta última no es algo que se pueda desligar de los hombres, sino que es vida formada, y son solo los actos de la voluntad humana los que actualizan, en forma constantemente renovada, la conexión estructural Estado, las motivaciones psíquico-reales que lo llevan. El carácter psicológico-histórico del concepto estructural concreto que se llama «Estado», señala, pues, estructuras sociales reales, realizadas psíquicamente por hombres, y que son formas abiertas a través de las cuales circula el tiempo.

Con el concepto de forma se evitará, sobre todo, considerar a la formación social como un agregado espacial, susceptible de ser dividido en partes; pues ni la estructura se puede derivar de los «elementos» ni estos de aquélla. Sino que todo lo que se diga de los «momentos» —como, en lo sucesivo, los llamaremos siguiendo a Hegel— habrá de decirse también, necesariamente, de la conexión de forma, y viceversa. Con esta exigencia, sin embargo, viénese a dar en insoluble contradicción con el modo analítico de formar los conceptos; o, dicho más exactamente, ese modo se revela, para nuestro fin de conocimiento, insuficiente, y tenemos que apelar a otro, a saber, al modo dialéctico de pensar. Y no porque el modo dialéctico de formación de conceptos no se base también en la separación y análisis del objeto, ya que todas las operaciones de aislamiento y análisis conservan, como grados necesarios, aunque dialécticos del proceso del conocimiento, su derecho relativo. La diferencia está en que esos grados no deben estimarse definitivos, sino que han de ser desplazados y reclamados de nuevo por un grado superior del conocer, e incluidos luego en el conjunto, que es lo único que posee verdad y realidad.

No es solo la conexión estructural la que puede encontrar, en el procedimiento dialéctico de pensar, algo que satisfaga plenamente sus exigencias. Todos los pares de opuestos, que ya hemos utilizado, como sujeto-objeto, sentido-acto, cuerpo-alma, psíquico-físico, ser-devenir, etc., solo pueden ser comprendidos como oposiciones dialécticas. Estas separaciones, que realizamos con nuestro pensar discursivo, aparecen relativamente justificadas, pero siempre a condición de que sean referidas al todo y no se consideren como separaciones definitivas, pues, como tales, carecen de todo valor para el conocimiento, por cuanto vendrían a falsear la imagen de la realidad. La relación dialéctica consiste, pues, en que dos afirmaciones, que no pueden referirse la una a la otra ni ambas a una común raíz lógica, aparecen, sin embargo, unidas en un objeto real en el que, junto a la una, se halla siempre la otra.

La especial índole de este procedimiento dialéctico entraña una seria dificultad de exposición. Esta dificultad radica en el simple hecho de que no se puede decir todo al mismo tiempo y, no obstante, así debiera poder hacerse para satisfacer plenamente las exigencias de la conexión dialéctica, en la que cada afirmación tiene que relativizarse por referencia a las demás. Si comenzamos la exposición con una descripción de los momentos particulares de la estructura —lo que, naturalmente, nada tiene que ver con el individualismo— no podemos describir, al mismo tiempo, el todo, que es, sin embargo, una condición del modo de ser de los miembros; y lo propio sucedería invirtiendo los términos. Por esta inesquivable dificultad es por lo que, justamente, hay que tener siempre muy presente el carácter dialéctico de la formación conceptual.

Constituye el propósito de la Teoría del Estado la descripción e interpretación del contenido estructural de nuestra realidad política; el Estado no debe ser concebido ni como una conexión racional de leyes ni como una conexión de sucesión lógica o temporal. Pero, indudablemente, en la forma estatal operan leyes, y, de otra parte, su estructura es una forma abierta que permanece a través de los cambios históricos. Por tal razón, tanto los conceptos genéricos como los individuales son, en la Teoría del Estado, no solo posibles, sino incluso necesarios; pero su función es, sin embargo, aquí, la de servir únicamente como medios para un fin, que es el de concebir al Estado como forma, como una conexión real que actúa en el mundo histórico-social.

SECCIÓN SEGUNDA
LA REALIDAD SOCIAL

I

La realidad social como efectividad humana

Scheler: *Der Formalismus i. d. Ethik,* etc., 1921; Scheler: *Die Stellung des Menschen im Kosmos,* 1928; Litt: *Individuum und Gemeinschaft,* 1926; Meusel: *Untersuchungen über das Erkenntnisobjekt bei Marx,* 1925; Korsch: *Marxismus und Philosophie,* 1930.

Si el Estado es una unidad que actúa en la realidad histórico-social, no podemos esquivar el examen, siquiera sea somero, de la difícil cuestión referente al carácter de esta realidad social. El punto de partida ha de ser aquí la fundamental e inconmovible afirmación de que la realidad social es efectividad humana, es realidad efectuada por el hombre.

La realidad social no puede ser considerada ni como una realidad subjetiva de vivencia ni como realidad extrasubjetiva. Un realismo consecuente habrá de ver, en la realidad, un «ser independiente de toda relación con el yo», con lo que quedará desplazado el centro activo por y para el cual únicamente existe la realidad social. Es muy característica la manera como se representa al Estado esa doctrina de la realidad: «la conducta de un determinado número de individuos regulada por el contenido de ciertos libros» (Diresch, *Wirklichkeitslehre,* 1922, pp. 10 s., 204). Pero, de otra parte, la realidad subjetiva de vivencia tampoco puede confundirse con la realidad social, por la razón de que esta nunca puede ser pensada como simple *actualitas* intrapsíquica, sino que es siempre una efectividad que interviene casualmente en el mundo externo, operando bajo las condiciones objetivas de la naturaleza y de la historia que, con frecuencia, trascienden de la conciencia. Esta realidad social-humana, que actúa causalmente sobre la naturaleza y la sociedad, no puede determinarse, naturalmente, mediante el análisis fenomenológico de la conciencia; por eso tiene razón Litt cuando excluye de sus investigaciones a todas las agrupaciones sociales que precisan en los individuos miembros de «un saber y un querer» encaminados hacía aquéllas, y por tanto, «todo lo que se refiera a un obrar unificado y regulado en el sentido de la comunidad y concerniente a esta como tal» (pp. 408, 410, además 66 5.). De este modo, queda excluida de las consideraciones de Litt casi toda la realidad social y, especialmente, la del Estado.

Solamente un desconocimiento de la situación real pudo mover a Smend a concebir —en abierta oposición con su doctrina de la integración— a la realidad del Estado como la de «una región de la realidad espiritual» (p. 12).

En cambio, Marx y Engels, por los años 1845 y 1846, y en una crítica de la ideología alemana que, dado el estado presente de la ciencia, no ha perdido todavía actualidad, habían descrito ya, en muy claros términos, el carácter de la realidad político-social. «La organización social y el Estado nacen, en forma ininterrumpida, de los procesos vitales de determinados individuos, pero no de estos tal como los imagina la representación propia o ajena, sino tal como ellos realmente son, es decir, tal como obran y producen materialmente, tal como actúan dentro de determinados límites y bajo determinados supuestos y condiciones independientes de su albedrío» (*Marx-Engls-Archiv,* I, pp. 206 s.).

Así, pues, en el concepto de la realidad social aparecen unidos, en forma inseparable, los dos momentos de la efectividad subjetiva del hombre y de sus condiciones objetivas; pues los hombres hacen su propia historia y son, «conjuntamente, el autor y el actor de su propio drama» (Marx, *Elend der Philosophie,* pp. 97 s.). En este crearse a sí mismo, en este renovado engendrarse a sí mismo, consiste la realidad social. No cabe admitir en ella la presencia de fuerzas productoras que existan fuera e independientemente del hombre, ni tampoco de «relaciones»; todo lo suprapersonal, lo mismo que lo infrapersonal, ha de ser actualizado por la persona humana para que sea socialmente eficaz. En nuestra exposición hemos de referirnos con frecuencia a esas «conexiones suprapersonales» de la naturaleza y la cultura; pero en ningún caso pueden ser consideradas como «factores» de la realidad social, sino que son solo motivo, condición, estímulo u obstáculo de la única realidad social que existe, a saber, la actividad humana. Si así no se piensa, esas fuerzas o relaciones exteriores al hombre se convierten, erróneamente, en sujetos de la realidad social, haciéndose del hombre su predicado.

Sin embargo, lo que, en la actividad humana, tiene valor de efectividad social y lo que no lo tiene, no es cosa que podamos determinar por nuestras vivencias, que prescinden de la relación sujeto-objeto y para las que todo, incluso la isla Utopía, es una realidad; sino que, para eso, hemos de apelar a los firmes puntos de apoyo y al sólido encuadramiento que a nuestra actividad subjetiva ofrecen las condiciones objetivas naturales y culturales. Si se considera al conjunto de estas condiciones como el material que se entrega a cada nueva generación para que lo transforme en una nueva forma histórica, habremos aprovechado la parte científicamente más valiosa, depurada de todo economismo y naturalismo, del materialismo histórico (Heller, *Sozialismus und Nation,* pp. 33 s.; además, Freyer, p. 92).

Para llevar, pues, a cabo nuestro propósito de indagar la realidad peculiar del Estado, debemos, primeramente, representarnos al hombre real actuando bajo las condiciones naturales y culturales del mundo que le circunda.

Con relación a la Teoría del Estado, solo nos cumple ocuparnos de la realidad político-social del hombre. Desde los tiempos de Bacon, existe, en el pensamiento occidental, la tendencia a considerar al valor de efectividad social del hombre como el único o, al menos, el más alto, y a la realidad social como la única verdadera existencia humana. Prescindiendo de otras consideraciones, tal reducción del hombre a su función de efectividad social es, incluso desde el punto de vista de una actual Teoría del Estado, inadmisible. Desde que se ha podido formular la afirmación que contiene la frase de Orígenes: «nec ulla nobis magis res aliena quam publica», no puede ya dársele carácter absoluto en nuestro mundo cristiano-occidental al valor de efectividad social del hombre. Es cierto que la investigación sobre los aspectos político y económico de la vida terrena se intensifica a partir del Renacimiento. Pero con el Renacimiento nace también un individualismo que es el resultado de la secularización de la idea del absoluto valor del alma individual, convertida en el concepto de autonomía, y que de tal modo ha arraigado en el espíritu de Occidente que solo podrá destruirse cuando se destruya nuestra cultura. Que la creencia activista en lo terrenal no fue nunca, ni siquiera en el siglo XIX, la única dominante, lo prueba el gran ascendiente que alcanzó Kierkegaard y su lucha contra Hegel.

Cuando Marx, coincidiendo en eso con el idealismo alemán, considera el «reino de la libertad» como el reino del «despliegue de las fuerzas del hombre para la consecución de fines propios establecidos por él mismo» (*Capital,* III, vol. II, pp. 951-52; cf. Heller, *Polit Ideenkreise,* 1926, pp. 119 5.), lo que con tales palabras quiere expresar es la destacada importancia de las condiciones sociales para todo posible «destino del hombre». Pero cuando el mismo Marx, por lo demás también aquí concordando con Fichte, estima que la liberación del hombre advendrá cuando el individuo se convierta en «ente genérico» (*Nachlass,* I, p. 424), cuando, en fin, el individuo humano se le aparece únicamente como «encarnación de la socialidad» (Meusel, pp. 60, 84 s.), hay que ver en ello el síntoma de una posible «enfermedad mortal», tan peligrosa para la existencia del alma individual como para la de la sociedad entera. Pues refiriéndose al mundo político europeo, resulta evidente que, si el individuo se disuelve por completo en la sociedad, su más entrañable manadero de energía, incluso de la que se traduce en efectividad social, menguará en medida alarmante.

Siguiendo a Scheler (*Formalismus,* pp. 581 ss.), distinguiremos, pues, dialécticamente la «persona íntima» de la «persona social», y veremos en la efectividad social tan solo un momento del hombre total. Es indudable que la persona íntima no se halla por completo sustraída al influjo de la sociedad y del Estado, ni dejan de penetrar tampoco sus radiaciones en la sociedad. Pero, por su intención, no es la persona actuante con efectividad social bajo las condiciones de naturaleza y cultura.

Sentado lo que antecede, empero, la Teoría del Estado y de la sociedad ha de ocuparse del hombre, en cuanto este efectúa la realidad social y estatal. Hay que recordar aquí aquello de que le hombre que interesa a la sociedad y al Estado es el que se manifiesta en su vida como objetivamente efectivo en lo social y no como a sí mismo o a otros hombres aparece. «No le mires la boca sino los puños», podría decirse, en manera singularmente plástica, con Lutero, con lo que, naturalmente, no se trata de subestimar el valor social efectivo del lenguaje, sino expresar que lo que el individuo diga de sí mismo y su «cultura superficial» deben estar sometidos al control de su efectividad social.

Para describir el carácter de este hombre efectivo socialmente hay que hacer, en primer término, la trivial pero fecunda afirmación de que ha de ser captado por la ciencia de la realidad como una unidad de alma y cuerpo; porque el hombre no actúa sobre la realidad social como una unión cualquiera de alma y cuerpo, sino como una unidad dialéctica de ambos elementos. Si el hombre, por sus procesos corporales, se halla por completo inserto en la conexión causal de la naturaleza, también todo proceso corporal, producido de modo causal, se halla incluido en el mundo de vivencias psíquicas del hombre, y todos los hechos de nuestra existencia vital afluyen al todo de la conexión espiritual de vivencias (Scheler, pp. 429 ss.). «Todo lo que podemos decir de la "esencia" del espíritu incluye la comunidad con el mundo de lo corporal» (Litt, p. 167). Y, con mayor motivo, las afirmaciones todas que se hagan sobre la actividad socialmente eficaz del hombre son, a la vez, afirmaciones sobre su cuerpo, como factor de efectividad social. Por esa razón, la realidad social aparece, como el hombre, penetrada de espíritu, pero, como él también, no puede ser considerada como «espíritu». Y al modo como el hombre solo puede actuar con sentido a través de lo corporal, la realidad social, por él actuada, solo puede ser concebida como una unidad corporal y de sentido. Cualquier otra concepción es inadmisible a causa de lo inseparable de la conexión entre cultura y naturaleza.

Aunque, en lo que sigue, analicemos separadamente las condiciones naturales y culturales de la efectividad social, no se debe nunca olvidar, por ser cosa fundamental, que se trata de dos momentos de una unidad dialéctica que solo nuestro pensar discursivo separa y nuestra representación distingue.

II

Condiciones *naturales*, de carácter general, de la realidad social

A. Fischer: «Psychologie d. Gesellschaft» (*Hdb. d. vergleichenden Psychologie,* II, 4), 1922; Le Bon: *La psychologie des Joules* (1895), ed. alem., 1919; Tarde: *Les lois sociales* (1898), ed. alem., 1908; Mc Dougall: *The group mind,* 1927; Freud: *Massenpsychologie und Ichanalyse,* 1921; A. Adler: *Handb. u. Theorie d. Individualpsychologie,* 1924; Bousquet: *Grundr. d. Soziologie nach Vilfredo Pareto,* 1926; Colm, artículo «Masse», en *Hdwb. d, Soziologie,* 1931, pp. 353 *ss.;* Watson: *Der Behaviorismus,* ed. alem., 1930.

En contra de toda suerte de racionalismo, cuyo propósito es explicar la realidad por la razón, debe sostenerse la tesis de que la realidad social es una unidad dialéctica de naturaleza y cultura, condicionada siempre por la total conexión cósmica. De este modo, la aparición y desaparición del sujeto de la realidad social, nacimiento y muerte del hombre, el cambio de las estaciones y el sucederse de las horas del día, son fenómenos elementales de la naturaleza, sin los que no se puede hablar de una realidad social. Es, a menudo, de tal volumen el influjo inaprehensible que sobre esta ejercen, no tan solo esos formidables hechos de la naturaleza, respecto a los cuales el hombre cumple esencialmente un papel pasivo, sino aun aquellos otros que utiliza y pone al servicio de su actividad social, que apenas si tiene sentido considerar a la realidad social como «espíritu». El propio Dilthey, aunque sin extraer sus lógicas consecuencias metodológicas, lo admite, al decir: «Las guerras, por ejemplo, constituyen una parte capital de todas las historias, pues estas, en su aspecto de política, tienen que ver con la voluntad de los Estados y esta voluntad se presenta en armas y se impone mediante ellas. Ahora bien, la teoría de la guerra depende, en primer lugar, del conocimiento de los físicos, que ofrece a las voluntades pugnaces su sustrato y sus medios... En este gran cálculo las condiciones y los medios físicos son las cifras más importantes para la ciencia, las que más preocupan, mientras que hay poco que decir sobre los factores psíquicos» (*Introducción a las ciencias del espíritu*, p. 28). A través de este ejemplo, en el que solo se hace referencia a las condiciones técnico-naturales del valor de efectividad política, se percibe, con bastante claridad, la conexión entre ambos sectores.

El problema se complica, sin embargo, sobremanera cuando se plantea a fondo la cuestión de la importancia de las condiciones naturales para la realidad social. La ciencia de los últimos siglos acarició la esperanza de poder explicar la realidad social por la física, de poder deducir de la comunidad de ciertas legalidades del mundo que circunda la acción humana, determinadas regularidades de esta acción, y, sobre todo, era su gran ilusión el llegar a descubrir, en algunas propiedades constantes de la «naturaleza» física del hombre, el motor, no impulsado por otra fuerza, de la realidad histórico-social. En lo que a la conexión de lo cósmico concierne, la ciencia ha ido haciéndose, poco a poco, cada vez más modesta y, de esta suerte, se pasó de la Astrología a la Astronomía. Pero en la ciencia de las conexiones sociales ha sido poco perceptible este proceso. Allí donde la ciencia actual emprende, con singular vigor, la indagación del enlace que pueda haber entre la efectividad social y la legalidad natural de los impulsos, las condiciones de la sangre, la tierra, el alma de las masas, la imitación, etc., incurre, por lo general, en el error de ignorar las insolubles dificultades metódicas que existen en esta zona fronteriza entre la ciencia natural y la de la cultura.

Hay que plantear, necesariamente en primer término, ciertas cuestiones. Por una parte, hay que sabe de qué manera el valor de efectividad social del hombre aparece determinado, en concreto, por la circunstancia de que su cuerpo esté incluido en la estructura causal objetiva de la naturaleza. Y por otra, y ello interesa especialmente a la Teoría del Estado, hay que determinar si las uniones operantes de la realidad social deben explicarse por las «fuerzas socializadoras» de la naturaleza, y de qué modo; o, con otras palabras, si cabe referir las comunidades políticas o comunidades naturales. Como se ve, tales problemas parten de un punto de vista «materialista»: que la cultura debe concebirse como una directa continuación de la naturaleza.

El pretender derivar, de un modo inmediato, una cierta forma de efectividad social, por ejemplo, la valentía o el espíritu comercial o cualquier otra, de índices craneanos o de tipos de paisaje, constituye, simplemente, una forma moderna de la superstición. Nada se deduce de los cráneos sino aquello que de antemano se les ha atribuido. Una forma geográfica solo adquiere importancia social, y se convierte en realidad social, al ponerse en contacto con una determinada productividad humana.

Las enormes dificultades que presenta la solución de los problemas antes aludidos nacen de la circunstancia de que la importancia que un hecho de la naturaleza puede tener para un valor de efectividad social es cosa que solo cabe determinar por la totalidad de la realidad social, y esta realidad se halla construida dialécticamente.

No podrá nunca obtenerse una respuesta satisfactoria a esos problemas si no se comprende, de modo cabal, la interpretación que existe entre el cuerpo y el alma, la naturaleza y la cultura, la disposición interior y el mundo exterior, como una relación dialéctica real, sino que, por el contrario, según es achaque general, se falsean las «relaciones» que se quieren investigar mediante inadecuadas analogías espaciales, recibiendo un tratamiento improcedente, según el esquema: parte-todo, super-estructura-infraestructura (cf. Litt, pp. 95 *s.*, 167 *s.*, 207 ss.). No existe, por un lado, realidad social alguna desligada de la naturaleza; los procesos corporales penetran, en realidad, hasta las manifestaciones anímicas más alejadas de lo material. Pero, por otra parte, tampoco existe —cosa que, con frecuencia, se olvida— una naturaleza completamente virgen de todo contacto con la efectividad social y no sometida a las transformaciones histórico-sociales, o, si existe, su importancia, a este respecto y para el conocimiento de la realidad social, es exigua. Por esta razón, el mismo cuerpo humano es, en buena parte, producto de la cultura; la superficie terrestre se halla hoy recubierta de una pátina cultural; y la ciencia no conoce razas humanas naturales «puras». Pretender aislar, en esta interpretación dialéctica, determinadas «partes» es una empresa sumamente atrevida.

La otra seria complicación consiste en el hecho de que nunca se trata de una conexión entre una sola condición natural y una única condición cultural, sino que siempre se trata de la relación dialéctica entre toda una combinación de conexiones naturales y una combinación de hechos de cultura. Nace de aquí una tal abundancia de posibles motivaciones de la efectividad social que solo en muy raros casos es admisible una imputación unívoca. Solo tomando en consideración el conjunto de la realidad social concreta se puede determinar lo que significan los diversos hechos de la naturaleza para el valor de efectividad social. Si, por ejemplo, de las distintas condiciones naturales del acontecer estatal, se toma en consideración únicamente la geopolítica, quedan, aun después de esta limitación del campo, muchas dificultades por vencer sobre cuáles de los numerosos hechos, de importancia variable, relacionados con el clima, el relieve o la composición de la tierra, se encuentran vinculados a tales o cuales formas de efectividad social, ora económicas, ora estratégicas o políticas o de cualquier otra clase. De cualquier ejemplo en que fijemos nuestra atención —tal como el de China, la cual con una población superior a la de toda otra nación, y enormes riquezas naturales, desempeña un papel modesto en la política mundial— resaltará siempre, sin necesidad de más consideraciones, la insuficiencia de las explicaciones de la Geopolítica, de la teoría racista o cualesquiera otras de carácter naturalista, para comprender la realidad social. Quien conozca, aunque no más sea a la ligera, las transformaciones que tuvieron lugar en China, por ejemplo, desde la proclamación de Kang-Yu-Wei, en 1888, no podrá estimar como explicación satisfactoria de tales procesos la vinculación del valor de efectividad política de los 450 millones de chinos con determinadas cualidades constantes de su raza o de su situación geopolítica. Solo cuando se reúnan todas las condiciones naturales con la tradición histórica y con las peculiaridades culturales técnico-económicas, sociales, pedagógicas, políticas, religiosas y otras, podremos estar en situación de determinar con acierto, por la totalidad de estas mudables condiciones, la importancia que a cada una de aquellas condiciones naturales corresponde dentro del conjunto de la realidad social. En lugar de esto, una literatura científica popular, muy difundida, prefiere considerar a tal o cual condición natural como *natura naturans,* para luego deducir de este sustitutivo marxista de la religión toda la realidad social de manera que aparezca tal como ella desearía hacerla aparecer.

Hemos de tratar más adelante de los problemas que plantea la antropología y la geografía políticas, cosa que hoy ocupa el primer plano de la atención. En este lugar solo nos referiremos a la cuestión básica de si las uniones relativamente permanentes de la realidad social, y, especialmente, la unidad estatal deben ser consideradas como el resultado de las «fuerzas socializadoras» de la naturaleza. La Sociología anglo-francesa, ya desde el siglo XVII, vio en estas fuerzas socializadoras, que unen a los hombres sin su conocimiento ni voluntad y aun contra ellos, la clave mágica que le permitiría descubrir todos los secretos de la realidad social. El más reciente sistema sociológico asentado sobre esta base es el de Vilfredo Pareto, el llamado «padre del fascismo», que tanto influyó en los países latinos.

Es común a todas estas interpretaciones naturalistas de la realidad social el proclamar el papel preponderante de lo inconsciente e impulsivo en el proceso social, en tanto que el de la conciencia y la conducta espiritual del hombre, si es que se admite, aparece como algo totalmente secundario y subordinado. Todavía se cita hoy a este respecto la frase de Aristóteles: ἕνθρωπος, φύσει πολιτικὸνζῶν, y este impulso fundamental, por el cual se crea el Estado, se caracteriza unas veces como impulso de conservación o como voluntad de poder, como impulso gregario o de obediencia, como tendencia a la imitación y adaptación o como contagio de psicología de las masas o como impulso de nutrición o amoroso desviados o reprimidos. Según eso, el valor de efectividad social y política del hombre vendría a estar determinado, en forma más o menos unívoca, por la constelación de sus impulsos y por todos aquellos procesos psíquicos sobre los que su conciencia no decide; la conciencia humana no vendría a ser sino un derivado de ese verdadero ente impulsivo, ante el cual sería, todo lo más, algo así como un ente empequeñecido.

No puede hoy existir duda ninguna de que una doctrina seria y profunda de los impulsos y de su despliegue, tal como ha sido desarrollada en los últimos tiempos por Schopenhauer, Nietzsche, Freud, Jung y Adler, y también por Mc Dougall y Scheler, para no citar sino a los más conocidos, es también de fundamental importancia para la Teoría del Estado. Con toda razón ha declarado Scheler que es tan necesaria una doctrina de los impulsos del hombre, para servir de supuesto a una Sociología real, como lo es una doctrina del espíritu para una Sociología cultural (*Wissensformen,* p. 4). Y en tanto esas doctrinas de los impulsos reconozcan que, no obstante su gran valor, solo pueden ser supuesto de una teoría de la realidad social y política; en tanto no pretendan ser más que un momento de la totalidad dialéctica, podrán suministrar interpretaciones valiosísimas de muy importantes hechos de la vida estatal.

Pretender concebir la realidad política y social prescindiendo de las fuerzas que entrañan los impulsos elementales del hombre, el de reproducción, los de desarrollo y poder y el de nutrición en un sentido amplio, ha sido el principal error de aquellas concepciones espiritualistas y personalistas del Estado que creen poder derivar directamente del desarrollo del espíritu la reproducción o la expansión guerrera y económica. Hechos muy importantes de la realidad estatal solo pueden explicarse, por ejemplo, mediante el contagio colectivo, es decir, por la simple circunstancia de pertenecer a una masa que obra como una unidad ligada por un vínculo espacial, pero que también puede ser de naturaleza espiritual, tal como la prensa (sobre Le Bon, cf. Vierkandt, *Gesellschaftslehre,* 1928, pp. 421 ss.). Gran número de regularidades de la efectividad social, sobre las cuales se estructuran el orden estatal y el orden jurídico y, asimismo, muchos hechos del, tanto social como políticamente, importantísimo proceso de la conducción y el seguimiento, se basan, evidentemente, en forma consciente o inconsciente, sobre la imitación (sobre Tarde y Mc Dougall, cf. Spann, *Gesellschaftlehre,* 1923, pp. 98 *ss.,* 426 ss.).

Cumple, pues, aplicar los criterios dialécticos y mostrar los peligrosos errores de todas las teorías naturalistas del Estado; y, de todos ellos, el más grave consiste en la creencia de que la fuerza creadora del espíritu puede explicarse y ser determinada de modo exclusivo, en su contenido, por las condiciones naturales. Aun en el caso de que pudiera aceptarse que el momento espiritual de la realidad social es el resultado de una evolución directa del momento natural —cosa a todas luces imposible—, habría que recordar que es la anatomía del hombre la que constituye la clave de la del mono y no al contrario (cf. *supra,* p. 52). Influidos por el modelo de las ciencias naturales, la mayoría de los investigadores en este terreno todavía se dejan seducir por la ilusión de referir toda la realidad social, en lo posible, a un único «elemento», con lo cual convierten a lo que era una clave especial, útil para determinados casos, en una clave universal que para nada sirve. Así, por ejemplo, Tarde basa la armonía social, prescindiendo de todos los demás momentos, únicamente en la imitación; si se piensa que la oposición social más elemental, «la causa fundamental de las guerras más sangrientas», la hace consistir aquel autor en que, a consecuencia de un cruce de dos radiaciones imitativas, procedentes de lo exterior, en las células cerebrales de un individuo, se ha producido un desacuerdo entre dos concepciones o esfuerzos (pp. 19, 104), no hay duda de que cualquier interpretación mitológica de la guerra resulta incomparablemente más evidente que esta «explicación científico-racional».

Una interpretación de la realidad social en su conjunto, partiendo de estas condiciones naturales, no es posible, debido al hecho de que esas fuerzas socializadoras tienen que ser consideradas como constantes y universales, y, en cambio, la realidad social es una individualidad históricamente cambiante.

Las interpretaciones naturalistas aparecen, empero, en especial manera insuficientes, cuando se trata de utilizarlas para la investigación de la efectividad social colectiva. Los análisis psicológicos profundos de la estructura de los impulsos humanos encierran, sin duda, gran valor para conocer la posibilidad de una conexión social para comprender la unión política potencial. Cuando se ha llegado a descubrir que cada individuo humano debe ser considerado como «una construcción, escalonadamente ordenada, de impulsos con criterios valorativos materiales» (Scheler, *Formalismus,* pp. 159 s.), queda desplazada la sin duda errónea representación de que la conexión social o el orden estatal solo pueden ser considerados como resultado de determinaciones conscientes de fines o como un orden deontológico caído del cielo. Si existen o no algo así como vinculaciones supraindividuales en la esfera vital, como piensa Scheler y, con él, Driesch y Becher, es cosa en que no vamos a entrar. De todos modos, la unión social y política no puede nunca ser concebida como una simple «superestructura», como función o continuación de una unión semejante perteneciente a la esfera de lo vital (Litt, pp. 201 *s.).*

Cuando Freud, por ejemplo, explica las características de la masa psicológica descritas por Le Bon y otros, y las considera —con razón o sin ella— como resultado de vínculos radicados en la «libido» con el conductor y como una vuelta a la horda positiva, se ve obligado previamente a admitir que, en esos casos, se trata de masas «de vida corta»; en cambio piensa que las masas «estables», de distinta fisonomía, que toman cuerpo en las «instituciones» de la sociedad, vienen a estar, con relación a aquellas de vida breve, «en cierto modo superpuestas, como las pequeñas pero altas olas respecto a las grandes resacas del mar» (Freud, p. 35). Con esta frase, que no nos explica gran cosa, y que, como imagen, no es ciertamente, muy afortunada, se quiere expresar que las masas estables constituyen la superestructura de las masas fluctuantes. Sin embargo, Freud y, con él, Mc Dougall —cuyo pensamiento es, en este particular, mucho más claro— tienen que diferenciar ambos tipos de «masas» estableciendo que las características de la «primaria», es decir, de la masa psicológica, solo aparecen allí donde la masa no puede adquirir, en virtud de una «organización» suficiente, y de modo secundario, las cualidades de un individuo (p. 87). Con ello Freud viene a admitir lo siguiente: que la «superestructura» no puede derivarse de la «infraestructura»; que el grupo que Freud llama impropiamente «masa», y que tiene las cualidades del individuo, es, en realidad, una «organización», la que, como tal, no puede ser considerada únicamente como algo que se halla «en cierto modo superpuesto» a aquella masa unida por la libido (para su crítica, cf. Kelsen, *Staatsbegriff,* pp. 19 s.).

Las otras teorías naturalistas, en general menos ingeniosa que las precedentes, nos llevan también al convencimiento de que la conexión social es algo más que la conexión de vida impulsivo-vital, y algo distinto de ella, de que la unión social no se puede explicar como una comunidad de condiciones naturales iguales. No cabe duda de que la realidad social, corporal y de sentido a la vez, no puede concebirse si se prescinde del momento naturalista; pero tampoco lo puede ser exclusivamente con él.

III

Condiciones *culturales*, de carácter general, de la realidad social

Cassirer: *Philosophie der symbolischen Formen*, 3 vols., 1923; Gierke: *Das Wesen der menschlichen Verbände;* Simmel: *Soziologie*, 1922; Simmel: *Lebensanschauung*, 1918; Tönnies: *Gemeinschaft und Gesellschaft*, 1925; Tönnies: en el *Hdwb. d. Soziologie*, pp. 180 ss.; E. Kaufmann: *Über den Begriff d. Organismus*, etc., 1908; Rothacker: *Einleitung i. d. Geisteswissenschaften*, 1920; Marck: *Substanz-und Funktionsbegriff i. d. Rechtsphilosophie*, 1925.

La realidad social es acción social, tanto individual como colectiva, en unidad dialéctica inseparable. Si se pregunta qué es lo que le falta a la masa psicológica —la cual, por otra parte, también constituye una unión colectiva— para la efectividad social, diremos que le falta permanencia y capacidad para decidir y obrar, es decir, que le falta el ser una trabazón de actividades de carácter permanente e intencional. A toda agrupación humana capaz de decidir y de obrar la designaremos nosotros, para distinguirla de la masa psicológica, con la denominación de grupo. La masa psicológica, que no posee las «cualidades del individuo» (Freud, p. 87), es decir, que no es una unidad capaz de decidir y de actuar, constituye un ente «provisional» no solo por esa circunstancia sino, además, por la de estar formada por elementos que se han entrelazado «por un momento» únicamente (Le Bon, p. 12). En la masa, los individuos se hallan unidos entre sí mediante procesos psíquicos que su conciencia en modo alguno controla. La actividad de la masa se agota, mientras siga siendo masa psicológica exclusivamente, en meros movimientos reflejos y de expresión que se desarrollan sin intención, es decir, sin intervención de la conciencia. El entusiasmo o la desesperación de la masa y los movimientos que a esos sentimientos corresponden no son sino la expresión de una conducta meramente reactiva. Mientras el individuo forma parte de la masa no es más que un «ente impulsivo», un «autómata sin voluntad» (Le Bon, pp. 16 s.). Pero en cuanto surge en él, activamente, la intención de «algo», interviniendo ya su querer y su saber, deja de pertenecer a la masa psicológica.

Por borrosas que sean las fronteras entre la conducta condicionada por la masa y la intencional, hay que ver, sin embargo, en el tránsito del movimiento reflejo y de expresión en el que el individuo «se» produce tan solo reactivamente, a aquellos otros movimientos en los que se expresa en «algo» claramente distinguible de sus vivencias, el paso decisivo de lo meramente impulsivo a una posible trabazón social. Los hombres se encuentran unidos socialmente entre sí en cuanto se saben dependientes unos de otros, en cualquier modo que sea, ya político, económico, moral, sexual, etc., y en cuanto la conciencia de esta dependencia actúa sofrenando y conformando las fuerzas de los impulsos y de la voluntad. El acto intencional se diferencia del movimiento de expresión por la circunstancia de que el primero tropieza con un freno conformador bajo el aspecto del «algo» intencionado, en tanto que el movimiento de expresión deja fluir sin obstáculos todas las efervescencias de la psiquis.

Así, pues, la unión social aparece, en principio, en el momento que cualquiera de los integrantes de la masa, mediante un gesto, atrae la atención de la masa sobre «algo», y ella, siguiendo su indicación, lo ha comprendido (Freyer, *Theorie,* pp. 25 5.). Pues, de este modo, se ha cumplido una transformación que se apoya en numerosos supuestos y cuyo análisis preciso podemos llevar a cabo por medio de las condiciones culturales, de carácter básico, de la realidad social. El primero de aquellos supuestos es el «acuerdo». Tiene gran importancia darse cuenta de que este acuerdo entre quien hace la indicación y la masa solo puede realizarse gracias al hecho de que sean sujetos quienes se hallen frente a frente, y no un sujeto frente a un mero objeto. Un sujeto solo puede entenderse con un ente que sea algo más que un cuerpo que ocupa un espacio, que sea una unidad psíquico-corporal, es decir, que sea, también él, un sujeto. En neta oposición con la relación sujeto-objeto, esta relación se caracteriza como reciprocidad incondicionada de los sujetos que se determinan y limitan unos a otros en el intercambio; es la interpretación, la «reciprocidad de las perspectivas» (Litt, pp. 109 ss., 140 *ss.,* 246 ss.), lo que garantiza a los sujetos, a pesar de que estos contemplan la «misma» realidad y en ella actúan, la individualidad incondicionada de sus actos y vivencias perspectivas. El sujeto individual es el centro de vivencias y actos de la realidad social; pero no al modo de una mónada aislada y sin comunicación con el exterior, sino solo en su reciprocidad con otros sujetos, de tal suerte que el yo no puede concebirse sin su correlato, el tú, en recíproca motivación. La realidad social no puede construirse partiendo de «yos insularmente separados», mediante «relaciones» o «acciones recíprocas» (cf. también Smend, pp. 5 *ss.).* Solo en virtud del carácter dialéctico del concepto del yo (cf. Marck, pp. 89 s.), que supera la oposición entre sustancia y relación, puede situarse al sujeto en la realidad social como algo que actúa y, a la vez, es actuado, sin necesidad de convertirlo en sustancia y reducir, en consecuencia, la realidad social a meras relaciones.

Quien, en la masa, haya comprendido aquel gesto indicativo, ha superado ya, por ese solo hecho, la masa psicológica. Al ajustar su intención a la del autor de la indicación, ha captado, gracias al acto corporal e intencional de la indicación, aquello que permite distinguir el sentido objetivo del acto, por ejemplo: ¡marchemos contra ese enemigo! Mediante este proceso se realiza lo que Simmel llamó el «cambio en idea» (*Lebensanschauung,* pp. 28 ss.); el individuo se ha convertido en un ente espiritual que, gracias precisamente a esos actos intencionales, se eleva claramente sobre el reino animal. El animal realiza muchos movimientos de expresión, pero en él no existen las más leves trazas de gestos representativos y tampoco los entiende. En cambio, el hombre puede llevar a efecto la conexión social por medio del «acuerdo», en el que varios sujetos se unen sobre la base de contenidos significativos comprendidos por todos y que se van afianzando gradualmente (Heller, *Souveränität*, pp. 78 ss.).

La realidad social consiste en esos actos humanos intencionales, a la vez corporales y de sentido. Penetrémonos bien de esta verdad: que el acto y el sentido solo se pueden separar dialécticamente, es decir, que en cada uno de esos dos momentos se halla contenida la unidad del todo, y sin embargo, existe entre ellos una antítesis. En los gestos indicativos, como en toda actividad social, no existe sentido alguno sin acto ni acto social sin sentido.

El primer supuesto de una unidad de acción social-colectiva es, pues, la unión en el sentido, es decir, en una dimensión esencialmente diferente de la conexión de vida impulsivo-vital. Por la participación en las conexiones comunes de significación, y la elaboración de formas significativas relativamente constantes para contenidos de sentido relativamente permanentes, la conexión social adquiere un grado de forma, seguridad y permanencia que la masa psicológica, vigente solo para breves períodos de tiempo, desconoce por completo.

Se crea así la realidad social, como vida humana, según formas más o menos duraderas. Cada acto social encuentra, entonces, una vida ya formada en los instrumentos, formaciones y ordenaciones, y, sobre todo, en el lenguaje, que una larga serie de generaciones ha ido creando y trasmitiendo, y a esa vida afluye, y, en ella, la vida personal se ve llevada por cauces comunes, realizándose un proceso de igualación y adaptación espiritual-social que es por completo diferente, y relativamente independiente, de las comunidades naturales.

Este mundo de formas solo tiene realidad en la esfera de las vivencias humanas; es aquí donde se mantiene, transforma y reforma por tradición o revolución. Pero a pesar de su relativa objetividad frente al individuo y aun a generaciones enteras —en ellas se ha trabajado siglos y hasta milenios— no pueden considerarse como independientes de la realidad psíquica, como algo que trasciende de la sociedad y de la historia. Debido a su perfección pletórica de sentido, el mundo de estas ricas y articuladas formas constituyó siempre un motivo de asombro para el hombre, a tal punto que parecía que solo era posible explicar su existencia mediante una creación conscientemente planeada. La metafísica romántica del espíritu del pueblo se sintió entusiasmada ante el fenómeno de la sabiduría interna que encierra el lenguaje, el derecho o el arte, y tal actitud desempeña, aun hoy, e importante papel en la ciencia (Rothacker, pp. 48 ss., 69 ss., 216 ss.). ¿Cómo explicar, sin un creador personal, sin las fuerzas de un «espíritu del pueblo» actuando ocultamente, sin el «devenir inconsciente» (Troeltsch, III, p. 46) el hecho sorprendente de que los grandes «sistemas» del lenguaje, las costumbres, etc., no se engendren por la voluntad de los hombres? La experiencia diaria nos muestra la maravilla de que una forma concreta, nacida a consecuencia de una necesidad concreta de expresión, se reúne, no obstante, con otras para constituir un todo ordenado a un fin, con una poderosa lógica interna.

Es indudable que, mientras no se abandone la idea de que la realidad social es espíritu objetivo «encerrado» o «enterrado», y mientras se considere que el espíritu objetivo es algo así como «un tonel que flota en el mar de las vivencias, y al que las olas del alma mecen y bañan ligeramente», como irónicamente dice Freyer (*Soziologie*, p. 16), aquel enigma continuará insoluble, y habrá que apelar, para explicarlo, al «espíritu del pueblo» como una persona con conciencia propia. Pero en cuanto se desecha esa falsa relación entre vida y sentido y se plantea el problema desde el punto de vista de la efectividad social del hombre real, todas las tinieblas espirituales se disipan. Véase entonces, de modo casi automático, que la acción individual-concreta del hombre no produce un caos, sino una conexión ordenada con sentido; pues, por una parte, el carácter común de las condiciones naturales y culturales —por ejemplo, respecto a la productividad idiomática, las condiciones físicas y anatómicas del hablar—, y de otra parte, la reciprocidad de las perspectivas socialmente limitadas por el acuerdo, explican fácilmente que una productividad individual, de tal suerte condicionada, no dé lugar a un simple agregado de formaciones individuales sin relación entre sí, sino que engendre un todo coherente y ordenado (Cassirer, I, pp. 31 *ss.*, II, pp. 237 *ss.*; Litt, p. 334). Dado que el espíritu, como decía Hegel, «no es un ente que exista ya antes de aparecer y que se esconda detrás de la montaña de su manifestación, sino que solo es, en verdad, real a través de las formas de su necesaria revelación» (*Enzyklopädie*, § 378), el «espíritu del pueblo» es también para Hegel, y a diferencia de los románticos, tanto producto como productor de la realidad social (cf. Kantorowicz, *Hist. Ztschr*, vol. 108, p. 295).

Cuanto más numerosas sean las fatalidades domeñadas por un grupo, en su lucha contra la naturaleza y los enemigos humanos, y cuanto más extensa sea la creación de formas de vida común, tanto más clara y firme se desarrollará la comunidad de la actitud psíquica y el «espíritu» del grupo. La conciencia de «nosotros» que, por tal modo, llega a formarse en el individuo se constituye como una comunidad de valores, de voluntad y, finalmente, también de acción, la que, siendo por su parte un fragmento de acción social, que se afirma a sí misma, aparece opuesta de modo consciente y activo a otros grupos, aun cuando todos hayan estado sometidos a las mismas condiciones naturales. El mundo externo y la disposición vienen a ser, de esta suerte, dos momentos históricamente cambiantes de la realidad social unitaria.

Junto a los impulsos e instintos, en líneas generales constantes, que constituyen como la dote natural del hombre, aunque no son en modo alguno inmutables, existen, además, determinadas formas de representación, hábitos mentales y propensiones afectivas y volitivas, en una palabra, actitudes psicológicas que guían la conducta del hombre por determinados caminos y que constituyen como su dote cultural. Debido a que la mayoría y aun la totalidad de los hombres pasan por situaciones que se repiten, y, asimismo, por el hecho de que, en grupos vecinos, las situaciones semejantes se dan con más frecuencia que entre quienes están espacialmente distanciados, se engendran dentro del grupo modos de conducta y formas de representación que la opinión vulgar atribuye, en buena parte, a disposiciones e instintos naturales. Así sucede que, por ejemplo, el uso de ciertos alimentos o el hablar en determinados tonos musicales, el sentimiento de pudor o la repugnancia a los matrimonios entre hermanos, y tantos casos más que el pensamiento ingenuo generaliza al extremo de convertirlos en una naturaleza humana constante, son, en realidad, productos culturales que se basan en una cierta plasticidad de nuestra vida psíquica (cf. Vierkandt, *Gesellschaftslehre,* 1923, pp. 19 ss.). Nunca es el hombre, y muy raramente su circunstancia, naturaleza pura.

Entre los modos de conducta que se repiten regularmente en un círculo social hay algunos que, en cuanto ordenaciones sociales presentan especial interés por la Sociología. Trátase de ordenaciones que tienen una mera regularidad de hecho sin que sean exigidas por nadie, es decir, que no tienen validez normativa de ninguna especie para la conciencia. Las llamaremos, siguiendo a Max Weber (*Economía y Sociedad,* I, pp. 27 ss.), usos *(Brauch)* y, cuando se cimenten en un largo arraigo, costumbres *(Sitte)*; a ellas pertenece, pro ejemplo, todo lo concerniente al orden de la mesa en las familias o en las fondas, así como las horas y número de comidas. Y entre los modos de conducta consistentes en meras regularidades de hecho también figuran las reglas del comercio nacidas de la acomodación a las situaciones de intereses y, en manera especial, las ordenaciones del mercado basadas en la oferta y la demanda.

Otras representaciones conductoras de nuestro obrar son concebidas por nuestra conciencia como obligatorias o ejemplares, con lo que no son una mera regularidad de hecho de nuestra conducta, sino algo exigido por nosotros mismos o por otros. En este caso la ordenación regular aparece ante nuestra conciencia formulando pretensiones de legitimidad, como ordenación normativa o de valor; de estas ordenaciones legítimas hay siempre muchas en la realidad social que reclaman nuestra observancia. Tales representaciones normativas —entre las que figuran los convencionalismos sociales y el derecho— no son, en manera alguna, ideas trascendentes del ser sino que, como la conciencia, pertenecen al ser social del hombre. Como el hombre adquiere, esencialmente, su condición de tal, justamente en virtud de esas representaciones normativas, decimos por ello que es, en esencia, utópico. Por esta razón, es tan equivocado hablar, como lo hacen algunos marxistas, de un ser del hombre independiente de la conciencia, como presentar un reino del ser y de la naturaleza meramente causal, que abarca también a la sociedad y está determinado por el método naturalista de la Sociología, contrapuesto al reino del puro deber ser y de la validez meramente normativa al que se adscriben el Estado y el Derecho, tal como hace Kelsen.

Unas y otras, las regulaciones de la conducta social que lo son meramente de hecho y las regularidades cuya observancia es exigida, deben ser incluidas en el concepto de ordenación social. El tránsito de la ordenación social de hecho a la que vale como legítima es algo que en la realidad social presenta un aspecto fluyente. El hombre nace siempre en un mundo preformado de representaciones que, más o menos firmemente estructuradas, diferenciadas y obligatorias para esferas más amplias o restringidas, forman su manera de ser, aun sin participación de su conciencia y, por tal manera, dirigen su obrar. Muchas de estas formas del obrar penetran hasta tan punto en el ser del hombre que «valen» para él, es decir, que actúan sobre su conducta, incluso sin contar con su conciencia. Este orientarse «automático» según representaciones de legitimidad enraizadas en su ser, ha sido también entendido erróneamente, por unos a causa de su concepción naturalista y por otros debido a su posición idealista. El hecho de que los padres alimenten regularmente a sus hijos no se puede explicar únicamente por un instinto natural, ni tampoco porque conozcan y acepten el derecho de familia del Código Civil y la moral que a él corresponde, exclusivamente.

La validez, es decir, la eficacia de una ordenación social se halla, de ordinario, asegurada tanto objetiva como subjetivamente. Su garantía exterior la constituye la situación de intereses, o sea, el hecho de que se juzgue que su observancia acarreará ciertos beneficios de orden externo y su inobservancia determinados perjuicios de carácter económico, social-convencional o jurídico-coactivo. En el Derecho Natural de la Ilustración existía el prejuicio de creer que la garantía sustancial, e incluso única, del orden social era la situación de intereses conscientemente estimada, lo que no es, en modo alguno, cierto. La sanción religiosa del orden social, la creencia en la validez absoluta de los valores que fundamentan ese orden, así como su afirmación por motivos puramente sentimentales, constituyen garantías de validez mucho más fuertes que el interés mejor o peor entendido. Esas garantías de carácter interno engendran una predisposición estable para la aceptación de la legitimidad de la ordenación, en tanto que el aseguramiento de su observancia mediante la situación de intereses depende siempre de un cálculo que sopesa las ventajas e inconvenientes de la observancia en cada caso, antes de decidirse en sentido afirmativo o negativo.

Los motivos por los cuales se atribuye legitimidad a una ordenación son muy diversos. El más antiguo y general, y también más eficaz, modo de legitimación de una ordenación es el que tiene lugar por la tradición. En este sentido habla, y con razón, Georg Jellinek de la «fuerza normativa de lo fáctico». De entre varias representaciones de ordenaciones, presenta, sin duda, siempre singular relieve aquella que puede pretender la santidad de lo que siempre ha sido así; como su santidad se halla, para la mayoría, fuera de toda discusión, la legitimidad que se basa en la tradición no aparece, por lo regular, ni afirmada ni negada por la conciencia. La validez legitimada por la tradición aparece, casi siempre, unida a una validez basada en la creencia de raíz sentimental de que el fundador de la ordenación era un elegido y poseía una gracia especial o singulares capacidades. A medida que progresa la cultura racional se apela, para legitimar las ordenaciones sociales, a principios morales de la razón, siendo un ejemplo clásico de esto el que ofrece, ya desde los estoicos, el Derecho Natural.

La legitimidad de una ordenación social tiene carácter decisivo para las pretensiones de validez y de poder de aquella autoridad político-social que la instala y actúa. Una ordenación social constituida por reglas cuya observancia es exigida, es la forma de manifestación necesaria de toda dominación permanente. Lo que desde arriba aparece como dominación, visto desde abajo se presenta siempre como ordenación normativa. Ninguna organización autoritaria puede asegurar su poder y su ordenación exclusivamente con su aparato coactivo. Precisa siempre buscar una legitimación, es decir, esforzarse por integrar a los súbditos en una comunidad de voluntad y valores que ennoblezca sus pretensiones de poderío; lo que significa que debe intentar justificar sus pretensiones de dominación mediante contenidos ideales y hacer que los súbditos las acepten interiormente como una obligación normativa.

Toda convivencia social es convivencia ordenada. Tanto las regularidades que lo son meramente de hecho como aquellas otras que aparecen como exigidas, son expresión de ordenaciones sociales gracias a las cuales la convivencia humana adquiere carácter de permanencia y la posibilidad de una cooperación colectiva unitaria. Sin embargo, desde la ordenación a la organización, desde la simple unanimidad de la conducta social hasta la unidad relativamente permanente de la acción, queda aún un largo camino a recorrer.

La unidad de acción colectiva no se deriva de la categoría de agrupación unificadora, ni de la ordenación, sino de la categoría de la capacidad colectiva de decisión y acción. Las condiciones de la unidad de la acción colectiva, que interviene causalmente, de modo consciente, en el mundo exterior, son esencialmente distintas de las de la unidad del sentir y del pensar. Toda convivencia humana es algo ordenado y las raíces de este orden penetran hasta la estructura de los impulsos humanos. Y la agrupación unificadora que realiza una comunidad de creyentes, en cuanto iglesia invisible, o sea como mera unión en el sentido, llega solo a las operaciones internas de la voluntad y, por consiguiente, no engendra un grupo de voluntad capaz de obrar. Aun en los casos en que exista la voluntad para la unidad de los actos externos de voluntad, falta, sin embargo, un momento esencial para la realidad de la unidad social de acción, para su efectividad, su *actualitas,* como designaban los escolásticos a la realidad en oposición a la *potentialitas*: falta el obrar externo regulado y unificado en el sentido de la acción. No surge la unidad de acción colectiva, entre la multiplicidad de los centros activos, sino en el momento en que la labor de los elementos individuales aparece reunida y puesta en actividad en forma unitaria, si es preciso coactivamente a la unidad de la acción. Esta forma de actividad, que tiene por objeto el modo y la ordenación de la unidad de actuaciones y su realización o actualización efectiva, es lo que llamamos formación de unidad u organización.

Hemos visto que aparecen a diario ordenaciones sociales sin que haya que suponer la existencia de un saber y querer orientados hacia la ordenación como un todo; y vimos también en qué forma tenía ello lugar. Cuando no se trata de una unidad de decisión y acción, se llevan a cabo, ciertamente, numerosas uniones sociales, en lo fundamental, sin que sean plenamente conscientes de su sentido, en cuanto unión (Smend, p. 24). Otra cosa sucede en cambio con las unidades colectivas de acción o agrupaciones de voluntad. En este caso no bastan, en absoluto, los procesos de integración, y la realidad de la decisión, a que nosotros nos referimos, no se debe entender, en modo alguno, a la manera de Smend, como una integración de la ciencia del espíritu *(op. cit.,* p. 74). La autoformación de un grupo social y político de voluntad tiene siempre, ciertamente, como supuesto, en mayor o menor grado, a la agrupación unificadora, pero se inicia, justamente, en el punto en que concluye el principio de integración de carácter significativo que Smend señala.

Ni la autoformación ni el despliegue activo de un grupo de voluntad, ya nos refiramos a una asociación cualquiera o al Estado, son, en efecto, realizables sin un plan previo y sin una actividad plenamente consciente encaminada a la unidad de la acción, que se imponga incluso, si fuera necesario, de modo coactivo. O dicho en otros términos: toda organización precisa por lo menos de un «órgano» que cumpla estas funciones de plan, de unificación y aseguramiento. El propio Smend observa que el Estado solo existe en las exteriorizaciones vitales concretas, en cuanto actividades de una conexión espiritual total, y «en las innovaciones y progresos, de más importancia todavía, que tienen exclusivamente como objeto a esta misma conexión» (p. 18). El *corpus artificialis* del grupo de voluntad, de la «corporación», la unidad de obrar que hace aquí las veces del cuerpo individual como factor de actividad unitaria, y que no es una unidad de obrar de carácter «espiritual», sino militar, financiera o de otra clase, no puede cobrar realidad mientras no se establezca el modo de cooperación en que va a consistir, mediante un plan racional, por modesto que sea, y mientras no sean refrenadas aquellas maneras de proceder que pongan en peligro esa unidad. Y lo que acontece con su creación sucede con su continuación. No es posible que se mantenga en actividad la unidad colectiva de acción sin el obrar de un órgano que cuide, de un modo consciente, tanto de determinar los fines como de su realización, es decir, de ajustar la acción colectiva a las mudables condiciones de naturaleza y cultura. Toda organización precisa, pues, para llevar a cabo la cooperación, por lo menos de un órgano y, con mayor o menor amplitud, de una ordenación establecida racionalmente (cf. *supra,* p. 96).

Debe hacerse notar que la necesidad de una ordenación organizada para la constitución y permanencia de un grupo de voluntad o de una acción colectiva no surge primariamente de la necesidad de la coacción, sino de la de un obrar consciente que señale fines (cf. Heller, *Souveränität,* pp. 37 *ss.;* de opinión contraria, como la mayoría, M. Weber, *Economía y Sociedad,* I, p. 48).

Pues aun suponiendo que existiera ya, en todos los miembros de un grupo, la voluntad para la unidad de acción faltaría todavía, sin embargo, para la ejecución real de la acción unitaria, la decisión sobre la ordenación conjunta planificada de los individuo, así como sobre los medios a aplicar, punto este en la preparación de una acción que, como es notorio, suele ser muy controvertido. Pero el decidir para la acción supone disponer una única y determinada manera de proceder, con lo que se excluyen todas las demás posibilidades de ejecución. De este modo, la organización y, dentro de ella, el órgano que el grupo porta o soporta, acomoda conscientemente la ordenación a la acción y la acción a la ordenación, lo que permite al grupo pasar del *deliberare* al unitario *agere.* Acertadamente se ha considerado a la organización como la «forma de mediación entre la teoría y la práctica» (Lukács, p. 302). Claro aparece de todo lo dicho cuán arbitraria es y cómo violenta la realidad aquella afirmación, que Kelsen emplaza en la base de su doctrina, de que la palabra organización no es sino el extranjerismo que corresponde a ordenación (Ordnung) (*Staatsbegriff,* páginas 143 *s.,* 181).

Sería, naturalmente, equivocado pretender hacer del principio de la organización el único o el más importante momento en la formación y mantenimiento de la acción colectiva. Ello supondría caer en la ficción de que la voluntad del hombre que actúa socialmente fuese independiente de todas las condiciones culturales y naturales; en realidad, la actividad que lleva a cabo de modo reflexivo la unificación necesita trazar planes en que señale sus fines y sus medios, debido, justamente, a que no existen voluntades plenamente libres, pudiendo solo realizarse la constitución y acción del grupo de voluntad mediante el control racional de los obstáculos naturales y sociales que se oponen al obrar colectivo.

La Teoría del Estado no debe, pues, ni sobrestimar ni subestimar la importancia de la organización. Porque ni todas las actividades sociales pueden ser organizadas, ni cabe organizarías a todas de igual modo, ni hay tampoco una sola actividad social, a pesar del actual fordismo, en la que pueda llegar la organización hasta el último extremo. No son los hombres múltiples ladrillos y no se les puede ordenar según criterios completamente arbitrarios, sino que hay que tener siempre presentes sus cualidades nacidas de las leyes de la naturaleza. Cada hombre ha de ser, sin duda, utilizado como medio por la formación consciente de unidad para el fin del efecto unitario. Pero la determinación de cuánto es posible y en qué medida esa utilización del hombre como medio es cosa que depende esencialmente de lo que se organiza. Así, por ejemplo, tiene decisiva importancia para la posibilidad y modo de la organización el saber si el grupo que se va a organizar se asemeja —valiéndonos de la conocida terminología de Tönnies— al tipo de comunidad o al de sociedad. La organización de un tipo de sociedad relativamente puro da lugar a un grupo de los denominados finales o para un fin, por ejemplo, bajo la forma de una sociedad anónima. Existen aquí fines precisos, racionalmente determinados y declarados, con frecuencia de naturaleza económica, que el individuo persigue mediante el grupo y que le unen a este. Lo único que hace que el individuo participe en ese grupo final es la utilidad económica que, por medio de él, espera. Por tal razón no es necesario que exista en este caso una relación de hombre a hombre. En la sociedad anónima falta por completo, siendo reemplazada por la relación entre accionistas abstractos que ni precisan conocerse entre sí por sus nombres. La sociedad anónima opera, pues, solo sobre el dinero de cada cual, dejando completamente intacta a la persona. La sociedad, en su forma típica, se constituye, por consiguiente, únicamente por obra de la razón calculadora, y el individuo se halla interesado en permanecer dentro del grupo a causa de ese cálculo y, de no ser por él, ningún obstáculo de la naturaleza, del sentimiento o de la convicción le impediría romper el vínculo que con el grupo le une. Por lo general, no se engendra una actitud espiritual común; no hay «espíritu» alguno en una sociedad anónima, ni una conciencia del «nosotros», ni una comunidad de valores que puedan no aparecer en las listas de cotizaciones.

Mientras que en la sociedad no se da más que un frío e indiferente contacto, la comunidad se caracteriza por una convivencia y ayuda más cordiales. El individuo pertenece a la sociedad únicamente por su conciencia racional tendiente a un fin. Los vínculos más sustanciales de la comunidad se hallan, en cambio, fuera de la razón y, especialmente, los de la sangre, la tierra y el haber vencido conjuntamente las dificultades de la vida, es decir, la «comunidad de sangre», la «vecindad» y la «cooperación» (Tönnies). El ejemplo más próximo a un tipo de tal naturaleza sería el de los habitantes de una pequeña isla amenazada por el mar que tuvieran el mismo origen racial. A diferencia de la comunidad, la sociedad es una creación del arbitrio consciente, de la «voluntad de arbitrio». En la comunidad, que abarca capas más profundas y extensas del individuo, predomina la «voluntad esencial». En el «grupo esencial» el individuo no se halla inserto mediante actos parciales que pueden ser aislados, como acaece en el «grupo final», sino según importantes porciones vitales de su ser. No se trata de una vinculación plenamente dependiente del arbitrio, sino que es una forma existencial de vida. Y como la comunidad significa para el hombre la posibilidad de su existencia, tanto natural como psíquico espiritual, al hecho de pertenecer a la comunidad no se le puede señalar un fin racional concreto.

Fácilmente se comprende que los dos «conceptos orientadores» brevemente descritos no aparecen nunca, en la realidad, en estado puro, sino siempre mezclados. La experiencia nos muestra casos de comunidades que se desvanecen progresivamente hasta convertirse en sociedades y, viceversa, sociedades, tal como la constituida por el matrimonio, que luego pueden convertirse en verdaderas comunidades. Ahora bien: lo mismo las comunidades que las sociedades precisan siempre de la organización para conseguir la capacidad de decisión y acción. Pero mientras la organización relativamente pura de una sociedad no es, en lo sustancial, más que el producto de la técnica organizadora, por lo cual su existencia depende exclusivamente de la mayor o menor perfección de esa técnica, en la comunidad no desempeña la organización, ni de lejos, un papel tan decisivo para su existencia. No solo la existencia de la comunidad es relativamente independiente de la organización, aunque sin duda puede esta reforzar considerablemente su valor de actividad social, sino que, en algunos casos de comunidades de naturaleza religiosa, artística o puramente emocional, su voluntad esencial, lejos de aparecer intensificada a consecuencia de un obrar unificador planificado, se ve, por el contrario, amenazada de un proceso de despersonalización. Ello no obsta, sin embargo, para que sostengamos que la comunidad solo puede convertirse en una unidad capaz de acción mediante la organización. Sobre el valor de efectividad social de una organización concreta y sobre su fuerza y duración, no decide, pues, únicamente, según lo expuesto, el principio de la organización por sí mismo, sino la realidad social que lo aplica.

Resumiendo, llegamos, pues, a la conclusión de que la unión según sentido y espíritu, que hemos descrito, y la forma consciente de unidad que sobre aquélla se construye son los que, al formar y sofrenar los impulsos y la voluntad del hombre, dan al grupo social una firmeza, seguridad y permanencia que faltan a las agrupaciones meramente naturales.

La unión según el sentido y el espíritu permite, junto con la unidad de la organización, una extensión del grupo en el tiempo. La identidad del grupo se mantiene gracias al hecho de que las nuevas generaciones nacen y se forman dentro de las conexiones de sentido y de las actitudes espirituales del grupo de antemano existentes. Esta prolongación del grupo en el tiempo sería inconcebible si el cambio de las personas que lo integran tuviese lugar de un modo repentino. Pero como las generaciones se entreveran en el tiempo y, en su gradual transformación, los recién llegados constituyen siempre una minoría, es posible explicar, sin necesidad de apelar al espíritu del pueblo o al alma de la comunidad, simplemente por la «mediación social» (Litt, p. 267), que, no obstante, el cambio constante de personas, se produzca una relativa continuidad, tal como las del lenguaje, las costumbres y el derecho.

Más difícil de explicar que la extensión sucesiva del grupo social es su extensión simultánea (cf. Simmel, *Soziologie,* pp. 479 *s.;* Litt, pp. 252 *ss.,* 274 *ss.;* Smend, pp. 14 s.). Para explicar tal fenómeno hay que desplazar, previamente, toda una serie de improcedentes objeciones, poniendo de manifiesto que se trata, en este caso, en primer lugar, de la extensión simultánea de una conexión de efectividad social, y solo en lugar secundario de una conexión de conciencia. Innumerables problemas aparentes han nacido del hecho de que los teóricos racionalistas de la sociedad no podían concebir a un grupo sino según el tipo de sociedad, en el sentido de Tönnies, esforzándose, por ello, en demostrar o negar su existencia considerándolo exclusivamente como agrupación psicológica consciente. Existen, sin embargo, numerosas agrupaciones —cabalmente las más importantes— que aparecen actualizadas en amplias zonas sin que ninguno de sus participantes precise poseer la conciencia de su colaboración. Las conexiones psicológicas de acción no siempre son, ni mucho menos, conexiones de conciencia. A esto se refiere, sobre todo, prescindiendo de fenómenos psicológicos profundos, aquel «devenir inconsciente» de que hemos hablado. Ejecutase a diario, en incesante repetición, numerosas acciones en las que solo percibimos una relación concreta entre dos personas que se saludan, se hablan, etc.; sin embargo, todos estos actos, debido a su recíproca interpenetración, trabajan, aunque inconscientemente, por una unidad ordenada de acción social (cf. *supra*, p. 99). En virtud de tal hecho se establece una conexión psíquico-real, que apenas presenta excepciones, entre los miembros del grupo, conexión que no es exclusivamente de conciencia y, menos aún, un grupo de carácter final, y en la cual, pues, los miembros no se ponen personalmente en contacto.

La formación consciente de una unidad crea, sin embargo, en este como en los demás grupos, casi sin excepciones, una conexión de conciencia y, absolutamente sin excepciones, una conexión de acción. Lo primero se logra haciendo que, por lo menos, un órgano y una ordenación infundan a la inmensa mayoría de los miembros el contenido común de conciencia; y lo segundo haciendo que el órgano asegure la unidad de la acción de una manera eficaz contra aquellos actos, siempre relativamente reducidos en número, que, consciente o inconscientemente, operan en sentido perturbador. De esta suerte, «los niños, los locos y los que duermen y aquellos a quienes falta por completo la conciencia de que pertenecen a tal conexión» (Kelsen, *Staatsbegriff*, p. 9), cuando actúan en sentido perjudicial para la unidad, se hallan incluidos en la conexión activa del Estado, lo mismo, en lo fundamental, que los infractores de las normas jurídicas, quienes, aunque lo sean por ignorancia del derecho, no se libran pro eso, como es sabido, de la acción coactiva de la organización. Justamente porque el grupo es una unidad de acción organizada y no una estructura de sentido o espíritu objetivo, puede independizarse no solo de la conciencia, sino también de la voluntad y de los actos de los individuos que lo forman (cf. Heller, *Souveränität*, p. 86). Estos individuos, sin embargo, continúan perteneciendo a la conexión objetiva de efectividad.

No existe, empero, la más mínima porción de la conexión total del grupo que sea independiente de toda vivencia y acción humana más o menos consciente, sino que siempre que falten la conciencia y la acción necesarias para la unidad por parte de los miembros del grupo, vendrá a ocupar su lugar el aseguramiento consciente de la unidad por parte del órgano. El decir que una unión de gran volumen es independiente de nuestra esfera de vivencias porque nunca podremos aprehender de ella, en forma psicológico-real, más que una «parte» mínima de la misma (cf. *supra*, p. 56) supone, de un lado, desconocer la naturaleza de esa «parte» que se aprehende, y olvida, además, que la «misma» unión en cada caso distinto es vivida y actuada de modo diverso por otros hombres en una reciprocidad perspectivista diferente. Como cada individuo del grupo es portador de una mediación social que irradia en todas direcciones, se produce un enlace simultáneo, de suerte que, finalmente, cada uno se halla unido con los demás por una conexión, aunque esta no siempre es necesariamente consciente. Las máximas agrupaciones religiosas y políticas, y precisamente ellas, no son nunca vividas, de modo psicológico-real, por todos aquellos miembros suyos que conocen su pleno sentido, en «fragmentos» mecánicos, únicamente, sino justamente como amplias unidades de acción. El hecho de que estas vivencias consistan en representaciones perspectivistas de la totalidad y no abarquen la plenitud de sus particularidades, es carácter común a todas las vivencias humanas. La conexión extensiva de vivencia de tales uniones, gracias a la cual aparecen unidos los individuos, se capta en primer término de un modo intensivo y simbólico mediante imágenes de su sentido, tales como la bandera, el escudo, el jefe, o bien los hechos más destacados de la historia del grupo (cf. Smend, pp. 48 s.). Estos símbolos actúan sobre nosotros contribuyendo a formar la sustancia del grupo, aunque los vivamos con desvío u odio. Pues el sostener que lo único que contribuye a formar la comunidad es la afirmación consciente de pertenecer a ella, y no la protesta contra ella, constituye una inadmisible restricción del concepto de comunidad nacida de su eticización racionalista (cf. Litt, pp. 195 ss.).

Prescindiendo de esta mediación de las imágenes del sentido de la totalidad del grupo, la vida social ha desarrollado un sistema completo de mediaciones sociales que permiten concebir a la unidad del grupo, por encima de interrupciones y lagunas, como una conexión de vida de carácter continuo. Tal posibilidad es, sin duda, inconcebible para una psicología naturalista que solo puede considerar al individuo como un punto de paso de sensaciones momentáneas, es decir, como una existencia momentánea encajada entre un antes que ya no se conoce y un después que no se conoce todavía. La pertenencia psicológica del ciudadano durmiendo al Estado constituye para aquélla un enigma psicológico insoluble. Digamos solo de pasada que el enigma sociológico de que el durmiente pertenezca al Estado como conexión eficaz sería muy fácil de resolver por el hecho de la existencia de guardas nocturnos. Pero también el problema psicológico se resuelve de modo bastante fácil si se tiene en cuenta que el hombre real no es aquella existencia momentánea, sino que, en cada momento de su vida, el antes y el después se unen en una totalidad de vivencia, en tal forma que aquellas personas y hechos de la conexión del grupo que existen más allá de su inmediato horizonte de vivencias no constituyen lugares vacíos en su imagen del conjunto. Esas porciones de la vida del grupo situadas más allá del horizonte inmediato del individuo le son llevadas a este de una manera precisa, para que pueda vivirlas él también, por una cierta forma de la mediación espiritual que tiene suma importancia para la realidad social, a saber, el «relato», de palabra, por escrito o por imágenes (cf. Litt, pp. 80 ss., 252 *ss.*, 274 55.).

En virtud de este complicado sistema de mediaciones y enlaces sociales sucesivos y simultáneos, basados todos, en último extremo, en el principio de la concordancia, se opera prácticamente y se explica teóricamente una continuidad temporal y espacial de la conexión social del grupo, cosa que, desde el punto de vista naturalista, es completamente incomprensible.

Debemos, en fin, tomar posición con respecto a la disputa científica, ya conocida de la Antigüedad, sobre la esencia, o sea, en nuestro caso, la estructura de los grupos humanos. Las dos teorías en pugna, que, por lo general, son a la vez concepciones generales de la sociedad, no pretenden formular, en primer término, valoraciones, sino solamente afirmaciones de carácter teórico-estructural sobre el ser. A la una se la llama individualista y a la otra unas veces universalista, otras colectivista y, con más frecuencia, orgánica. La concepción moderna de la estructura individualista del Estado y de la sociedad se ha desarrollado, en la cultura occidental, a partir del Renacimiento (cf. Burckhardt, *La cultura del Renacimiento en Italia,* 1860, cap. I). La teoría de la sociedad del Derecho Natural racional partía de un *status naturalis* de los individuos aislados, quienes luego se unían mediante contratos para pasar al *status civilis* (Gierke, *Joh. Althusius,* pp. 105 ss.). El vínculo esencial de los individuos, que eran por naturaleza libres, lo constituye la razón. Esta concepción, que es la dominante por más de dos siglos, significa, desde un punto de vista histórico, la destrucción crítica de todas las formas y normas tradicionales de la Edad Media y fue la preparación de aquella «sociedad civil» de donde extrajo Tönnies su concepto de sociedad.

La concepción de la estructura individualista del Estado y de la sociedad constituye, en buena parte, la base de la Sociología y de la Teoría del Estado de la actualidad; domina, sin excepciones, la Teoría del Estado más o menos puramente jurídica, sobre todo la de la línea Laband-Kelsen, e incluso se encuentra en aquellas direcciones donde es aparentemente combatida. Tienen, especialmente, carácter individualista las concepciones que pretenden construir la realidad social como un externo acontecer entre puntos claros y firmes, que son los diversos yos, a los que hay que considerar como existentes en sí y por sí, y entre los cuales se desarrollan «relaciones» y «acciones recíprocas» (por ejemplo, Simmel, Vierkandt, v. Wiese; cf. Litt, pp. 226 55.). Según esta concepción, los individuos son las únicas realidades; los individuos son sustancias y, en cambio, los grupos sociales no son más que su función, por lo cual se resuelven en relaciones «entre» aquellas sustancias. Todas las especies de grupos humanos son, para esta doctrina, meras sumas o agregados de individuos, careciendo su unidad de realidad por ser únicamente ficción o abstracción y, en todo caso, una síntesis subjetiva de quien la contempla. Si la Teoría del Estado del individualismo racionalista quiere ser consecuente con sus postulados, debe llegar, de modo necesario, al resultado de que ese Estado ficticio puede, en último extremo, quedar fuera de la ciencia, y esta consecuencia, deducida primeramente por Affolter, la ha razonado luego, con todo detalle, Kelsen en su ingeniosa Teoría del Estado sin Estado (cf. Heller, *Souveränität,* pp. 59 55.).

Si quisiéramos demostrar detalladamente la insuficiencia teórica de tal concepción de la sociedad, tendríamos que repetir todo lo que ya llevamos dicho. Baste solo recordar que el yo y la comunidad se originan y se mantienen únicamente en recíproca trabazón, coexistiendo y ayudándose. El individuo no puede ser aislado en ningún momento ni puede ser considerado como una sustancia; pues solo en intercambio con otros, despierto espiritualmente por su llamada y despertando, a su vez, a los demás, se hace individuo humano (cf. Spann, *Gesellschaftslehre,* pp. 25 55.).

En contra de este «atomismo» jusnaturalista, que concibe al Estado y a la sociedad únicamente como un «mecanismo» compuesto de individuos, presentó el romanticismo alemán su concepto de «organismo», idea que ya había desempeñado importante papel en el pensamiento político-social de la Antigüedad y de la Edad Media (cf. Jellinek, pp. 148 ss.). En su forma actual, la concepción «orgánica» o «universalista» del Estado y de la sociedad nació como fórmula contrarrevolucionaria en oposición al «hacer» el Estado de la Revolución francesa, pero luego se liberó de esta estricta vinculación política y fue aceptada lo mismo por sociólogos liberales que por el propio marxismo (cf. Meusel, pp. 56 *ss.;* Bujarin, *Theorie des hist. Materialismus,* 1922, p. 188). Los tres antípodas Hegel, Savigny y Marx estuvieron de acuerdo en que una conexión «orgánica» es algo necesario desde el punto de vista natural-social e histórico y en contra de lo arbitrario y casual de la mera conexión racional. Así, por ejemplo, sostiene Marx que cada forma de producción engendra sus propias relaciones jurídicas, formas de gobierno, etc. «La incultura y la ignorancia consisten precisamente en considerar lo orgánico como casual y convertirlo en una mera conexión reflexiva» *(Kritik d. pol. Ökon.;* cf. además Rothacker, pp. 52 *ss.,* 70 ss.).

Las concepciones orgánicas de la sociedad y del Estado se hallan expuestas al peligro contrario. En todas las representaciones del «organismo» social, tanto en las biologistas como en las idealistas, aparece siempre la imagen de una conexión vital suprapersonal que, por encima de la actividad e impulsos personales, utiliza a los individuos como ciegos instrumentos suyos que solo tienen valor en cuanto órganos de ejecución de esa superior conexión. Constituye, sin duda, una ventaja de las doctrinas orgánicas el que, al contrario de lo que sucede con la concepción individualista, puedan explicar la unidad real del grupo en la pluralidad de sus miembros, el intercambio entre estos y aquél y la continuidad de la línea vital de la entidad social; y, asimismo, el poner de relieve la gran importancia del «devenir inconsciente» para el nacimiento de los grupos humanos según la imagen del organismo. Incurre, sin embargo, en la misma falta sustancial que las doctrinas individualistas por cuanto, como ellas, también aísla y absolutiza un momento dialéctico de la realidad social, con la única diferencia de que lo que en un caso se hace con el individuo, se hace en el otro con el todo. Las consecuencias que de tal concepción se desprenden son claras. La sustancialización del todo social, considerado como un organismo, implica, lo mismo que en la doctrina del espíritu del pueblo, estrechamente relacionada con ella, que los individuos quedan reducidos a ser una mera función del todo y, en último extremo, ficciones que no son ya capaces de dar vida al todo con su actividad constantemente imprescindible.

Cuando se atribuye al grupo social la unidad y coherencia corporal y psíquica del organismo biológico, adscribiéndole un alma independiente de los individuos, una conciencia colectiva y una voluntad independiente, por fuerza ha de negarse, en definitiva, todo resto de capacidad espiritual y psíquica en el individuo para ingresar en el grupo y para salirse de él, cosa que aparece desmentida por los hechos, con lo cual viene a falsear, de modo sustancial, la naturaleza real del ser y del devenir del todo social y, especialmente, su carácter histórico. Lo más grave, sin embargo, para la teoría y la práctica de la vida estatal es que la consideración orgánica finge ser una explicación de aquello que precisamente niega, o sea la capacidad de decisión y acción de los grupos humanos, que no se ha formado orgánicamente, sino que, en lo fundamental, ha sido «hecha» mediante grandes esfuerzos de voluntad, es decir, por la concordancia espiritual y la organización consciente.

La crítica zumbona de que se hace objeto a la afirmación de la doctrina orgánica de que los vínculos que unen al grupo no son meramente espirituales, sino también corporales, es absolutamente improcedente. Pues por lo menos hay que admitir que la coacción física constituye uno de esos vínculos. Pero justamente la coacción solo puede existir como acción humana consciente y gracias a los fermentos espirituales propios del grupo humano. Dado que la teoría del organismo, aun en los casos en que evita incurrir en groseras analogías animales, introduce siempre la representación de la capacidad de decisión y acción, corporal y de sentido, del individuo, que es cuerpo y alma a la vez (por ejemplo, Gierke, pp. 20 5.), les ha sido fácil a sus opositores individualistas afirmar que esa «realidad» de los grupos humanos no era sino «un medio auxiliar para la síntesis de los fenómenos» (Jellinek, p. 153). Ese organismo social, concebido como una «realidad» que existe sobre y fuera del hombre, no es más que un fetiche, una inadmisible corporeización de una trabazón social que nunca puede, en realidad, emanciparse de los hombres que en ella se enlazan.

A propósito de la cuestión de la «realidad» de los grupos humanos será bueno recordar aquel pasaje de Hugo von Hofmannsthal en su *Libro de la amistad:* «El hecho —dice— de que nosotros los alemanes llamemos a lo que nos rodea "Wirklichkeit", de "wirken", efectuar, y que los europeos latinos le llamen "realidad", de "res", cosa, revela una radical diferencia de espíritu, y que ellos y nosotros nos encontramos ante el mundo en una actitud diferente». De hecho, si nos ponemos en el punto de vista de la relación pura sujeto-objeto, el grupo no es nunca, en verdad, una parte «de lo real, en el sentido de lo objetivo que está fuera de nosotros» (Jellinek, p. 136). La realidad social no es más que acción humana y solo admite una separación dialéctica, nunca mecánica, entre subjetividad y objetividad. La existencia de una realidad y de una efectividad sociales independientes del hombre podrá constituir un problema teológico, pero nunca un problema sociológico. La realidad social del grupo humano es también acción sensible y significativa de la unidad en y por la pluralidad de los actos humanos. Ella no es nunca, sin embargo, meramente orgánica, sino siempre unidad organizada en la pluralidad. El momento decisivo para la cuestión de la realidad social consiste, precisamente, en esta ordenación conjunta, de acuerdo a un plan, y en esa actualización unitaria, conscientemente realizada, y no en el desarrollo más o menos orgánico. El grupo es una realidad, un hecho social si y en cuanto es algo que pertenece a la acción; su «realidad» consiste en su actualidad (Heller, *Souveränität,* p. 81). Quien niegue esta realidad de los grupos sociales niega la del individuo activo, «efectivo», y, con ello, su propia existencia social.

La doctrina organicista debe ser además descartada porque se revela como absolutamente incapaz para resolver el problema de la unidad del individuo y de la multiplicidad de los grupos a los que pertenece como miembro. El hecho de que el individuo pertenezca a los «organismos» de la Iglesia, del Estado, de la ciudad, del partido, de la corporación, de una asociación internacional y también —si ha de admitirse, como algunos lo hacen, que en las agrupaciones no organizadas deben verse también organismos— a los de la nación, la clase, la humanidad, etc., y que, además, todos estos organismos comprendan a los mismos individuos, constituye algo sorprendente, no solo desde un punto de vista biológico sino también sociológico. Este hecho prodigioso no se explica diciendo que existe un organismo total y varios organismos parciales, pues, prescindiendo de otras consideraciones, no conoce el presente ningún organismo total que ni de lejos pueda asemejarse a aquel *corpus mysticum Christi* de la Edad Media. No es, por esto, extraño que el tratadista inglés de la Teoría del Estado, Harold J. Laski, influido en un principio por la organología de Gierke, haya ido hoy a dar en un anárquico «pluralismo» (cf. Heller, *Souveränität*, pp. 28 s., 64 5.). Pues desde el punto de vista de la doctrina del organismo, poner en armonía la unidad del individuo con la multiplicidad de los grupos a que pertenece constituye un problema insoluble. Cada organismo necesita funcionalizar al individuo, y la unida de este podrá seguirse concibiendo si se le hace instrumento o reflejo todo lo más de un solo organismo; en cuanto se le convierta en funciones diferentes de una docena de organismos no es posible ya considerar al individuo como una unidad (cf. Litt, pp. 385 s.).

Todo lo que puede ser aceptado del concepto de organismo se expresa, de manera menos equívoca, mediante el concepto de forma o estructura social (cf. *supra*, pp. 79-80). Con este concepto se evitan las unilateralidades de las teorías individualistas y organicistas y se sitúa a los momentos personal y social de la realidad social en la justa relación, al coordinar correlativamente individuo y grupo. Pues únicamente considerando de antemano al individuo como surgido con y por la comunidad e inserto en ella, y a la comunidad como algo que existe y vive en y con los individuos, se evita el que uno se convierta en mera función del otro, proclamándose así la verdadera estructura de la realidad social. La relativa permanencia de la forma abierta, a través de la cual circula el tiempo, se explica por la relación dialéctica entre el todo y los miembros, en virtud de la cual la conducta del individuo se estima condicionada y determinada por la conexión estructural y, a su vez, condicionada y actuando esta conexión. La realidad social de los grupos humanos se basa, pues, en la cualidad que estos tienen de ser estructuras capaces de decisión y acción.

V

La sociedad civil

Lorenz v. Stein: *Gesch. d. sozialen Bewegung in Frankreich,* 1850, reimpresión 1921, 3 vols.; v. Mohl: *Gesch. u. Literatur d. Staatswissenschaften,* 1855, 2 vols.; Sombart: *Der moderne Kapitalismus,* «Die gesellschaftliche Schichtangen im Kapitalismus», parte IX del *Grundriss d. Sozialökonomik;* Briefs: «Sozialform und Sozialgeist d. Gegenwart», *Hdwh. d. Soziologie,* pp. 160 *ss.;* Geiger: «Gesselschaft», *ibid.,* pp. 201 *ss.;* Tönnies: «Stände und Klassen», *ibid.,* pp. 617 ss.; Mombert: «Zum Wesen der Klasse», *Erinnerungsgabe f. Max Weber,* II, pp. 239 ss.; Gierke: *Joh. Althusius,* 1913; Troeltsch: *Das stoisch-christliche Naturrecht u. d. moderne profane Naturrecht,* N. W., IV, pp. 166 s.; Heller: *Die politischen Ideenkreise der Gegenwart,* 1926.

La sociedad, en cuanto concepto recíproco del Estado, es un fenómeno muy reciente en la historia de Europa. Su aparición se halla estrechamente unida al pleno despliegue de la forma económica capitalista, a la definitiva liquidación del orden social estamental y al nacimiento de la «sociedad civil». Quien trate de esclarecer el significado cabal de la palabra sociedad, tan equívoca en sus acepciones, habrá de tener muy en cuenta esas realidades históricas.

El extenso «catálogo de los conceptos de sociedad» (Geiger, páginas 203 ss.) presenta, en primer término, un concepto genérico de sociedad según el cual esta vendría a ser el género humano entendido como el contenido abstracto de todas las formas de la convivencia humana, o sea que por sociedad se entendería la unión entre los hombres, en general. La gran importancia que este concepto de sociedad tuvo a principios del siglo XIX consistió en que él supuso una corrección del concepto jusnaturalista del individuo aislado. No hay duda de que en esa unión se incluye también, en general, la comunidad, en el sentido de Tönnies. Debido a la interpretación racionalista-individualista, que ha seguido ejerciendo influjo hasta nuestros días, y por efecto de la liquidación de todas las formas sociales tradicionales, percíbese en tal concepto de sociedad el eco del concepto de la *societas* del Derecho Romano, que podía incluso comprender a la *societas Jesu.* Pero la societas romanística consiste en una relación contractual entre sujetos de derecho que se hallan frente a frente como partes jurídicamente libres e iguales, es decir, la forma de agrupación que a partir de Hegel se estima como la estructura fundamental característica de la sociedad civil.

Cuando la literatura y la poesía clásica hablaban, en abstracto, de la sociedad humana, en realidad se referían, en concreto, a la humanidad civilizada europea de su tiempo, o sea, sustancialmente, a la sociedad civil en sentido humanista-universalista. Y bajo tal concepto se entendía la esfera de libertad de la vida civil concedida por el Estado absolutista, tolerante en eso. En esa esfera se había combatido primero para lograr la autonomía frente a la ortodoxia eclesiástica, y por la libertad individual en el terreno espiritual y literario y también en el económico-capitalista, contra la dominación feudal-absolutista. Así, pues, la sociedad civil no es otra cosa que la vida del ciudadano que no está sometida a ningún poder eclesiástico ni estatal. El inútil intento de conciliar conceptualmente la sociedad civil con el absolutismo tuvo una interesante expresión en el § 2, I, I del Derecho territorial prusiano: «La sociedad civil consta de varias sociedades y estamentos más pequeños, unidos por la naturaleza o por la ley o por ambas a la vez».

El origen del concepto de sociedad, como nacido de la tensión política provocada por las exigencias de libertad e igualdad de la burguesía frente al Estado absoluto y a los privilegios de sangre, es cosa que no se ignora mientras los derechos de libertad constituyen para la burguesía objetivos de la lucha política (cf. Landshut, pp. 82 ss.; Forsthoff, *Die öff. Körperschaft im Bundesstaat,* 1931, pp. 8 *ss.).* Así lo declaraba el propio Bluntschli en sus primeros escritos: «El concepto de sociedad en sentido social y político tiene su base natural en los hábitos e ideas del tercer estado. No es, propiamente, un concepto del pueblo, sino solo un concepto del tercer estado, aunque ya sea usual, en la literatura, identificar al Estado con la sociedad civil» (Bluntschli-Brater, *D. Staatswörterbuch,* pp. 246 ss.). De manera convincente ha mostrado Landshut cómo aparece por vez primera en Alemania con Lorenz v. Stein (1842) la palabra sociedad para designar la conexión de los problemas de la libertad, igualdad y personalidad, y cómo, a partir de entonces, determina el carácter propio de la Sociología.

En lo sucesivo, la relación entre el Estado y la sociedad civil constituirá el más importante problema, tanto en lo teórico como en lo práctico, de la política de Occidente. Para el pensamiento burgués abstracto-liberal, la sociedad, concebida de modo universal, según el modelo del concepto hegeliano no dialéctico de la «sociedad civil», es aquella esfera del libre juego «natural» de las fuerzas iguales que el Estado deja en libertad e incluso considera como supuesto suyo. O bien se identifica al Estado, como nos dice Bluntschli, con la sociedad civil, liquidando, al modo liberal, la idea hegeliana del Estado, y quedando la sociedad civil como el sistema de la dependencia universal de los fines particulares egoístas, lo que ya Hegel llamó el «Estado externo, el Estado de la necesidad y del entendimiento» (*Rechtsphilosophie,* §§ 182 y 183). En cambio, para el pensamiento socialista la sociedad es un concepto histórico concreto, absolutamente dinámico dialéctico, porque, en cuanto sociedad de clases, contiene una buena dosis de opresión y desigualdad sociales y aparece cargada por las tensiones de poder que entre la sociedad y el Estado engendran hoy las exigencias de libertad e igualdad del proletariado (cf. Freyer, pp. 223 ss.).

Una teoría del Estado que quiera responder a los puntos de vista de la ciencia de lo real ha de concebir al Estado partiendo del conjunto de la realidad histórico-concreta de la sociedad. El espíritu y la forma de esta sociedad civil real solo podrán comprenderse cabalmente si de los investiga sobre la base de su evolución desde el Renacimiento y la Reforma. En los tres siglos que corren hasta la Revolución francesa se van preparando la secularización y emancipación respecto a lo eclesiástico, el individualismo y el liberalismo supuestos de la democracia igualitaria y de la economía capitalista de cambio que han de alcanzar luego su plena eclosión en el siglo XIX y que determinan de manera decisiva la actual estructura del Estado. En lo que sigue hemos de reducirnos a señalar las grandes líneas de la sociedad civil plenamente desarrollada, que nos mostrarán, esquemáticamente, la idea y la realidad de la sociedad civil económica y de clases, así como su conexión con la historia del espíritu.

La sociedad civil, según su idea económica, es la sociedad pura de relaciones de mercado entre sujetos económicos iguales y libres. El *pathos* de su pensamiento de libertad aparece basado en el *ethos* de la autodeterminación y autorresponsabilidad que a cada persona debe corresponder respecto a sí misma y a su propiedad. Su primer supuesto es, pues, la libertad y la igualdad jurídicas de las personas. Deben estas poder traficar económicamente con plena libertad de contratación, sin intervenciones molestas de las autoridades, y deben, asimismo, poder disponer libremente de su propiedad privada. La alta y creciente división de trabajo que se produce en la economía de cambio muy avanzada reclama necesariamente una calculada racionalización no solo del trabajo económico sino, en lo posible, de todas las relaciones y, en modo muy especial, de las político-jurídicas. La posibilidad de realizar previsiones formales se debe a la economía del dinero. En estas relaciones de cambio, que la economía del dinero hace calculables, entran todos los productos y medios de producción y, por consiguiente, también las actividades corporales y espirituales del hombre. El productor solo puede utilizar su producción en virtud del cambio indirecto que el dinero hace posible. El producto del trabajo no tiene para su productor otro destino que el de cambiarse, convirtiéndose en mercancía. En la economía capitalista de mercancías cobran también carácter económico acciones y omisiones, tales como el ocio en cuanto descanso del trabajo, que no tendrían ese carácter en el sistema de una economía dedicada a la mera satisfacción de necesidades.

Según la idea o, mejor, la ideología, la conexión de la sociedad económica capitalista surge como consecuencia de los contratos libres entre individuos soberanos, como un grupo de carácter final, determinado exactamente en cuanto a su contenido y para un lapso de tiempo. La sociedad viene a ser algo así como el sedimento que se produce «por sí mismo» al realizarse todos los contratos particulares. La única norma que se reconoce es el interés individual egoísta, la única ordenación la del mercado, que surge del libre juego conjunto de los intereses particulares.

La economía de cambio, cuando alcanza un nivel elevado, acarrea necesariamente la destrucción en círculos humanos cada vez más amplios, de todas las conexiones vitales forjadoras del ser del hombre, de naturaleza irracional, sentimental y tradicional. Millones de «fuerzas de trabajo» abandonan los órdenes firmemente estructurados de la familia y de las relaciones de vecindad y de patria, los de la tradición profesional o religiosa, y se desplazan a los lugares donde se hallan las empresas. Viven, sin duda, en su nueva morada, numerosas relaciones de amistad, pero, casi en absoluto, ningún vínculo de comunidad. Se las inserta en el proceso productivo de acuerdo con lo que imponen las exigencias económico-técnicas y se las somete a la disciplina de la empresa. Ya que, por principio, cada hombre es, en el sistema capitalista, un *homo œconomicus* o puro comerciante, la libre concurrencia, asentada en una mera relación de *do ut des,* no puede verse trabada por normas o formas de comunidad tradicionales y extraeconómicas. Quien, en la lucha económica capitalista, se muestre sensible a tales motivos no económicos, ya sean de naturaleza social, moral e incluso política, lleva camino de ser aplastado. Y, en todo caso, en igualdad de circunstancias, logrará siempre mayor éxito aquel que menos obstaculizado se vea por motivos ajenos a la economía.

La idea del libre juego de las fuerzas autorresponsables, la del equilibrio armónico de intereses mediante el mercado libre y la de la constitución no coactiva del todo social por la automática ordenación del mercado, todas estas ideas, decimos, en cuanto se proyectan sobre la organización del Estado y de la sociedad, no son más que estupendos disfraces que encubren una situación casi completamente opuesta a lo que aparentan, ideologías justificadoras que, aunque no lo tengan como un fin consciente, cumplen, sin embargo, la función de tranquilizar la conciencia de la sociedad burguesa. Pues en la sociedad civil real no existe ningún libre mercado de cambio, ni competencia libre, ni autoresponsabilidad y autodeterminación libres y, sobre todo, no se conoce la formación no autoritaria del todo social mediante el juego libre e igual de las fuerzas. La sociedad civil real es una sociedad de clases cuya unión se mantiene mediante el predominio de una de ellas, para cuya subsistencia es, sin duda, necesario el mantenimiento de la ideología de la libertad y de la igualdad. La sociedad capitalista de clases no se caracteriza, como se dice, por el hecho de que en ella el «débil» Estado se abstenga de intervenir en la vida económica. Tal idea pertenece también al arsenal de las ideologías encubridoras. Pues se trata justamente del Estado que despliega a la vez, en la época clásica del imperialismo, una potencia hasta entonces desconocida. El verdadero lema de la sociedad civil no es, en modo alguno, la ausencia de intervención, sino la movilización privada del poder estatal para una poderosa intervención en el campo económico. Citemos el más convincente ejemplo: el patrón y el obrero aparecen frente a frente como partes jurídicamente libres, e iguales de un contrato; pero el patrón es señor en su casa, es decir, como propietario de los medios de producción, dispone de modo soberano, por la ordenación de su fábrica, sobre la ordenación del trabajo y, para velar por su observancia, tiene también a su disposición los medios coactivos del Estado.

Cuanto más enérgicamente se hayan atacado las formas tradicionales del poder y más se haya proclamado la igualdad de derecho público y, a la vez, de modo más exclusivo se haya basado el poder sobre la economía, más patente se hará la contradicción, y más fuerte la oposición contra la clase dominante. En todos los órdenes sociales conocidos hasta el día existieron grados de poder social. En las situaciones sociales más primitivas se encuentran ya relaciones de dominación asentadas sobre las diferenciaciones naturales de la edad, sexo y aptitud personal. Tales distinciones no engendran clases sociales porque los privilegios que se les adscriben no son hereditarios ni pueden compararse (cf. Knabenhaus, *Die polit. Organisation bei d. austral. Eingeborenen,* 1919). Sin duda con mayor motivo una cultura superior ha de requerir un orden social jerárquico. En el propósito de justificar la organización clasista de la sociedad civil se ha llegado a considerar la dominación de la clase superior como el resultado de la desigualdad natural de los hombres, cuando no se prefirió negarla pura y simplemente, o legitimarla en cualquier forma como cosa tradicional. La superioridad «natural» de la clase dominante justificábase hace algún tiempo, en general, sobre bases darwinianas y hoy, en cambio, sobre los postulados de la teoría racista.

No cabe duda de que el orden de dominación basado en el nacimiento estaba también condicionado económicamente y había acarreado el enriquecimiento económico de los estamentos dominantes. Pero existe una importante diferencia político-psicológica entre ese orden de dominación y el clasista, que Sombart formuló plásticamente de la manera siguiente: «— ¿Quién eres tú?, se preguntaba antes. —Un poderoso. —Luego eres rico. —¿Qué eres tú?, se interroga ahora. —Un rico. —Luego eres poderoso» (*Der moderne Kapitalismus*, I, p. 587). Por motivos políticos diametralmente opuestos, y con finalidades de agitación, se acostumbra hoy identificar la clase y el estamento, por lo que la verdadera ciencia debe tratar de esclarecer la diferencia fundamental que entre ambas formaciones existe. Y solo lo podrá hacer si logra señalar la diferencia de sus respectivas significaciones en los conjuntos histórico-sociales característicos de ellos. Aunque, sin duda, en una ordenación social de estamentos basados en el nacimiento, puede haber luchas de clases superficiales y aisladas, y en una sociedad de clases pueden descubrirse también resabios de carácter estamental, si queremos obtener un concepto claro y fecundo del estamento y de la clase debemos utilizar la conexión total de las situaciones históricas que recibieron su peculiar fisonomía de uno u otra.

El estamento aparece en Europa, de manera paradigmática, en el orden social feudal. Lo que daba a este su fisonomía era el estamento superior, el cual, como lo revela el mismo nombre de la época y de la estructura, se asentaba económicamente sobre la posesión de la tierra, rechazando el comercio y la artesanía como quehaceres impropios de su condición y aislándose, abrazado a sus conceptos de honor, de los otros estamentos. La función que estimaba propia suya, en el seno del conjunto social, era la de dirección militar y política. Al cumplimiento de esta comisión debe, originariamente, que se le concedieran privilegios de poder permanentes y jurídicos. Como sucede siempre en las funciones sociales, lo que importa aquí no es, en primer término, el valor personal, sino la acción social. Pero esta misma vino a quedar reducida a simple apariencia cuando la transformación de la técnica militar, de la forma económica y de la estructura del poder político dejaron al noble sin función para el conjunto social. Constituye una significativa reducción a lo estético de la misión del noble aquello que Goethe hace decir al resentido Wilhelm Meister en la carta que escribe a su cuñado Werner: «Mientras el noble todo lo da con el papel representativo que su persona cumple, el burgués no da, en ese aspecto, nada y nada debe dar. Aquél solo está obligado a aparentar; este solo a ser...».

Por su estructura económica, jurídica y espiritual, el tipo estamental de sociedad es, internamente, una forma estable, con una estratigrafía clara y firme, delimitada en sus capas de manera jurídicamente precisa. No obstante, todas las oposiciones y las constantes luchas, la jerarquía del poder de los estamentos, como tal, no se pone en tela de juicio. Socavada internamente poco a poco, durante largo tiempo, esta ordenación social es definitivamente liquidada en Prusia por obra de las reformas liberales del barón de Stein.

En lo sucesivo pudo ya todo el mundo, sin que en ello influyera para nada el estamento a que se perteneciera, adquirir bienes inmuebles de los nobles, la Iglesia o los campesinos o ejercer la artesanía. La libertad personal y de la propiedad, la libertad de contratar y la de domicilio eliminaron los últimos restos de las ordenaciones estamentales y gremiales, permitieron el crecimiento de las ciudades y crearon las condiciones jurídicas para una sociedad civil desarrollada. Así, pues, la dominación clasista, a diferencia de la estamental, supone la igualdad de poder jurídico, su base efectiva consiste casi exclusivamente en la desigualdad económica, afianzada por la herencia. La clase no tiene el carácter cerrado de estamento. En este sentido es exacto decir que suele producirse un intercambio de personas entre las clases sociales, intercambio que «en la sucesión de las generaciones es fácil y suele ocurrir de un modo típico» (Weber, *Economía y Sociedad,* I, p. 316). Es justamente la especial condición de esta situación de dominación, basada sustancialmente en la propiedad de bienes muebles y, por consiguiente, sumamente instable, lo que distingue sobre todo a la clase del estamento y lo que hace aparecer a la sociedad civil como un confuso agregado informe de situaciones de intereses económicos en incesante cambio.

Donde aparece bien clara la estructura de la sociedad civil como dominación de clase es en las partes del contrato de trabajo industrial. En este contrato aparecen frente a frente, jurídicamente libres e iguales, el que posee el capital y, por él, el mando de la economía y quien, como trabajador intelectual o manual, no dispone de otra cosa que de su trabajo. Desarrollase aquí, de la manera más patente, la idea del orden característico del liberalismo que, al llevar a cabo, en el máximo grado posible, la privatización de la economía, conduce, en último extremo, también, a la privatización del poder político. El dominio de clase, basado en lo económico privado, se extiende luego a todos los demás campos económicos y políticos. Su máxima perfección se alcanza en la dominación del capital financiero. El pequeño comercio y el pequeño taller carecen siempre de importancia para la estructura total de la sociedad civil. El estilo económico capitalista imprime su sello incluso a la economía agraria, pero en este terreno, por falta de un predominio absoluto de la gran empresa, no puede imponerse en forma completa.

El ejército creciente del proletariado industrial no puede ser considerado ni como estamento ni como profesión específica y, por consiguiente, tampoco como estamento profesional. Las profesiones que han conservado cierto contenido estamental, como los artesanos, pequeños labradores, funcionarios e intelectuales, carecen de importancia decisiva para la estructura total de la sociedad. A la masa de empleados, cuyo número crece rápidamente, y que algunos consideran como un nuevo estamento intermedio, le falta sobre todo, para poder desarrollar una función socialmente eficaz de carácter estamental, la conciencia de este carácter que la mantuviera unida en lo interno y nítidamente delimitada en lo exterior.

Es indudable que ni los obreros ni los patronos se hallan en la sociedad civil en situación de aislamiento individualista. La situación concreta de intereses obliga a los primeros a oponerse al poderío de los poseedores de los medios de producción mediante la constitución de grupos solidarios, organizándose en sindicatos y corporaciones. Pero estos grupos, lo mismo que los formados pro los patronos y los cárteles, son solo, por principio, grupos para un fin, destinados a compartir los riesgos, y no entrañan ni la voluntad subjetiva, ni la posibilidad objetiva de producir una forma social que pudiese modelar la sociedad total.

En los casos en que, como sucede en las organizaciones obreras socialistas, se trate de algo más que un grupo para la defensa de intereses individualistas y surja un espíritu orientado hacia la formación de comunidad, su propósito no es el de sostener la sociedad civil sino, por el contrario, el de realizar en ella una revolución. Ello se debe, en último extremo, al hecho de que el poder de clase de la burguesía renunció desde el primer momento a toda clase de legitimación. La legitimidad de la dominación basada en el linaje nunca fue sustancialmente negada durante el tiempo en que tal principio rigió. Pero el poder de la clase se instauró en nombre de la libertad e igualdad «de todos». Según la base de su legitimación, la sociedad civil es el juego, libre de poder, de las fuerzas iguales y, por esa razón, no puede justificar, en el fondo, poder ninguno y mucho menos el de una clase. La diferencia esencial radica, por eso, en la conciencia del estamento y en la de la clase. La clase no aspira a ser una parte inserta en un todo ordenado y unido para un destino, sino que anhela ser «todo». En los mismos comienzos de la Revolución francesa esta peculiaridad de la conciencia de clase de la burguesía fue expresada en forma gráfica por el abate Sieyès en aquel célebre pasaje: «¿Que es el tercer estado? Actualmente nada; en realidad todo» (cf. Freyer, pp. 276 5.).

Gracias a esta conciencia de clase, intencional, la sociedad civil se convierte en un concepto político y la clase en un factor decisivo de la realidad política y social. Pero la opinión de que la situación objetiva de las clases tuviera que convertirse, por necesidad causal, en una distinción de clases sentida o consciente y, finalmente, en una oposición entre las clases, solo está justificada si se admite una continuidad necesaria en la historia del espíritu europeo. Solo entonces se puede hablar de una conciencia de clase adecuada o inadecuada, verdadera o falsa. La conciencia que don Quijote tenía del Estado a que pertenecía, como caballero andante, puede ser, en verdad, considerada fácilmente como falsa porque la situación objetiva del Estado, con arreglo a la cual era valorada aquélla, era una situación pasada y, por tanto, perfectamente conocida. Pero ¿cómo puede hablarse de una conciencia verdadera si se toma como criterio una situación social que aún no ha llegado a producirse? El criterio de lo verdadero y de lo falso no es, evidentemente, aquí, una realidad pasada o presente, sino una tendencia ideal de evolución que se aplica en la actualidad.

El criterio que informa de la conciencia de clase es «libertad e igualdad», o sea la primitiva base de legitimación de la sociedad civil, cuya realidad ha ido a encontrarse en insoluble contradicción con él. Si es absolutamente exacto que la clase solo llega a ejercer acción social cuando adquiere conciencia de clase, lo que importa entonces es conocer el contenido de esa conciencia y, con ello, la dirección del querer de clase. Pues, supuesta la acción de este querer como conformadora del futuro, en él y solo en él radica la «ley del movimiento de la historia». Este contenido de voluntad no puede derivarse únicamente de las relaciones de producción económico-técnicas, por mucha que pueda ser su importancia para el conocimiento de la acción y expansión de aquella idea, y precisamente en nuestra época. Como todas las ideas, el contenido de la conciencia de clase surge primero en las cabezas de una élite que, de ordinario —lo que es muy significativo—, no se encuentra en la situación de clase correspondiente, sino que pertenece a la clase contra la cual se combate. Este detalle se revela lo mismo en la formación de las doctrinas revolucionarias de la burguesía que en las del proletariado. La continuidad de la historia del espíritu se mantiene gracias a esa élite, como muy bien lo sabía Lenin. Claramente admite este que no existe ninguna necesaria relación causal entre el ser de una clase y la conciencia de esa clase, al declarar que «no puede hablarse de una ideología autónoma elaborada por las mismas masas proletarias en el curso de su movimiento... Por el contrario, la doctrina socialista ha surgido de las teorías filosóficas, históricas y económicas que fueron creadas por representantes cultivados de las clases poseedoras o por intelectuales» (*Obras*, IV, 2, pp. 159 5., 169 ss.).

No es, pues, el propio ser social el que produce la conciencia de la élite. Lo que en la realidad hace este es aplicar criterios elaborados por la conexión total de la historia del espíritu a una nueva situación social, son lo que aparece —aun sin quererlo— como proseguidora de la continuidad de la historia del espíritu, que tiene una legalidad relativamente propia. Por esa razón la aspiración a la libertad e igualdad, tanto la de carácter burgués como la proletaria, solo puede comprenderse de modo cabal sobre el fondo de la evolución total del espíritu cristiano-occidental. Hay, pues, que estimar sobremanera superficial esa concepción tan extendida de que las ideas de libertad e igualdad nacieron con la Revolución francesa y van camino de ser enterradas definitivamente en nuestros días. Por el contrario, las raíces de este ideal social llegan ininterrumpidamente hasta la Antigüedad y se hincan hondamente en la conciencia europea a través de la historia de la Iglesia cristiana.

El primitivo ideal cristiano de comunidad, con un reino divino del amor sobre este mundo, venía a ser un individualismo religioso extremado, penetrado del valor infinito y único esencial del alma individual y, en consecuencia, con una absoluta indiferencia para la realidad social, para el reino de este mundo. La Iglesia logró superar esta indiferencia y resolver el problema que planteaba la vital necesidad de un acuerdo con lo terrenal, tomando el Derecho Natural de los estoicos y convirtiéndolo en un Derecho Natural cristiano. La doctrina estoica, nacida en el Imperio mundial de Roma, veía su ideal cosmopolita en una comunidad universal en la que todos los hombres sin distinción convivieran libres e iguales, sin autoridad ni propiedad privada, dominando sus instintos mediante la obediencia libre a la ley divina de la razón. Pero esta ley natural solo fue posible, en la práctica, según esa doctrina, en la Edad de Oro. En cambio, para los hombres dominados por sus pasiones es necesario convertir ese Derecho Natural absoluto en relativo; y esto lo asegura, mediante la dominación política, la propiedad privada y el matrimonio, un orden jurídico positivo para el cual, sin embargo, el Derecho Natural absoluto es siempre el ideal al que hay que aproximarse en lo posible.

La Iglesia cristiana fusionó la doctrina de la obediencia libre e igual de todos a Dios y el dogma del Paraíso con el Derecho Natural absoluto de la Stoa y su idea de la *aurea atas.* El trabajo y la propiedad, el matrimonio, el poder social y la desigualdad se explican y justifican, según la Iglesia cristiana, por medio del pecado original, de tal modo que ahora el Estado y el Derecho pueden considerarse como *pœna et remedium peccati.* En la doctrina tomista la libertad, la igualdad y la propiedad común se consideran como ideales propiamente cristianos, sin duda irrealizables bajo las condiciones del estado de pecado. Al aparecer la desigualdad social como pena y remedio del pecado, el poder temporal recibe con ello un considerable fortalecimiento de su autoridad. Pero solo la posee, cosa que no hay que olvidar, en virtud de la humilde sumisión que la Iglesia exige de los pecadores. Por esta razón, el Derecho Natural cristiano se puede convertir fácilmente en una crítica intensamente revolucionaria de todas las relaciones existentes de poder, cuando se ataca a la autoridad eclesiástica o cuando se cree que el derecho positivo contradice al Derecho Natural absoluto. En este caso y por primera vez en la historia política de Europa, los jesuitas Suárez y Mariana admiten el tiranicidio.

Pero una vez que disminuye la autoridad de la Iglesia, como consecuencia del debilitamiento del sentimiento del pecado, y se tambalea la creencia en el oscurecimiento de la razón del hombre pecador, en grado paralelo ha de desaparecer la fuerza legitimadora del Derecho Natural cristiano relativo, ha de aparecer discutible la justificación cristiana de los órdenes tradicionales de poder y ha de quebrarse el contenido racional-crítico del derecho racional absoluto de los estoicos. Ya no domina el pensamiento de la Edad Moderna la oposición entre el derecho divino y el humano, que había caracterizado al derecho Natural medieval, sino la oposición entre la coacción del derecho, de carácter político, y la crítica racional, temporal y humana. Esta secularización del sentimiento total de la vida y de todas las direcciones de intereses tiene lugar en el Renacimiento en estrecha conexión con las grandes revoluciones sociales de aquella época. Cicerón y Séneca actúan directamente al ser leídos en su original, difundiéndose así las doctrinas del estoicismo romano sin matiz cristiano alguno. Los grandes éxitos logrados por la razón humana, a partir del siglo XV, en las ciencias naturales y especialmente en la Astronomía, estimulan la creencia en la posibilidad de descubrir un *ordre naturel* universal que abarque la naturaleza y la cultura. A un deísmo cada vez más extendido acompaña una concepción inmanente del mundo en armonía con él, y que, reconociendo a Dios como la causa primera del universo, considera que, una vez que las leyes racionales de la naturaleza y de la sociedad han cobrado realidad, se hacen independientes de su voluntad.

La idea de la libertad igual de todo lo que tiene rostro humano es una idea de origen específicamente cristiano. En la Antigüedad había dos posibilidades naturales de ser hombre, libre o esclavo. El cristiano no abolió, ciertamente, la esclavitud, al dar un carácter más interior al concepto de libertad, pero vino a admitir una condición humana igual y libre, la cual, precisamente porque era independiente de todas las relaciones sociales, se compadecía también con la esclavitud. En cambio, en la esfera de la libertad interior, que era donde radicaba su destino religioso, todos los hombres, por el mero hecho de ser tales, gozaban de igual consideración. En este sentido habla el propio Lutero «de la libertad del cristiano» aun cuando, de manera sumamente conservadora, pone de relieve la negación de libertad en lo exterior, impuesta por el Derecho Natural relativo, a causa de la inclinación del hombre al pecado.

La Reforma, sin embargo, con las guerras de religión a que dio lugar, y aun prescindiendo de la ética económica del calvinismo, contribuyó en grado importante a la secularización de la conciencia general. Los hombres esperaban, después de tanto sufrimiento, la seguridad y la paz únicamente de un poder estatal que fuese independiente de toda legitimación eclesiástica. En la historia del pensamiento, la vieja idea de la libertad y de la igualdad recibe ya antes un contenido profano; se la entiende ya, de una manera política y, poco después, tal vez como Tomás Moro, también económica, en el sentido de un derecho de la razón. Surge así una legitimación temporal y humana del Estado y del Derecho en lugar de la trascendente-religiosa.

De la naturaleza racional del hombre, originariamente igual y libre, se deduce un Derecho Natural inmanente que, según la célebre frase de Hugo Grocio, debe ser tan inmutable que no pueda ser alterado ni por el mismo Dios. El Derecho Natural racional, que adquiere predominio a partir del siglo XVII, toma del Derecho Natural cristiano la firme creencia en la existencia de un sentido en el mundo —creencia que aún fluye en el marxismo— y en la victoria final de lo bueno y racional, pero, naturalmente, seculariza tal creencia y espera esa victoria como resultado de la acción autónoma del hombre, al que juzga, en lo que hace relación con la bondad e incluso con la razón, con un optimismo hasta entonces desconocido. *Finís vita* del hombre medieval era su unión con Dios. El destino de la vida del hombre de la Edad Moderna, a cuya realización todos tienen esencialmente el mismo derecho, es la autoformación de la personalidad en este mundo y, como supuesto de ello, la utilización, en sentido terreno, del mundo y el poder de decisión, el «reino de la libertad» entendido como el reino «del desarrollo de las energías humanas para fines propios que el hombre se pone a sí mismo». En lugar de la salvación del alma aparece la *salus publica,* y la pretensión a la libertad e igualdad, entendidas en sentido político-social, se convierte en derecho innato del hombre. Todos los poderes, incluso el autocrítico, se legitiman ahora inmanentemente mediante el «pueblo», y el contrato político se convierte en «piedra de toque de la juridicidad de toda Constitución política» (Kant).

La exigencia político-social de libertad e igualdad se limita primero a la clase burguesa, identificada con el «pueblo». Y el mismo Locke, que, de acuerdo con su época, considera a la libertad personal y de la propiedad como algo inherente a la esencia del hombre, sanciona, en su constitución para la Carolina del Norte, la esclavitud y la propiedad de los cuerpos (Jellinek, *Erklärung, d. Menschen-u. Bürgerrechte,* p. 31). Hasta qué punto el propio contenido del Derecho Natural cristiano aparece también determinado por los intereses de la sociedad civil es cosa que revela, por ejemplo, la declaración de casi cien sacerdotes, pertenecientes a diferentes sectas protestantes, quienes en 1863 consideraban que al abolir la esclavitud era inmiscuirse en los planes de la providencia divina (Jellinek, *Staatsl.,* p. 191, A. 1).

La sociedad civil no pudo, sin embargo, impedir, ya que no poseía otra legitimación del poder, que la lógica inmanente de la exigencia político-social de libertad e igualdad operase también, en la época del capitalismo avanzado, sobre el proletariado. En cuanto se extrajeron consecuencias de carácter político-social de la idea cristiana de la libertad e igualdad interiores de la persona ante Dios, la sociedad civil no podía ya valer como un orden definitivo.

Hegel había visto ya, certeramente en casi todos sus puntos, esta verdadera realidad de la sociedad civil. Llámala «el campo de batalla del interés privado individual de todos contra todos», y dice que, en ella, cada uno es «para sí su único fin y lo demás no es para él nada». Desarraiga al hombre al arrancarlo a los vínculos familiares. Hegel considera ya la concentración del capital y la proletarización como condicionándose recíprocamente: «cuando la sociedad civil actúa sin trabas se dedica, en lo anterior, a desarrollar la población y la industria. Con la generalización de las vinculaciones de los hombres, mediante sus necesidades y los modos de preparar y conseguir los medios para satisfacerlas, se intensifica, de un lado, la acumulación de la riqueza y, del otro, la división y limitación del trabajo particular y con ello la dependencia y penuria de la clase dedicada a ese trabajo, lo que trae como consecuencia el no poder cultivar sus demás facultades y, especialmente, disfrutar de los beneficios de carácter espiritual que ofrece la sociedad civil». «El descenso de una gran masa por debajo de un cierto nivel de existencia acarrea la formación de la plebe, juntamente con la máxima facilidad para concentrar desmedidas riquezas en pocas manos».

Hegel estaba enterado de que «con toda su abundancia de riquezas, la sociedad civil no es lo bastante rica para detener el exceso de pobreza y la formación de la plebe». Pero lo que Hegel no vio, porque no lo podía ver en su época, fue la acción dialéctico-revolucionaria de las situaciones que describe. Sabía ya que «la importante cuestión de cómo debe remediarse la pobreza es una cuestión que preocupa y aguijonea a las sociedades modernas». Pero la única solución que presenta es la del imperialismo colonial, que, como se sabe, fue, en realidad, adoptada (Treitschke, *Deutsche Geschichte,* IV, 251). Sin embargo, Hegel subraya que, como remedio directo contra la pobreza, se ensayó en Inglaterra «abandonar a los pobres a su destino, dejándolos abandonados a la caridad pública» *(Rechtsphilosophie,* especialmente §§ 243 *ss.* y apéndices; cf. Heller, «Hegel und die deutsche Politik», *Ztschr. f Politik;* XIII, p. 132).

Hay que poner de relieve que, en la categoría de la sociedad civil, descrita en forma tan plástica, no incluye únicamente a la economía sino a toda la esfera del derecho privado, la justicia y la policía. Al parecer, en este dominio, el filósofo del Estado prusiano como un pensador liberal «occidental», al presentarse aquí el dialéctico clásico como antidialéctico, estimando como definitivo el orden social burgués y como aniquilada la milenaria tradición del Derecho Natural, viene a ofrecernos uno de los más insignes ejemplos de la vinculación histórico-social de todo pensar a la situación real.

La única verdadera realidad para Hegel es la realidad de la idea, el Estado en la forma que en su tiempo presentaba. Solo en su discípulo Lorenz von Stein aparece la sociedad civil como «la fuente verdadera de toda libertad y opresión», y el Estado real, impotente para «ocupar un lugar fuera de la sociedad», no es más que «la consecuencia o la manifestación de ordenación de la sociedad en el organismo del poder estatal». Hay también que indicar que Stein valoró más certeramente que Hegel la verdadera realidad de la idea histórico-política, al proclamar la acción revolucionaria de las exigencias de libertad e igualdad en la sociedad civil y al considerar que la raíz de ellas estaba en los supuestos fundamentales de la vida «cristiano-germánica» (I, pp. 51, 69, 11).

De este modo, la interior inestabilidad de esta sociedad de clases, esencialmente revolucionaria, vino a constituir el tema específico de una nueva ciencia, la Sociología, la cual ha sido llamada por ello, no sin fundamento, ciencia de oposiciones (Freyer, pp. 285 ss.). El contenido dialéctico de la sociedad de clases fue el punto de partida de la ciencia sociológica, no solo para Marx y Engels sino para todos los grandes sociólogos de la primera mitad del siglo XIX, para quienes también la contradicción entre libertad e igualdad en sentido material y en sentido formal, era el problema que latía en el fondo de la oposición entre Estado y sociedad. Después de que en Francia, tras media docena de revoluciones políticas y constituciones jurídicas, vióse que apenas se había alterado nada en lo concerniente a la desigualdad y opresión efectivas, llega Marx, hacia 1859, al resultado de que las relaciones jurídicas, y lo mismo las formas de Estado, no pueden explicarse ni por sí mismas ni por la llamada evolución general del espíritu humano, «sino que más bien se enraízan en las relaciones materiales de la vida que Hegel, siguiendo precedentes franceses e ingleses del siglo XVIII, comprendió, en conjunto, bajo el nombre de "sociedad civil", cuya anatomía, empero, hay que buscar en la economía política» (Prólogo).

Queda así, por vez primera, caracterizada, cualquiera que sea el papel que se atribuya al factor económico y el grado de efectividad social que se conceda al espíritu humano, aquella realidad social concreta partiendo de la cual debe ser comprendido el Estado real de la actualidad. La reducción de esa realidad a lo meramente económico debe ser rechazada, ni más ni menos que cualquier otro de los criterios unilaterales, naturalistas o idealistas, *v. gr.* jurídicos, que hoy dominan en la Teoría del Estado. La trivial objeción de que el conjunto de la sociedad civil, como de toda realidad, solo puede ser captada por el pensamiento dividiéndola en contenidos parciales, desconoce la importancia metódica que tiene, justamente en nuestros tiempos, una acentuación de la realidad social como totalidad.

En la presente Teoría del Estado, al plantearnos la exigencia metódica de estudiarlo partiendo de la totalidad social concreta, y debido a la falta casi absoluta de trabajos previos en esa dirección, hemos de limitarnos a señalar caminos.

SECCIÓN TERCERA

EL ESTADO

I

Supuestos históricos del Estado civil

Gierke: *Deutsches Genossenschaftsrecht,* I, 1868; Schröder-V. Künstberg: *Lehrb. d. deutsch. Rechtsgeschichte,* 1922; L. M. Hartmann: *Ein Kapitel vom spätantiken u. frühmittelalterlichen Staat,* 1913; V. Below: *Der deutsche Staat d. Mittelalters,* 1925; V. Below: *Die Ursachen d. Rezeption d. röm. Rechts in Deutschland,* 1905; Keutgen: *Der deutsche Staat d. Mittelalters,* 1918; Weimann: *Der deutsche Staat d. Mittelalters,* 1925; Spangenberg: *Vom Lehnsstaat zum Ständestaat,* 1912; Laband: *Die Bedeutung d. Rezeption d. röm. Rechts f. d. deutsche Staatsrecht,* Strassburg, Rektoratsrede, 1880; V. Bezold-Gothein-Koser: *Staat und Gesellschaft der neueren Zeit,* 1908.

Para comprender lo que ha llegado a ser el Estado actual no es preciso, según se dijo ya (p. 44), rastrear sus «predecesores» hasta tiempos remotos, cuando no hasta la época primitiva de la humanidad. Siempre que se intentó hacer tal cosa, se desatendió, en general, aquello que a nuestro objeto principalmente interesa: la conciencia histórica de que el Estado, como nombre y como realidad, es algo, desde el punto de vista histórico, absolutamente peculiar y que, en esta su moderna individualidad, no puede ser trasladado a los tiempos pasados. Las lucubraciones especulativas sobre el origen del Estado, tan del gusto de muchos de nuestros historiadores (cf. Rachfahl, *Staat, Gesellschaft. Kultur u. Geschichte,* 1924, pp. 31 *s.;* Keutgen, pp. 3 ss.), muestran a lo que conducen las proyecciones retrospectivas del concepto del Estado. Eduard Meyer conduce hasta sus últimas consecuencias esa universal ampliación del concepto del Estado al concebirlo, contra lo que suele hacerse, no como algo que nace con el hombre, sino incluso como aquel grupo social «que corresponde a la horda animal y que, por su origen, es más antiguo que el género humano, cuyo desarrollo cabalmente solo se hace posible en él y por él» *(Gesch. d. Altertums,* I, I, 4, 1925, p. 11: sobre los Estados de animales, pp. 6-7). Es evidente que, con tan ilimitada extensión, el concepto histórico del Estado se desnaturaliza por completo y se hace de imposible utilización.

Para comprender las relaciones políticas del pasado, no hay, en último término, otro recurso que medirlas con los conceptos del pensar actual (v. Below, *Staat,* pp. 108 s.). Pero este medio, si se quiere evitar tener imágenes totalmente falsas del pasado, hay que usarlo con la máxima cautela y en la inteligencia de que nuestros conceptos políticos son inadecuados, en principio, para un pasado muy lejano.

Aun si nos limitamos al intento de concebir el Estado del presente partiendo de sus supuestos históricos inmediatos y de confrontarlo con las formaciones políticas medievales, llamadas entonces reino o territorio, se ve en seguida que la denominación «Estado medieval» es más que cuestionable. Las valiosas correcciones de Below a las concepciones jusnaturalistas y, sobre todo, a las de Haller sobre el mundo político medieval, son acertadas en todos sus puntos. Es patente el hecho de que, durante medio milenio, en la Edad Media, no existió el Estado en el sentido de una unidad de dominación, independientemente en lo exterior e interior, que actuara de modo continuo con medios de poder propios, y claramente delimitada en lo personal y territorial.

Los historiadores suelen considerar al «Estado estamental» de la Edad Media, siguiendo a Gierke, como un Estado dualista (Spangenberg, p. 36, A. I). Utilizan para ello como criterio el monismo de poder del actual Estado; pero, si tal se hace, la división del poder político en la Edad Media no era, ciertamente, dualista sino más bien pluralista o, mejor, como dice Hegel, una «poliarquía» *(Obras,* IX, p. 403). Casi todas las funciones que el Estado moderno reclama para sí Hallábanse entonces repartidas entre los más diversos depositarios: la Iglesia, el noble-propietario de tierras, los caballeros, las ciudades y otros privilegiados. Mediante el enfeudamiento, la hipoteca o la concesión de inmunidades el poder central se vio privado, poco a poco, de casi todos los derechos de superioridad, siendo trasladados a otros depositarios que, según nuestro punto de vista, tenían carácter privado. Al soberano monárquico del Estado feudal le vienen a quedar finalmente solo muy pocos derechos inmediatos de dominación. En lo sustancial, no cabe ya prescindir de los servicios de los poderes locales, ampliamente autónomos, que han sometido a su autoridad a todos los habitantes del territorio sustrayéndolos a las órdenes inmediatas del poder central. La misma jurisdicción, que estamos acostumbrados a considerar como la función más privativa del poder estatal, había pasado en gran parte a «manos privadas» (Below, *Staat,* p. 244).

Los reinos y territorios de la Edad Media eran, tanto en lo interior como en lo exterior, unidades de poder político, por decirlo así, solo intermitentemente e incluso, durante siglos, solo excepcionalmente. El «Estado» de entonces «no podía mantener su ordenación de modo ininterrumpido, sino solo temporalmente, interviniendo de vez en cuanto para eliminar la perturbación del orden estatal que se deseaba mantener» (Hartmann, p. 16). Su poder estaba limitado, en lo interno, por los numerosos depositarios de poder feudales, corporativos y municipales y, en lo exterior, por la Iglesia y el Emperador.

En la Antigüedad, Estado e Iglesia, grupo político y grupo cultural, habían constituido una unidad inseparable; cada «polis» tenía sus propios dioses. Con el monoteísmo judeo-cristiano se formó una Iglesia universal, independiente de las fronteras políticas, que sustrajo buena parte de la vida personal y pública a la dominación del grupo político, lo que, hasta el presente, continúa sin pertenecerle. Pero, en la Edad Media, la Iglesia reclamó una obediencia, aunque extraestatal, política, de todos los hombres, incluso de los que ejercían poder político, obligando a ella, en muchos casos, por eficaces medios coactivos espirituales y aun físicos. De esta suerte, la Iglesia limitaba el poder político medieval no solo exteriormente sino, de modo aún más intenso, en lo interno, indirectamente, valiéndose del clero. El hecho de que la Iglesia representara durante siglos la única organización monista de autoridad, en un mundo en que el poder estaba disgregado a la manera feudal, no fue la causa menos poderosa de su supremacía. El punto culminante, y a la vez el comienzo de la quiebra de la supremacía papal lo constituyen la bula *Unam sanctam,* de Bonifacio VIII (1302) y la negación de obediencia por parte de Felipe de Francia, que tuvo lugar al año siguiente. La Reforma trajo como consecuencia la emancipación definitiva y total del poder del Estado respecto a la Iglesia, incluso en los Estados católicos.

En los tiempos medievales fue también desconocida la idea de una pluralidad de Estados soberanos coexistiendo con una igual consideración jurídica. Todas las formaciones políticas de Europa se consideran más bien como subordinadas al Emperador, pretensión que no fue solo teórica en la Edad Media, y que aun a principios de la Moderna dio lugar a la fundación y reorganización, respectivamente, de los tribunales imperiales en Wetzlar y Viena.

Sin embargo, los señoríos feudales de nobles, caballeros y eclesiásticos, y más tarde también las ciudades, supieron oponerse en forma mucho más eficaz al nacimiento de una organización política firme y de un poder estatal independiente. Ya en la época merovingia había aparecido la tendencia a la privatización del poder estatal, al hacerse hereditario el oficio de conde y, con él, el poder de juzgar. Y con la disolución del imperio carolingio se instaura en el continente una feudalización, casi total, de los oficios reales. El resultado final, de todo ello es un conglomerado de numerosas unidades de dominación grandes, pequeñas y minúsculas, conexionadas entre sí, las más de las veces contractualmente, por el flojo vínculo feudal. La idea del contrato político del Derecho Natural racional, de más adelante, tiene aquí su fuerte raíz, absolutamente germánica. No hay duda de que todo alemán ha pertenecido siempre a un grupo forzoso (Below, *Staat,* p. 243). Pero eso solo significa, refiriéndonos a aquellos tiempos, que, en el «Estado» feudalizado, cada una de sus baronías formaba un «Estado aparte» (Keutgen, p. 14). El Estado feudal no conoció una relación de súbdito de carácter unitario, ni un orden jurídico unitario, ni un poder estatal unitario, en el sentido en que nosotros lo entendemos. Los tribunales de las cortes de los señores territoriales, la justicia exenta del clero, los tribunales del pueblo, los tribunales municipales y el tribunal real dictan sus sentencias con una independencia casi absoluta unos de otros y según sus propias representaciones jurídicas.

Es verdad que el Estado estamental supera esa disgregación del poder, reuniendo a los depositarios estamentales de este en corporaciones, los estamentos, pero lo hace solo con el fin de oponerlos al príncipe como enemigo más temible. Como todos los grandes cambios políticos, se remonta este también a una revolución social que tuvo lugar en el siglo XIII. En lugar del antiguo noble hereditario, en esta época desaparecido ya en buena parte, aparecen los nuevos estamentos profesionales: el estamento de los caballeros que surge de los feudatarios no libres y que recoge partes de la antigua nobleza, y la burguesía de las ciudades que gana poder a causa de la aparición de la economía monetaria y crediticia. En lo sucesivo las funciones políticas y los derechos de mando se trasmiten por herencia con la tierra o se enajenan aparte. De este modo, los caballeros y las ciudades tienen la posibilidad de adquirir ventajas de carácter público, cargos y derechos, de la mayoría de los príncipes cargados de deudas. Pero, sobre todo, los nuevos estamentos privan a los príncipes de la base económica de su poder al arrebatarles, casi por completo, desde finales del siglo XIII, la facultad impositiva (Spangenberg, pp. 46 ss., 86). En el siglo XIV las uniones estamentales se convierten en los grupos internacionales de intereses del clero, de los caballeros y de los burgueses, que rompen en todas partes el carácter político cerrado de los territorios.

Complétase así el dualismo del «Estado» estamental, compuesto de dos a más organizaciones de poder independientes entre sí. Apenas hay un solo concepto de la moderna vida estatal que se acomode a tal formación. Ambas partes, príncipe y estamentos, afirman tener el mejor derecho; ambas disponen de un completo aparato propio de poder: funcionarios, tribunales, finanzas propias, e incluso ejército y representación diplomática propios (Gierke, I, pp. 535 ss.). Las guerras de los señores territoriales tienen a menudo el carácter de meras contiendas privadas en las que luchan con la ayuda de los pocos vasallos sometidos a obediencia y obligados a servicio, de su servidumbre y de soldados mercenarios. Los príncipes tratan con sus estamentos como si se tratase de aliados, en plano de igualdad, y con frecuencia tienen que aliarse con otros señores territoriales para imponerse a sus propios súbditos. Desde el punto de vista de los conceptos actuales sobre el Estado no es una exageración lo que dice Laband de que desde el siglo XIII no hubo en Alemania un verdadero poder estatal (p. 37). La disgregación política y las constantes luchas de los estamentos entre sí y contra el príncipe produjeron una general intranquilidad y una terrible ausencia de derecho. «Una guerra general de todos contra todos se originó en el interior de las naciones» (Ranke, *Gesch. d. roman, u. german. Völker*, p. XXXII).

La aparición del poder estatal monista se produjo según formas y etapas muy distintas en las diversas naciones. La atomización política se venció primeramente en Inglaterra. Es este el único reino en que, gracias a la energía de los reyes normandos, se logra crear, ya en el siglo XI, una organización política relativamente fuerte en medio de la jerarquía feudal. Una manifestación precoz del Estado moderno fue el creado en la primera mitad del siglo XIII en Sicilia por el genial Federico II, quien sustrajo en forma radical al sistema feudal el ejército, la justicia, la policía y la administración financiera, centralizándolo todo de modo burocrático. Los orígenes propiamente dichos del Estado moderno y de las ideas que a él corresponden hay que buscarlos, sin embargo, en las ciudades-repúblicas de la Italia septentrional en el Renacimiento. De Florencia era Nicolás Maquiavelo, cuyo *Príncipe* introduce en la literatura el término *lo stato* para designar el nuevo *status* político (Jellinek, *Staatslehre*, pp. 132 5.), a la vez que analiza, de una manera sumamente viva, la *ragione di stato* de la Edad Moderna.

La nueva palabra «Estado» designa certeramente una cosa totalmente nueva porque, a partir del Renacimiento y en el continente europeo, las poliarquías, que hasta entonces tenían un carácter impreciso en lo territorial y cuya coherencia era floja e intermitente, se convierten en unidades de poder continuas y reciamente organizadas, con un solo ejército que era, además, permanente, una única y competente jerarquía de funcionarios y un orden jurídico unitario, imponiendo además a los súbditos el deber de obediencia con carácter general. A consecuencia de la concentración de los instrumentos de mando, militares, burocráticos y económicos, en una unidad de acción política —fenómeno que se produce primeramente en el norte de Italia debido al más temprano desarrollo que alcanza allí la economía monetaria— surge aquel monismo de poder, relativamente estático, que diferencia de manera característica al Estado de la Edad Moderna del Territorio medieval.

Los grupos políticos de la Edad Media eran defendidos, dominados y administrados por personas a las que pertenecían, en su mayor parte como propiedad, los medios administrativos, ya fuesen de carácter militar, judicial o de otra clase, tales como productos naturales, dinero, armas, caballos, edificios, etc. El viejo ejército solo constaba de tropas de a pie. Cuando, debido a la forma de luchar de los sarracenos y húngaros, fueron precisas tropas de a caballo, el príncipe se las aseguró mediante el enfeudamiento de la propiedad agraria y de los derechos de superioridad. Estos feudatarios montados constituían una «tropa privada» de su señor feudal (Below, *Staat,* p. 287). El feudatario cubría los gastos del equipo militar para sí y sus vasallos y subordinados a expensas de los bienes de su feudo y, asimismo, las costas y derechos que se pagaban por las funciones de superioridad que ejercía, y singularmente por la jurisdicción, pasaban, en lo sustancial, a su peculio. La base de su poder era la propiedad feudal que se había hecho hereditaria. Gracias a ella le fue económicamente posible llevar a cabo la gestión privada de la administración militar y civil; pero también por medio de ella se hizo el feudatario independiente en lo económico, y en muchos casos también en lo político-militar, del señor feudal, especialmente por causa del armamento de la gente de guerra, de la que el señor necesitaba ineludiblemente. El derecho del feudatario sobre el objeto del feudo, incluidos los derechos de superioridad, vino a convertirse casi en una propiedad de derecho privado, y el señor feudal, en la esfera de funciones del feudatario, vino a perder finalmente por completo el derecho a ejercicio de la función. Como la organización feudal consistía en una jerarquía de privilegios, con numerosos grados, y el señor feudal solo podía mandar sobre los vasallos y subordinados de rango inferior a través del feudatario inmediato, vino así a depender aquél de la lealtad de este, lealtad a la que con bastante frecuencia se faltaba. Con lo que sucedía que la supremacía del poder del señor feudal se apoyaba, en no exigua parte y prescindiendo de los vínculos ético-políticos, en el hecho de disponer en propiedad de un gran territorio sobre el que ejercía su propia administración de superioridad.

La evolución que se llevó a cabo, en el aspecto organizatorio, hacia el Estado moderno, consistió en que los medios reales de autoridad y administración, que eran posesión privada, se convierten en propiedad pública y en que el poder de mando que se venía ejerciendo como un derecho del sujeto se expropia en beneficio del príncipe absoluto primero y luego del Estado (cf. Max Weber, *Economía y Sociedad,* I, pp. 225 *ss.;* IV, pp. 85 ss.).

Mediante la creación de un ejército mercenario permanente, cuya existencia depende del pago de la soldada, el señor se hace independiente del hecho aleatorio de la lealtad de sus feudatarios, estableciendo así la unidad de poder del Estado en lo militar. La caballería había perdido ya su función político-militar a causa de la transformación de la técnica guerrera. Desde la guerra de los husitas es desde cuando, probablemente, decae el papel de la caballería en el combate, a causa del empleo creciente de cañones y armas de fuego portátiles, de la infantería y de las tropas mercenarias. Los gastos que imponía la nueva técnica de las armas exigen la organización centralizada de la adquisición de los medios necesarios para la guerra, lo cual suponía una reorganización de las finanzas. De este modo, la necesidad política de crear ejércitos permanentes dio lugar en muchas partes a una transformación, en sentido burocrático, de la administración de las finanzas. Gracias a ella las tropas feudales, intermitentes y ocasionales, con su servicio inseguro y limitado, se ven sustituidas por una organización firme y continua del ejército cuyos medios de guerra se concentran en las manos del Estado. Hasta la paz de Tilsit había quedado en Prusia, todavía, como último resto del viejo ejército feudal, el jefe de compañía que era propietario del armamento de su unidad.

En las demás esferas las formas de la administración feudal resultan también inadecuadas para atender a las tareas administrativas, cuantitativa y cualitativamente crecientes, de una sociedad y de una economía cada vez más complicadas. A comienzos de la Edad Moderna el Estado tiene que encargarse de una serie de tareas que hasta entonces corrían a cargo de la familia, la Iglesia o las instituciones locales, o que respondían a nuevas necesidades. Eran, especialmente, materias relacionadas con las comunicaciones, tanto en lo general como en su aspecto económico-técnico, con la administración de justicia y con lo cultural, sobre todo de carácter pedagógico. Un Estado que no utilizara las revolucionarias innovaciones técnicas de aquel tiempo y no acomodara a ellas su administración, se vería condenado a una decadencia inevitable. Lo que aconteció en lo militar, cuyo despliegue unitario de poder fue posible gracias a una organización racional y planificada que emanaba de un centro de mando, sucedió también en las demás zonas de la administración, en las que se hizo necesaria la eliminación del carácter feudal mediante la racionalización técnica de la concentración del poder político.

El defecto capital que entraña la «administración de diletantes» característica de la época feudal, en aquellas funciones que eran desempeñadas como algo accesorio, consistía en su insuficiencia técnica: la debilidad de su ejecutivo, la laxitud de los controles, la ausencia o imperfección de la contabilidad (Below, *Staat.*, p. 298). Por otra parte, el perfeccionamiento de la técnica administrativa solo era posible mediante una división del trabajo. El instrumento más eficaz para lograr la independización de la unidad de poder del Estado fue la jerarquía de autoridades, ordenada de modo regular, según competencias claramente delimitadas y en la que funcionarios especializados, nombrados por el superior y económicamente dependientes, consagran su actividad de modo continuo y principal a la función pública que les incumbe, cooperando así a la formación consciente de la unidad del poder estatal (sobre Inglaterra, cf. Hatschek, *Engl. Verfassungsgeschichte,* 1913, pp. 13 *s.,* 132 55.). Mediante la burocracia se elimina la mediatización feudal del poder del Estado y se hace posible establecer el vínculo de súbdito con carácter general y unitario. Los apoyos burocráticos dan a la moderna construcción del Estado sus netos contornos y condicionan el carácter relativamente estático de su estructura. Gracias a la jerarquía de los funcionarios la organización pudo extenderse ahora también al territorio, es decir, abarcar a todos los habitantes de este, y asegurar de este modo una unificación universal, central y regida por un plan, del obrar relevante para el Estado. La gran extensión que alcanza el territorio de los Estados, cosa que en la Edad Media había contribuido grandemente a la emancipación de los poderes locales, no constituye para la burocracia moderna un obstáculo que se oponga a una labor administrativa sumamente intensa y, sin embargo, dirigida desde el centro. A la manera como, en lo económico, vino la fábrica a superar al taller, así también, respecto al despliegue del poder político, el aparato burocrático del Estado actual, rígidamente disciplinado y controlado vino a estar por encima de los Territorios, administrados a la manera feudal, de la Edad Media.

Según se dijo, el ejército permanente y la burocracia de carácter continuo suponen la planificación de la administración financiera del Estado. Pues la permanencia y seguridad de la concentración de poder mediante funcionarios civiles y militares se halla garantizada, sobre todo —por muy algo que se estime su sentido del deber y su conciencia de responsabilidad— por el hecho de que el funcionario depende, para su subsistencia económica, del sueldo mensual. Por este motivo, una burocracia cuyo sentimiento monárquico hubiese estado menos debilitado que en el funcionario alemán en 1918, se hubiese puesto también al servicio de la República, aun prescindiendo de todo sentimiento de deber respecto a la nación. La permanencia del Estado moderno reclama, justamente por esa causa, un sistema impositivo bien reglamentado a fin de disponer de ingresos suficientes para el sostenimiento del ejército y de la burocracia. La Administración medieval no conoció los presupuestos. El Estado estamental tampoco conoció la distinción entre los gastos e ingresos públicos y los privados del señor, ni un patrimonio independiente que perteneciera al Territorio y al Estado (Below, *Staat,* pp. 296 s.). Los estamentos sostenían como fundamental derecho suyo el estar libres de toda imposición, y las aportaciones que otorgaban al señor territorial eran concesiones voluntarias y por una sola vez. Era, por ello, antes de nada, indispensable la constitución de un patrimonio del Estado y el aseguramiento de una tributación regular. En el Estado moderno los gobernantes y los miembros de la Administración no tienen propiedad de los medios administrativos y están por completo excluidos de todo aprovechamiento privado de las fuentes de impuestos y de las regalías. La emancipación económica del poder estatal tiene su expresión en el hecho de que el patrimonio del Estado, con todos los medios reales de la Administración, no pertenece a nadie, ni al soberano ni al funcionario. Pero uno de los procesos más decisivos, entre los que integran la evolución del Estado de la Edad Moderna, lo constituye el hecho de que el príncipe, pasando por alto todos los privilegios, haya obligado, en las asambleas, a las corporaciones estamentales, muy debilitadas ya desde mediados del siglo XV, a dar su aprobación al establecimiento de impuestos generales y aplicables a todos los súbditos, sin tener en cuenta su nacimiento ni el estamento a que pertenecieran. Con este objeto principalmente, trataron los señores territoriales de convertir la asamblea en una corporación que, en lo posible, pudiera tener una voluntad unitaria, lo que los obligó a procurar dar validez al principio de las mayorías (Spangenberg, pp. 140 5.). Finalmente, hacia mediados del siglo XVI, los príncipes consiguen ya emancipar por completo la base económica del poder estatal, y establecen impuestos sin contar con la aprobación de los estamentos. De modo acertado, aunque sea objetable la fecha, ha puesto de relieve Dahlmann (*Politik,* p. 119) la extraordinaria importancia de este momento económico en el nacimiento del Estado moderno: «Lo que la vida había separado entre nosotros trataron de unirlo los impuestos en la segunda mitad de la Edad Media; en ellos va implícita la idea de que, incluso en épocas de paz, se forma parte de un gran ente común que a todos interesa y que nos impone sacrificios».

La dependencia político-económica del señor territorial respecto a los estamentos, basada en parte en la descentralización y disgregación que eran una consecuencia de la economía natural, solo pudo ser superada gracias al desarrollo de la economía capitalista monetaria. Merecen ser destacados los fuertes motivos políticos de esta evolución económica. Pues el desenvolvimiento de la forma económica capitalista se ve acelerado por el hecho de que la concentración estatal de poder, sin proponérselo, actuaba de modo tendiente a tal resultado. Así la circulación del dinero se vio estimulada por el establecimiento regular de tributos, y la producción de mercancías por el hecho de que los grandes ejércitos mercenarios uniformados, con sus armas cada vez más tipificadas, creaban la posibilidad de enormes ventas en masa (Sombart, *Krieg u. Kapitalismus,* 1914). Pero, además, en virtud de la política mercantilista que siguió el Estado, se fomentó de modo consciente e intencionado el desarrollo capitalista a fin de fortalecer el poder político (M. Weber, *Historia económica general,* 1923, ed. esp., Fondo de Cultura Económica, México, 1942, pp. 360 ss.). La teoría del mercantilismo, desarrollada primeramente en Inglaterra en el siglo XVI pero ya practicada allí un siglo antes, aspiraba a aumentar el poder del Estado, mediante el incremento de los ingresos del monarca y, mediatamente, por la elevación de la capacidad impositiva del pueblo. En atención a los fundamentos exteriores del poder, el dinero debía ser guardado en el país, debía aumentarse la población y procurar en lo posible su prosperidad mediante la exportación de productos; «el poder del Estado, de la fuerza concentrada y organizada» se utilizó, como Marx acertadamente observa (*Capital,* I, p. 841), «para acelerar a pasos agigantados el proceso de transformación del régimen feudal de producción en el régimen capitalista y acortar los intervalos», lo cual, evidentemente, no autoriza a afirmar, desde un punto de vista científico-real, que el Estado aparezca en este proceso meramente como un medio económico.

El Estado solo podía independizarse como unidad de acción militar, económica y política bajo la forma de una independización como unidad de decisión jurídica universal. La disgregación política del Imperio y de los Territorios había acarreado una extraordinaria disgregación jurídica y una intolerable inseguridad en el derecho. El cronista coetáneo Lauze fundamenta la necesidad de «una ordenación común para el país y un derecho igual» haciendo notar «que casi cada gobierno y oficio... tiene sus usos y costumbres peculiares que no concuerdan con los de los otros, con lo cual las contiendas y pleitos no tienen fin» (cit. por Below, *Rezeption,* p. 137), La unificación general, para todo el territorio y regulada desde el centro, de toda la actividad relevante para el poder del Estado requiere la existencia de un *jus certum,* válido para todo el territorio del Estado, un sistema de reglas unitario, cerrado y escrito, en el que, hasta donde sea posible, toda regla particular se ordene —según criterios políticos y no solamente jurídicos— sistemáticamente en la unidad del todo. Por otra parte, la colaboración de toda la jerarquía de funcionarios, según el principio de la división de trabajo, hace precisa una ordenación jurídica racional y planificada. Y, asimismo, la economía capitalista del dinero reclama, tanto para el derecho privado como para la Administración, la previsibilidad, extendida a un territorio lo más amplio posible, de un derecho sistematizado.

Frente a la disgregación jurídica germana aparecía el Derecho Romano, sistematizado por la burocracia justiniana, como un jus certum. Las dificultades para llevar a cabo una construcción sobre bases jurídicas germanas habrían sido, a juicio de Below, «considerables, posiblemente de tal volumen que no hubieran podido superarse» (*Rezeption*, p. 163). La opinión, hoy tan generalizada, de que la recepción del Derecho Romano fue, en el fondo, perjudicial, desde un punto de vista nacional, olvida, evidentemente, la enorme importancia que tal hecho tuvo para la autoafirmación política de los países alemanes. La causa fundamental de la gran extensión que en la práctica adquirió la recepción, desde fines del siglo XV, fue la disgregación jurídica, nacida de la debilidad del Imperio, y la falta de codificaciones. El derecho culto hizo preciso encomendar la Justicia a funcionarios especializados, formados en el Derecho Romano en las universidades del norte de Italia. Apareció así, en lugar de los tribunales integrados por personas sin preparación, quienes en cada caso juzgaban, por lo regular, según su sentido jurídico y los precedentes, una jurisdicción relativamente previsible, a cargo de una clase especial de juristas que sentenciaban basándose en normas racionales. La práctica forense se unificó, en buena parte, gracias al hecho de que el Tribunal de la Cámara del Imperio *(Reichskammergericht)*, reorganizado, y los tribunales supremos territoriales, acomodados a él, aplicaban igualmente el Derecho Romano. Debido a esto y al fuerte poder ejecutivo del funcionario, se produjo un aumento considerable de seguridad jurídica y se estableció la paz territorial perpetua (1495), que la Edad Media solo conociera con carácter temporal, aunque repetido, y que era entonces constantemente rota por la adopción de medidas de autodefensa. La codificación dispuesta por el príncipe y la burocratización de la función de aplicar y ejecutar el derecho eliminaron, finalmente, el derecho del más fuerte y el de desafío, e hicieron posible la concentración del ejercicio legítimo del poder físico en el Estado, fenómeno que, con razón, se señala como una característica típica del Estado moderno (M. Weber, *Economía y Sociedad*, II, p. 7).

Para poder explicar conceptualmente esta concentración de todo el poder jurídico en el «poder del Estado» organizado e independizado también en lo militar-burocrático y económico, se hacían necesarios nuevos conceptos jurídicos. El pensamiento jurídico medieval no conoció las distinciones entre derecho público y privado, entre contrato y ley, entre derecho y juicio; ni siquiera requería la vida de entonces una diferenciación precisa entre derecho objetivo y derecho subjetivo. El contrato era la institución jurídica universal y se utilizaba incluso para fundamentar y trasmitir derechos y obligaciones concernientes al ejercicio de la autoridad. En el concepto de *Weistum*, del descubrimiento del derecho para cada caso, aparecen confundidos derecho y juicio. Solo al aparecer las codificaciones oficiales y la jurisdicción burocrático-absoluta y al producirse, en fin, la emancipación del Estado como una unidad de autoridad, se hizo precisa una neta distinción entre derecho de coordinación y derecho de subordinación, entre ley y contrato, entre creación de derecho y jurisdicción. Solo al surgir la unidad autónoma de poder del

Estado modero se le pudo reclamar, con sentido, como un especial sujeto de derecho caracterizado por su autoridad.

Pero si esta unidad de autoridad, especialmente desde el advenimiento del absolutismo, había de suponer un status, una ordenación de autoridad de carácter continuo, no era bastante que solo estuvieran sometidas a una regulación central y planificada las relaciones de derecho privado, sino que tenía que suceder lo mismo con aquellas en que interviniera la autoridad. Habrá, por esto, que buscar el origen específico de las constituciones escritas en estas exigencias de carácter organizador. Lo que en tales constituciones hay de nuevo no es la determinación en un documento de los derechos de libertad individual, como por bastante tiempo se ha creído, pues tal determinación responde a la forma, en toda época conocida, por la que se hacen constar ciertos derechos políticos subjetivos por escrito en una carta. En cambio, sí es completamente nueva la regulación consciente y planificada de la estructura concreta de la unidad política en una ley constitucional escrita. Así, pues, por causa también de la *ratio status,* había que establecer un *jus certum* que ordenara las actividades futuras del Estado, eliminara las discordias e hiciera posible la orientación requerida de modo duradero y seguro. Son esenciales a este nuevo concepto de constitución tanto el carácter autoritario de la ley constitucional, en oposición a los documentos que registran un contrato entre príncipe y estamentos, *v. gr.,* la Carta Magna de 1215, como el de que tal normación se realiza con el propósito de que permanezca, el que sea inviolable. El *Instrument of Government* (1653) de Cromwell es el primer ejemplo de un documento constitucional moderno; su mismo nombre revela su naturaleza. Lo que Cromwell pretendía con esta constitución fue expresado por él muy claramente: «En todo gobierno —dice—, tiene que haber algo fundamental, semejante a la Carta Magna, permanente, invariable» (Jellinek, p. 511).

La unidad jurídica y de poder del Estado fue, en el continente europeo, obra de la monarquía absoluta. En el Imperio alemán, disgregado irremediablemente por los estamentos, la expropiación política de los poderes feudales y estamentales y su subordinación al poder unitario del Estado se realiza, primeramente, en los Estados territoriales, que entretanto se habían hecho casi independientes, después de la guerra de Treinta Años. El proceso de la independización organizadora del poder público del Estado significa, a la vez, una emancipación relativa del poder del Estado respecto a los estamentos, hasta entonces dominantes. Obligados estos por el absolutismo a someterse al poder central, tienen que admitir una nivelación con todos los demás súbditos. En la época absolutista en que nació el Estado moderno no puede ser este considerado, en manera alguna, como un instrumento de opresión de la clase dominante. Es digno de observarse que este hecho fue admitido por el propio Engels, para quien, sin embargo, el Estado «en todos los períodos típicos es, sin excepción, el Estado de la clase dominante, siendo, en todos los casos, esencialmente una máquina para mantener sometida a la clase dominada y expoliada». Según aquel autor, hubo, excepcionalmente, períodos «en que las clases en lucha se hallaban tan equilibradas que el poder del Estado, como un mediador aparente (!), adquiere una cierta independencia frente a ellas. Tal sucedió con la monarquía absoluta de los siglos XVII y XVIII, que equilibró a la nobleza y a la burguesía» (*Ursprung,* etc., pp. 185, 180). La concentración de los medios de dominación y especialmente de la creación jurídica, en las manos del rey absoluto, la constitución del Estado como unidad jurídica, iban de hecho acompañadas necesariamente de una mayor o menor igualdad jurídica formal. Esta igualdad jurídica que, en su aspecto político, no significaba al principio otra cosa, sino que los súbditos todos, sin distinción de clase o nacimiento, carecía de derechos políticos frente al rey, expresa luego, además, que la ley del monarca es igualmente obligatoria para todos los súbditos. Y cuando se realizó la igualdad jurídica en la colaboración política de los súbditos, y la burguesía, primero, y, poco después, el proletariado, llegaron a ejercer influjo creciente en la función de la creación jurídica central y unitaria, surgió un nuevo problema, hasta entonces desconocido en la historia de Europa, y que se refería a la forma del Estado.

La cuestión que se planteó fue la de cómo había que hacer para que el poder del Estado afirmara su independencia política frente a las amenazas de los poderes económicos privados que habían crecido poderosamente. Puede decirse que hasta el siglo XIX los poderes de dominación política y económica estaban reunidos siempre en las mismas manos. Durante toda la Edad Media y aun en los primeros siglos de la Moderna, las clases propietarias del suelo, y al lado de ellas la burguesía ciudadana poseedora del dinero, tenían también los poderes de mando político. El absolutismo, que por medio de la política mercantilista convirtió al Estado en el más fuerte sujeto económico capitalista, hizo de los medios de dominación política un monopolio del Estado y arrebató a los estamentos sus privilegios públicos de autoridad. Pero no solo dejó a los señores feudales el capital agrario, sino que fomentó, lo que pronto había de ser más importante, el nacimiento de un poder económico burgués muy potente, en la forma del capital móvil financiero, comercial e industrial, al que el Estado liberal dio luego casi absoluta libertad de acción.

La fuerza, cada vez más intensamente concretada, del capital dispone, de modo virtualmente libre, de un número siempre creciente de medios económicos. Y casi en igual medida domina los medios de autoridad política del poder del Estado democrático. Es evidente que los dirigentes de la economía no tienen solo a su disposición, en la democracia política, el volumen de poder político que le dan sus votos. Con bastante frecuencia pueden adquirir una posición política dominante. El poder del capital les permite dirigir la opinión pública de modo indirecto, valiéndose de las cajas de los partidos y de los periódicos, del cine, de la radio y de otros muchos medios de influir en las masas, con lo cual adquieren un enorme poder político. Pero también pueden ejercer un influjo político formidable, de un modo directo, por la presión de su potencialidad económica sobre el poder del Estado, como, *v. gr.*, mediante la financiación de la acción directa de fuerzas de choque de carácter político-militar, o también por su competencia en materias técnico-económicas que los sitúa por encima de la burocracia, y, en fin, mediante sus grandes relaciones internacionales.

Aun en los casos en que exista una burocracia fiel a sus tradiciones de honor e impenetrable a la corrupción, y los trabajadores, organizados en fuertes grupos políticos y con prensa propia, tengan desarrollado su espíritu de resistencia, persiste el hecho de que el influjo político de los dirigentes de la economía se equipara así a su poder económico; con tanto mayor motivo habrá de resultar imposible que los dirigentes políticos puedan ejercer, frente a los poderes económicos, aquel volumen de poder político que por derecho les corresponde.

Esta separación del mando político y el económico constituye el estado de tensión característico de la situación presente de la democracia capitalista. Pues, de un lado, las grandes masas quieren someter a su decisión política también la economía y, para ello, la legislación democrática les proporciona los motivos legales necesarios. Luchan, como expresa la cabal formulación del programa de Görlitz de la socialdemocracia alemana, «por el dominio de la voluntad del pueblo, organizada en el Estado popular libre, sobre la economía». Por el contrario, los dirigentes de la economía declaran intolerable la influencia político-democrática en ella y aspiran a conquistar el poder político directo uniéndolo así con el económico que ya poseen (cf. Landauer, «Wege zur Eroberung d. demokr. Staates, etc.», *Er. Gabe f. M. Weber,* II, pp. 111 ss.). A la larga, las influencias indirectas y anónimas en la política no les bastan a los dirigentes de la economía. Se ven siempre amenazados en su acción por las disposiciones del legislador controlado democráticamente. Esta separación entre el poder político y el social-económico constituye una situación cuya dirección no puede ser determinada. O el poder del Estado ha de lograr la posibilidad de emanciparse políticamente de los influjos económicos privados mediante una sólida base de poder económico propio; o la lucha de los dirigentes de la economía ha de obtener, al menos, el éxito previo de que sea eliminada en su beneficio la legislación democrática.

II

Condiciones naturales y culturales de la unidad estatal

1. Consideraciones metódicas

La Teoría del Estado, en cuanto ciencia de la realidad, ha de mostrarnos si y cómo existe el Estado, en cuanto unidad concreta que actúa en el tiempo y en el espacio. La Teoría del Estado debe ser el conocimiento autónomo del Estado en sus leyes específicas. Si únicamente pudiera determinar al Estado como un mero fenómeno de expresión o como función de un contenido parcial de la realidad social o natural, no solo habría errado su misión, sino que además vendría a revelar que no estaba justificada su existencia.

Como realidad producida por unidades humanas de alma y cuerpo, la unidad estatal se halla necesariamente inserta en la conexión total de las condiciones naturales y culturales de la vida social. La misión de la Teoría del Estado consiste en mostrarnos al Estado como un fenómeno sustantivo dentro del conjunto de esas condiciones. Hemos de ver, seguidamente, hasta qué punto resultan insuficientes los intentos de hacer derivar al Estado de sus condiciones geográficas, o de considerarlo como expresión de la raza, del espíritu del pueblo o de la nación, o de concebirlo como mera función de la sociedad económica dividida en clases, de la opinión pública, del derecho o de cualquier idea. Todas estas conexiones son, en cuanto condiciones naturales y culturales, de la mayor importancia para el nacimiento y permanencia de la unidad estatal. Pero la unidad estatal, en su legalidad propia, es más que una mera función de una e incluso de todas estas condiciones, y algo distinto de ella.

La metafísica idealista incurre en el error de atribuir al acontecer histórico-social una legalidad desligada de los oscuros fundamentos de la naturaleza física, y concibe al Estado como un reflejo, sin sustantividad, de una idea o de una ordenación ideal, independiente del acontecer natural-corporal. La metafísica naturalista, hoy dominante, incurre en el error opuesto al considerar al Estado como un reflejo adjetivo de ordenaciones regidas por leyes de la naturaleza. Es evidente que el Estado, como en general la cultura humana, no puede concebirse separado de la naturaleza; pero cuando se considera a esta independientemente de la acción por la que el hombre crea cultura, pierde toda importancia para la vida histórica del Estado. Marx y Engels han precisado de modo acertado, en contra de Feuerbach, la relación existente entre las condiciones naturales y la acción estatal, relación que nunca ha de ser concebida estáticamente, sino como históricamente cambiable: «toda exposición histórica ha de partir —dicen aquellos autores en *Ideología alemana*— de estas bases naturales (la naturaleza física del hombre y las condiciones naturales que encuentra en torno suyo) y de las modificaciones que experimentan en el curso de la historia por la acción de los hombres» *(Archiv,* I, II, pp. 237, 242 *ss.).*

Al tratar de resolver la difícil cuestión de cómo lo natural interviene en la construcción de la realidad estatal, es preciso partir, como de algo sustancial e ineludible, de la idea de que todas las condiciones naturales solo son políticamente eficaces de un modo indirecto, a través del obrar humano. Sucede, sin embargo, que del enorme cúmulo de vínculos existentes entre la vida del Estado y los hechos de la naturaleza, solo una parte reducida es accesible a nuestro conocimiento. No se puede, ciertamente, negar que el hombre que actúa en el Estado está inserto en la conexión cósmica total que representa el universo. Nadie negará tampoco que los astros ejercen influjo sobre nuestra conducta estatal; pero la forma como estos factores naturales actúan sobre el Estado es cosa que únicamente pretende saber la Astrología. La Teoría científica del Estado, pues, no se ocupará de hechos astronómicos o de otra especie dentro de los naturales mientras su influjo en la vida estatal no puede captarse de manera científica.

El concepto de la naturaleza que pueda tener importancia para la actividad estatal no ha de ser tomado en sentido demasiado estricto, ni tampoco separado de manera tajante del de la cultura. La naturaleza primaria o absoluta, es decir, virgen de todo contacto con cualquier forma o norma humana tiene, para el conocimiento científico del Estado, una importancia relativamente mucho más reducida que la naturaleza secundaria o relativa, entendiendo por tal aquel material físico que presentan el hombre y su tierra en una determinada etapa cultural. Este material físico, en relación con la cultura actual cuyo impulso y formación se trasmite por la educación, es naturaleza, pero en relación con la naturaleza primaria es ya un producto cultural. Tanto la naturaleza primaria como la secundaria son únicamente material y posibilidad de la cultura y del Estado; estos han de ser siempre realizados renovadamente mediante la actividad creadora del hombre.

De entre las innumerables conexiones cósmicas aparecen en un primer plano, para la teoría y la práctica de la política actual, dos condiciones naturales: las condiciones geográficas y antropológicas del obrar estatal. Hay que dejar bien sentado que, en ambos casos, es la naturaleza secundaria casi exclusivamente la que, en una consideración científica, tiene valor. Pues aparte de que el hombre en su naturaleza primaria, sería un dios o un animal, su tierra solo presenta importancia destacada para la Teoría del Estado en su forma secundaria. Por la misma razón que, no obstante el innegable influjo de los astros en el obrar estatal, debemos rechazar la Astrología como ciencia auxiliar de la Teoría del Estado, solo cabe utilizar la Geografía y la Antropología políticas para la interpretación de la vida del Estado, en cuanto pueda racionalmente mostrarse que los hechos geográficos o antropológicos constituyen estímulos u obstáculos para esa vida.

Una rama de la Antropología política pretende hoy establecer, de un modo indirecto a través del pueblo y de la nación, una conexión entre una naturaleza del hombre caracterizada como raza, y que en general no es sino su naturaleza primaria, y el obrar estatal. Debemos, pues, investigar lo mismo estas bases naturales primarias de la raza que las bases corporales secundarias del Estado, tal como aparecen en la faceta natural del pueblo y de la nación en conexión con los hechos culturales.

La situación en que se encuentra la Geografía política y, más aún, la Antropología política, requiere otra previa consideración metódica que condiciona todos los conocimientos particulares en este terreno y que no puede verse afectada por ninguna conclusión de aquellas ciencias. Trátase de la controvertida cuestión de las relaciones entre medio y disposición. Quien proclame la exclusiva dependencia estatal respecto a las condiciones naturales geográficas vendrá a parar en un callejón sin salida y lo propio acontecerá a aquel que afirme como únicamente decisiva la disposición antropológica. Los teóricos partidarios de la tesis del medio explican todos los fenómenos como efectos del ambiente; y en cambio los que siguen la tesis de la disposición afirman la existencia de un ser más o menos incomprensible, frente al cual todas las excitaciones del medio solo ejercen funciones de estímulo. Ambas teorías, cuando son consecuentes con sus propios postulados, desplazan el problema a lo infinito, con lo que no pueden arribar a ninguna respuesta científica concreta: la teoría del medio por cuanto hace retroceder a la infinita lejanía un «algo» dispositivo, sobre el cual ha de considerarse que actúa el mundo circundante; y la teoría de la disposición porque opera con un ente primitivo, independiente de todo influjo del medio, que por fuerza se debe situar en un pasado infinito, nunca en un pasado histórico. Por esta razón, tanto en la naturaleza como en la cultura, la oposición entre la disposición y el medio solo puede concebirse como una oposición dialéctica.

De entre las numerosas condiciones naturales y culturales de la unidad estatal nos ocuparemos de aquellas a que dedican preferente atención la ciencia y la opinión pública del presente, a saber: las condiciones referentes a la geografía, el pueblo y la economía, así como la opinión pública y, finalmente, el derecho. Nuestras consideraciones mostrarán, ante todo, que la Teoría del Estado debe ver, en todas esas condiciones señaladas, estímulos u obstáculos para la unidad estatal, pero que la peculiaridad del Estado es algo que tiene carácter autónomo frente a ellas.

Entre las condiciones naturales y culturales de la unidad estatal que han de considerarse, el territorio y el pueblo son los elementos relativamente permanentes; esto explica el hecho de que la conducta del Estado no sea nunca el mero resultado de una conformación impuesta con plena libertad por caudillos o grupos, de acuerdo con las ideas del momento, sino que entraña un especial carácter que sobrevive a los individuos y a las formas de Estado.

2. LAS CONDICIONES GEOGRÁFICAS DE LA ACTIVIDAD ESTATAL

RATZEL: *Polit. Geographie,* 1903; KJELLÈN: *Der Staat als Lebensform,* 1924; KJELLÈN: *Grundr. zu einem System d. Politik,* 1920; VOGEL: *Polit. Geographie,* 1922; SIEGER: «Die geogr. Lehre von d. Grenzen, etc.», *Verhdlg. d. 21. D. Geogr. Tags,* 1926; MAULL: *Polit. Geographie,* 1925; MAULL: *Polit. Grenzen,* 1928; HAUSHOFER: *Grenzen in ihrer geogr. u. pol. Bedeutung,* 1927; HAUSHOFER: OBST y otros: *Bausteine zur Geopolitik,* 1928; HENNIG: *Geopolitik,* 1928.

Los grandes teóricos del Estado han conocido y puesto de relieve, en todos los tiempos, la gran importancia que tienen los hechos geográficos para la vida estatal. Tanto Platón y Aristóteles como Maquiavelo, Bodino, Montesquieu y Hume. Herder y Hegel han hecho uso de esta idea en sus concepciones sobre el Estado (cf. Maull, *Geographie,* pp. 1 ss.). Todavía a mediados del siglo XIX tenía la teoría una conciencia muy clara de la relación del Estado con la tierra (cf. por ejemplo, Mohl, *Enzyklopädie d. Staatsw.,* 1859, pp. 124 ss.). Fue en los años que siguieron cuando se desatendió esta conexión, como tantas otras, por causa de lo general degeneración que entonces sufrió la Teoría del Estado. A finales del siglo, Ratzel reanima y profundiza la Geografía política, y, bajo el nombre de «Geopolítica», adquiere con el sueco Kjellèn, durante la primera Guerra Mundial, estímulos decisivos y amplia difusión.

Muy difícil será encontrar en la Geografía política y en la Geopolítica una determinación clara de su objeto, límites y métodos. Lo que Vogel (p. 9) dice de los trabajos de Ratzel, de que en ellos se pueden encontrar pasajes para justificar afirmaciones de toda clase, por opuestas que sean, puede decirse, asimismo, con muy pocas y por eso tanto más valiosas excepciones, de la mayoría de los autores que se consagran a esta difícil zona intermedia entre la ciencia de la cultura y la ciencia de la naturaleza. La causa de ello radica, sobre todo, en el oscuro e inservible concepto de Estado de que se valen casi todos los geopolíticos; al pretender establecer relaciones causales entre la situación geográfica y un Estado que caracterizan como «organismo espacial» y que, en general, hipostasian en un «ser vivo» mítico, eliminando todos los límites sistemáticos, metódicos y conceptuales. Así, por ejemplo, es característico que la *Geopolítica* de Hennig lleve, expresamente, como subtítulo: «Teoría del Estado como ser vivo».

Algunos investigadores mesurados, como Vogel y Maull, han visto muy bien que los efectos políticos de las condiciones geográficas solo pueden descubrirse de modo indirecto, a través de una conducta humana que se refiere al Estado, la cual debe ser, en primer término, analizada como política de defensa y de nutrición, a la vez que como política general nacional y de tráfico, antes de que pueda oponerse en relación con las categorías geopolíticas. No se puede hablar en la Geografía política de «leyes naturales inmutables», de una «ley rígida de los influjos geopolíticos» (Hennig, p. 7). La actividad estatal no depende jamás, de manera unilateral, de cualesquiera leyes naturales estáticas de la Geografía. Pues la tierra no es nunca un «factor» político, sino que solo es una condición, aunque ciertamente importante, de la actividad política de la población, que sigue sus leyes propias y puede influir sobre su territorio, a la vez que, de acuerdo con sus fines políticos, transformarlo en gran medida; «la situación geográfica ofrece posibilidades y la situación geopolítica realizaciones de tales posibilidades que se manifiestan como incrementos o como obstáculos» (Vogel, p. 55). La situación geofísica de un territorio es relativamente constante y en cambio su situación geopolítica varía con relativa rapidez y facilidad. La situación geofísica de Inglaterra apenas si ha cambiado en toda la historia; por el contrario, su situación geopolítica, tan desfavorable al principio, se transformó fundamentalmente por la inclusión de la zona atlántica de Europa en una región unitaria de tráfico en el siglo XII y aún más cuando se inició el tráfico con América.

Así, pues, el Estado no es, en manera alguna, un «esclavo» de su territorio, como dice Kjellèn, ni el territorio puede considerarse como el «cuerpo» del Estado. El mismo Kjellèn habla de un tipo de reino que no se preocupa, en sustancia, por los límites «naturales», de Estados que cambian de lugar y de territorios que pueden servir como «cuerpo» a nuevos Estados *(Lebensform,* pp. 53, 57, 73, 79). Como tantos otros errores naturalísticos, la teoría del territorio como «cuerpo» del Estado, al cual este serviría como «esclavo», proviene de la organología biológica, tan estimada en el campo de la Geopolítica, según la cual los Estados son «entes con cuerpo y razón, lo mismo que los hombres» *(ob. cit.,* p. 30).

El objeto de la Geopolítica no es, como Kjellèn señala acertadamente (p. 43), la tierra, sino únicamente la tierra permeada por una organización política. «Sin sujetos humanos no hay territorio, sino solo partes de la superficie terrestre» (Jellinek, *Staatsl.,* p. 176). La primaria condición natural consiste en que esa parte de la superficie terrestre, entendiendo por tal una capa de varios kilómetros formada por la zona sólida, el océano y la atmósfera, solo interesa en cuanto espacio habitado por el hombre. Hay un hecho de la mayor importancia política, y que, sin embargo, la Geopolítica no aprovecha como debe, y es que la zona habitada por el hombre con sus cuatrocientos cincuenta millones de kilómetros cuadrados, de los que aproximadamente un tercio es tierra firme, por primera vez en la historia, desde hace a lo más dos generaciones, no aparece dividida en campos de fuerzas cerrados, a modo de islas, en cada uno de las cuales existiera un sistema de equilibrio político, sino que se ha llegado a un único y solo campo político de fuerzas que requiere un equilibrio que abarque todo el planeta.

Dentro de este campo de fuerzas total actúan las individualidades estatales emitidas espacialmente unas frente a otras; y para cada una de estas unidades estatales concretas tiene gran importancia el espacio geográfico, tanto respecto a su unidad como respecto a su peculiaridad. No hay duda de que la unidad del Estado tiene su ley propia y no se constituye únicamente por la comunidad del espacio geográfico; pero la comunidad de espacio es condición esencial de la unidad estatal. Una zona geográfica cerrada posibilita y estimula en alto grado la creación de una entidad social-política también cerrada; la vecindad actuará uniendo hacia dentro y diferenciando hacia fuera. Los hombres que viven en la misma tierra están sometidos, por ello, a una relativa semejanza de condiciones espaciales de ordenación y vida, la cual puede superar disparidades sociales, nacionales y de otras clases, a veces incluso profundas. Cierto que no hay que olvidar que existen, y sobre todo existieron, Estados cuyo territorio está dividido en espacios geográficamente separados. Ello no obsta para que sea exacto decir que la esencia del Estado, como universal unidad de acción y decisión en un territorio, se basa también en una comunidad de destino de la tierra (Heller, *Souveränität,* p. 83). No hay duda de que el Estado es unidad de territorio debido al hecho de que, ya se trate de un espacio unitario, ya de espacios geográficamente separados, se «mande» de manera unitaria. Pero también en un Estado cuyo territorio esté formado por espacios discontinuos, cumple el espacio una función de cierre o clausura, por cuanto la mayoría de las disposiciones del Estado tienen validez territorial y no personal.

La peculiaridad espacial de la unidad estatal nace del hecho de que cada Estado tiene, como escenario de sus actos, una parte individual y concreta de la ecúmene. Rasgos esenciales de los caracteres del Estado aparecen así condicionados por la peculiaridad de las fronteras geográficas y el carácter individual del territorio delimitado por ellas.

Las fronteras políticas de la individualidad estatal no aparecen señaladas, sin embargo, de un modo decisivo por la naturaleza, sino que son determinadas por la acción del Estado. Una de las conclusiones más fecundas de la nueva Geopolítica es la de que no existen fronteras «naturales» del Estado, sino que todas las fronteras políticas son zonas y lindes «arbitrarios», «artificiales», es decir, queridos por los hombres, nacidos de las relaciones de poder y de las manifestaciones de voluntad de los que trazan las fronteras.

A la función primitiva de la frontera como órgano de protección corresponde la zona fronteriza, la «marca». La adopción en lengua alemana de la palabra *Grenze,* de origen eslavo *(gránitsa),* a partir de la Reforma refleja la evolución de la frontera política, desde su forma de tierra fronteriza a la de línea fronteriza. La frontera, como línea de separación, corresponde al ideal jurídico de evidencia y precisión que reclaman una más densa población y el Estado monocrático de la Edad Moderna. Es, por eso, tan erróneo sustancializar las fronteras políticas, considerándolas como hechos naturales, como desposeerlas de toda realidad y hacer de ellas una mera ficción jurídica. La Ciencia del Derecho no debe nunca perder de vista el substratum real de la frontera jurídica. La frontera lineal necesita también, por virtud de su función separadora, de una caracterización física; en tiempos antiguos había dado ella lugar a la construcción de líneas defensivas, como el limes romano, e incluso la moderna medición científica de los puntos fronterizos no renuncia a la demarcación mediante mojones. Como prueba de lo reciente que es este género de determinación de límites indicaremos, por ejemplo, que la demarcación de las fronteras alpinas de Baviera no tuvo lugar hasta 1835-44, y en las regiones de alta montaña no se realizó hasta el siglo XX.

La valoración política de las fronteras no puede nunca tener un carácter absoluto, sino que depende siempre del grado de civilización de quienes las establecen. En general se puede decir que las fronteras formadas por accidentes naturales de superficie terrestre, como montañas, ríos, lagos, pantanos, mares, bosques y desiertos han perdido mucho de su función separadora a causa del progreso de la técnica y del cultivo agrario. La frontera natural ha perdido hoy casi por completo tanto su función de protección como la de tráfico, con el ferrocarril, el auto y el aeroplano, con los cañones de 120 km. de alcance y con las líneas fortificadas como las del norte y oeste de la Francia actual. Incluso la frontera formada por una cordillera, como en España, o por una posición insular, como en Inglaterra o el Japón, solo ofrece una protección real cuando se trata de Estados fuertes. Pues los Estados insulares o peninsulares, como lo prueba el ejemplo de Inglaterra en tiempo de los daneses, o la actual situación de Italia, si no tienen una flota superior se hallan a merced del vecino que domine los mares. En la actualidad, las fronteras consistentes en accidentes del relieve, tanto naturales como de origen cultural, desempeñan un papel mucho menos importante que el de las fronteras políticas de carácter nacional (Maull, *Grenzen,* pp. 94 ss.).

De las características geofísicas del territorio no cabe deducir conclusiones bien definidas respecto a la peculiaridad geopolítica del Estad correspondiente. Así, por ejemplo, nada nos dice el rango geográfico de un Estado sobre su rango político; Venecia era una gran potencia y la China actual no lo es. La extensión cuantitativa de un Estado puede, según como sean la densidad de la población, el carácter del pueblo y el desarrollo de la técnica de tráfico, crear la posibilidad de un mayor despliegue de poder, y también ser causa de debilidad política. De la densidad de la población, exclusivamente, no cabe deducir una conclusión fundamentada sobre la justificación de pretensiones de espacio, porque las necesidades espaciales están siempre en relación con el carácter cultural, en lo económico y en los demás aspectos, de la población.

Encierra extraordinaria importancia para la posibilidad de una concentración de los medios políticos de poder, la disposición geográfica del territorio del Estado. En este particular el ideal sería, tanto por motivos estratégicos como económicos, que las fronteras presentaran una forma circular, con el poder emplazado en el centro y las provincias menos importantes en la periferia. Las fronteras sobremanera dilatadas, y por eso difíciles de controlar y defender, como las de Prusia aun bajo Federico II, pueden ser políticamente muy desfavorables, y también serlo el emplazamiento de puntos de importancia económico-militar en la frontera, como sucede con la industria pesada alemana. Pero la misma Prusia federiquiana es, a la vez, un claro ejemplo de cómo la unidad del Estado no se basa en la unidad geofísica o geopolítica de su territorio, y de cómo no existe una dependencia, nacida de leyes naturales, de la actividad del Estado respecto a condiciones geográficas.

También puede ejercer influjo importante en la vida del Estado la forma del suelo, es decir, la estructura horizontal y vertical del territorio; la primera facilita u obstaculiza las comunicaciones estratégicas, económicas o de otra naturaleza, y la segunda tiene importancia por sus consecuencias climáticas. La importancia geopolítica del clima se debe, de un lado, a su acción directa sobre los hombres; el mucho o poco calor, la luz o la humedad pueden influir de modo esencial en el desenvolvimiento del Estado. Pero es mucho más importante la influencia indirecta del clima en la vida estatal debido a su acción sobre la economía, y especialmente por su influjo en el desarrollo de la fauna y de la flora y por sus efectos en las relaciones de tráfico económicas y estratégicas. Es innegable que el trabajo humano ha suavizado, y aun eliminado, muchos obstáculos climáticos. Pero hay otros que la técnica no ha podido superar, y entre ellos puede citarse la desecación o congelación de las vías acuáticas, lo que dio lugar, por ejemplo, en Rusia a la política, tanto zarista como bolchevique, encaminada a la posesión de puertos libres de hielos.

Por último, también entraña efectos geopolíticos de consideración la riqueza del suelo, cosa que se encuentra, asimismo, en buena parte condicionada por la actividad económica de los habitantes. La importancia política, por ejemplo, de tierras agrícolamente ricas o pobres no es, sin embargo, algo unilateralmente decisivo, como lo prueba la historia de Montenegro y de Prusia. En cuanto a la existencia de yacimientos minerales, la riqueza del suelo ejerce gran influjo económico-militar y, por consiguiente, también político. En tiempos antiguos la riqueza en metales preciosos significaba, con frecuencia, sobre todo un aumento del poder del Estado, y el mismo efecto puede producirse, en los tiempos de las ciencias naturales aplicadas, la posesión de carbón, hierro y petróleo. El proceso ascensional de Inglaterra, hasta llegar a convertirse en una potencia mundial, coincide, en el tiempo, con la explotación, en la segunda mitad del siglo XVIII, de sus yacimientos de hierro y carbón, tan bien emplazados para el transporte, y en gran parte se debe a ese hecho. Lo mismo puede decirse del progreso experimentado por el Imperio alemán en el siglo XIX, tanto en lo político como en lo económico. En nuestra época los grandes yacimientos de petróleo, a causa de su importancia para la economía y la técnica de guerra motorizadas, se han convertido en la cuestión candente de la política mundial (cf. Hofmann, *Ölpolitik,* 1927). Pero las riquezas del suelo solo pueden estimarse políticamente como una bendición para los Estados fuertes para los países débiles, como lo revela el ejemplo de la república de los boers, puede resultar casi una calamidad.

Nuestra breve exposición ha mostrado, de una parte, que, evidentemente, las relaciones del Estado con el espacio son muy importantes; pero además nos ha hecho ver con plena claridad que las circunstancias geográficas del espacio no pueden explicar, por sí solas, ni la unidad ni la peculiaridad de un Estado. Ningún hecho geográfico tiene importancia política con independencia del obrar humano. No se puede concebir la unidad e individualidad del Estado partiendo únicamente de las características de su territorio, sino tan solo de la cooperación de la población bajo las condiciones dadas de espacio, es decir, solo socialmente. El geógrafo Vogel expresa la relación del Estado con la tierra, en forma gráfica y acertada, al decir que el territorio del Estado es solo su base, y en cambio la población es el depositario vivo y la propia sustancia del Estado. A la indagación de esta sustancia estatal vamos ahora a dedicar nuestra atención.

3. LAS CONDICIONES DE LA ACTIVIDAD ESTATAL QUE SE RELACIONAN CON EL PUEBLO

A. *EL PUEBLO COMO FORMACIÓN NATURAL*

H. St. CHAMBERLAIN: *Die Grundlagen d. 19. Jahrh.*, 1.ª ed., 1899 (cit. por la 2.ª ed.); LUSCHAN: *Völker, Dassen, Sprachen,* 1922; GÜNTHER: *Dassenkunde d. deutsch. Volkes,* 1.ª ed., 1922 (cit. por la 15.ª ed., 1930); PLOETZ: «Sozialanthropologie», en *Anthropologie, Kultur d. Gegenwart,* III, 5, 1923; FISCHER: *ibid.*, pp. 1 ss., 122 ss.; GOLDSTEIN: *Kasse und Politik,* 1925; HERTZ: *Dasse u. Kultur,* 1925.

Al hablar de las condiciones de la actividad estatal que se relacionan con el pueblo, queremos referirnos a todas aquellas determinaciones físico-espirituales del grupo humano que actualiza al Estado, en cuanto tales determinaciones presenten importancia destacada para la existencia de la unidad estatal. La extraordinaria variedad de acepciones en que es usada la voz «pueblo» *(Volk)* da lugar a tantas y tan peligrosas confusiones y errores que se hace preciso, previamente, investigar los diversos sentidos en que tal palabra se emplea, separándolos nítidamente.

Cumple hacer, en primer término, una distinción fundamental entre la consideración del pueblo como formación natural y como formación cultural. En el primer caso se entiende por pueblo solo lo que este tiene de natural, ya en cuanto población, ya en cuanto raza. Pero, por su parte, la consideración del pueblo como formación de cultura no supone un concepto unívoco y requiere un análisis preciso.

La significación naturalista que se da al concepto de pueblo corresponde a una actitud espiritual de nuestro tiempo que, por reacción contra el espiritualismo unilateral de la Ilustración, ha formulado el lema, sin duda mucho más unilateral, «sangre como espíritu». Una corriente muy popular de la Antropología política pretende relativizar el Estado reduciéndolo a la raza y referir la conducta política a la herencia racial relativamente invariable, es decir, al modo de ser corporal heredado. El influjo que llegó a alcanzar sobre la masa, en la posguerra anterior, la teoría política de la raza —aunque ciertamente solo en Alemania y, en grado mucho más reducido, en los Estados Unidos (cf. Grant, *Der Untergang der grossen Rasse,* ed. alem., 1925)— se debe a la creencia de que la ciencia ha conseguido por fin descubrir el motor autónomo del acaecer político y, en general, cultural, determinándolo con la seguridad de una verdad de la ciencia de la naturaleza. Según tal creencia, supuesta una raza física constante, no solo se da en ella, a la vez, «en recíproca dependencia y correspondencia» (Günther, p. 8), una raza anímico-espiritual igualmente constante, sino que además ello es cosa que se puede conocer por la razón, y por consiguiente es políticamente utilizable.

Las dificultades casi insuperables con que tropieza la Antropología social, tanto en lo político como en otros órdenes, empiezan ya con el concepto de raza. No se salva este obstáculo distinguiendo un concepto primario de raza, o raza natural, y otro secundario o cultural. La raza natural vendría a ser una comunidad de origen cuyas esenciales características serían hereditarias. Es cosa que no puede estimarse científicamente determinada de manera definitiva si existen tales razas naturales, es decir, si los caracteres trasmitidos por herencia, y cuáles de ellos son determinados por el germen y no por el medio, si, a la larga, y en tal caso en qué lapsos de tiempo, el paisaje, el clima, la alimentación, la posición social, etc., desempeñan el papel decisivo en la formación de la raza secundaria, como aceptan, siguiendo a Lamarck, Ratzel, Kruse y muchos otros, o si este papel corresponde a la selección natural que produce la supervivencia de los «mejores», al modo como, siguiendo a Darwin, piensan, por ejemplo, Fischer, Lenz y los partidarios de la doctrina vulgar de la raza. Es, en todo caso, seguro que el modo de vida social da lugar también, de un modo constante, a una selección inconsciente (cf. Luschan, p. 76). Por otra parte, las leyes de la herencia descubiertas en 1901 por el agustino Gregor Mendel demuestran que ciertos caracteres corporales son, en su raíz, independientes del medio, por mucho tiempo. No hay duda, empero, que pueden nacer nuevas razas mediante repetidos matrimonios mixtos y la gradual consolidación de la mezcla de sangres. En este postulado, así como en la teoría de las mutaciones, se basa la doctrina dominante de la unidad de origen del género humano (cf. Günther, pp. 236, 245).

La clasificación de las razas es algo muy vacilante. Hay investigadores que solo distinguen tres razas, otros treinta y dos, y algunos hay que señalan sesenta y aún más (Hertz, pp. 26 s.). En general se clasifican las razas, según sus zonas principales de dispersión en las diversas partes de la tierra, por regiones. Dentro de la región europea distingue Eugen Fischer las razas nórdicas, occidental (mediterránea), dinárica y alpina (oriental), sin que con eso el panorama de las razas en Europa quede agotado ni mucho menos (Fischer, pp. 144 ss.). Como caracteres raciales determinados por la herencia se consideran la forma y el color del pelo y los ojos, la forma del rostro, el color de la piel y los índices de estatura y craneano. La importancia de cada uno de estos caracteres para la clasificación de las razas es también muy discutida. Hasta hoy no se ha obtenido resultado alguno de la investigación de los grupos sanguíneos que sea aplicable a la clasificación de las razas. Como serios investigadores afirman, en la Antropología física «todo es», todavía, «inestable» (Fischer, pp. 126, 136, 158, etc.). En vista de ello no es extraño que Plötz pretenda separar a la Antropología social de la teoría de la raza, prescindiendo por completo de la cuestión de la trasmisión por herencia de las diferencias humanas (p. 588).

El concepto de raza según la ciencia natural solo puede tener, sin embargo, aplicación para la Antropología política si se admite que existe una correspondencia necesaria y cognoscible entre la «infraestructura» física y la «superestructura» psíquico-política; es decir, que a cada «raza» física corresponde un «alma racial» especial, con ciertos y determinados modos de reacción en el aspecto estatal o contenidos mentales específicos en lo político. No se discute, pues, la cuestión de si son trasmisibles por herencia caracteres familiares o unidades hereditarias individuales dentro de una raza. El responder afirmativamente a tal cuestión, como cosa patente, nada tiene que ver con el problema de la trasmisión hereditaria de un carácter racial determinado, lo que supondría negar el hecho de que dentro de una misma raza física se trasmiten por herencia predisposiciones individuales, de carácter espiritual diferentes e incluso opuestas, en proporciones casi iguales.

El estudio de las razas adquiere importancia e influjo políticos considerables debido, exclusivamente, a la circunstancia de que tal estudio llega a engendrar en las masas la creencia de que, a un aspecto exterior corporal unitario, heredado de los tiempos primitivos, corresponde un alma racial política unitaria, creencia que luego las moviliza y agita. No cabe dudar que la mera diferencia corporal puede también tener importancia política cuando es sentida como algo extraño y repelente y se adquiere conciencia de ello, siendo indiferente que se trate de diferencias raciales hereditarias reales o supuestas. En la admisión de una tal «eterna lucha por los grupos, nacida de las leyes de la naturaleza» se basa la doctrina que tiene por fundador a Gumplowicz y que atribuye el origen del Estado a la lucha de razas (Gumplowicz, *Rassenkampf* 1883; Oppenheimer, *Soziologie,* II, pp. 176 ss.). Prescindiendo del hecho de que las diferencias puramente físicas han actuado en la historia con la misma frecuencia tanto en un sentido de atracción como de repulsión, la oposición o comunidad políticas no aparece determinada en manera alguna por el grado de parentesco real y antropológico, sino principalmente por tradiciones que gradualmente se convierten en «instinto»; si se trata aquí de diferencias aparentes de carácter hereditario o de otro carácter, es cosa que no ejerce mayor influjo (cf. M. Weber, *Economía y Sociedad,* II, pp. 62 ss.). La base primera de la teoría política de la raza es la creencia subjetiva en la existencia de una comunidad objetiva de origen y de que con esta viene dada una conducta política determinada.

En los tiempos modernos esa teoría se remonta a la obra del conde de Gobineau, *Sur l'inégalité des races humaines,* aparecida en 1853. En Alemania fue popularizada por el amigo de Gobineau, Richard Wagner, y por su yerno, H. St. Chamberlain.

La valoración de las razas según sus cualidades culturales, tanto políticas como de otra índole, no ha variado desde los tiempos de Gobineau, aunque hayan cambiado el número y los nombres de aquéllas, así como el material auxiliar antropológico. La raza llamada hoy nórdica es considerada como la más capaz políticamente. El hombre nórdico, según Günther, es el de más juicio, el más veraz y activo, el hombre verdaderamente libre, el que se mueve, ante todo, por el sentido de la justicia. Tiende al aislamiento de la estirpe en la vida estatal. En su más alto desenvolvimiento, la raza nórdica «y solo ella, es la que ha dado y da actualmente los grandes hombres de Estado». En algunos casos —«debido casi siempre a contaminaciones de la raza oriental»— las esencias nórdicas pueden degenerar en una gris imitación de lo extranjero. El hombre nórdico se halla singularmente dotado «para emprender grandes acciones y conquistas, para la guerra, el arte de gobernar, la formación de Estados y, asimismo, para la reflexión filosófica y científica y para la creación artística». Al modo como las altas capas sociales del pueblo son las que tienen mayor cantidad de sangre nórdica, así también los pueblos conductores de la tierra son aquellos que tienen mayor dosis de ingrediente nórdico (pp. 148 ss.). Según Otto Hauser, los hombres de Estado y los caudillos de todos los tiempos y pueblos son de genio puramente nórdico; incluso los verdaderos jefes de pueblos negros, «que muy pocos viajeros pueden ver —ya que, de ordinario, aparecen ante ellos como jefes quienes solo son meros sustitutos o reemplazantes— serían mucho más claros que su pueblo» (*Rasse und Kultur*, 1924, pp. 37, 39). Por su religión, el hombre nórdico sería protestante. La raza dinárica que, para Günther, se halla «en segundo lugar» entre las razas europeas por sus cualidades espirituales, poseería fortaleza, rectitud, espíritu guerrero y laboriosidad, así como una cierta capacidad para el comercio. Como «raza hermana» de la del Asia Anterior (armenoide), es racialmente semejante a la judía; pero sus cualidades psíquicas se diferenciarían «harto fuertemente» de las de la raza hermana (Günther, pp. 178 *ss.*, 124 s.), afirmación que contradice la supuesta conexión entre el cuerpo y el alma de una raza. El tercer lugar corresponde a la raza occidental, la cual sería apasionada e inquieta, pero carecería de una fuerza espiritual creadora sobresaliente. Aparte de esto, el hombre occidental estaría excesivamente dominado por el sexo, aunque sin la debida profundidad, y de aquí nacería su inclinación a la crueldad y a la pereza. El espíritu del protestantismo le sería extraño. Su honor consistiría más en valer que en ser; y en lo político es versátil y amigo de los cambios.

Pero la peor calificación se la lleva la raza alpina u oriental, que se estima descendiente de mongoles asiáticos. Esta raza se extiende hoy por toda la Alemania central y meridional, especialmente por Franconia, Turingia, Baden, Württemberg, Alsacia-Lorena, Suiza, Austria y las regiones del este Alemán. De este hombre se dice que es, ciertamente, trabajador pero egoísta, mezquino, sin sentido del honor, siéndole extraña toda nobleza; es un burgués que solo piensa en sí, en su familia, su granjería y su tranquilidad. Es incapaz de concebir grandes acciones. Y ni siquiera se preocupa de su pueblo; «raramente la provincia o el Estado aparecen en el mundo de sus conceptos». El amor a la patria es en él mucho más flojo que en las otras razas europeas y «a veces incluso falta». Merece citarse aquí que el padre de la teoría de la raza, Gobineau, afirmaba que la idea de la patria era una «monstruosidad cananea» impuesta por los semitas a los arios (cf. Hertz, p. 208). Y hasta se llega a señalar a qué partido pertenece el alma de la raza oriental. En la actualidad esta raza se halla más a su gusto en los partidos liberales y socialistas, siendo siempre «la raza adecuada para ser conducida». Políticamente representa en todo momento el principio de igualdad, debiendo conceptuarse al bolchevismo como un movimiento que lleva su sello. Además de su envidia rencorosa y de su falta de limpieza corporal, se dice del alma de la raza oriental que, para ella, amor y dinero son conceptos muy próximos (Günther, pp. 171 ss.). Últimamente los teorizantes de la raza se han puesto, en general, de acuerdo para atribuir al hombre oriental, quien, por otra parte, propendería en religión al catolicismo, todas las malas cualidades que el antisemitismo suele considerar como patrimonio hereditario del pueblo judío. Para Otto Hauser, por ejemplo, el hombre oriental «es, ante todo, hombre de negocios. Como tal, es diligente pero sin escrúpulos *[unfair]*; no rehúsa apelar a cualquier trampa; se rebaja para ganar un centavo... nada le interesa fuera de sí mismo y su dinero, con lo que busca solo servirse a sí propio... es negociante en todo, incluso en el «amor» ... Solo gracias a la infusión de mucha sangre nórdica va perdiendo su radical bajeza» (citado, manifestando estar plenamente de acuerdo con él, por Günther, p.

173). Hasta se llega a determinar los colores del alma de las diferentes razas, siendo los de la raza oriental el violeta y el castaño (Günther, p. 176).

Respecto a la proporción en que entra cada raza en la composición de los diferentes pueblos, es cosa sobre la que varían considerablemente las apreciaciones, siendo todas más o menos arbitrarias. La parte de sangre nórdica que entra en la composición del pueblo alemán varía, por ejemplo, en Günther según la edición de su obra: en la 4.ª asciende al 60 % y en la 15.ª (p. 295) es solo de un 50 %; el elemento racial oriental sería de un 20 %, el dinárico de un 15 % y el occidental de un 2 %. El teórico norteamericano de la raza, Grant, a quien, por lo demás, se refiere con complacencia Günther en otros casos, estima —«probablemente para rebajar al pueblo alemán»— que los alemanes tienen solo un 10 % de sangre nórdica contra un 90 % de sangre oriental (Günther, pp. 207 *ss.).*

Todas estas afirmaciones de la teoría de la raza podrían ser objeto de discusión científica únicamente en el caso de que fuera posible determinar científicamente, en primer lugar, el concepto de raza y, en segundo lugar, el método mediante el que los seguidores de aquella teoría llegan a imputar a la raza hechos de tan extraordinaria importancia (cf. Weber, *Soziologentag,* pp. 188 ss.). Precisamente porque los hechos que se utilizan para responder a las cuestiones antropológico-sociales, aun prescindiendo de sus bases de teoría de la raza, aparecen «comprobados científicamente solo en muy pequeña parte» (Plötz, p. 590), era de esperar una mayor claridad conceptual y metódica. Pero de ella no se encuentra la más mínima porción en toda la Antropología política. Los mismos escritores entienden por raza unas veces un concepto científico-natural y otras una idea platónica (Günther, pp. 14 *ss.;* Wolf, *Angewandte Rassenkunde,* 1927, p. 27). Lo que distingue, desde un punto de vista psíquico-espiritual, a las razas, y que cualidades con relevancia para la política pueden estimarse hereditarias, son cosas sobre las que reina la más completa oscuridad. Apélese, para eliminar la propia inseguridad, a la denominación «alma racial». Pero ¿qué significa esta denominación? ¿Se hereda siempre el alma racial con un determinado cuerpo racial en conjunto o es heredable también en «partes»? ¿Significa el alma racial únicamente la manera característica de reaccionar psíquicamente frente a las excitaciones o implica, además, ciertos contenidos de conciencia? Para empezar por la última cuestión, es indudable que una herencia racial de contenidos culturales, de completas concepciones del mundo, religiones, naturalmente, pertenece al reino de la más primitiva superstición. Solo puede, en todo caso, heredarse una predisposición psíquico-física. La ciencia no ha llegado aún a descubrir la existencia de una herencia racial de caracteres políticamente significativos. Que la mayor o menor capacidad intelectual de una raza no se puede explicar por sus caracteres físicos es cosa que el mismo Günther, por ejemplo, tiene que admitir (p. 160).

¿De dónde sacan, pues, los teóricos de la raza las ideas que con tanta seguridad presentan sobre las almas raciales que se heredan y sus contenidos políticos? Se pretende que solo la raza «pura» posee un alma racial unitaria; que la mezcla de razas engendra escisión y constituye —correspondiendo al nivel espiritual-moral de estos científicos— la causa del pecado original del cristianismo. Pero ellos mismos reconocen que no hay razas «puras» y que, incluso, en el estricto terreno de los fenómenos, el cuadro hereditario del individuo es siempre dudoso. ¿En qué objeto, pues, pretenden apoyar su investigación sobre las almas raciales?

¿Cómo llegan a afirmaciones «científicas» respecto a los «hechos» que interesan al estudio de las razas? Conviene citar algunos ejemplos, entre muchos semejantes, que no son, sin embargo, los más estupendos. Dice Günther: «Las observaciones realizadas entre los estudiantes de la universidad de Viena, en los pasillos y aulas, me permiten conjeturar que la raza dinárica no se siente tan atraída a la actividad científica como la nórdica». Esta conclusión, tan científica, le basta a Günther para clasificar la capacidad intelectual de ambas razas (p. 180). La mayor aptitud guerrera de la raza nórdica se prueba científicamente remitiéndose a las ilustraciones de la revista *Woche* (p. 408). Y aun es mucho el aportar pruebas semejantes para las más serias afirmaciones. En general para hacer una afirmación científica basta que cualquier persona de ideas análogas a las del autor haya sostenido algo parecido en cualquier tiempo y lugar. Así, por ejemplo: Un escritor nacionalista, con el objeto de excitar los ánimos de los austríacos contra Italia, en la primera Guerra Mundial, inventó el cuento de que el celebrado cantor de la *italianità,* D'Annunzio, se llamaba realmente Rappaport y era oriundo de Galizia. Günther utiliza en seguida el dato y publica el retraso del escritor italiano con el siguiente pie: «Judío de Italia (¿Galizia?), D'Annunzio, escritor en lengua italiana»; y, páginas después, afirma con profunda penetración científico-racista que D'Annunzio no llega a poseer el idioma italiano «verdaderamente castizo» precisamente «por motivos de sangre» (Günther, pp. 465, 487; cf. en contra Hauser, p. 300 y tabla 23).

El valor, tanto científico como de propaganda, de esta especial antropología política depende del supuesto de que a la raza en sentido físico, como objeto de la ciencia natural, corresponde siempre una raza, en sentido psíquico-espiritual, como objeto de la ciencia de la cultura y, por consiguiente, que con un tipo físico perceptible y mensurable se hereda siempre una determinada conducta con significación cultural. La apelación a los meros instintos raciales no podía naturalmente fundamentar una ciencia y despierta, asimismo, en la actual opinión pública, la mayor desconfianza. Y así, *v. gr.,* II. St. Chamberlain, que se abandona completamente a su instinto racial, dedica, sin embargo, su obra, que tanto ha influido y en la que sostiene la inferioridad de los judíos para la ciencia, «como expresión de determinadas convicciones científicas y filosóficas», a un escritor de ascendencia hebrea.

Contra tales fracasos aspiran a protegerse los actuales creyentes de la religión de la raza mediante una pretendida seguridad proporcionada por la ciencia de la naturaleza. Pues la teoría de la raza, de esencia monista-materialista, quisiera establecer que en un cuerpo nórdico solo puede habitar un alma nórdica. Por ello es tanto más sorprendente que los pocos doctrinarios de la raza que han tocado, aunque solo superficialmente, la decisiva cuestión del método, vacilen, en su indagación, sobre sus propios fundamentos al rechazar enfáticamente todo materialismo, naturalismo y biologismo, apelando a patéticas citas de Schiller: «Es el espíritu el que hace el cuerpo» (Wolf, pp. 27 *s.;* Günther, pp. 426 ss.). A la postre se admite que la herencia puede reunir en una persona, por ejemplo, un cuerpo predominantemente alpino (oriental) con cualidades psíquicas predominantemente nórdicas. Y vienen a liquidar definitivamente sus propias bases cuando declaran estar de acuerdo con aquella frase de Lenz: «Un alemán de pelo negro puede tener tan buenas cualidades nórdicas de alma como uno rubio» (Günther, páginas 244, 427).

De este modo se desecha, por completo *y* expresamente, toda conexión entre la raza física y la pretendida alma racial; la antropología científico-naturalista aparece como un trabajo accesorio meramente decorativo, y la teoría del alma de las razas como un producto arbitrario de la fantasía. Y ello es así porque la raza no es nunca sujeto de una actividad política o en general cultural sino, en todo caso, el pueblo. Pero, según se reconoce, el concepto de raza «nada tiene que ver» con el de pueblo (Günther, p. 14). La conducta política de un pueblo está determinada por una numerosa pluralidad de circunstancias naturales e histórico-sociales, entre las que, con certeza, figuran ciertos factores antropológicos heredados. En todo caso las formas y fuerzas políticas de un pueblo son el resultado de una cooperación tan compleja de actividades físicas y psíquico-espirituales, gubernamentales, diplomáticas, militares y culturales que hacen ridícula toda clasificación según porcentajes raciales.

Por esta razón, los grandes historiadores, etnólogos y sociólogos han rechazado la concepción racista de la historia. Eduard Meyer dice que por vez primera en nuestra época «se ha atribuido a las diferencias externas una significación interna, y algunas teorías que llevan su extremismo hasta el absurdo han dado al factor racial una importancia que nunca ha tenido y que está en oposición con toda la experiencia histórica» *(Gesch. des Altertums,* I, I, pp. 77 ss.) Oswald Spengler ha hecho una crítica muy ingeniosa de las teorías de la raza (*La decadencia de Occidente,* II, pp. 146 ss.). «La raza —dice Ratzel—, nada tiene que ver con la posesión de la cultura en sí misma» (en Hertz, p. 23). «Ateniéndonos al testimonio de la historia universal», observa Kjellèn *(Staat. als Lebensform,* p. 106), «la sangre, en la vida de las naciones, tiene muy poco más cuerpo que el agua». Uno de los más famosos antropólogos, Félix v. Luschan, declara: «No hay raza alguna que, en sí misma, sea inferior... Las diferencias entre las diversas razas, especialmente en lo que concierne a las cualidades morales y a la inteligencia, no son tan grandes como las que pueden existir entre individuos de una misma raza» (pp. 187 *s.;* cf. además Michels, «Wirtschaft u. Rasse», *Grundr. d. Sozialökon.,* I).

Si solo se tomaran en cuenta las conexiones reales y cognoscibles que existen entre el Estado y la raza, la Teoría del Estado podría contentarse con formular algunas declaraciones negativas. Pero se ve obligada a una más detenida discusión del tema a causa de que, en los últimos tiempos, se cree en una conexión que se estima basada en la ciencia natural, conexión que no existe y que, aunque existiera no podríamos conocerla, y esta ilusión racial ejerce, como ideología encubridora, el mayor influjo. Ello constituye el más claro ejemplo de hasta qué punto puede descender la capacidad de juicio del hombre a causa del contagio psico-multitudinario y por los impulsos de voluntad política. Así sucede que hombres, por lo demás de respetable inteligencia, crean que solo la raza nórdica pare genios, aunque se haya dado el caso de que los más geniales alemanes, como Durero, Lutero, Leibniz, Kant, Goethe, Beethoven, Bismarck, etc., no fueron en modo alguno nórdicos, habiendo sido incluso algunos de ellos —para emplear su misma terminología— calificados expresamente de alpinos y orientales. Añádase a esto que allá donde la raza nórdica se mantuvo relativamente más pura, en Escandinavia, apenas llegó a alcanzar importancia destacada para la historia del mundo. Los racistas rechazan la evidente conclusión, por lo demás ya deducida por Gobineau, de que la cultura solo surge con la mezcla de razas, para poder así sostener la afirmación absurda, pero concorde con sus propósitos políticos, de que la raza nórdica despliega por vez primera sus capacidades creadoras en la clase de los señores, «como elemento superior» sobre las demás razas (Günther, p. 423).

Aparece, de esta suerte, la creencia racista como una de las ideologías encubridoras más inconscientes y, justamente por eso, más eficaces para el logro de determinados objetivos en la lucha política interna o exterior. En la política interna se utiliza casi sin excepción para legitimar el poder actual de la clase dominadora. En tal sentido, esta clase se considera como superior y destinada por la naturaleza para mandar, en tanto que el enemigo liberal o socialista es considerado miembro de la raza oriental que se estima inferior. Por esta razón la propaganda política divulgó la falsa especie de que el socialista Liebknecht era judío de modo análogo a como lo hizo la propaganda de guerra con D'Annunzio o Lord Northcliffe. Y en manera aún más divertida procedió el *Popolo d'Italia* de Mussolini con los rumanos, pues cuando se esperaba que entrarían en la pasada guerra del lado de los imperios centrales dijo de ellos que eran una turbia mezcla de pueblos bárbaros y primitivos y de chusma y, más tarde, cuando se decidieron a unirse a los aliados, los llamó «dignos descendientes de los antiguos romanos» (Goldstein, pp. 23, 152).

No es exagerado decir que la creencia racista contribuye en medida importante a la total destrucción de la comunidad nacional de cultura y de la unidad política del pueblo. Al disolver la aptitud histórica del pueblo, siempre racialmente mezclado, la idea racista implica, ciertamente, la vuelta, en su más crudo sentido, al «ser ahistórico» (Günther, p. 10). Cuando se llega a valorar el espíritu por la «sangre», cuando aparecen teólogos cristianos que estiman necesaria una vindicación racial de Jesús, cuando se toma en serio a ciertas personas que condenan el espíritu de Goethe a causa de sus ingredientes raciales originarios «del Levante» (Hertz, p. 230), cuando se niega que Richard Wagner será alemán porque Nietzsche supone que es de oriundez hebrea y cuando se llega a decir que la mayor parte del pueblo alemán es de sangre «poco deseable», pudiera creerse que se aproxima el ocaso de la cultura en Europa. El creciente nacionalismo, al que la mística política de la raza estaba destinado a reforzar en un principio, se destruye a sí mismo al postular una internacional «nórdica» (Günther, pp. 415, 424). Las consecuencias políticas de esta labor destructiva, que se estimaba nacional, son claras. El propio Günther no puede negar que la exposición pública de los «hechos de la doctrina racista» puede contribuir a dividir una vez más al pueblo alemán ya tantas veces dividido. Admite incluso que el dar a estas cuestiones raciales una «publicidad realmente amplia es siempre perjudicial», y mientras no queden restringidas al campo de las «meras afirmaciones científicas» (pp. 413 5.). ¿Acaso el hecho palmario de que las repetidas y numerosas ediciones de sus libros y las conferencias con proyecciones tienden a una publicidad «realmente amplia» y a la agitación partidarista fue cosa que se le escapó, al igual que lo discutible de sus afirmaciones científicas?

Antes de la Revolución francesa el historiador Boulainvillèrs había reclamado más privilegios de poder para el noble, al que suponía de origen franco y que había subyugado a los celtas. El abate Sieyes abrió la Revolución francesa con el opúsculo polémico *Qu'est ce que le Tiers Etat?*, en el que se lee: «El tercer Estado no debe temer la vuelta al pasado. Será reintegrado al momento que precedió a la invasión, y, puesto que hoy es lo bastante fuerte para no dejarse subyugar, su resistencia será sin duda más eficaz. ¿Por qué no habrían de ser expulsadas a los bosques germánicos aquellas familias que perpetúan la inicua expoliación, que descienden de la raza de los conquistadores y han heredado sus derechos? La nación unida podrá entonces sentirse confortada, como creo, con el pensamiento de que está formada únicamente por descendientes de galos y romanos». La actual lucha de clases pudiera también, mediante su trasmutación en una lucha de razas, extraer consecuencias semejantes.

Resumiendo, diremos que no hay camino alguno científicamente transitable que conduzca desde la raza primaria o natural al Estado. La raza, como unidad del modo de ser corporal y psíquico invariable a través de siglos y aun de milenios, no es un hecho de la naturaleza y, mucho menos, una realidad cultural o una unidad política de acontecimientos, sino exclusivamente una ideología encubridora nacida en los últimos decenios a fin de servir a determinadas exigencias políticas. La teoría racista es completamente insuficiente, incluso como ideología de legitimación, ya que viene a dividir el Estado y, a causa de la diversa valoración que hace de los habitantes, no lo podría legitimar como unidad política del pueblo.

Otra cosa es cuando el lado corporal de la unidad de acontecer que es el pueblo se ve en la raza secundaria o cultural.

B. *EL PUEBLO COMO FORMACIÓN CULTURAL*

NEUMANN: *Volk und Nation*, 1888; O. BAUER: *Das Nationalitätenproblem u. die Socialdemokratie*, 1924; HERTZ: «Wesen u. Werden der Nation», *Jhrb. f. Soziologie*, vol. supl., 1927; LIERMANN: *Das deutsche Volk*, 1927; FELS: *Begriff u. Wesen der Nation*, 1927; ZIEGLER: *Die moderne Nation*, 1931; BOEHM: *Das eigenständige Volk*, 1932; HELLER: *Sozialismus u. Nation*, 1932.

El pueblo, en cuanto formación cultural, no desempeñó, ni en la Antigüedad ni en la Edad Media, papel de importancia en la formación de los grupos políticos. Hasta el siglo XIX no existió una teoría ni una práctica de la política construida de modo consciente sobre la peculiaridad cultural del pueblo. Incluso la conciencia que se llega a tener del pueblo, como tal, cosa que en la Europa central y occidental empieza en el Renacimiento, en el Oriente europeo a finales del siglo XVIII y que actualmente se inicia en Asia, no ejerce al principio influjo alguno. Solo cuando se liquida el orden social estamental y se afianza la sociedad civil, y cuando, al tambalearse la forma monárquica de gobierno, comienza a desvanecerse la diferenciación dinástica entre los Estados, se constituye el pueblo como «nación» política. A partir de la Revolución francesa, y en nombre de la soberanía del pueblo y de la soberanía nacional, el mundo político europeo se ve, en lo exterior, distribuido de manera diferente y, en lo interior, radicalmente revolucionado.

El pueblo, al que por motivos tanto históricos como sistemáticos hemos de distinguir de la nación, no puede ser considerado como una raza natural, pero tampoco como una formación del espíritu. No es, en modo alguno, un «ente puramente espiritual» (Lazarus, *Was heisst national?*, 1880, p. 13) y menos aún puede afirmarse de él que sea una «comunidad, y, como toda comunidad, espíritu» (Liermann, p. 17). Como en toda realidad social, en el pueblo, también, el dualismo naturaleza-espíritu solo puede concebirse dialécticamente.

Cada pueblo tiene su propio cuerpo físico que se mantiene mediante la reproducción natural. El pueblo, en este su aspecto natural, es la población, como tal, puede ser captado por conceptos matemáticos y de las ciencias naturales, por ejemplo, por la Estadística y la Medicina, y constituye el objeto de la Política demográfica. Pero no hay uno solo de entre los pueblos de cultura que proceda de una única comunidad originaria. Todos, por el contrario, se han formado de grupos raciales y étnicos muy diversos; los franceses actuales descienden de romanos, galos, bretones y germanos; los italianos de etruscos, romanos, celtas, griegos, germanos y sarracenos. En los tiempos más recientes los norteamericanos han formado un nuevo pueblo con casi todas las razas y pueblos de la tierra.

Si el pueblo no es, pues, una comunidad originaria del tronco racial llega a formar, sin embargo, en el correr de los tiempos, una conexión física de generaciones. Los hombres unidos por vínculos culturales de religión, de idioma, políticos o de otra índole, y no separados por la prohibición del *connubium*, llegarán a crear, por medio de matrimonios repetidos, un aspecto físico unitario, una comunidad de sangre que llamamos raza secundaria o cultural. Esta naturaleza operada por la cultura, que se manifiesta más en los movimientos, los gestos y el aspecto general, que en datos que puedan captar las ciencias naturales, puede asimilarse, con más o menos facilidad, según la fuerza de su sello, elementos extraños. No es aquí, pues, la sangre la que engendra al pueblo y al Estado, sino, cabalmente, lo contrario. El mismo H. St. Chamberlain, quien no trata de hacer una determinación científica del concepto de raza, sino que se conforma con referirse a la «raza tal como se siente internamente», en realidad se refiere solo a la raza cultural por cuanto dice: «Es casi siempre la nación, como formación política, la que engendra la raza o, al menos, la que conduce a la más altas y más individuales acciones de la raza» (I, pp. 343 s.). No es, pues, la raza natural «la que forma el Estado sino, al revés, el Estado el que forma la llamada raza» (Liermann, p. 28). Especialmente en los tiempos en que existía un impuesto sobre la salida de la dote y en que era desconocida la libertad de cambiar de domicilio que conoció el siglo XIX, las fronteras políticas constituían, a la vez, para la mayoría de los habitantes, los límites dentro de los cuales habían de elegir su cónyuge. Por esta razón, el hecho, a menudo observado, de que el alemán tiene un rostro o un aspecto menos característico que el francés o el inglés debe atribuirse, en buena parte, al gran número de pequeños Estados en que Alemania estuvo dividida, con sus numerosas fronteras políticas y matrimoniales. No hay duda de que una uniformidad real del tipo físico del pueblo solo se puede encontrar en los pueblos más pequeños. Los pueblos grandes presentan, en cambio, una multiplicidad de tipos aun cuando tengan un tipo ideal como modelo al que se aspira.

El vínculo que une al pueblo no se constituye ni por la cadena natural de las generaciones ni por ninguna otra característica objetiva. Claro es que en la formación del pueblo pueden tener importancia relevante la comunidad de origen y de la tierra, y aún más, la del idioma, la religión, las costumbres, el arte y la ciencia. Por esta razón, y a pesar de la igualdad del idioma, se han sentido los serbios y croatas, hasta hace poco tiempo, pueblos distintos por pertenecer a diversas iglesias. Pero, por otra parte, los ingleses y norteamericanos y los daneses y noruegos hablan los mismos idiomas y son, sin embargo, y a pesar de no intervenir el factor religioso, pueblos diferentes. Ni la peculiaridad de un pueblo se revela en todas sus manifestaciones objetivas, ni bastan todas ellas para determinar la esencia de un pueblo.

Los criterios objetivos implican solamente ciertos supuestos y posibilidades de una conexión del pueblo, la cual, para que se convierta en realidad, ha de ser, en primer lugar, actualizada y vivida subjetivamente (cf. Ziegler, p. 54; Boehm, pp. 140 ss.). Por esta razón, la cuestión de la pertenencia a un pueblo no puede resolverse remitiéndose sencillamente a una determinación de la esencia según módulos objetivos espirituales o acaso físicos. El hecho del cambio de pueblo ofrece la prueba de que el pueblo no es una conexión que tenga el carácter objetivo de las leyes naturales y a la que el individuo venga a pertenecer de manera unívoca y definitiva, como «miembro» de un «organismo». Chamisso, nacido francés, que no aprendió el alemán hasta los diez años, que escribió sus primeras composiciones en francés y que no empezó a escribir en alemán hasta los veinte años, llegó, sin embargo, a ser un alemán completo, y lo mismo le sucedió al inglés H. St. Chamberlain, quien aprendió más tarde la lengua alemana.

Al descubrirse la insuficiencia de los criterios objetivos, se intentó establecer una determinación subjetivista del concepto de pueblo. Así Lazarus declara que el pueblo es un producto espiritual de los individuos que a él pertenecen; «no son un pueblo, sino que lo crean incesantemente» (*ob. cit.*, p. 13). Después de él, Renan encontró la célebre fórmula de que la nación es «une âme, un principe spirituel», que se constituye por «un plébiscite de tous les jours» (*Qu'est ce qu'une nation?*, 1882, pp. 26 ss.). Pero también resulta insuficiente la explicación que dan las teorías subjetivistas. Como toda la realidad social, el pueblo se sustrae también a la antítesis antidialéctica de objetividad y subjetividad que, en general, se vincula a la oposición entre ser y conciencia, naturaleza y espíritu. El subjetivismo priva al pueblo de realidad al situarlo exclusivamente en la esfera subjetiva de la conciencia y de la decisión volitiva. Pero, por lo general, el hecho de pertenecer a un pueblo es algo impreso en el ser, que se basa en lo involuntario y que no se puede conseguir o alterar por un mero acto consciente. Precisamente la conducta no intencionada revela las marcas de la índole peculiar de un pueblo en forma mucho más pura que el narcisismo consciente de los nacionalistas. No es solo en las altas creaciones artísticas e intelectuales donde el genio del pueblo se revela (Spann, *Gesell-*

schaftslehre, p. 488). El proletario alemán lleva a cabo su trabajo de distinta manera que su compañero americano o francés (cf. Bauer, p. XV).

El pueblo es también una realidad operante y operada, y la pertenencia a un pueblo se constituye por el hecho de que un ser, con la impronta de una conexión espiritual tradicional, actualiza esta conexión, de modo vivo, dentro de sí mismo. Cuando ello acontece con plena conciencia, la pertenencia al pueblo implica el representarlo voluntariamente con todas sus excelencias, y también —en algunos casos, no en todos— con sus defectos.

El pueblo cultural, que en sí es políticamente amorfo, se convierte en nación cuando la conciencia de pertenecer al conjunto llega a transformarse en una conexión de voluntad política. Para constituir la nación no basta en modo alguno el sentimiento de comunidad meramente étnica. Por eso, no se consideran, por ejemplo, los suizos alemanes o los alsacianos como formando parte de la nación alemana, a pesar de sentirse y saberse incluidos en la conexión espiritual tradicional del pueblo alemán (cf. M. Weber, *Economía y Sociedad,* IV, pp. 51 ss.). Solo cuando un pueblo se esfuerza por mantener y extender su manera propia mediante una voluntad política relativamente unitaria —cosa que, por ejemplo, no sucede en los llamados pueblos naturales—, solo entonces podremos hablar de una nación. Esta voluntad política no precisa orientarse hacia la unión en un Estado. Y así puede acontecer que una minoría nacional que se organiza, dentro del Estado a que pertenece, en la unidad política de un partido o de un grupo cultural, no tenga el menor propósito irredentista.

Cuanto más intensamente desarrolle un pueblo la conciencia de su peculiaridad, y en consecuencia de su diferencia respecto a otros pueblos, en un sentimiento y conciencia comunes del «nosotros», en grado tanto mayor puede llegar a ser una «comunidad del pueblo» y en el terreno político, una nación. Pero es solo en muy raros y breves momentos de la historia —y en ello debe insistir de manera especial la Teoría del Estado— cuando la nación es capaz de obrar como unidad política, y aun en esos momentos la unidad nacional no coincide nunca con la totalidad del pueblo. El problema de si es aceptable la concepción romántica según la cual la comunidad espiritual y política del pueblo es una unidad apriorística y constantemente activa se enlaza estrechamente con la cuestión de si el pueblo es una unidad preexistente o si es creada por el mundo exterior. Cabe aplicar aquí todo lo dicho anteriormente (pp. 94 s.) sobre la relación general entre disposición y medio. La doctrina romántica de un espíritu del pueblo originario, que actuara en lo profundo de la vida histórica como demiurgo de toda la realidad cultural, tanto política como de cualquier otro carácter, no tiene sustentadero alguno en la historia y pertenece al reino de la mala metafísica. De otra parte, empero, tampoco cabe admitir la idea de que el pueblo no sea más que la suma de los diversos influjos del mundo exterior o de los miembros que lo integran en el momento presente. El pueblo es una estructura histórica. La conexión del pueblo ni puede considerarse como un mero derivado de sus actuales integrantes ni estos pueden ser derivados de aquélla (cf. *supra,* pp. 79 s.).

Por encima de sus componentes y fuera de ellos no existe pueblo alguno. Pero ellos pueden constituir su pueblo bajo las condiciones impuestas por el medio, únicamente porque la conexión del pueblo, históricamente cambiante, actúa dentro de ellos, y mientras así sea. No hay duda de que el pueblo muestra, a través de los cambios, una permanencia y constituye una unidad de acontecer a la que pueden imputarse hechos históricos. Sin embargo, el carácter del pueblo, que sobrevive en el correr de los tiempos, no puede ser considerado, como lo hacían los románticos, como un inmutable espíritu del pueblo, ni sustancializado en una conciencia y una voluntad del pueblo que procedieran siempre de manera unitaria. La peculiaridad del pueblo se halla inserta en el curso de la historia y nace de un constante intercambio de asimilación y singularización respecto a la naturaleza y a la cultura circundantes.

Gran confusión produjo en la Teoría del Estado el hecho de que, a partir de Rousseau y del romanticismo, se haya atribuido al pueblo, como nación, una personalidad con sensibilidad y conciencia, voluntad política y capacidad política de obrar. El pueblo se convierte así, de manera metafísica, en una comunidad de voluntad *a priori* y en una unidad política preexistente, lo que no responde a la realidad, ni presente ni pasada. La nación, tal como hoy la entendemos, fue desconocida en la Edad Media, y todavía en el siglo XVIII los vínculos eclesiásticos y dinásticos aparecían en la política mucho más fuertes que los nacionales. Hasta la época del capitalismo avanzado no se constituyeron los pueblos en naciones. Es a partir de la Revolución francesa y del imperialismo napoleónico, y al principio como reacción contra este, cuando las naciones, en creciente medida, aparecen como las más pujantes fuerzas formadoras de Estados. En ciertos círculos era de tal evidencia el concepto de Estado nacional que se pudo afirmar que «el Estado y la nación» eran «compañeros inseparables» (Kirchhoff, *Nation u. Nationalität,* 1905, p. 47). Las ideas nacionalistas y demoliberales contribuyeron por igual a introducir subrepticiamente en el concepto de nación el de la unidad política de acción que, propiamente, solo corresponde al Estado. Tuvo, para ello, importancia decisiva el esfuerzo, realizado en general de modo inconsciente, por identificar al pueblo con la nación y, finalmente, con el pueblo del Estado. Todavía a principios del siglo XIX se entendía por nación la clase dominadora por su cultura y propiedad, la «parte mejor del pueblo, la que piensa», como en 1818 decía Hans von Gagern. La voluntad política relativamente unitaria de esta clase fue equiparada a la voluntad unitaria del pueblo, que alcanzaba así su definitivo volumen para la formación de la voluntad del Estado, considerándosela además como la expresión legítima del espíritu nacional del pueblo. El pensamiento demoliberal relativizaba, de tal suerte, el Estado al pueblo, y el nacionalismo, en cambio, el pueblo al Estado. En ambos casos se convierte al Estado en función de una voluntad solidaria común del pueblo.

La equiparación de los referidos conceptos de pueblo y nación con las expresiones semejantes de soberanía del pueblo y soberanía nacional y la de voluntad estatal del pueblo constituye una de las confusiones características de la Teoría del Estado del siglo pasado. Rousseau ya había hecho del «pueblo», que no podía ser representado, una personalidad capaz de obrar, al identificar la voluntad unitaria del pueblo con la *volonté générale* del Estado. En la constitución francesa de 24 de junio de 1793 se lee: «Le peuple souverain est l'universalité des citoyens français», art. 7. Y el artículo 131 de la constitución de Frankfurt de 28 de marzo de 1849 dice: «El pueblo alemán está formado por los miembros de los Estados que constituyen el Imperio alemán».

La Teoría del Estado de aquel tiempo no distinguía, o solo lo hacía de modo muy impreciso, entre pueblo, nación y pueblo del Estado, y hasta confundía el pueblo del Estado con el pueblo que forman los ciudadanos del Estado, o sea la suma de los que al Estado pertenecen según el derecho positivo, lo que no es de extrañar que acaeciera a principios del siglo XIX, dado que la ciudadanía jurídica es un concepto muy reciente que, en Prusia, por ejemplo, solo se conoce desde 1842 (cf. Giese, *Grundrechte,* 1905, pp. 94 s.). Con estas identificaciones se preparaba una relativización del Estado al pueblo que se puede observar, finalmente, en autores de todas las tendencias políticas. Savigny llamaba al Estado «la manifestación orgánica del pueblo» *(System d. heut. röm. Rechts,* I, p. 22). Y Mohl decía: «El conjunto de los miembros del Estado constituye el pueblo o la nación» (*Enzyklopädie,* p. 119).

Stahl y Gierke negaron el dualismo de pueblo y Estado tan radicalmente como Preuss (cf. Liermann, pp. 67, 75).

Los pensadores románticos, nacionales y demoliberales elaboraron con los más varios matices políticos, y en evidente oposición con la realidad social, la ficción de una comunidad del pueblo homogénea social y políticamente, con un espíritu y una voluntad política unitaria, cuyo producto más o menos automático o aun mero epifenómeno, se decía que era la unidad estatal. Todas las brumas de las opiniones dominantes fueron recogidas en aquella afirmación de Leibholz (*Repräsentation,* 1929, p. 46): «La comunidad del pueblo es, en cuanto comunidad concreta de valores, una unidad ideal que actúa de modo real, y, a la vez (!), dado que la unidad estatal solo puede ser fundamentada en la esfera política, es una unidad ideal política».

La realidad del pueblo y de la nación no revela, empero, por lo general, unidad alguna, sino un pluralismo de direcciones políticas de voluntad, y, aun en los casos de pleno apogeo nacional, existe siempre, frente a la unidad nacional que tiene su expresión en la actuación del Estado, un grupo en el pueblo que disiente de ella en los fines o en los medios. Es inadmisible, sobre todo en la actual sociedad de clases, hablar de unanimidad política, capaz de obrar, de la conexión nacional de voluntad. Numerosos antagonismos políticos se producen a causa del aspecto político que presenta también el vínculo clasista, y asimismo, dentro de cada clase, por las varias oposiciones de naturaleza económica, espiritual, confesional, dinástica, etc., que en ella se dan.

Hay, pues, que oponerse lo mismo a Rousseau que a los románticos, pues unos y otros han convertido a la legalidad peculiar del Estado en una metafísica del pueblo por la cual el Estado queda reducido a simple fenómeno de expresión del pueblo democrático o de la nación romántica. La *volonté générale* rousseauniana presenta también un tinte puramente romántico por cuanto implica una armonía política y un acuerdo de voluntades, anteriores al Estado, cosa que nunca se da en la realidad del pueblo, que es siempre de carácter antagónico. Los ideales demoliberales de una «representación popular» como «espejo» de la voluntad del pueblo, y de un gobierno que no debe ser sino la «expresión» del parlamento, se nutren de la ficción de una voluntad popular sin contradicciones y no se distinguen de la utopía de Marx y Engels de una sociedad futura sin Estado más que por el hecho de que en esta esa voluntad popular sin contradicciones solo se puede dar en la sociedad sin clases, en tanto que la concepción demoliberal admite que es realizable en la misma sociedad civil.

En la metafísica del espíritu del pueblo, que, a partir de Hegel, cobra, en general, un sentido estatal, se rechaza el dualismo de Estado y pueblo. «Puesto que el espíritu», como dice el filósofo de la identidad, «solo es real según lo que él sabe que es, y el Estado, como espíritu de un pueblo, es, a la vez, la ley que penetra todas sus relaciones, la moral y la conciencia de sus individuos, la constitución de un pueblo determinado depende del modo y formación de la conciencia de sí mismo... Así, pues, todo pueblo tiene la constitución que le conviene y corresponde» (*Rechtsphilosophie,* § 274).

Aquí, y más aún en los románticos, el pueblo y su espíritu se consideran como una sustancia *a priori,* unitaria y magnífica, que es capaz de engendrar la voluntad unitaria del Estado, no solo entre los miembros del pueblo sino incluso en todo el pueblo del Estado y en todos los miembros del Estado. Si es el Estado el que se funde en el pueblo, o al contrario, ello no tiene, para nuestro objeto, mayor importancia. En uno y otro caso se suprime la dualidad de Estado y pueblo y se deja de lado la autonomía de lo estatal y, en general, también la de la esfera jurídica. Como el espíritu del pueblo, único y solo, emana de sí, junto con todas las demás manifestaciones culturales, también el Estado y el Derecho, la ley de su formación es asimismo la del Estado y del Derecho, que pierden por eso su legalidad peculiar.

No puede aceptarse que el pueblo o la nación sean una unidad en cierto modo natural, anterior a la del Estado, que viniera a constituir a esta en virtud de su propia efectividad. Muy frecuentemente fue la unidad del Estado —como antes dijimos (pp. 175-76)— la que, al contrario, cultivó y creó la unidad «natural» del pueblo y de la nación. Con sus medios de poder, el Estado se encuentra en las mejores condiciones para hacer un solo pueblo de pueblos diferentes por la lengua y la antropología. El pueblo francés tiene hoy un lenguaje unitario gracias a los reyes del norte de Francia que convirtieron a la lengua de «oui» en lengua oficial, en contra de la lengua de «oc», más desarrollada. Decisiva importancia suele tener para la formación de la conciencia de pertenecer a un pueblo y, con mayor razón, para la de una voluntad nacional, el hecho de haber vivido en común el mismo destino en un Estado.

No puede, pues, considerarse, al Estado como simple función de la unidad del pueblo o de la nación. Su peculiar legalidad no consiste tampoco en ser una organización cualquiera del pueblo, aun cuando esta sea de carácter político. La concepción que, bajo nuevas formulaciones, vuelve una y otra vez, según la cual por Estado popular debe entenderse «la absoluta identidad del Estado con el pueblo políticamente organizado» (como Preuss, *Das deutsche Volk und die Politik,* 1916, p. 110), ignora la autonomía especifica del Estado. Pueden concebirse organizaciones políticas del pueblo y de la nación que se diferencien del Estado no solo cuantitativa sino también cualitativamente. Y así, por ejemplo, se propuso la fundación de una alianza a la que podrían pertenecer todas las personas de origen alemán, haciendo abstracción del Estado de que formaran parte (Schätzl, *Die Rechtsbeziehungen der Auslanddeutschen zum Reich,* 1921, pp. 40 ss.); aun cuando esta organización no tuviese propósito alguno irredentista y se dedicara solo al fomento de la cultura alemana, su carácter político y a la vez supraestatal sería incuestionable. Hay, pues, que distinguir radicalmente entre organización del pueblo y organización estatal.

Resulta así, y ello será desenvuelto en los siguientes capítulos, que es absolutamente imposible hacer de la unidad estatal algo relativo, cuya sustancia sería el pueblo. Claro es que no puede ignorarse que los lazos unificadores que se realizan en el «pueblo» constituyen una de las condiciones para el nacimiento y permanencia de la unidad estatal. Cuanto más fuertemente actúe un contenido de voluntad política común, tanto menos precisa ser unificado por el poder estatal. Pero el pertenecer al «pueblo», el llegar a integrarse en su unión, espontánea y a la vez estatal-autoritaria, es cosa que depende de las circunstancias histórico-sociales, o; dicho más exactamente, de cuáles capas y clases han adquirido autoconciencia política y se hallan en condiciones de participar activamente en la vida del Estado. Todo Estado, ya esté organizado de manera democrática o autocrática, se encuentra siempre con el problema de determinar qué porción se halla ya realizada, en cada momento, como contenido de voluntad común «orgánico», y cuánto puede y debe todavía ser unificado racionalmente y «organizado» por medio de la autoridad. El objeto específico de la política consiste siempre en la organización de oposiciones de voluntad sobre la base de una comunidad de voluntad.

La agrupación unificadora en el pueblo, aunque no del pueblo, es, pues, evidentemente, un factor fundamental para el nacimiento y permanencia, no solo del Estado, sino de cualquier organización, desde un club deportivo hasta la iglesia. Basta esto solo para que no pueda considerarse a la «integración», como Smend llama a esta unión siguiendo a la sociología angloamericana, como la «sustancia medular» y el «punto angular» de lo estatal en la esfera de la realidad (*Verfassung u. Verfassungsrecht,* pp. 18 5.). Pero, además, es válido, contra la doctrina de la integración, lo que dijimos al rechazar todas las otras relativizaciones del Estado al pueblo, y que habrá de ser completado en los siguientes capítulos. La voluntad del Estado no es, ciertamente, en ningún caso un mero producto racional de la organización de la unidad de dominación del Estado. Pero menos aún es una voluntad unitaria del pueblo que viniera a crear, con independencia de la organización de dominación del Estado, la esencia de lo estatal.

4. LA DIVISIÓN ECONÓMICA EN CLASES COMO CONDICIÓN DE LA UNIDAD ESTATAL

ENGELS: *Dührings Umwälzung d. Wissenschaft,* 1919 (cit. *Anti-Diihring);* ENGELS: *Ursprung d. Familie d. Privateigentums u. des Staats,* 1918; STAMMLER: *Theorie d. Anarchismus;* ELTZBACHER: *Der Anarchismus,* 1900; LENIN: *Staat u. Revolution,* ed. alem., 1919; CUNOW: *Die Marxsche Geschichts-Gesellschafts u. Staatstheorie,* 1920-1921; LENZ: *Staat und Marxismus,* 1921; KELSEN: *Sozialismus u. Staat,* 1923; M. ADLER: *Staatsauffassung u. Marxismus,* 1922; SULTAN: *Gesellschaft und Staat bei Marx-Engels,* 1922.

El nacionalismo y el demoliberalismo crean la ficción de que el Estado es la expresión de la voluntad de una comunidad solidaria de intereses y de la unidad del pueblo; el primero en cuanto hace emanar la unidad estatal del espíritu nacional del pueblo, y el segundo porque, en su confianza en la armonía «natural» del libre juego de las fuerzas, cree que puede establecerse automáticamente una *volonté générale* como resultado de los egoísmos individuales que se limitan a sí mismos por consideraciones racionales, voluntad que debe aparecer, hasta donde sea posible, sin intervención de autoridad ninguna y sin ninguna especie de coacción organizadora. El demoliberalismo reconoce, sin duda, al Estado cierta autonomía al considerarlo como una institución jurídica para garantizar los derechos subjetivos; pero, de esta suerte, queda relativizado exclusivamente a esa función de protección jurídica y viene a perder, como autoridad impersonal de la ley, su autonomía frente al derecho.

En forma mucho más radical se niega al Estado su peculiar legalidad por parte del anarquismo y de aquellas corrientes del socialismo que consideran al Estado como simple función de la sociedad económica dividida en clases. Según tales tendencias, la unidad estatal aparece condicionada únicamente por la economía, debiendo desaparecer con la desigualdad económica de las clases. Así Marx, y aún más concretamente Engels, a diferencia de Lassalle, consideraban al Estado como un mal necesario, anexo a la actual sociedad de clases, pero que no existirá en el futuro, cuando las clases desaparezcan, como tampoco existió en el pasado.

La relativización del Estado a la economía y, concretamente, a las condiciones de la desigualdad económica, no es, en modo alguno, una idea peculiar del socialismo, puesto que se encuentra ya en los liberales ingleses del siglo XVIII. El clásico Adam Smith había referido ya el Estado a la desigualdad de las clases poseedoras; para él, es la existencia de más propiedad y más valiosa «lo que hace necesaria la constitución de un gobierno civil; y, en cambio, podrá prescindirse de él con mayor facilidad si no existe la propiedad o, al menos, si esta no excede del valor de uno o dos días de trabajo» *(Riqueza de las naciones,* lib. V, cap. I, sec. 2). En contra de esta «idea del Estado-gendarme» como «ideal liberal del Estado» se vuelve el *Programa de los trabajadores* de

Lassalle con las palabras siguientes: «Para ser consecuentes con sus propias afirmaciones la burguesía debiera admitir, en último término, que si no hubiese bandidos y ladrones no tenía para qué existir el Estado».

No puede caber duda alguna de que las concepciones sobre el Estado de los anarquistas y de muchos socialistas, especialmente los que siguen Marx y Engels, han tomado sustanciales elementos del Derecho Natural liberal (cf. también Cunow, pp. 307 ss.). El primer teórico alemán del socialismo, Fichte, creía ya que, en una ordenación socialista de la sociedad, el Estado y el Derecho desaparecerían. La «institución coactiva» del Estado solo puede legitimarse, según Fichte, en cuanto tienda a hacerse innecesaria; y puede lograrlo haciendo que «todos comprendan la juridicidad de la coacción y, en consecuencia, la posibilidad de prescindir de esta». En el «reino» fichteano, en donde no existe la familia ni la propiedad privada, desaparece toda coacción externa del derecho (porque es absolutamente inconcebible una contienda); desaparece, en general, toda desigualdad, ya proceda de la ascendencia, de la familia (todas constituyen una sola) o de la propiedad privada (todos son propietarios de la tierra y todos gozan de sus frutos); en una palabra, todas las manifestaciones del Estado antiguo reproducido en los tiempos modernos (cf. Heller, *Pol. Ideenkreise,* pp. 116-130).

La conversión del Estado en mera función de la sociedad económica, tal como aparece en Marx y Engels lo mismo que en los anarquistas socialistas, hay que entenderla en relación con el objetivo final, de carácter, en cierto modo, milenario, del Derecho Natural fichteano. Desde luego ella significa algo más que la mera afirmación de una unidad de estilo del Estado y la economía. Sin embargo, Marx se ha limitado, en general, a poner de relieve la indisoluble conexión entre la forma de Estado y la forma económica. En una formulación sobremanera clara expresa: «La forma económica específica en que se arranca al productor directo el trabajo sobrante no retribuido determina la relación de señorío y servidumbre tal como brota directamente de la producción y repercute, a su vez, de un modo determinante sobre ella. Y esto sirve luego de base a toda la estructura de la comunidad económica, derivada a su vez de las relaciones de producción y con ello, al mismo tiempo, su forma política específica. La relación directa existente entre los propietarios de las condiciones de producción y los productores directos —relación cuya forma corresponde siempre de un modo natural a una determinada fase de desarrollo del tipo de trabajo y, por tanto, a su capacidad productiva social— es la que nos revela el secreto más recóndito, la base oculta de toda la construcción social y también, por consiguiente, de la forma política de la relación de soberanía y dependencia, en una palabra, de cada forma específica de estado. Lo cual no impide que la misma base económica —la misma, en cuanto a sus condiciones fundamentales— pueda mostrar en su modo de manifestarse infinitas variaciones y gradaciones debidas a distintas e innumerables circunstancias empíricas, condiciones naturales, factores étnicos, influencias históricas que actúan desde el exterior, etc., variaciones y gradaciones que solo pueden comprenderse mediante el análisis de estas circunstancias empíricamente dadas» (*Capital,* III, p. 917).

En el pasaje citado no se niega la sustantividad autónoma del Estado frente a la economía y apenas se dice otra cosa sino que lo político y lo económico deben ser considerados como aspectos de la forma total de vida de cada momento. Pues si es verdad que se declara categóricamente que las relaciones de dominación nacen «de la misma producción», no se niega por eso la capacidad autónoma de reacción y la individualidad de la forma política.

La reducción radical del Estado a lo económico tal como, sobre todo, aparece en Engels, se asemeja también a la construcción histórica de Fichte en que el Estado solo se estima necesario en la actual situación de pecado, en tanto se acepta para el futuro una comunidad de pueblo, solidaria y libre de autoridad y sin Estado. En los comienzos de la historia sitúa Engels una «democracia natural»; no es aún un Estado porque en ella «no se da todavía un poder público separado del pueblo y que hubiera podido oponérsele». El Estado, en cambio, es «un producto de la sociedad en un cierto estadio de su evolución y viene a ser síntoma de que la sociedad se halla complicada consigo misma en una insoluble contradicción, dividida en oposiciones irreductibles que es incapaz de eliminar. Pero para que estas oposiciones entre las clases con intereses económicos en lucha no vengan a destruir a las propias clases y a la sociedad en una guerra estéril, se hace necesario que aparezca un poder por encima de la sociedad para moderar el conflicto y mantenerlo dentro de los límites del "orden"; y este poder nacido de la sociedad, pero que se emplea sobre ella y de la cual se aleja cada vez más, es el Estado». Este Estado de clase se caracteriza, según Engels, de un lado por su carácter de grupo territorial y de otro por «la institución de un poder público que ya no coincide de modo inmediato con la población que se organiza a sí misma como fuerza armada. La necesidad de ese poder público especial arranca del hecho de que ya no es posible una organización armada de la población que actuase por sí misma, debido a la división en clases (*Ursprung*, páginas 100, 178 s.).

El poder del Estado moderno, según el *Manifiesto comunista*, «no es más que un comité que administra los negocios comunes de toda la clase burguesa, una organización de la clase poseedora para protegerse contra los que nada poseen»; el Estado es «en todos los casos, esencialmente, una máquina para dominar a la clase oprimida y expoliada» (*Ursprung*, p. 185). Y puesto que se trata, en sustancia, únicamente de un instrumento de expoliación y opresión, ha de desaparecer «inevitablemente cuando se liquide la división de clases» (*ob. cit.*, p. 182); «el Estado, y con él la autoridad política —dice Engels—, desaparecerán a consecuencia de la futura revolución social; es decir, que las funciones públicas perderán su carácter político y se transformarán en simples funciones administrativas para velar por los intereses sociales» (*Neue Zeit*, 32, I, p. 37).

Innegable mérito de la concepción materialista de la historia ha sido el poner de relieve, ahincadamente, la importancia de las condiciones económicas del acontecer estatal. Pero cuando intenta negar la legalidad peculiar de lo político y reducirla a las leyes de la economía, viene a atribuir a esta el mismo papel metafísico —del que, por consiguiente, no puede ocuparse la ciencia de lo real— que los románticos habían señalado al espíritu del pueblo. Puesto que en la vida social todas las cosas se hallan relacionadas entre sí, hay que admitir previamente que no existe realidad social alguna que no se halle determinada, de algún modo, también económicamente. Pero que el factor determinante de la historia sea, en «última instancia», la «producción y reproducción de la vida inmediata», es cosa que no se puede demostrar científicamente, ni tampoco refutar si en el concepto de producción se incluye también la «misma producción de hombres» (Engels, *Ursprung*, p. VIII).

La crítica justificada del Estado de clase ataca la ficción de considerar a la voluntad del Estado como interés solidario total y como voluntad unitaria del pueblo. Cuando esta ficción se considera como ideología burguesa, tal como lo hace Engels al afirmar que en el Estado aparece «el primer poder ideológico sobre los hombres» (*L. Feuerbach*, etc., p. 51), tal afirmación nada tiene que ver con la doctrina kelseniana del Estado como ideología (cf. Kelsen, *ob. cit.*, p. 11, A. 6). De acuerdo con el punto de vista, netamente realista, de la concepción materialista de la historia, la «superestructura» política tiene una ideología, pero no es una ideología, sino una unidad de poder eminentemente real, aunque no «natural» sino social. La posición fundamental desde la cual Marx y Engels, así como los anarquistas (cf. Adler, pp. 217 ss.), niegan al Estado viene a ser, sustancialmente, la misma que la del demoliberalismo; es el reproche de que el Estado y el pueblo no coinciden ya o no han llegado aún a coincidir, que la *volonté de tous* no es idéntica a la *volonté générale*. En la democracia meramente política falta con justicia el supuesto fundamental «de un poder del pueblo... es decir, el pueblo unitario», no existe una «voluntad unitaria del pueblo» (Adler, pp. 122 s.). En cambio, el marxismo, lo mismo que el anarquismo, considera realizado el estado ideal «político» allí donde se diga: «el pueblo es el guardián de la ley, el pueblo no es el poder ejecutivo... Solo la nación tiene derecho a decir: ordeno y mando» (Proudhon, *¿Qué es la propiedad?*, ed. alem., 1896, p. 225).

Niégase, pues, aquí, como en Rousseau, la necesidad de una representación política y se acepta la posibilidad, en una sociedad sin clases, de una «asociación en la que el libre desarrollo de cada uno es la condición para el libre desarrollo de todos» *(Manifiesto comunista)*. El Estado debe disolverse en la sociedad o en el pueblo, lo que se hace posible gracias al hecho de que «las funciones, cada vez más simples, de vigilancia y arreglo son ejercidas, alternativamente, por todos, convirtiéndose más tarde en costumbre, con lo que gradualmente dejan de constituir una función especial de un determinado sector humano» (Lenin, pp. 43 s.). Para reprimir los excesos que puedan cometer todavía algunas personas, no se precisa ya una «máquina especial», sino que ello correrá a cargo «del pueblo armado, de modo tan fácil y sencillo como procede un grupo de personas civilizadas, aun en la actual sociedad, contra quienes, por ejemplo, se pelean entre sí o intentan llevar a cabo una violación» (p. 82).

Los que juzgan posible esta reducción del Estado a la sociedad económica y la «sustitución del gobierno político sobre los hombres por la administración de las cosas y la dirección de los procesos de la producción», como Engels dice con Saint-Simon *(Anti-Dühring*, p. 277), es natural que consideren que la representación autoritaria y la distinción entre el Estado de una parte y el pueblo y la sociedad de otra, la distinción entre gobierno y administración, son exclusivamente consecuencia de la sociedad económica dividida en clases, la cual no es ya democracia en el Estado, sino democracia «como tal y para sí misma» (Adler, p. 187).

Sin embargo, ni el economismo más radical puede relativizar por completo el Estado a la economía sin incurrir en las más graves contradicciones inmanentes. El propio Engels hubo de admitir una función represiva y representativa del Estado, específicamente política, cuya peculiar legalidad es independiente de la existencia de una sociedad económica dividida en clases. Solo le es posible negar, al menos provisionalmente, la autonomía de lo político, aunque ciertamente al precio de una interna contradicción, reduciendo a lo económico, de manera unilateral, la universalidad potencial de las funciones estatales.

Si fuera exacta aquella afirmación de Engels de que «en la medida en que desaparezca la anarquía de la producción social irá adormeciéndose la autoridad política del Estado» *(Die Entw. d. Soz. von d. Utopie zur Wissenschaft,* p. 92), tendría entonces sentido que no se llamara ya Estado a tal «Estado» carente de autoridad política. La autoridad y la subordinación serían, de hecho, «conceptos meramente técnico-económicos» (Adler, p. 284). Pero lo injustificado de la reducción que hace el marxismo del Estado a lo económico consiste, precisamente, en que solo le atribuye funciones de dominación de carácter económico. Solo así, mediante esta unilateralización económica, puede el marxista llegar a sostener la afirmación, a primera vista coherente, de que la sociedad sin clases sea una sociedad «sin poder, sin coacción, sin subordinación y sin un especial aparato coactivo llamado Estado» (Lenin, p. 80). Solo por tal manera de unilateralizar el problema llega el marxista a la conclusión de que, al desaparecer las posiciones económicas de las clases, existirá una «homogeneidad de los intereses vitales», por lo cual a la organización coactiva que todavía subsista «prefiere» no llamarla Estado (Adler, p. 209). Es muy probable que en un orden social no capitalista se reduzcan considerablemente las tendencias a cometer actos antisociales, con lo que habrá de verse restringida la función represiva del Estado. Pero solo cabría hablar de una «sustitución del Estado por la administración solidaria» si no se admitiera que también otros antagonismos, aparte de los económicos, por ejemplo, los de carácter ideológico, «pueden resolverse también por la violencia» (Adler, pp. 253, 307). De tal modo aparece la legalidad peculiar del Estado, que no puede ya reducirse a lo económico, en la universalidad de su función de ordenación y, por consiguiente, también de represión.

Estas tareas que el Estado cumple encuentran, empero, su última fundamentación sociológica en la función representativa de carácter autónomo del Estado moderno, que en modo alguno puede estimarse solo condicionada por la sociedad de clases. «El Estado —observa Engels—, fue [hasta hoy] el representante oficial de la sociedad entera, su resumen o síntesis en una corporación visible, pero era tal cosa solo en cuanto era el Estado de aquella clase que, en su época, representaba, a su vez, a la sociedad entera... Una vez que se convierte, realmente, en representante de toda la sociedad se hace a sí mismo superfluo» (*Anti-Dühring,* p. 302). Si, pues, Engels niega la función representativa del Estado como autónoma respecto a la sociedad económica dividida en clases, basándose en que no habría entonces «nada que reprimir», bastaría solo, para sostener la legalidad peculiar representativa del Estado, traer a colación aquella frase de Marx en su juventud en la que llamaba al Estado «la sociedad en acción». Pero el mismo Engels ha dicho contra los bakuninistas: «Sea como fuere, la acción independiente de los individuos particulares tiene que ser reprimida mediante una acción combinada, mediante un entrelazamiento de actividades, dependientes unas de las otras. Pero decir acción combinada es decir organización. ¿Y puede haber una organización sin autoridad?» *(Nene Zeit,* 32, I, p. 37). Engels contesta negativamente a esta pregunta con ejemplos tomados de otros campos además del económico. «Hemos visto pues, que, por una parte, una cierta autoridad, no importa de quién sea delegada, y, de otra parte, una cierta subordinación son cosas que se nos imponen independientemente de la organización social» (*ob. cit.*, p. 39).

En uno de sus últimos trabajos, Engels, finalmente, recoge velas en su tesis de la reducción del Estado a la economía y llega a dar interpretación a la doctrina del Estado como instrumento de expoliación económica que echa, sencillamente, por la borda todas sus anteriores afirmaciones (cf. Paschukanis, *Allg. Rechtslehre u. Marxismus,* 1929, p. 119). Al decir ahora muy cautelosamente que el Estado es, «por lo general», el Estado de la clase dominadora y, con su ayuda, expoliadora, llega, por lo demás, a la siguiente sorprendente declaración: «Por excepción sobrevienen períodos en que las clases en lucha se hallan tan cercanas al equilibrio que el poder del Estado, como aparente mediador, adquiere momentáneamente cierta autonomía respecto a una y otra». Las frases que siguen desvanecen, además, toda duda respecto a que el Estado puede cumplir ese papel de mediador no solo en apariencia, y de que ello acontece no con carácter excepcional, sino de modo regular desde que existe Estado moderno. Pues Engels señala sumariamente, como ejemplos, la monarquía absoluta de los siglos XVII y XVIII, el bonapartismo del primero y segundo imperio y, finalmente, también el Estad bismarckiano. De donde resulta que la afirmación de Lassalle, en sus *Réplicas,* de que el Estado es «la gran asociación de las clases pobres» no parece mucho más exagerada que la de que solo sea un instrumento para la opresión de la clase expoliada.

En todo caso hay que estimar inadmisible la relativización del Estado a la economía, ya se trate de la del pueblo dividido en clases, ya de la del pueblo económicamente solidario.

5. LA OPINIÓN PÚBLICA COMO CONDICIÓN DE LA UNIDAD ESTATAL

V. HOLTZENDORFF: *Wesen und Wert d. off. Meinung,* 1879; W. BAUER: *Die öff Meinung u. ihre geschichtlichen Grundlagen,* 1914: TÖNNIES: *Kritik der öff. Meinung,* 1922; DICEY: *Lectures on the relation between law and public opinion in England,* 1905; LOWELL: *Public opinion and popular government,* 1921; J. BRYCE: *The American Commonwealth,* ed. alem., 1924; MÜNSTERBERG: *Die Amerikaner,* vol. II, 1904.

La doctrina de la opinión pública como fuerza gobernante constituye una forma singular de la relativización del Estado al pueblo y de la identificación del poder del Estado con la voluntad del pueblo. La importancia política de la opinión pública aparece con la sociedad civil, con la difusión del saber y leer y escribir y el desarrollo de la imprenta y especialmente de la prensa. En la Edad Media solo existió una amplia publicidad para los problemas religiosos, que eran discutidos internacionalmente en lengua latina. La opinión pública aparece justamente, en lo sustancial, como crítica científica de esas doctrinas de la fe en los idiomas nacionales. La sociedad civil, despierta a la autoconciencia política, solo puede engendrar una vida pública donde sea posible una comprensión en el mismo lenguaje sobre intereses comunes. Desde el momento en que las fundamentaciones religiosas de la autoridad no son ya suficientes, la sociedad civil reclama una legitimación racional de su obediencia política, con lo cual sobre su opinión, públicamente exteriorizada, importancia suma para la permanencia de la unidad estatal.

La doctrina de la *opinion publique* debe a la escuela fisiocrática su primera formulación. Fue Mercier de la Rivière quien se valió de ella, en 1767, para defender al absolutismo, al decir que también en esta forma de gobierno quien manda no es en realidad el rey, sino el pueblo por medio de la opinión pública. Treinta años más tarde señalaba Necker, en sus consideraciones sobre la Revolución francesa, las grandes transformaciones sociales que habían tenido lugar desde la última reunión de los Estados Generales (1614): el cambio de las costumbres, el estado de espíritu, los sentimientos de temor y respeto al poder real, el caudal de conocimientos, la expansión de la riqueza; «y, sobre todo, surgió una autoridad que no existía hace dos siglos y con la que hay que tratar necesariamente, la autoridad de la opinión pública (Tönnies, pp. 376, 383).

Para comprender el fenómeno de la opinión pública, de tanta importancia, aunque tan difícil de captar, debemos, en primer término, hacer notar que solo consideramos como verdadera manifestación de la opinión pública a la manifestación de voluntad política, aunque solo sea mediata. No consiste nunca la opinión pública en opiniones teóricas únicamente, sino en opiniones de voluntad y en juicios que sirven como armas para la lucha política o para conseguir prosélitos políticos. Asimismo, debe distinguirse la opinión pública, en el sentido en que aparece en el Código Penal, como la opinión «de una parte considerable de la población, no determinada individualmente» (Franck, *Kommentar zu* §§ 186, 187 StGB), de la opinión pública política que, por lo general, no se preocupa de los agravios entre cualesquiera personas privadas si no entrañan importancia para el conjunto del Estado.

Público es aquello que influye en la vida política, y así lo es, en primer término, la opinión de cualquier modo publicada. La opinión públicamente manifestada no es necesariamente idéntica a la que interiormente se profesa, o a la que se expresa en un reducido círculo de amigos. La teoría de la voluntad política del pueblo experimenta ya una corrección, esencial para poder comprender la unidad estatal; debido a que el hecho de que dos o más personas sean realmente de la misma opinión política debe ser separado netamente del otro hecho, mucho más frecuente, de que expresen la misma opinión.

La opinión pública, tal como nosotros la entendemos, es opinión de voluntad política en forma racional, por lo cual no se agota nunca en la mera imitación y el contagio psicológico colectivo (así, Ratzenhofer, *Wesen und Zweck d. Politik*, 1893, I, pp. 188 s.; Jellinek, *Staatsl.*, pp. 102 s.).

La importancia de la opinión pública para la unidad estatal es tanto mayor cuanto más precisa y comprensivamente se haya condensado en juicios políticos firmes y a menudo indiscutidos. Esta opinión pública relativamente firme y permanente ha de diferenciarse de la fluctuante opinión política de cada día. Solo la opinión pública firme posee, en su juicio, cierto carácter unitario y constante, frente a lo cual la fluctuante opinión de cada día es considerada, en la mayoría de los casos acertadamente, como veleidosa, crédula y contradictoria. Sin embargo, no puede negarse que las fronteras entre ambos estados de agregación son, en la realidad, imprecisas; los juicios y prejuicios que han cobrado firmeza constituyen, de ordinario, la base de las opiniones de cada día y estas, a su vez, renuevan y transforman las firmes opiniones de voluntad, unas veces a la manera apenas perceptible de los cambios cotidianos y otras por el modo brusco de la revolución.

La opinión pública arraigada en principios y doctrinas constituye uno de los más sustanciales vínculos de la unidad estatal. Especialmente en los Estados regidos democráticamente, la situación actual de poder se convierte en una situación de poder relativamente segura, en un *status* político, gracias al hecho de haberse creado entre la autoridad y los súbditos una opinión pública común en forma de una comunidad de voluntad y valores. Por lo dicho se comprende fácilmente que el «valer» de tales principios de la opinión pública no consiste en que sean reconocidos íntimamente como verdaderos por «todos» y ni siquiera por quienes ejercen influjo político decisivo. Su validez consiste únicamente en que cada cual, con su obrar socialmente eficaz, los reconoce externamente; no es preciso declarar que se los hace «valer», ya que cada uno, mediante su conducta pública, al menos por la ausencia de crítica, aparece como si estuviera de acuerdo con ellos. Acontece incluso, y no raramente por cierto, que en el seno del sector influyente —siempre que no sea públicamente— se permite una sonrisa de superioridad respecto a ciertas normas de la opinión pública, cuya validez, sin embargo, se estima imprescindible.

La enorme importancia política de la opinión pública consiste en que, en virtud de su aprobación o desaprobación, asegura aquellas reglas convencionales que son la base de la conexión social y de la unidad estatal. La opinión pública ha venido a tomar sobre sí, en muchos aspectos, la función, que en la Edad Media cumplía la disciplina eclesiástica, de velar por la moral social y especialmente la política, tarea que nunca hubieran podido llegar a realizar los preceptos jurídicos por sí solos. En este sentido dice Hegel que la opinión pública entraña en sí «los principios sustanciales y eternos de la justicia, el contenido verdadero y el resultado de toda la constitución, de toda la legislación y de la situación en general, en forma de sana razón humana, como base moral que a todos penetra bajo el aspecto de convicciones, conteniendo además las necesidades verdaderas y las rectas tendencias de la realidad» (*Rechtsphilos.*, § 317). Los más sólidos principios de la opinión pública los constituyen esos principios jurídicos que el legislador traduce, en parte, en preceptos jurídicos positivos y que el juez utiliza como reglas interpretativas del derecho positivo. Al gran jurista inglés A. V. Dicey debemos una profunda investigación sobre el influjo que han ejercido en la legislación de la Gran Bretaña los principios conservadores, liberales y socialistas de la opinión pública.

La opinión pública, en lo concerniente a la unidad estatal, cumple ante todo una función de legitimación de la autoridad política y del orden por ella garantizado. Todo poder debe preocuparse por aparecer como jurídico, por lo menos para la opinión que públicamente se expresa. Como acaece con todas las demás normas que intervienen para formar la sociedad, lo que, respecto a los principios de la opinión pública, aparece en primer plano no es su valor de verdad, sino su valor de efectividad. La leyenda referente a un hombre pude sustituir, al menos durante algún tiempo, al mismo hombre; el mito de una realidad con frecuencia produce el mismo efecto de legitimación que la misma realidad. A los ojos de la opinión pública el éxito legitima, sobre todo si alcanza permanencia, cualquier acto, por mala que sea la intención de que ha brotado y por condenables que sean los medios de que se valió para triunfar.

El contenido de la opinión pública solo puede consistir en principios y doctrinas muy generales y fácilmente comprensibles, si posible fuera, algo así como *slogans.* Aquellas ideas que para ser captadas requieren un cierto grado de conocimientos o especial capacidad intelectual o que exijan difíciles demostraciones no pueden ser recogidas por la opinión pública. Es específico de la opinión pública de la actualidad su carácter racional bajo la forma de la «sana razón humana». El irracionalismo que se proclama en nuestros días histéricamente, solo se puede estimar, en realidad, como una supercompensación. Desde hace unos doscientos años la opinión pública, al menos en el terreno de la política, rechaza todo género de intervención trascendente en el acontecer causal, toda clase de creencia en lo maravilloso, diabólico o mágico, prefiriendo, cualquiera que sea su actitud en otros aspectos, las interpretaciones racionales de carácter naturalista, económico o técnico. El hecho de que se prefieran fundamentaciones de apariencia racional para un querer que, a veces, puede ser completamente desatinado, no se halla en contradicción con el otro hecho de que la opinión pública juzga, en general, las cuestiones políticas según motivos sentimentales y anticríticos y es fácil entusiasmar mediante *slogans* de color idealista. Precisamente por esto una política racional fríamente calculista puede, con tanta facilidad, manejarla a su sabor.

Entre los pocos componentes de carácter político, absolutamente firmes, que integran la opinión pública actual figuran sus principios democráticos. Puede afirmarse sin exageración que en los pueblos civilizados del día no existe para la opinión pública otro modo de legitimación de la autoridad política que la legitimación democrática, aunque ciertamente reciba nombres muy diferentes. Entendemos por legitimidad democrática la justificación inmanente del poder del Estado por el «pueblo», y las varias direcciones políticas se diferencian en la actualidad entre sí únicamente por el contenido diverso que dan al concepto del pueblo. La propia monarquía aparecía legitimada en el siglo XVIII por el «pueblo», cuando el despotismo ilustrado, especialmente el de Federico II, invocaba la doctrina del contrato político del Derecho Natural o cuando los fisiócratas apelaban a la opinión pública; y, con mayor razón aún, tiene carácter democrático la legitimación nacional de la monarquía tal como la formula Treitschke (cf. Heller, *Polit. Ideenkreise,* pp. 24, 43, 70). Incluso cuando hoy se intenta una justificación religioso-trascendente de la unidad de autoridad del Estado, se descubre inmediatamente que lo que en el fondo se sitúa como valor sustentador no es la voluntad de Dios, sino el «pueblo». No obstante, las diversas corrientes subterráneas y reacciones de naturaleza distinta, la opinión pública reconoce al pueblo, por lo menos desde finales del siglo XVIII, como valor supremo, legitimador de todas las normas y formas políticas. «La nación —dice Sieyès—, por el hecho de ser es todo lo que puede ser... La nación está por encima de todo lo demás, es el origen de todo. Su voluntad es siempre legal, ella misma es la ley» *(Qu'est-ce que le Tiers Etat?*, ed. alem., 1924, p. 92; para Alemania cf. *Polit. Ideenkreise*, pp. 49 *ss.).* Tanto la *volonté genérale* de carácter democrático formal como el espíritu nacional del pueblo son únicamente variedades de la idea de la legitimidad democrática y también lo es la justificación, que se pretende basada en leyes naturales, de la negación marxista del Estado, que moviliza a los hombres en nombre de una democracia económico-social. Ni la dictadura bolchevique ni la fascista pueden ser legitimadas de modo trascendente y autocrático, sino que ambas han de legitimarse ante la opinión pública en forma inmanente al estimarse como medios para el establecimiento de una «verdadera» democracia (cf. *supra*, pp. 102-103 s. y además Heller, *Europa u. d. Fascismus*, 1931, p. 53).

Se señala, en general, como característica de la opinión pública su falta de organización. Por esta razón se dice que su soporte es el público, esto es, todos los hombres que participan en el correspondiente contenido mental y son capaces y están dispuestos a dar su parecer sobre ello (Tönnies, pp. 84 ss.). Desde el punto de vista gubernamental, las personas que no tienen opinión política alguna suelen ser consideradas como las «de buen sentido», *les honnêtes gens.* Si es verdad que la opinion pública carece de una organización que la comprenda de modo unitario, la afirmación de que carece de toda organización no pasa de ser una característica ficción demoliberal.

La representación del nacimiento espontáneo de una opinión unitaria se utiliza para sostener la ficción de la formación no autoritaria de la sociedad en una unidad política. Repárese que los mismos anarquistas aceptan la autoridad de una opinión pública que no estuviera falseada por los actuales antagonismos entre las clases. «La única autoridad grande y poderosa, a la vez natural y racional —dice Bakunin—, la única que nosotros podremos respetar será la del espíritu colectivo y público de una sociedad fundada en la igualdad, la solidaridad, la libertad y el recíproco respeto de todos sus miembros... Puede estarse seguro de que ella será mil veces más potente que todas las autoridades divinas, teológicas, metafísicas, políticas y jurídicas que establecen el Estado y la Iglesia, más fuerte que todas las leyes penales, los carceleros y los verdugos» (*Obras*, ed. alem., 1921, I, p. 117, A).

Así como el anarquismo quiere reducir, en la futura sociedad sin clases, el Estado a la autoridad impersonal de la opinión pública, el demoliberalismo de matiz angloamericano pretende relativizar la autoridad del Estado actual a la autoridad impersonal de la opinión pública. James Bryce dice que el gobierno por la opinión pública es «la forma más avanzada del gobierno del pueblo» (II, p. 187).

De hecho, sin embargo, las exteriorizaciones de opinión, en primer término, y, a la larga, las mismas opiniones se han visto siempre coaccionadas, tanto social como políticamente, por procedimientos más o menos autoritarios. Durante siglos se persiguió con armas y hogueras la propagación de «herejías» y se defendió y extendió, por tales modos, la pureza y unidad de la fe religiosa. La humanización de los medios autoritarios que conforman la opinión pública —alto progreso humano que hay que oponer a todos los ideólogos del poder— vuelve a verse otra vez seriamente amenazada en nuestros tiempos. Pero la presión sobre las exteriorizaciones de opinión se ha realizado siempre mediante la amenaza, la compra o el convencimiento, es decir, por una superioridad social, económica o intelectual de uno sobre los demás. Las fronteras entre la coacción y la aceptación, entre la presión externa y la concordancia interna, son sumamente imprecisas. En la actualidad, los medios más importantes para formar y realizar de manera unitaria el «espíritu» de un grupo son la educación, la persuasión y la fuerza de la opinión pública, pero ellos nunca pueden lograr su objetivo sin una coacción económica y política.

El mantenimiento del orden social por medio de la aceptación o repudio de la opinión pública supone una relativa uniformidad de tales manifestaciones y esta, a su vez, aparece condicionada, si no por una organización, al menos por su regulación de parte de un sector dirigente. Los conductores que regulan activamente la opinión pública constituyen siempre una minoría; sus opiniones son propagandas por un gran número de intermediarios, para ser luego aceptadas por la masa de quienes solo intervienen pasivamente en la vida política.

Bluntschli dice que la opinión pública es, sobre todo, la opinión «de la alta clase media» (Bluntschli-Brater, *Staatsworterbuch,* VII, páginas 345 ss.). Su contenido lo crea aquella minoría política o económicamente más fuerte que, gracias a sus medios de poder, está en condiciones de encauzar o apagar las diversas opiniones existentes. Para la exteriorización de la opinión pública se utilizan todos los medios de expresión usuales entre los hombres. Pero como esa expresión busca siempre causar impresión, combatir y ganar, todos esos medios de expresión se hallan sometidos a las leyes de la agitación, de la lucha y del engaño.

La prensa debe considerarse como el más influyente portavoz de la opinión pública. Cuando no se trata de órganos declarados de los partidos, el negocio periodístico es una empresa del gran capital perteneciente, en su mayor parte, a personas que de ordinario tienen sus negocios fuera del periódico y que se valen de su participación en este, ya para favorecer sus intereses bancarios o industriales, como acontece en Norteamérica y otros países, ya para venderla al banco que aparezca como mejor postor, como se da, y no con carácter exclusivo, en Francia, pero, en todo caso, haciendo depender su opinión de los ingresos y especialmente de la publicidad.

No hay, sin embargo, que exagerar el influjo, sin duda poderoso, de los periódicos en la formación de la opinión pública, pues hemos podido ver en tiempos próximos a nosotros cómo penetraron en el pueblo grandes movimientos políticos que no contaban con el apoyo de una importante prensa y que incluso sostenían con éxito una lucha contra ella valiéndose únicamente de discursos, hojas, etc. En el futuro será, a no dudarlo, la radio la que desempeñará el más importante papel en la formación de la opinión pública. En ella pueden también influir eficazmente, a la larga, las frases más llenas de contenido que pueden aparecer en las revistas o libros o las pronunciadas en la escena.

La importancia que la opinión pública encierra para la unidad estatal fue menospreciada por el pensamiento autocrático y exagerada por el liberalismo. Bismarck, que a través de muchos actos y declaraciones reveló la poca estima en que tenía a la opinión pública, conocía, sin embargo, muy bien su gran fuerza política (cf. Tönnies, pp. 164, 431, ss.). Todavía el último párrafo del borrador de su demanda de retiro, que tanto tiempo le llevó redactar, y en el que declara, con terrible ironía, que le parece ya seguro que Guillermo II no precisa de la experiencia y capacidad de un leal servidor de sus antepasados, concluye con la observación de que podrá, de ese modo, retirarse de la vida pública «sin temor de que la opinión pública califique su decisión de inoportuna» *(Gedanken u. Erinnerungen,* III, p. 100).

Hegel atribuyó a la opinión pública «una gran fuerza» y le señaló como lugar en su sistema no, como pudiera creerse, la sociedad civil, sino una esfera más alga, la del Estado. Pero ella merece ser «a la vez estimada y despreciada». El emanciparse de ella lo considera «la primera condición formal para algo grande y racional». En la opinión pública «todo es falso y verdadero, pero encontrar en ella lo verdadero es tarea que solo puede cumplir un gran hombre» *(Rechtsphilosophie,* §§ 317, 318 y apéndice).

El liberalismo atribuye de ordinario a la opinión pública una capacidad política de obrar de que en realidad carece, y sobrestima excesivamente su fuerza efectiva frente a los medios organizados del poder del Estado. «Si un gobierno —expresó, en la Asamblea de Frankfurt en 1849 el diputado por Stuttgart, Zimmermann—, es apoyado por la opinión pública, la fuerza física, militar de que disponga, por pequeña que sea, se verá, por ello, centuplicada».

La ficción norteamericana de un «gobierno por la opinión pública» supone una uniformidad y capacidad de obrar de la publica opinion que solo puede concebirse si se admite la ficción demoliberal de una voluntad del pueblo que se forma a sí misma sin intervención del elemento autoritario. El gran teórico y práctico de la política, James Bryce, se atreve a sostener que la opinión pública en Alemania, Italia, Francia e Inglaterra no es, en sustancia, más que la de las clases dominantes, mientras que en los Estados Unidos es la opinión de toda la nación con solo una exigua diferencia de clases (II, p. 190). El liberal escocés viene, pues, casi a negar la existencia de una clase dominante en los Estados Unidos y su influjo en la opinión pública (pp. 221, 232).

Semejante afirmación de Bryce pudiera estar justificada por cuanto el político norteamericano, poco considerado, ejerce en la conducción y regulación de la opinión pública un influjo mucho más reducido que su colega europeo. Para Bryce la opinión pública está por encima de todos, incluso de los supremos conductores del Estado, «como la gran fuente de poder, como la señora de sus servidores, que tiemblan ante ella». Lo que se demanda del hombre de Estado no es que obre de acuerdo con sus puntos de vista, precediendo al pueblo, sino que lo siga (pp. 187, 200; cf. Münsterberg, I, pp. 224 *ss.).* Pero acontece que, como señala el mismo Bryce, la voluntad informe del pueblo en realidad solo puede expresar deseos y es incapaz de trasladarlos a la práctica (p. 253). ¿Quién hace, pues, la opinión pública, quién le da unidad y quién representa aquel poder ante el cual tiemblan los hombres de Estado norteamericanos? Es sumamente significativo el modo como Bryce concibe el caso ideal que, evidentemente, no reputa imposible. Según él —coincidiendo en esto con Bakunin—, el grado supremo de la evolución política consistiría en que la opinión pública «no solo mandara, sino que además gobernara». Y a una situación semejante podría llegarse «si fuere posible determinar la voluntad del ciudadano en cada momento, sin necesidad de encauzarla mediante un cuerpo representativo e incluso sin tener que apelar a una maquinaria electoral» (p. 183).

La manera como se forma, realmente, la opinión pública en Norteamérica se halla, sin embargo, en oposición con este ideal de una unidad sin organización ni representación, carente de dirección y constantemente acomodada a los caprichos y humores del pueblo. En forma breve e incisa lo ha expresado un notable y experimentado periodista, John Swinton, en un banquete de los periodistas neoyorquinos en 1895, al responder al brindis en honor de la prensa «independiente». «No existe en Norteamérica nada que se parezca a una prensa independiente, ni siquiera en las ciudades de provincia... Somos no más que instrumentos y vasallos de personas ricas que están entre bastidores. No somos más que marionetas. Ellos tiran del cordón y nosotros bailamos» (cit. por Tönnies, pp. 183 s.).

Así, pues, el «gobierno por la opinión pública» de los Estados Unidos no significa otra cosa sino que, a causa de una subestimación teórica y práctica del Estado, la formación de una opinión pública unitaria se halla sustraída, casi por completo, a los órganos responsables del Estado y corresponde a las irresponsables y anónimas fuerzas económicas más poderosas de la sociedad civil; a tal fin, se valen especialmente de la prensa y de la máquina de los partidos hondamente corrompida, del *boss,* que necesita de «verdaderos bandidos» (cf. Ostrogorski, *Democracy and the Organization of Polit. Parties,* II, páginas 384 ss.).

La doctrina del gobierno por la opinión pública viene, pues, a ser una variante de la concepción demoliberal que relativiza el Estado al pueblo, otra de las formas que presenta aquella ficción de un gobierno por una voluntad del pueblo que no se halla organizada ni representada y que carece de una formación autoritaria. Al modo como, en aquella concepción, se supone que el pueblo es una unidad y, desconociendo la legalidad peculiar de lo político, se le identifica con la unidad estatal, atribuyese aquí, ficticiamente, a la opinión pública una unidad y una capacidad de obrar que en realidad no tiene.

Claro es que no puede ignorarse que, en una sociedad democratizada, independientemente de la forma de poder, la existencia de una opinión pública, unitaria en lo posible, constituye una de las más importantes condiciones para la formación de la unidad estatal. La opinión pública es tanto menos unitaria cuanto más débil sea la comunidad de voluntad y valores del pueblo y, sobre todo, cuanto mayores sean los antagonismos sociales entre las clases. La falta de homogeneidad social trae como consecuencia el que se formen, en las diversas clases y partidos, opiniones públicas diferentes y opuestas, que se afirman políticamente, acercándose unas frente a otras. En una sociedad democrática, singularmente, la opinión pública unitaria no puede ser nunca mero producto racional de la organización del poder estatal. Por el contrario, debe ser aquélla, en el Estado democrático, la que legitime y sustente a la organización de autoridad. Por esa razón sucede, en general, que cuando la opinión pública se muestra incapaz de mantener la unidad estatal, en lugar del consentimiento democrático aparece la coacción autocrática.

De esta suerte, la opinión pública entraña importancia considerable como freno o estímulo, advertencia o aliento, para la acción de los representantes del Estado. Como Bluntschli acertadamente señala *(ob. cit.)*, «es una fuerza pública, pero no un poder público». No existe unidad alguna, capaz de acción, de la opinión pública, que sea independiente de la organización y representación del Estado, que tienen su legalidad peculiar. A los conductores sociales o políticos incumbe la tarea de dar a la opinión pública, por medio de la dirección y la educación, una forma firme y, en lo posible, unitaria en las cuestiones vitales para el Estado. La opinión pública es tanto más certera en su juicios y más consciente de su responsabilidad cuanto más alto sea el grado de desarrollo que esas funciones alcancen en la «élite» dirigente. Sin un influjo consciente y calculado sobre la opinión no existe gobierno que pueda cumplir cabalmente su misión. Cosa conocida es la sorprendente disciplina con que los periódicos franceses obedecen las indicaciones del departamento de prensa del Ministerio de Relaciones Exteriores. El hecho, admitido por Bryce, de que en los Estados Unidos haya perdido el Estado todo rango espiritual y moral *(Amerik. Ausg.*, II, 1924, pp. 587 ss.) se debe, en buena parte, al «gobierno por la opinión pública» que allá se da, y en virtud del cual el poder estatal ha renunciado, en favor de potencias privadas, a la formación de la opinión pública.

6. El derecho como condición de la unidad estatal

Ihering: *Der Zweck im Recht,* 1905; Somlo: *Jurist. Grundlehre,* 1927; Lask: *Obras,* I, 1923; Radbruch: *Rechtsphilosophie,* 1932; Huber: *Recht u. Rechtsverwirklichung,* 1925; Tatarin-Tarnheyden: *Staat u. Recht;* Stammler: *Festgabe,* 1926; E. Kaufmann: *Kritik der neukantischen Rechtsphilosophie,* 1921; Schönfeld: *Üder den Begriff einer dialekt. Jurisprudenz,* 1929; Burckhardt: *Organisation d. Rechtsgemeinschaft,* 1927; Burckhardt: «L'État et le droit» y Schindler, «Recht und Staat», *Zeitschr. f. Schweiz. Recht,* vol. 50, pp. 137 a *ss.;* Schindler: *Verfassungsrecht u. soziale Struktur,* 1932; E. v. Hippel: *Einf. i. d. Rechtstheorie,* 1932.

No se ha podido llegar en nuestra época a un concepto del Derecho que, por lo menos en cierta medida, sea universalmente aceptado, ni tampoco se ha llegado a un concepto del Estado que reúna esa misma condición. Por tal motivo, no es posible resolver la cuestión de las relaciones entre el Estado y el Derecho, que a cada generación se le plantea, presentando una opinión dominante. Debemos, así, contentarnos, en este lugar, con suponer al Estado como una unidad que opera en la realidad histórico-social. Pero la realidad social ha de constituir también el punto de partida para determinar el concepto de Derecho, debiendo advertir que, al hablar aquí de «Derecho», nos referimos solo al positivo y en modo alguno a la idea del derecho.

La realidad social es actividad humana que siempre hay que considerar como ordenada en cierto grado (cf. Ihering, II, pp. 139 5.). Existe convivencia social allí donde se dé una masa de hombres que mantienen entre sí relaciones ordenadas. Sin una ordenación de los individuos no puede haber modo alguno de trabazón social y mucho menos un grupo social. Constituiría, sin embargo, un grave error el creer que toda ordenación social debe ser referida a una disposición de carácter voluntario. Pues, por encima de todo, nos encontramos con las ordenaciones de la naturaleza, como el nacimiento, la muerte o las leyes de los impulsos que influyen en nuestro obrar, a las que todos estamos sometidos y en virtud de las cuales aparecemos insertos en las conexiones de la naturaleza, al margen de toda voluntad propia o ajena. Estas ordenaciones naturales, en cuanto base de las sociales, entrañan importancia no desdeñable.

El derecho positivo, que es el único al que puede referirse la Teoría del Estado, no es una ordenación natural, sino que pertenece al grupo de las ordenaciones sociales que nunca seguimos de manera absoluta y sin excepciones sino, tan solo, por regla general. Dentro de estas ordenaciones sociales cumple, empero, distinguir aquellas que presentan un mero carácter de regularidad efectiva, de normalidad, de aquellas otras que aparecen como exigidas, como normativas (*supra,* páginas 100 ss.).

Para determinar con exactitud el concepto del derecho se requiere, previamente, precisar y diferenciar su *genus proximum,* la categoría de las ordenaciones normativas sociales respecto a las otras ordenaciones normativas. De las normas de la religión y de la moral, que se dirigen a la intención del individuo, se distinguen las normas que forman a la sociedad porque el contenido de estas consiste únicamente en el valor de efectividad social de una acción humana (cf. Radbruch, pp. 36 ss.). El ánimo individual solo puede tener importancia para el derecho y las reglas convencionales en cuanto sea fuente de actos que formen a la sociedad. En cambio, la conducta externa es valorada por la religión y la moral solo en cuanto sea expresión de una intención interior. Las normas sociales juzgan una acción solo por su efecto sobre la sociedad, es decir, de un modo relativo. Las normas de la intención, en cambio, la valoran en forma absoluta e independientemente del valor que pueda tener por sus efectos sociales. Estas últimas normas admiten únicamente deberes para con la propia conciencia o para con Dios, mientras que las normas sociales crean deberes con respecto a otros hombres y grupos humanos, lo cual hace que estos puedan plantear exigencias. Los deberes absolutos que se contienen en el Sermón de la Montaña serían válidos aun en el caso de que ni un solo hombre pudiera cumplirlos por completo; las normas sociales relativas cuya función consiste en la implantación de un orden efectivo en este mundo, no tendrían sentido si no fuera posible asegurar una observancia regular de la norma. Por tal razón, la religión y la moral pueden conformarse con un ánimo acomodado a la norma, con la moralidad; y a las reglas convencionales y al derecho es suficiente la conducta exterior ajustada a la norma, la legalidad.

Sin embargo, la distinción entre las vinculaciones normativas de la voluntad de carácter intersubjetivo y las meramente subjetivas, entre normas sociales y normas de la intención, no puede ser considerada como algo absoluto, sino que debe ser comprendida en su relatividad histórica y sistemática. En épocas de menor diferenciación esa distinción fue desconocida; el orden total de la vida era abarcado en un solo concepto. Los griegos llamaban a la religión, la moral, las costumbres, los convencionalismos sociales y el derecho, indistintamente, δι□η «Δι□αιος es el hombre tal como debe ser, el hombre que se contiene o reporta y □δι□ος su contrafigura, lo mismo el que menosprecia la ley que el ateo, el malo, el cínico o el desvergonzado» (Ihering, *ob. cit.*, pp. 40 5.). Lo propio cabe decir del *mischpat* de los hebreos, del *dharma* de los hindúes y del tabú de muchos pueblos primitivos. Por otra parte, la relación dialéctica que existe entre el individuo y la sociedad hace que las ordenaciones encaminadas de manera inmediata a la formación de la sociedad deban siempre seguir un rodeo a través de la persona individual, en tanto que las normas que tienden inmediatamente a la formación de la personalidad ejercen necesariamente mediatos influjos en la formación de la sociedad. Es por esto por lo que el mismo contenido normativo puede aparecer como mandato de la religión, de la moral, de las reglas convencionales y del derecho, como nos lo prueba el Decálogo.

Nunca ha sido, pues, el contenido normativo el elemento decisivo para distinguir las diversas especies de normas, sino la autoridad a la que se atribuye el establecimiento de la norma. Las normas de la intención son referidas por el hombre del actual mundo occidental, en cuanto a su establecimiento y garantía, a la conciencia, a la razón o a Dios, mientras que las normas sociales las imputa a la voluntad humana.

Plantéase con ello, no solo para el derecho sino para todas las ordenaciones sociales normativas, el problema de una necesaria relación entre voluntad y norma, entre ser y deber ser. Encierra un profundo sentido el hecho de que las palabras: ordenación, reglas, ley, constitución, norma, tengan todas una doble significación, ya que expresan a la vez algo que es y algo que debe ser, una conducta que es, de hecho, regular, y la exigencia de una determinada conducta, conforme a la regla. Semejante hecho del orden del lenguaje nos revela ya la existencia de una conexión necesaria, con necesidad real, entre el ser y el deber ser, la normalidad y la normatividad, conexión que entraña importancia suma para el problema del derecho. A diferencia de las regularidades sociales meramente de hecho, del uso y de la costumbre, las ordenaciones sociales, en que la regla se presenta además como una exigencia, aparecen como trascendiendo de la esfera del ser en cuanto, de las diversas posibilidades de la realidad, se selecciona una, a la que se considera como la que debe ser, aunque la realidad normada ha de tener siempre la posibilidad de contradecir tal determinación. La disposición que establece que no debe robarse, solo tiene sentido debido a que, en la realidad, se roba. De otro modo no sería, en absoluto, posible la comparación de una conducta dada con una conducta exigida. Pero las normas sociales mantienen necesaria relación con la esfera del ser en cuanto solo tienen validez, es decir, reciben existencia y se mantienen, en virtud de una orden dictada por una voluntad y de una observancia voluntaria, o sea que su deber ser tiene siempre como supuesto y como objetivo un querer real.

El derecho debe ser incluido entre las ordenaciones sociales en que la regla aparece como una exigencia. El sociologismo, al considerar al derecho como «un sistema de reglas de la vida social que tienen validez efectiva» (Kornfeld, *Soziale Machtverhältnisse,* 1911, p. 32, y más recientemente Tsatsos, *Begriff d. positiven Rechts,* 1928, p. 36; cf. Somlo, pp. 56 ss.), atiende únicamente a la normalidad, a la observancia regular, en forma unilateral, y pasa por alto que el derecho se basa en una orden y que esta ni tiene sentido cuando se refiere a una realidad social que carece de la posibilidad de obrar conforme a la exigencia, ni tampoco cuando lo hace a una realidad que no puede comportarse de manera opuesta a lo que se reclama. Tan desatinado es disponer que no es lícito a los hombres morir, como, por el contrario, ordenárselo. De este modo existe una tensión constante entre el deber ser y el ser sociales. En cambio el logismo normativo que representan Kelsen y su escuela, al contraponer el deber ser, de carácter jurídico, al ser, de carácter social, sin que entre ellos exista modo alguno de relación, considerando al primero como un deber ser independiente de toda orden y de toda observancia, atiende única y unilateralmente a la normatividad y olvida que todo el deber social se relaciona constantemente con un querer humano y que las normas sociales no son afirmaciones teóricas, sino exigencias dirigidas a la voluntad del hombre. La confesión de la inevitable antinomia «de un dualismo —que hay que estimar como supuesto necesario— de ser y deber ser, realidad y valor, y la admisión ineludible de una relación de contenido entre ambos sistemas —que se han supuesto sin relación entre sí—» (Kelsen, *Staatslehre,* p. 19) no significa otra cosa, sino que la hipótesis de una falta de relación entre el ser y el deber ser sociales es una falsa hipótesis.

El ser y el deber ser son, sin duda, elementos antagónicos que no pueden ser referidos ni el uno al otro ni ambos a una común raíz lógica, pero que sí pueden ser enlazados en el concepto de la ordenación normativa social. Pues un deber ser social que, por principio, no guardase relación alguna con un ser social a que hubiera que dar forma, no sería en puridad, un deber ser. Por otra parte, Kelsen *(ob. cit.,* p. 15) acertadamente indica, no existe un ser social sin normas sociales. La «tensión», pues, entre ser y deber ser *(vid.* también Kelsen, *ob. cit.,* p. 18) no debe resolverse nunca unilateralmente, ni en favor de lo normativo ni del lado de la realidad social. Solo se comprende de manera cabal la ordenación normativa social si se considera y da por supuesto que el ser y el deber ser no se hallan en un estado de aislamiento y en una antidialéctica ausencia de relación, sino, por el contrario, en una correlativa coordinación. Todas las ordenaciones normativas sociales constituyen limitaciones del albedrío; así el derecho supone una restricción del albedrío en el sentido de lo injusto. Las ordenaciones normativas sociales se refieren a los hombres en cuanto soportes de intereses y entes capaces de querer (cf. Wolff, *Organschaft u.jur. Person,* p. 263).

Dentro de las ordenaciones normativas sociales el derecho positivo se distingue de las reglas convencionales, en el estado actual de la evolución social, por la manera como se establece y asegura su cumplimiento. Las ordenaciones normativas sociales deben su nacimiento y mantenimiento a actos de voluntad humana. El establecimiento y aseguramiento de las reglas convencionales, *v. gr.* las normas de la decencia y urbanidad resultan de la aceptación o reprobación de la opinión pública no organizada. En cambio, el ordenamiento jurídico tiene a su disposición una organización especial a cuyos órganos incumbe la tarea específica de garantizar el nacimiento y mantenimiento del derecho. En el Estado moderno estos órganos de creación y ejecución del derecho son, inmediata o mediatamente, órganos del Estado.

No quiere esto decir que los órganos del Estado hayan sido siempre los creadores exclusivos del contenido del derecho ni tampoco los únicos que velaban por su cumplimiento. La relación entre Estado y Derecho hay que considerarla también desde un punto de vista histórico y todo lo que, con pretensiones de validez general y trascendiendo de la historia, se diga sobre tal relación hay que tomarlo con cautela suma. A lo largo de la historia se ha ido desarrollando un lento proceso en el que el derecho se diferencia gradualmente de las reglas convencionales mediante la organización de instancias legislativas y judiciales destinadas a la creación del orden jurídico. Este proceso de diferenciación se debe al aumento de la interdependencia y del intercambio, consecuencia de la creciente división de trabajo, con lo que se hace más necesaria una ordenación normativa social establecida de modo consciente y según un plan, y que, en lo posible, sea previsible en su ejecución. Solo en la época de la economía de cambio muy avanzada le fue posible a la jerarquía del Estado organizar un orden normativo semejante. Hasta entonces la creación jurídica vino perteneciendo, en mayor o menor grado, a toda comunidad organizada y, en cuanto a la ejecución, era cosa que incumbía casi a todos, que podían hacerse justicia por su mano. Si, en la determinación del concepto de derecho, queremos orientarnos no hacia lo que es sino hacia «lo que fue y lo que tal vez vuelva a ser» (Tatarin-Tarnheyden, p. 487), hemos de admitir que no solo el Estado sino también las Iglesias, los Territorios, los linajes, las ciudades, los gremios, las corporaciones profesionales, es decir, todos los grupos organizados pueden crear derecho y velar por su cumplimiento. Con ello vendríamos a renunciar, en último término, a toda distinción entre el derecho y las reglas convencionales y, en todo caso, se introducirá una acepción gramatical según la cual todo estatuto corporativo sería derecho. Dado que el Estado soberano ha reclamado para sí, y con éxito, el monopolio de la coacción física legítima, convirtiéndose en unidad social suprema de decisión y acción frente a las demás instancias autónomas, se reserva, por motivos de conveniencia, la denominación de derecho a aquella ordenación normativa social que se establece y asegura por medio de los órganos especiales de la organización estatal.

No quiere decir esto que los órganos del Estado, a cuyo cargo corre la creación del derecho, determinen de modo completamente libre los contenidos jurídicos y que solo ellos puedan asegurar su observancia. En rigor, el matrimonio, la familia, la propiedad y el contrato, así como los diversos grupos territoriales y personales, son, históricamente, anteriores al Estado y, por consiguiente, no han sido creados por virtud de la correspondiente función jurídica de aquél, sino que son, en su origen, resultado de fuerzas sociales que el Estado no ha organizado. Sin embargo, desde el momento en que la sociedad encomienda a órganos especiales, primero la jurisdicción, luego la ejecución de sus sentencias, y finalmente la legislación, cuyos órganos, desde el Renacimiento, se integran unitariamente, en medida creciente, en la organización estatal, desde ese momento aparece perfectamente justificado atribuir carácter estatal al derecho. Pues a partir de entonces el Estado viene realmente a ser la fuente de validez formal del derecho por cuanto él establece y asegura el derecho legal mediante sus órganos y señala las condiciones para la validez del derecho consuetudinario. Ello no obsta para que aun hoy ciertos contenidos jurídicos, en cuanto normas convencionales, aparezcan con frecuencia al margen de, e incluso contra el Estado. Por muy «total» que sea un Estado nunca podrá absorber toda la realidad social ni eliminar por completo su fuerza productora de derecho. Y justamente porque el derecho y las reglas convencionales tienen muchas veces el mismo contenido, solo pueden ser diferenciados por el carácter estatal de su creación y aseguramiento, que acompaña al primero.

Es evidente que la observancia de normas jurídicas se halla también asegurada en amplia medida por ordenaciones no jurídicas de carácter natural, social y normativo, por las situaciones económicas de intereses, por las reglas convencionales, la religión y la moral y asimismo por los órganos de otras organizaciones distintas del Estado. Ningún Estado podría subsistir ni una hora sin estas garantías naturales y sociales de su ordenación jurídica. Así acontece, por ejemplo, que, en la democracia parlamentaria, el partido político es un fenómeno «extraconstitucional» al que con frecuencia el Derecho Constitucional no hace referencia, a pesar de que la ordenación y los órganos de los partidos son algo imprescindible para la creación jurídica en aquella forma de Estado (cf. Triepel, *Staatsverfassung u. pol. Parteien,* 1927, p. 24). Asimismo, mal iría el cuidado y educación de los hijos si hubiera solo de depender de las disposiciones de derecho de familia que el Estado establece y garantiza y no existiera una serie de ordenaciones naturales y sociales que por tal cosa velaran. Lo que el legislador no ha declarado expresamente, aunque sí supuesto, respecto al sentido y aseguramiento de una norma jurídica aislada no se puede nunca descubrir mediante la sistematización lógica sino únicamente en conexión con la totalidad de la realidad social dentro de la cual la norma vale. Pero cuanto menos pueden los ordenamientos y órganos extraestatales establecer y mantener la necesaria ordenación de la vida social, tanto más imperiosa será la urgencia de que el Estado se encargue de crear normas y de velar por su cumplimiento. Esto es cosa que comprueba la historia del Estado y es también aplicable, en cada caso concreto, a la relación que actualmente existe entre Estado y Derecho.

No es aquí el lugar para ocuparnos de las numerosas teorías jurídicas particulares (véase sobre ello a Somlo, pp. 128 *ss.).* Únicamente señalaremos, en contra de la extendida tesis de que la coacción es una nota esencial del concepto del derecho, que tampoco las reglas convencionales desconocen la coacción y que, por otra parte, tanto el Derecho Internacional como importantes partes del Derecho Político, carecen de coacción física organizada. En cambio, sucede que la imperfección de la garantía del Derecho Internacional —nacida del hecho de que sean los órganos de la organización estatal quienes lo establecen y aseguran, con lo que se identifica al creador de la norma con su destinatario— aparece frecuentemente compensada por la existencia de garantías extraestatales tales como la situación de intereses y la aceptación o repudio de la opinión pública no organizada. Por otra parte, el derecho consuetudinario, del que tanto se habla pero que no tiene hoy prácticamente mayor importancia, solo se conoce que es derecho por la circunstancia de que los órganos estatales, si casi no lo aplican, al menos lo admiten, es decir, lo aceptan tácitamente y lo aseguran.

Si tratamos de determinar la relación en que actualmente se encuentran el Estado y el Derecho, partiendo de que este es aquella ordenación normativa social establecida y garantizada por los órganos de la organización estatal, no podemos considerar ni al Estado ni al Derecho como un *prius,* sino como entidades que se hallan entre sí en correlativa vinculación. Ante el mismo insoluble problema se encuentran quien considere al Estado como un poder de voluntad no sujeto a normas y trate de hacer arrancar de él el camino que al derecho conduce, como el que afirma que el derecho es un deber ser puramente ideal, libre de todo poder real, y se esfuerce, por otra parte, en vano, en enlazarlo con el Estado. Mientras se permanezca aferrado a esa idea de la irreductible oposición entre naturaleza y espíritu, acto y sentido, voluntad y norma, la realidad social aparecerá hendida en dos partes sin vinculación posible: allá el mundo del puro espíritu, de las formaciones ideales de sentido, de las ordenaciones normativas del deber ser; aquí la muchedumbre desordenada de las fuerzas naturales carentes de sentido que constituyen una realidad existencial causal que es, sin ser algo para nosotros, es decir, que no tiene sentido alguno. El dualismo antidialéctico se ve obligado a atribuir por completo a la Psicología y a la Sociología la condición de ciencias naturales, con lo que no puede comprender adecuadamente ni un solo acto de voluntad humana con sentido.

La contraposición entre la norma objetiva y la realidad psicológica subjetiva y, junto con ello, la existencia de una Jurisprudencia dogmática, son posibles gracias al hecho de que el sentido *insito uno acto* en las manifestaciones externas posee una cierta sustantividad propia, relativamente objetiva, pudiendo por ello ser considerado y comprendido con abstracción de toda realidad psico-física. La tarea especifica del jurista consiste en separar, interpretar y sistematizar, entre los modos de conducta con importancia para la ordenación de la convivencia social, aquellas significaciones o contenidos de sentido que valen como «derecho». Pero toda Jurisprudencia que intente el artificio metódico de separar de manera absoluta la manifestación del sentido, la naturaleza del espíritu, la forma del contenido y el acto de voluntad de la norma se topará con un callejón sin salida. Pues, así como el individuo no es un espectro incorporal, sino que aparece incluido e inserto en una realidad física en la cual y junto a la cual él es espíritu, así también la externa manifestación y el sentido constituyen un todo a la vez corpóreo y de sentido, una unidad dialéctica de sentido y corporeidad que aprehendemos, *uno intuitu* (cf. Heller, *Souveränität,* pp. 77 *ss.;* Schindler, *Verfassungsrecht,* pp. 129 ss.).

Por tal razón, el problema del Estado y el Derecho solo puede ser comprendido si se considera al deber ser jurídico, a la vez, como un querer humano, como «la objetivación de un acto de decisión» (E. Kauffmann, *Logik u. Rechtswissenschaft,* 1922, pp. 69 ss.), lo cual, sin embargo, en cuanto acto creador de derecho, ha de contener ya una exigencia o una norma. Los términos exigencia, disposición, mandato, imperativo, designan una motivación dotada de sentido y dirigida a la conducta humana. El mandato puede, mentalmente, separarse de quien lo dicta y objetivárselo, por ejemplo de palabra, por escrito o por imagen. Pero la emancipación, corriente en la técnica jurídica, de la norma con respecto al acto de normación no puede llevarse hasta el extremo de aislar, de un lado, a un acto de voluntad realizado en un espacio y en un tiempo, engendrado causalmente y que causalmente obra, aunque sin sentido, y, de otro lado, una norma jurídica que trasciende de toda causalidad y de todo tiempo y espacio. Por el contrario, el acto de voluntad que da positividad al derecho debe considerarse como una unidad dialéctica de querer y debe ser: lo que, visto desde el que manda, aparece como mandato o disposición, se presenta al destinatario como norma; lo que con respecto al acto de voluntad aparece como imperativo, con respecto al contenido significativo aparece como norma.

El jurista dogmático o, más exactamente, el jurista judicial que solo se interesa por la aplicación de preceptos jurídicos positivos en la jurisdicción civil y penal, puede, con facilidad, incurrir en el error de creer que los preceptos jurídicos que encuentra en los cuerpos legales y en la jurisprudencia son normas ideales, independientes de toda actualidad volitiva y de toda facticidad. Pues, en efecto, un precepto jurídico puede aparecer hasta tal punto trascendiendo de lo real, respecto a la conducta de los individuos, que su validez normativa se mantenga aun en el caso de que durante décadas ese precepto no se aplique o no se observe. En semejante caso, el jurista judicial puede, fácilmente, pasar por alto el hecho de que el precepto jurídico concreto solo tiene validez gracias a su inclusión en la conexión sistemática de una jerarquía de poder y del orden jurídico a ella correspondiente (Heller, *ob. cit.*, p. 55), de cuya validez participa en virtud de una orden y de una observancia voluntarias. El aparato burocrático del Estado del presente, que funciona con calculable precisión, garantiza de tal manera la actualización regular de las normas jurídicas, especialmente las de Derecho Civil y Penal, mediante los tribunales y las autoridades de ejecución, que se concibe que el jurista judicial pueda llegar a considerar de hecho a los preceptos jurídicos positivos como formaciones de sentido sustraídas al querer humano por largos lapsos de tiempo. Sin embargo, la afirmación teórica de que el derecho forma parte de un «mundo de formas destemporalizado» y de que posee una «validez perdurable» independiente del tiempo (G. Husserl, en *Husserl-Festschrift,* 1929, p. 16), no significa sino que el derecho, al igual que las demás formaciones de sentido objetivadas, aparece, frente al fluir subjetivo de las vivencias, como un objeto trascendente que vale, pues, justamente en tanto que tienen validez. La destemporalización relativa del derecho ha de ser comprendida sociológicamente (cf. *infra,* p. 283) y nunca podrá entendérsela gnoseológicamente como la validez intemporal de las formas puras del pensar.

El derecho, empero, solo puede ser comprendido como un querer si se le concibe, a la vez, como un deber ser. Por esta razón, hay que estimar el poder estatal de voluntad que da positividad al Derecho como ya sometido a normas. El gran mérito crítico de Hans Kelsen ha sido el haber señalado que la validez jurídica no puede basarse en su establecimiento por un poder de voluntad no sometido a normas. Sin embargo, la solución que da al problema de la validez, apelando a la hipótesis de una «norma fundamental» que declara: condúcete tal como lo ordena el monarca o el parlamento, no es, en puridad, otra cosa sino un mero cambio de nombre de la voluntad estatal no trabada por normas (cf. Heller, *ob. cit.*, pp. 53 *ss.*, 93). Pues si es la norma fundamental «la que instaura la autoridad constituyente» y si la Constitución extrae su «validez jurídicamente relevante, de esta norma originaria», en tanto que su contenido procede «del acto empírico de voluntad de la autoridad constituyente» (Kelsen, *Souveränität,* p. 1), vendremos así a tener, de una parte, una norma fundamental sin contenido y, por consiguiente, no sometida a normas, alias voluntad del Estado, y, de otra parte, una Constitución que toma su validez de la voluntad, no sometida a normas, del Estado.

Mientras se contraponga, sin género alguno de mediación dialéctica entre ambos, el derecho al poder de voluntad del Estado, no podrá comprenderse de modo cabal ni lo específico del derecho ni lo característico del Estado y, por consiguiente, tampoco la relación que existe entre uno y otro. Son, sobre todo, incomprensibles la validez y la positividad del derecho sin una correlación entre el Estado y el Derecho. Hay que concebir al Derecho como la condición necesaria del Estado actual y, asimismo, al Estado como la necesaria condición del Derecho del presente. Sin el carácter de creador de poder que el derecho entraña no existe ni validez jurídica normativa ni poder estatal; pero sin el carácter de creador de derecho que tiene el poder del Estado no existe positividad jurídica ni Estado. La relación entre el Estado y el Derecho no consiste ni en una unidad indiferenciada ni en una irreductible oposición. Por el contrario, esa relación debe ser estimada como una relación dialéctica, es decir, «como relación necesaria de las esferas separadas y admisión de cada polo en su opuesto» (Colín, *Theorie der Dialektik,* pp. 52 *ss.,* 264 *s.,* 287).

Por tal motivo, el problema de la validez del derecho ha de considerarse también en conexión con el carácter de formador de poder que el derecho tiene. Para que alguien tenga poder, es decir, para que sus órdenes sean cumplidas de modo constante, es preciso que quienes lo sostienen, o al menos aquellos de más influjo, estén convencidos de la legitimidad de su poder. El poder político es una relación social, pero no es necesariamente una capacidad política personal. El gobernante más incapaz ejerce poder y recibe obediencia mientras se cree en la legitimidad de su autoridad. La instancia que en el Estado establecen las normas se hace legítima cuando los destinatarios de la norma creen que el creador del derecho, al establecer los preceptos jurídicos, no hace más que dar carácter positivo a ciertos principios de derecho éticamente obligatorios que trascienden del Estado y de su derecho, y cuyo fundamento precisamente constituyen. Más adelante hemos de ver que toda unidad de poder precisa, además, de la coacción. Aquí debemos manifestar que la coacción contra los que no aceptan la ordenación de la autoridad tiene como supuesto la adhesión interior de los que a tal ordenación fuerzan. Todo grupo de dominación precisa a la larga de la creencia de que sus principios jurídicos y, por estos, sus preceptos jurídicos poseen una fuerza obligatoria general que liga también a los sometidos. Solo aquel derecho que pretende servir a la justicia podrá obligar, a los mismos que mandan, a realizar aquellas acciones gracias a las cuales se constituye el poder del Estado.

Para quienes conciben erróneamente la esencia de la autoridad, al reducirla exclusivamente a la protección de intereses o al ejercicio de la fuerza militar, resulta esencialmente incomprensible el carácter de creador de poder que el derecho tiene y que nace justamente de los fundamentos suprapositivos de su validez. Tener autoridad quiere decir encontrar obediencia si tener en cuenta la protección de los intereses en que piensan los que obedecen (Heller, *ob. cit.,* pp. 35 ss.). La estructura necesariamente antagónica de la relación entre el individuo y el Estado da lugar a que, sin excepción, todo acto de autoridad y de normación tenga que sopesar intereses y —tanto entre los grupos como dentro del mismo grupo dominante— que perjudicar a unos en beneficio de otros. Sin la creencia en la rectitud obligatoria de los criterios sobre los cuales se basa el sopesamiento de los intereses no se concibe, en último extremo, la autoridad de ningún gobierno. Aquellos mismos ideólogos de poder que, adoptando una postura maquiavelista, pretenden haberse liberado de toda ideología y hacen marchar siempre a Dios con los más fuertes batallones, no paran mientes en el gran valor que el derecho tiene para adquirir, al olvidar que la seguridad en sí misma, imprescindible para toda autoridad duradera, solo la puede dar la buena conciencia. Por esta razón, el destino de una clase dominadora está sellado en cuanto deja de creer en sus principios jurídicos y no está ya convencida, con limpia conciencia, de que sus principios de justicia tengan general fuerza obligatoria aplicable también moralmente a los dominados.

Decir que la voluntad del Estado es la que crea y asegura el derecho positivo es exacto si, además, se entiende que esa voluntad extrae su propia justificación, como poder, de principios jurídicos suprapositivos. En este sentido, el derecho es la forma de manifestación éticamente necesaria del Estado. La voluntad del Estado debe ser concebida como una indubitable realidad social existencial. Por eso, precisamente, no puede ser una voluntad libre de normas, lo que solo podría encontrarse en todo caso en el reino animal, sino que, como cualquier otra voluntad humana, hay que considerarla como un ser formado por normas, que no puede sustraerse a las exigencias, variables según el grado de cultura, que plantean las condiciones de la vida en sociedad. El problema cardinal, pues, de la Teoría del Estado, el de la relación entre voluntad y norma, solo puede resolverse, con respecto a la creación jurídica soberana, concibiendo a la voluntad del Estado, también desde el punto de vista de la ciencia de la realidad, como una unidad dialéctica de aquellas dos. La autoridad de la voluntad soberana del Estado, su cualidad de poder «supremo» se basa en su legitimidad.

El derecho es la forma de manifestación necesaria, tanto desde el punto de vista moral-espiritual como técnico, de todo poder permanente. La función creadora de poder que el derecho tiene hallase condicionada, de un lado, por su normatividad y, de otro, por su positividad. Si no se acepta la forma jurídica no es posible que una situación transitoria de dominación se convierta en una situación de dominación relativamente permanente. Solo en virtud de la identidad de las normas jurídicas adquiere forma la ocasionalidad de las relaciones de poder siempre cambiantes, estructurándose en una unidad de poder permanente. Aunque no fuera más que por estos motivos de técnica del poder, nunca podría una voluntad sin normas ejercer poder social. Todo poder social se basa en la expectativa de una conducta regular por parte de los sometidos, y todo poder político en la expectativa de una conducta de los súbditos, según lo exigido por la regla. Las perspectivas de poder de una unidad de voluntad son tanto mayores y más durables cuanto mayor y más durable sea la probabilidad de que se realice de manera efectiva, por parte de los súbditos, la conducta que se espera. La duración y la acción del poder pueden incrementarse considerablemente por medio de la organización, es decir, por el hecho de que se haya instaurado conscientemente una ordenación normativa, de acuerdo con la cual llevan a cabo sus prestaciones para con el poder tanto los súbditos como los órganos, armonizándose unos y otros entre sí mediante la observancia y el mandato. Todo poder político es poder jurídicamente organizado.

La forma técnicamente perfecta de una formación consciente de unidad del poder es la militar. Distínguese esta de la forma jurídica en que es mera forma técnica, pues solo recibe su legitimación y sus objetivos de la voluntad política. La forma jurídica pretende ser justa, en tanto que la forma militar solo pretende ser técnicamente precisa y practicable. Ambas formas actúan creando poder; pero la militar lo hace solo en virtud de su técnica, por la que organiza únicamente actividades militares en una unidad de acción, en tanto que la forma jurídica lo hace además mediante su pretensión de legitimidad, al organizar actividades espirituales y físicas de toda clase, incluidas las militares, en una unidad de acción política universal. La forma militar representa la más precisa y practicable forma de la organización de poder porque ella supone el máximo de certidumbre respecto a lo que se exige y de seguridad, de suerte que la conducta exigida se cumple también con regularidad efectiva. La forma jurídica necesita de tanta más precisión y practicabilidad cuanto más numerosas y complejas sean las relaciones sociales. Este aspecto técnico del derecho, que se manifiesta unas veces en la determinación racional del contenido jurídico y otras en la certidumbre de la ejecución, es lo que llamamos seguridad jurídica. No cabe duda que la forma jurídica no puede nunca alcanzar aquella regularidad casi mecánica de la conducta de los subordinados en que se basa la precisión de la formación de poder de carácter militar. Dado que la organización militar es solo una organización técnica de funciones parciales, en lo posible uniformes, eliminando en buena parte la autodeterminación individual, se halla en condiciones de asegurar, al modo como sucede en la forma económica de división del trabajo de la gran empresa racionalizada de nuestros días, una previsibilidad de la formación de poder que la forma jurídica nunca puede alcanzar, ya que, a causa de su función de ordenación universal, que hace que nunca pueda racionalizarse por completo, queda siempre en ella un amplio margen de espontaneidad. Puede, por eso, hablarse de una ley del rendimiento decreciente de poder de la seguridad jurídica, ley que, aunque también deja sentir su influjo en la formación del poder militar, se da en grado mucho menor que en la formación del poder político.

El derecho, como forma de manifestación necesaria, tanto por motivos técnicos cuanto ético-espirituales, del poder del Estado, no debe ser considerado de manera tan radicalmente errónea que se lo llegue a excluir, como hace Smend, del círculo de los factores de integración del Estado, estimando que las funciones jurídicas son «cuerpos extraños» en la Constitución *(ob. cit.,* pp. 97 *ss.,* 150). Pues lo cierto es que, en realidad, no hay factor alguno de integración del Estado que sea más imprescindible que el derecho. En la dinámica de las relaciones de dominación histórico-sociales una situación de poder se convierte en un status político únicamente gracias al derecho. Sin el derecho, con sus caracteres normativos y técnicos, faltaría al Estado —en el cambio incesante de los innumerables procesos de integración— permanencia y estructura, es decir no tendría, en general, existencia (cf. *supra,* p. 67 s.). El carácter de formador de poder que el derecho tiene es también negado por C. Schmitt, quien confunde, además, normatividad y positividad al afirmar que la unidad y ordenación reside «en la existencia política del Estado, y no en leyes, reglas ni ninguna clase de normatividades» (*Verfassungslehre,* pp. 9 *ss.;* cf. también p.

22; cf. Heller, *ob. cit.*, p. 69). La normatividad y la existencialidad no son para el Estado cosas opuestas, sino condiciones recíprocas. El derecho, en realidad, formula «casi leyes esenciales del ser de la vida de la comunidad humana» (E. Kaufmann, *Probleme d. internat. Gerichtsbarkeit*, 1932, pp. 9 s.).

Al carácter formador de poder del derecho corresponde el carácter creador de derecho de poder. El derecho no es determinado menos unilateral e insuficientemente si se le concibe solo en su normatividad ideal que si solo se le estima en su positividad, cuyo origen se halla en la facticidad de una unidad de decisión y acción. Las normas jurídicas positivas no se establecen por sí mismas, sino que son queridas, establecidas y aseguradas mediante disposiciones reales. Sin una positivación, por medio de actos de voluntad, el derecho no puede tener ni la firmeza que requiere la actual sociedad de cambio, ni eficacia. Sin la unidad fáctica de la voluntad del Estado no existe unidad del orden jurídico positivo; pero sin esta no hay justicia ni seguridad jurídica. No existe ni existió nunca un grupo social de tal homogeneidad que excluyera toda diversidad de principios de justicia y de principios jurídicos; pero aunque existiera, se necesitaría también en él de un poder voluntario de decisión y acción para la conveniente concreción o imposición de los preceptos jurídicos —que nunca pueden ser derivados, por un mero procedimiento lógico, de los principios éticos del derecho—, es decir, tanto para conseguir la certidumbre jurídica como, sobre todo, para lograr la certidumbre de la ejecución. La doctrina que sostiene que la existencia del Estado se apoya jurídicamente tan solo en su propia voluntad, de tanta importancia sobre todo en Derecho Internacional (Jellinek, *Staatslehre*, p. 274), ha dado certera expresión al carácter creador de derecho del poder (Heller, *ob. cit.*, pp. 148 5.). Claro es que a esta voluntad del Estado no puede considerársela como no ligada por normas, pues de lo contrario también se vería privada de poder; pero tiene que ser poder porque solo así puede establecer y asegurar el derecho.

Si la aplicación de la idea del derecho a una realidad social concreta no es posible sin que intervenga una autoridad de la comunidad que positivice el derecho, el carácter formador de derecho del poder aparece en plena pureza cuando se trata de la validez del derecho injusto.

El problema del derecho injusto, que el positivismo, con la irreflexiva seguridad que en sí mismo tenía, pretendía haber eliminado junto con el Derecho natural de la Ilustración, volvió a plantearse con las complicaciones sociales del siglo XX. Sin embargo, los dos caminos, el de la moralización y el de la amoralización del derecho, con los que algunos teóricos eluden el problema, pretendiendo no obstante superar el positivismo, deben estimarse inadmisibles. Su fundamental error consiste en que toman del Derecho Natural justamente aquello que nuestra época tiene que rechazar sin condiciones, a saber, la ficción de una comunidad jurídica completamente homogénea dominada por principios unitarios de justicia.

La moderna amoralización del derecho no significa una superación sino, sencillamente, una *reprise del* positivismo histórico que reduce el Estado, al igual que todo derecho, al espíritu del pueblo. Savigny había dicho que el derecho positivo vive «en la conciencia común del pueblo» y que es «el espíritu del pueblo, que vive en común en todos los individuos, quien crea el derecho positivo» *(System*, I, p. 14); con lo que, a la vez que niega la legalidad específica del Estado y del Derecho, viene también a negar el carácter formador de derecho que el poder tiene, creando la ficción de una comunidad del pueblo y del derecho que no deja lugar alguno a un derecho injusto. Y la misma ficción, con el mismo propósito contrarrevolucionario, se contiene en aquella afirmación de Schönfeld (p. 12): «Todo derecho positivo, por terrenal que sea, es la justicia en tiempo y espacio, de donde le viene su dignidad... Ello convierte a su poder en poder jurídico y a su coacción en coacción jurídica, cosa que ya intuyó, aunque sin razonarlo, la Escuela histórica, y que para el positivismo, con su eliminación de toda idea... ni siquiera ha constituido un problema». Fácil es comprender que detrás de esa exaltación religiosa de todo lo existente se oculta una muy terrena significación para la esfera de la política interna; y, asimismo, también se comprende sin dificultad que, con ese estar más allá del bien y del mal, de lo jurídico y de lo no jurídico, no se lleva a cabo una superación del positivismo sino que, por el contrario, se prepara el camino para la destrucción de todo valor jurídico y, con ello, de una teoría jurídica. Para ser consecuente con sus postulados, esta religión del *statu quo* político debiera tener coraje bastante para presentar al pueblo alemán el Tratado de Versalles como la encarnación de la justicia en el tiempo y el espacio (cf. Heller, *ob. cit.*, página 181, A 2).

Si la amoralización del derecho conduce a la glorificación religiosa de la situación real del poder, su moralización nos lleva a la anarquía. Siempre que se declare que un precepto jurídico no es obligatorio porque le falta legitimación ética (cf. por ejemplo, B. Darmstädter, *Recht und Rechtsordnung,* 1925, p. 120), lo único que impide caer en el anarquismo es la ficción jusnaturalista de una comunidad jurídica absolutamente uniforme. Lo propio cabe decir de la difundida doctrina de que la positividad del derecho se basa «en último término en la convicción de su validez»; supónese aquí una convicción del «promedio de un pueblo» que, como se reconoce, no existe en muchos casos. «Difícilmente han podido considerar como derecho, las víctimas de la Inquisición española, aquellas normas en virtud de las cuales fueron sentenciadas» (Jellinek, *ob. cit.,* p. 344 y A 1).

Lo mismo la moralización que la amoralización del derecho pasan por alto el condicionamiento recíproco de la formación de derecho por el poder y de la formación de poder por el derecho; ambas se esfuerzan por una irrealizable y falsa amoralización de la justicia y el derecho, de la legitimidad y la legalidad, de la normatividad y la positividad. La sociedad más homogénea precisa del derecho positivo y, con ello, de un poder de voluntad que lo cree y asegure (de opinión contraria, Paschukanis, *ob. cit.,* p. 16 y *passim).* Y si así es, a fuerza habrá de destacarse aún más en una sociedad dividida en clases el carácter formador de derecho del poder y el carácter formador de poder incluso del derecho injusto. Como sucede con toda realidad social, lo que interesa en la conducta constitutiva del poder del Estado que siguen los súbditos, no es solo su valor de conciencia moral, sino además su valor de acción política. Evidentemente que la aceptación es tanto mayor y tanto más reducida la coacción y tanto más fuerte el poder del conjunto, cuanto más firme sea la creencia en la legitimidad del derecho formador de poder. Pero no se debe olvidar que también el poder no legitimado puede operar en el sentido de crear derecho, de un lado porque la legalidad de la conducta no está necesariamente condicionada por la legitimidad de la norma jurídica, sino que los hombres obedecen también al derecho injusto por apatía, temor o interés; y de otro, porque el derecho es la forma en la cual tiene que manifestarse incluso el poder no legitimado, de modo que, aun cuando sea injusto, ha de contener ciertos principios de constitución comunes a todo derecho. Aun en los casos en que no haya más que la mera forma jurídica técnica del procedimiento, ajena a toda legitimidad, esa simple forma jurídica, incluso del derecho injusto, impone ciertas limitaciones al poder, ciertos límites a lo arbitrario y una cierta protección para los sometidos a las normas, al forzar a aquél a la observancia de determinados principios jurídicos generales y reglas de interpretación. Por esta razón, no carece de sentido, aun desde el punto de vista del obligado, el luchar por la observancia de una ley injusta o de un tratado internacional injusto (cf. E. Kaufmann, *ob. cit.*, pp. 14 s., 17).

Al negar la relación dialéctica entre el Estado y el derecho, así como la formación de poder por el derecho y la de derecho por el poder, había que enfrentarse con el dilema de reducir el derecho al Estado o negar la legalidad peculiar de este y disolverlo en el derecho. Para el liberalismo, poco amigo del Estado, la consecuencia era clara. Desde el punto de vista de la historia del espíritu, la eliminación del carácter de realidad del Estado en beneficio del derecho podía enlazarse con la idea jusnaturalista de la autoridad impersonal de la ley, la cual, como orden natural, había de ser conocida y realizada por a razón humana. Se creía que las leyes inmutables de este *ordre naturel* podían obligar de modo inmediato e incondicionado a los destinatarios, prescindiendo de toda autoridad humana e incluso de la voluntad divina; es decir, se creía posible ordenar la realidad social sin apelar a la autoridad (cf. Heller, *ob. cit.*, pp. 17 ss.). La idea de una nomocracia impersonal solo podría servir para la formación de la sociedad en el caso de que se admitieran ciertos postulados nacionales concretos y de contenido con carácter tan universal y evidente que resultara absolutamente superfluo el que una voluntad viniera a positivizar esos principios de justicia en preceptos jurídicos. El holandés Krabbe, al pretender reemplazar la soberanía del Estado por la soberanía del derecho, viene a ser uno de los últimos representantes de ese «Derecho Natural formal» (Lask, I, pp. 282, 314). «Ya no vivimos —dice—, bajo la autoridad de personas, ora naturales ora artificiales (jurídicas), sino bajo la autoridad de normas, de fuerzas espirituales. Estas fuerzas mandan en el sentido más estricto de la palabra» *(Moderne Staatsidee,* 1919, p. 81). Nuestro autor puede concebir una soberanía del derecho, prescindiendo de toda disposición positiva por actos de voluntad del Estado soberano, gracias a que todavía llena la forma jurídica jusnaturalista con un contenido de Derecho Natural material y a que sus principios de razón democráticos y liberales se le aparecen como evidentes *a priori* y suficientemente concretados.

El intento kelseniano de disolver al Estado en el derecho constituye una doctrina exclusivamente formal de un Derecho Natural sin contenido. La «doctrina pura del derecho» no conduce a la representación de una autoridad impersonal del derecho, sino a la de una autoridad del derecho depurada de todo contenido ético y sociológico. Al identificar, como lo hace Kelsen, el Estado con el Derecho, por fuerza habrá de desaparecer, con la legalidad peculiar del Estado, la autonomía de la Teoría del Estado. No hay más que una Teoría «normativa» del Estado como Teoría del Derecho, la que, como tal, «es también la Sociología del Estado» *(Staatslehre,* p. 16).

Desde el momento en que se liquida la necesaria tensión entre Derecho y Estado, echándose unilateralmente del lado del Derecho, parece muy fácil fundamentar la validez del Derecho frente al Estado. Pero tal apariencia se desvanece al descubrir que la Teoría kelseniana del Estado sin Estado se presenta como imposible porque, a la vez, es una Teoría del Derecho sin Derecho, una ciencia normativa sin normatividad y un positivismo sin positividad. Como el Estado es absorbido completamente por el derecho y, en cuanto sujeto de derecho, no es otra cosa que «el derecho como sujeto» (cf. Heller, *ob. cit.*, pp. 106 5.), las normas jurídicas de Kelsen han de establecerse y asegurarse a sí mismas, o sea que carecen de positividad. El místico «automovimiento del derecho» de Kelsen viene a abocar, en último extremo, «en la norma fundamental, que constituye la base de la unidad del orden jurídico en su automovimiento» *(ob. cit.*, pp. 248 s.). Pero como la norma fundamental no es más que un nombre inadecuado que se le da a la voluntad del Estado no sometida a normas, al derecho, tal como lo entiende Kelsen, le falta, además de la positividad, la normatividad. La reducción kelseniana del Estado al derecho supone la identificación del orden normativo ideal con la organización real —la organización es, para nuestro autor, «tan solo el extranjerismo que corresponde a ordenación» *(Souveränität*, pp. 143 s.)— y arranca de la concepción de una organización no organizada y sin órganos, de una democracia sin autoridad, o sea, en último término de la reducción, ya conocida por nosotros, del Estado al pueblo (cf. *supra*, pp. 179 ss.).

De todo lo que hemos ido exponiendo llegamos a la conclusión de que el Estado no puede ser concebido ni como una función de la tierra, ni como fenómeno de expresión del pueblo, de la sociedad de clases o de la opinión pública y que no puede ser, en manera alguna, disuelto en el derecho. Todos esos fenómenos naturales y culturales son condiciones, en parte históricas y en parte universalmente necesarias, del nacimiento y permanencia de la unidad estatal. Pero ni en conjunto ni, mucho menos, aisladas, pueden tales condiciones revelarnos la ley sustantiva del Estado. A ella vamos a dedicar ahora nuestra atención.

III

Esencia y estructura del Estado

1. La función social del Estado

A. *Su legalidad peculiar*

Murhard: *Der Zweck des Staates,* 1832; Frisch: «Die Aufgaben des Staates in geschichtlicher Entwicklung», *Hdb. d. Politik,* I, pp. 86 *ss.;* H. E. Barnes: *Soziologie u. Staatstheorie,* ed. alem., 1927; Menzel: «Zur Lehre vom Staatszweck», *Ztschr. f. öff. Recht,* VII, 1928, pp. 211 ss.

Desde que Aristóteles inició su *Política* con la doctrina del fin del Estado poniendo al frente aquella frase: πᾶσα κοινωνία αγαθου τινὸς ἕνεκα συνέστηκεν, la cuestión del «fin» del Estado constituyó un problema fundamental para todas las doctrinas. Estaba reservado al romanticismo el combatir, por primera vez, la legitimidad de este modo de plantear el problema, afirmando que el Estado, «como las plantas y los animales», es un fin en sí. A partir de entonces la cuestión del fin del Estado aparece desatendida por la doctrina, que la rechaza por considerarla un problema ficticio o superfluo, o bien porque lo estima de imposible solución (cf. Rehm, *Staatslehre,* pp. 31 *ss.).* Si en algún caso reconoce que tal cuestión está justificada, sus respuestas no son, en general, nada satisfactorias científicamente. Y, en todo caso, la Teoría del Estado está muy lejos de ver en ella su problema fundamental.

La eliminación del concepto del Estado de este momento teleológico estaba, sin duda, justificada si se tomaba en consideración la concepción que del Estado tenía el Derecho Natural de la Ilustración, en la que la cuestión del fin aparecía unilateralizada de manera racionalista al considerar equivocadamente al Estado como una creación arbitraria de individuos para un fin consciente. Es también exacta la objeción de que solo los hombres y no los grupos pueden proponerse fines subjetivos. Ni cabe poner en duda que el Estado no es una unidad de fin en el sentido de que sus miembros persigan en él y con él los mismos fines (cf. *infra,* pp. 219, 221 5.). Hay que reconocer asimismo que tienen razón los que declaran que, desde un punto de vista científico, no puede llegarse a establecer objetivamente la «misión» política concreta de un Estado determinado. Pues esta misión —aunque se quiera deducir, a la manera de los geopolíticos del día, con una pretendida objetividad, de la situación geográfica del Estado de que se trate— depende siempre exclusivamente, lo mismo que aquellos fines psicológicos, de las ideologías, en manera alguna unitarias, de determinados grupos humanos dentro del Estado. Por último, hay que considerar también como mal planteada la cuestión del «fin» trascendente objetivo del Estado, en relación con la voluntad divina o con el destino último del género humano, porque esa cuestión se refiere al sentido universalmente válido, verdadero o justo, del Estado, o sea el problema de su justificación, problema que no cabe confundir con el del «fin del Estado».

Una vez aceptado que tales objeciones se hallan justificadas, hay que reconocer, sin embargo, que la cuestión del fin del Estado no solo constituye un problema de importancia para la Teoría del Estado, sino el más fundamental de la misma. Pues si bien es cierto que solo los hombres son capaces de proponer conscientemente fines, no lo es menos que el Estado, como toda institución humana, tiene una función objetiva llena de sentido que no siempre concuerda con los fines subjetivos de los hombres que lo forman. El Derecho Natural de la Ilustración había extraído una consecuencia que ha inducido a error, a partir de entonces, tanto a las ciencias de la naturaleza como a las de la cultura, a saber, que la finalidad interna de un fenómeno debe referirse a su creación por una voluntad racionalmente dirigida a un fin. Pero, así como la ciencia no puede llegar a admitir la acción de un creador partiendo de la legalidad inmanente del organismo natural, ni de la lógica interna del lenguaje concluir que ha sido creado por un espíritu del pueblo (cf. *supra*, pp. 98-99), del mismo modo no le es tampoco permitido explicar la organización estatal por un obrar racionalmente dirigido a un fin, como *v. gr.*, por un contrato entre hombres.

La Teoría del Estado, empero, puede y, es más, debe indagar el sentido del Estado cuya expresión es su función social, su acción social objetiva. Esta interpretación objetiva de Estado hay que distinguirla con precisión de la interpretación psicológico-subjetiva (cf., por ejemplo, Freyer, *Theorie d. obj. Geistes*, pp. 36 ss.). Ciertamente que el Estado, como todos los fenómenos culturales que los hombres realizan, puede ser objeto también de una interpretación psicológica. Tal interpretación indagaría el fin subjetivo que los hombres se han propuesto en un caso concreto o, si se trata de un conjunto de casos, aquel que suelen normalmente proponerse. De estos fines subjetivos no podemos, sin embargo, pasar a la unidad objetiva de acción del Estado. Pues si, en atención a lo general psicológico, se concibe el fin del Estado de manera formal e indiferenciada, si, por ejemplo, se habla, con Jellinek, de un fin «para el mantenimiento de la existencia y del bienestar individuales», en tal caso ese fin no sería un fin específico del Estado, como el propio Jellinek admite *(Staatslehre*, pp. 235 s.), y, por lo tanto, no sería propiamente un fin del Estado, ni tampoco una situación de hecho psicológica que se pudiera comprobar para todos los miembros del Estado.

Los grandes teóricos del Estado y, entre ellos, especialmente Aristóteles y Hobbes, con sus doctrinas sobre el fin del Estado, no han querido dar ciertamente una interpretación subjetivo-psicológica del Estado, sino una interpretación objetiva. La institución del Estado da lugar en todas partes a actividades semejantes que tienen una significación objetiva con un sentido comprensible para la vida social en su totalidad. La interpretación de este sentido funcional objetivo no debe confundirse ni con una interpretación psicológica ni tampoco con la cuestión del valor justo y válido que haya de atribuirse a la institución estatal.

Las acciones que ejerce el Estado, como causa, dentro del todo social se determinan con la misma objetividad que las funciones que poseen ciertos órganos en el organismo animal o vegetal para la nutrición, reproducción o defensa. Lo causal y lo teleológico no constituyen oposiciones de principio en la comprensión de la realidad social (Wundt, *Logik,* 1919, pp. 197 ss.). El Estado no es posible sin la actividad, conscientemente dirigida a un fin, de ciertos hombres dentro de él. Los fines establecidos por estos hombres actúan causalmente sobre otros hombres como elementos motivadores de sus voluntades. La realidad del Estado, el cual ha de ser supuesto aquí como unidad, consiste en su acción o función, la cual, tal como ella es, no precisa que sea querida como fin, ni por todos los miembros ni siquiera por uno solo. El Estado existe únicamente en sus efectos. «La función es la existencia pensada en actividad» (Goethe). La acción objetiva del Estado sobre hombres y cosas es separable de los actos físicos de su nacimiento y puede explicarse, por eso, sin tener en cuenta su nacimiento psicológico, como contenido objetivo de sentido. En cuanto acción objetiva, la función inmanente del Estado se distingue claramente tanto de los fines subjetivos y misiones que le adscriben las ideologías de una parte de sus miembros, como de cualesquiera atribuciones de sentido de carácter trascendente que se refieran a su fundamento jurídico (cf. *infra,* p. 234 5.).

Como todas las funciones sociales, que nacen y se mantienen exclusivamente mediante actos de voluntad humana socialmente eficaces, también la función del Estado es algo que se da y plantea a la voluntad humana. La función del Estado nos es necesariamente dada por una situación cultural y natural. No es nunca una mera situación natural la que reclama la función estatal. Hácese está una necesidad que domina nuestro obrar en el momento en que se produce una determinada situación cultural, a saber, cuando los pueblos se hacen sedentarios. El asentamiento en un determinado lugar geográfico, limitado por la vecindad de otros pueblos, hace precisa una unidad de acción para la protección de este espacio, así como para su eventual ampliación. Esta necesidad de una solidaridad territorial para las cuestiones que de tiempo en tiempo se presenta en lo exterior, no es capaz, sin embargo, ni con mucho, de fundamentar la función de lo que desde el Renacimiento conocemos como Estado. Hay que agregar un alto grado de división del trabajo social y, condicionada por ella, una cierta permanencia y densidad de las relaciones de intercambio e interdependencia. Esa intensidad de una conexión permanente de vecindad es lo que hace necesaria una organización territorial permanente y unitaria esencialmente referida a la demarcación espacial, organización a la que se da desde Maquiavelo el nombre de Estado. Los modernos Estados territoriales fueron desconocidos en la Antigüedad y en la Edad Media. Una organización comparable al *status* político actual solo podía desarrollarse entonces en aquellos lugares donde, como consecuencia de los mercados, se concentraban en un breve espacio división de trabajo e intercambio, a saber, en las ciudades. Por esta razón también, encontramos los inicios del Estado moderno en aquellas ciudades donde se dan, al grado máximo de desarrollo, el trabajo y el intercambio, es decir, en las ciudades-repúblicas del norte de Italia.

La función del Estado determinada por el territorio se hace, pues, necesaria en el momento en que se llega a una cierta etapa caracterizada por el sedentarismo y por una división del trabajo muy desarrollada. Esta necesidad de la función estatal, que liga nuestras representaciones y nuestros actos, hace que no podamos considerar al Estado como una creación del arbitrio humano; no se opone, en cambio, a que en él veamos el producto necesario de la voluntad humana actuando en una situación cultural y natural dada. En cuanto se llega a aquel grado de interdependencia social en un determinado territorio, se plantea la exigencia de una ordenación unitaria para las relaciones sociales y, con ella, la de un poder común de ordenación que debe realizarse también hacia fuera. Esta necesidad de hecho solo se convierte, sin embargo, en la realidad social del Estado en el momento en que aparece sentida, por el grupo humano que vive en el territorio, como objetivo a alcanzar por la voluntad y, como tal, es realizado. Donde no sea querido un poder estatal que se afirme a sí propio en lo interior y lo exterior, no surge ni subsiste Estado alguno. Pero siempre que se dé, como supuesto, aquella situación natural y cultural y se prefiera el poder de ordenación territorial propio al extraño, allí existe una voluntad de Estado. Si consigue organizar y poner en actividad, como poder autónomo, la cooperación social en el territorio, nos hallamos ya ante un sujeto del más alto poder territorial, ante un Estado al cual se atribuye, con necesidad política, el obrar político de gobierno con anterioridad a todo Derecho Internacional y con independencia de toda Jurisprudencia normativa.

La función del Estado consiste, pues, en la organización y activación autónomas de la cooperación social-territorial, fundada en la necesidad histórica de un *status vivendi* común que armonice todas las oposiciones de intereses dentro de una zona geográfica, la cual, en tanto no exista un Estado mundial, aparece delimitada por otros grupos territoriales de dominación de naturaleza semejante.

La determinación de la función de sentido, inmanente, del Estado es de importancia decisiva para la comprensión del mismo en todos sus detalles. Sin una referencia a la función de sentido del Estado, todos los conceptos de la Teoría del Estado y del Derecho Político aparecen vacíos de significado. El agnosticismo, que estima que no puede responderse a la cuestión del «fin» del Estado, conduce a la triste conclusión de que el grupo político solo puede definirse por su instrumento, la «violencia» (así M. Weber, *Economía y Sociedad,* I, pp. 55 5.). A esta doctrina, y con mayor motivo a las que sostienen que el poder es el «fin» conceptualmente necesario del Estado (por ejemplo, Thoma, *Hdwb. d. Staatsw.*, 1926, VII, p. 755), más que ser falsas les sucede que no nos dicen absolutamente nada. Pues todas las instituciones humanas despliegan poder, y si no se fija una función de sentido al poder específico del Estado, no es posible diferenciarlo de una gavilla de bandoleros, de un cártel del carbón o de un club deportivo.

B. *DISTINCIÓN DE LA FUNCIÓN POLÍTICA DE OTRAS FUNCIONES SOCIALES*

SCHÄFFLE: «Über d. wissensch. Begriff der Politik», *Ztschr. f die ges. Staatswiss.*, vol. 53, 1897, pp. 579 *ss.*; *Handbuch d. Politik*, 1920, vol. I, «Wesen, Ziele und Zweige d. Politik»; SPRANGF.R: *Lebensformen*, 1928; MANNHEIM: *Ideología y Utopía* (1929), ed. esp., Fondo de Cultura Económica, México, 1941; C. SCHMIDTT: *Der Begriff des Politischen*, 1933; HELLER: art. «Political Power», en *Encyclopaedia of the Social Sciences.*

Solo podremos llegar a un concepto de lo político partiendo de la función de sentido que desarrolla lo político en el seno de la vida social total. Solo cabe distinguir la peculiaridad de la función política de las demás funciones sociales, de un lado, por el hecho de que la política es una conexión efectiva que nace y se mantiene según leyes relativamente específicas y, de otro, porque esa conexión, en cuanto parte, presenta una determinada significación para el conjunto de la vida social.

El concepto de lo político es mucho más amplio que el de lo estatal. Han existido actividades políticas y formas de actividad política antes de que hubiera Estado, del mismo modo que existen, aun hoy, grupos políticos dentro de los Estados y entre los Estados. Pero el lenguaje usual ha ampliado últimamente el sentido de los términos política y político en forma considerable. Se habla de una política eclesiástica, militar, económica, de asociaciones, etc., y en ello no se hace referencia solo al Estado y otras instituciones políticas, sino también a particulares como soportes de tal política. Con tan amorfo concepto, sin embargo, no es posible determinar la función específica de lo político. Todas esas formas de «política» tienen en común el desplegar y aplicar poder social organizado, o sea que su poder nace y se mantiene mediante una cooperación humana dirigida por una ordenación regular común, en la que determinados individuos cuidan del establecimiento y aseguramiento de la ordenación, así como de la actuación unitaria del poder de tal suerte concentrado. Pero al poder organizado y actuado por órganos especiales de una Iglesia, de un *trust* o incluso de una organización militar como tal, nosotros no lo llamamos político.

Tan solo partiendo de la relación de lo político con la polis y su forma más desarrollada, el Estado, podemos llegar a un claro concepto fundamental. Por eso política es, en el más eminente y ejemplar sentido, la organización y actuación autónoma de la cooperación social en un territorio. Repitamos que no es, en modo alguno, necesario que corresponda siempre a la función política objetiva una intención subjetiva de los miembros. No tiene importancia decisiva el propósito subjetivo del que presta un servicio militar, paga los impuestos, etc. Como todo poder social, también el político es una conexión de causa y efecto, en la cual lo importante es el efecto objetivo y no, o al menos no exclusivamente, el criterio y la intención subjetivos. Por esta razón, el dirigente político puede tener como propósito el enriquecimiento económico; pero si se sirve de la política para estos fines, ha de someter su obrar a las leyes propias de ella o, de lo contrario, fracasará, tanto política como económicamente.

Sin embargo, no toda actividad del Estado es actividad política. La calidad de político de un poder social no es algo establecido definitivamente, de una vez para siempre, sino que depende de las circunstancias sociales, especialmente de la mayor o menor homogeneidad social y política del pueblo del Estado, así como de la forma concreta de Estado. En general se califica de político tan solo al poder que en el Estado dirige o conduce, no al que ejecuta. Como depositario del poder político se considera, en general, únicamente al que puede llevar a cabo un cambio esencial en la división del poder estatal, en lo interno o lo externo, sobre la base de decisiones autónomas, o bien se esfuerza por poseer esta facultad. Por eso no vale ordinariamente como política la actividad de órganos estatales subordinados que se realiza según normas precisas. Y tampoco se consideran, con frecuencia, como políticas amplias zonas de la política social y de la actividad cultural del Estado. En cambio, cuando existen fuertes tensiones políticas, todas las relaciones sociales se hacen, finalmente, políticas e incluso llegan a estimar políticos actos tales como el alcantarillado de una calle, el establecimiento de una fábrica o de un sanatorio o la construcción de una escuela. En épocas tranquilas en las que los principios fundamentales de organización de la cooperación social en un territorio no son puestos en duda, no se concibe que esos actos puedan guardar relación, por lejana que sea, con la función política. De otra parte, en el Estado de Derecho con división de poderes solo vale propiamente como política la actividad del Estado que tiene carácter dispositivo y, en cambio, no se considera como política, o al menos no se la considera en el mismo grado, a la ejecución que actúa sobre la base de las disposiciones de aquélla; es decir, que, en general, solo son actividades políticas el Gobierno y la Legislación, no la Administración ni la Justicia. El Estado «totalitario» de las dictaduras modernas, que convierte en políticas a todas las demás relaciones sociales, tiene que valerse no solo de la Administración, sino también de la Justicia como instrumento inmediato de poder.

La política y el Estado se encuentran, en verdad, estrechamente relacionados tanto conceptualmente como en la realidad, pero no deben ser identificados. No es solo el Estado el que despliega puro poder político, sino también los grupos políticos intraestatales o interestatales tales como los partidos, las alianzas, la Sociedad de las Naciones y, además, otros grupos cuya función no es, en sí, política, como las Iglesias y las asociaciones patronales y obreras. Así, pues, no todo poder que actúa políticamente es un poder estatal; pero todo poder político —y esto está de acuerdo con nuestra formación conceptual— aspira a ser tal según su función de sentido; es decir, que todo poder político activo aspira a organizar y actuar la cooperación social territorial según sus intenciones. Pero este objetivo solo lo puede alcanzar, en último extremo, un poder político —aunque sea interestatal— si se transforma en poder estatal. Pues el poder del Estado se diferencia de todas las otras formas de poder político porque tiene a su disposición el orden jurídico establecido y asegurado por órganos estatales. Dado que el Estado representa el *optimum* político, es decir, la organización política normalmente más fuerte, precisa y practicable, toda actividad política, en virtud de su inmanente función de sentido, debe esforzarse, no ciertamente por conquistar el poder estatal en su totalidad, pero sí por tomar su parte en él. En este sentido puede definirse la política como el arte de «transformar tendencias sociales en formas jurídicas» (Hartmann, *Festschrift für L. Brentano*, 1916, p. 220).

Todo acto del poder político ejerce, por principio, su influjo, que a veces solo cabe descubrir en un examen microscópico, sobre la vida religiosa, militar, económica, pedagógica, artística y otros aspectos de la vida social, y viceversa. La función política influye en todas las demás funciones sociales y es, a la vez, influida por ellas. Cabalmente por eso, solo puede captarse el concepto de lo político mediante una interpretación objetiva de la totalidad social. Toda interpretación psicológica, si no quiere quedarse vacía de contenido, tiene que dar por supuesto este contenido objetivo de sentido de la función política. Tiene, pues, que partir necesariamente de la hipótesis metódica de que en todo acto que entrañe un sentido se contienen «todas las formas fundamentales de los actos que entrañan sentido; en todo acto impera la totalidad del espíritu» (Spranger, p. 35). Por esta razón, un acto concreto de la realidad social, la cual presenta por todas partes contornos fluidos, únicamente puede ser caracterizado como político en atención a sus cualidades dominantes, no por sus cualidades puras.

En oposición a la concepción aquí sostenida de la función objetiva de sentido de lo político, se ha formulado recientemente, bajo el influjo de la filosofía de la vida, la tesis de que toda política no significa otra cosa sino una lucha de fuerzas esencialmente irracionales y carentes de sentido. Sorel, Pareto y Oswald Spengler coinciden en afirmar que el ejercicio del poder, sin contenido precisable, constituye la ley fundamental, no sometida a otras leyes, de toda política. Un teórico filofascista ha caracterizado de una manera muy clara la esencia de esta política, refiriéndose a la fascista, en los términos siguientes: «la actividad por la actividad, una especie de *l'art pour l'art* en el terreno político» (cf. Heller, *Europa u. d. Fascismus*, 1931, pp. 28 ss., 43). Al mismo resultado conduce el concepto de lo político tal como lo entiende el influyente defensor del fascismo alemán C. Schmitt. Este autor tiene, naturalmente, que mantenerse en un psicologismo sin contenido al afirmar que lo que distingue específicamente a lo político es la diferenciación de amigo y enemigo, siendo este el extraño a quien hay que aniquilar en caso de conflicto. Schmitt solo puede evitar que tal diferenciación amigo-enemigo se refiera a una diferenciación intensiva de carácter erótico o de cualquier otro, haciendo al Estado, de repente y sin comprensible motivo, soporte de tal diferenciación, de modo que, en conclusión, llegamos a la tesis, no ciertamente nueva, de que las diferenciaciones del Estado son diferenciaciones políticas. Prescindiendo de que la creación y mantenimiento del Estado, y con ello toda la política interior, quedan excluidos de la diferenciación amigo-enemigo, que tiene un sabor guerrero evidente en la misma política exterior, y de toda ella, no queda a la poliV más que el polemoV, del cual evidentemente deriva Schmitt en modo exclusivo su concepto de la política. Aunque se estime que la política no es sino la continuación de la guerra, lo que la caracteriza es precisamente el empleo de otros medios; la parte más importante de toda política la integran los esfuerzos para evitar el conflicto existencial entre amigo y enemigo. El activismo schmittiano del amigo-enemigo, vacío de contenido, que ha sido, no del todo sin razón, tratado psicoanalíticamente (cf. Behrendt, *Pol. Aktivismus*, 1932, pp. 12 s.), es aplicable también a toda contienda arbitraria y no puede nunca conducirnos a la determinación de una característica específica de lo político, sino, en todo caso, a la trivialidad de que toda vida es lucha. No puede, en verdad, pasarse por alto el impulso irracional hacia una expansión de poder, que es propia de muchos, aunque no de todos los poderes políticos, especialmente en la etapa del imperialismo. Pero este impulso no basta a fundamentar una determinación conceptual de lo político porque carece de sentido y porque no es característico y peculiar de lo político, sino que es aplicable también, en igual o mayor grado, al poder económico en el régimen capitalista.

La exposición detallada, microscópica, de todos los factores que ejercen su influjo en la función política y que, a su vez, son influidos por ella, sería una labor imposible de realizar. Hemos de contentarnos, por eso, con una consideración macroscópica que ponga de manifiesto las conexiones y diferencias existentes entre las funciones políticas y las otras funciones sociales más importantes en la situación actual.

Además de la función eclesiástico-religiosa y de la función jurídica, que analizaremos en particular, los otros poderes espirituales ejercen también los más potentes influjos en la política y son, a su vez, influidos esencialmente por ella. Un poder político es tanto más firme cuanto más consiga hacer que sea reconocida la pretensión de obligatoriedad para sus propias ideas y ordenaciones normativas y para las reglas de la costumbre, moral y derecho por él aceptadas y que son, al mismo tiempo, su fundamento. Su prestigio político crece si se logra que el tipo de cultura representado políticamente por él sea adoptado como modelo para la formación de la vida. Las mismas formas del lenguaje, la literatura, la música y las artes plásticas, pueden, en determinadas circunstancias, obrar eficazmente en provecho del poder político. Por eso concede tanta importancia el Estado moderno a la política cultural en el interior y a la propaganda cultural en el exterior. Ningún Estado puede renunciar a la utilización de los poderes espirituales para sus fines. El Estado de Derecho con división de poderes adopta, en verdad, una cierta actitud de respeto frente a las fuerzas espirituales, al asegurar constitucionalmente el libre desarrollo del arte, la ciencia y la Iglesia. Pero esto solo es posible que lo haga mientras las diferencias que puedan existir en el pueblo del Estado no pongan en peligro la unidad de la cooperación social en el territorio y, con ello, su necesaria función social. Las dictaduras modernas dan al espíritu un trato que implica su consideración como mera función de la política. Se proponen forjar una solidaridad política mediante la creación de una uniformidad espiritual de actos de coacción directa y, con ello, una pretendida nueva cultura.

En esto, como en otras muchas manifestaciones, especialmente científicas, del presente, aparece claro hasta qué punto ha desaparecido la capacidad para distinguir la legalidad propia, histórica y sistemática, de la función espiritual y de la función política. Aunque la historia, desde los griegos y romanos hasta los alemanes e italianos de los siglos XVIII y XIX, de muestra lo contrario, la mayoría de nuestros teóricos y prácticos de la política están imbuidos de la creencia supersticiosa en una armonía preestablecida entre el poder político y el del espíritu. Solo un estado de «desilusión» y anarquía espiritual, tanto en lo individual como en lo social, puede explicar que se confunda la legalidad propia de las actividades políticas con las leyes de los valores espirituales, socialmente ineficaces en el momento y hasta por largo tiempo. La organización y actuación de la cooperación social en un territorio no puede producir más que ciertos requisitos organizatorios de una cultura espiritual. Y viceversa, Platón y Praxiteles, Shakespeare y Goethe no han ejercido, en absoluto, influjos necesarios de poder político. La fama suya, que en ocasiones actúa produciendo políticamente poder, es en la mayoría de los casos, como dijo un poeta, solo la suma de las malas comprensiones que, con el tiempo, se han ido acumulando en torno a sus grandes nombres.

Un problema superlativamente importante es el de la relación entre la función política y el poder físico, especialmente el militar. Hemos dicho ya que la militar es la forma más perfecta técnicamente de una formación autoritaria de poder (cf. *supra,* pp. 211 s.). Este hecho descarría a menudo al pensamiento técnico unilateral, llevándole a ver en aquélla la forma más perfecta de la función política. Pero, a diferencia del poder político, el militar es solo un poder técnico, que recibe del Estado la determinación de sus objetivos y su legitimación. Solo como parte del poder del Estado tiene una función de sentido de carácter social. Un poder militar que no se subordine al cometido de organizar y actuar la cooperación social en un territorio, no es más que una partida de bandoleros. Pero en tanto que asegura la función política en lo interior y lo exterior, el poder militar es una ineludible condición de existencia de todo poder estatal. El poder físico, ciertamente, en ningún caso es más que una *ultima ratio* del poder político; el poder político solo precisa de la fuerza excepcionalmente y con ella sola no podría sostenerse ni un momento. Cumple, sin embargo, señalar que el poder armado asegura la existencia del poder político no solo en cuanto se ejerce de hecho, sino ya como mera amenaza.

Las relaciones entre la función estatal y la función social de la Iglesia y de la economía, así como la función jurídica, precisan de una especial indagación.

A) *EL ESTADO Y LA IGLESIA*

MOHL.: *Staatsrecht, Völkerrecht u. Poitik,* II, 1862, pp. 172 *ss.*; LAURENT: *L'Église el l'État,* Bruselas, 1868; SOHM: «Das Verhältnis von Staat und Kirche, etc.», en *Zeitschr. f. Kirchenrecht,* vol. II, 1873, pp. 157 55.; HINDSCHIUS: *Allg. Darstellung der Verhältnisse von Staat und Kirche;* MARGUARDSEN: *Hdb. d. öff. Rechts,* I, 1883; ROTHENBÜCHER: «Wandlungen i. d. Verhältnisse von Staat u. Kirche, etc.», *Jhrh. d. öff. Rechts,* III, 1909, pp. 336 ss.

El poder estatal que organiza y pone en ejecución las actividades sociales de los hombres que viven en un determinado territorio es, por su función, un poder secular. En cambio, la Iglesia ordena la conducta del hombre respecto a potencias supraterrenas. Precisamente por eso falta en ella la función territorial que es necesaria al Estado; es esencialmente una agrupación personal y no una organización territorial. Pero mientras la Iglesia es un grupo que pertenece a este mundo, una «sociedad religiosa», tiene también que organizar, dentro de la conexión social de causa y efecto, actividades sociales y, por consiguiente, ha de ejercer poder social. Teniendo en cuenta el gran poder de la Iglesia católica, afincado en una organización mundial, se habla por eso, no sin fundamento, de una soberanía eclesiástica. Pero la propia Curia romana, con bastante frecuencia, manifestó que, para una soberanía política, hasta el Tratado de Letrán, le faltaba un territorio geográfico propio. No hace mucho tiempo, el 11 de febrero de 1929, declaró el Papa que, hasta el presente, no había en el mundo otra forma de verdadera y propia soberanía que la territorial *(Acta Apost. Sedis,* XXI, 1929, p. 105) y, según el preámbulo del Tratado de Letrán, el territorio de la Ciudad del Vaticano debe ser medio y garantía (es decir, política) de la Santa Sede en el cumplimiento de su cometido. Pero el hecho de que la Iglesia católica, lo mismo que otras muchas Iglesias, haya vivido y florecido sin territorio, además de que la *Città del Vaticano,* también según el Tratado de Letrán, no es propiamente un Estado al lado de la Iglesia, sino que esta ejerce autoridad, al modo de los grupos políticos medievales, sobre los habitantes del Vaticano (cf. Donati, *La Città del Vaticano nella teoria generale dello Stato,* Padua, 1930, pp. 40 55.), todo ello prueba claramente que la Iglesia católica, por su función de Iglesia, no tiene relación esencial alguna con un territorio geográfico determinado.

Al igual que sucede con todas las demás funciones sociales, una clara delimitación conceptual entre el poder eclesiástico y el secular-político no excluye las más estrechas relaciones entre ambos en la realidad social. Sabido es que en todos los círculos culturales los poderes religioso-eclesiástico y las normas sancionadas por ellos han constituido las bases más firmes del poder político. No solo en las antiguas teocracias orientales, no solo en la antigüedad grecorromana, que conoció todavía la organización unitaria entre el grupo cultural y el político, sino también en los reinos medievales, con su contraposición del poder eclesiástico y el secular, e incluso en la actualidad, aun allí donde no se trata de la unión del trono y el altar, las promesas de salvación, en este mundo o en el otro, del poder sacerdotal, son siempre un factor de fuerza decisiva para la fundación ideal y material del poder político y también para la lucha contra él. Esta fuerza, legitimadora de la autoridad de los poderes eclesiásticos es, justamente, lo que ha conducido siempre y en todas partes a que el poder político se inmiscuya en la vida eclesiástica. Siempre se ha esforzado el Estado por ganarse el apoyo de la Iglesia, pero esta siempre ha intentado mantener su legalidad propia y valerse del poder político en su propio servicio.

Últimamente intentan las dictaduras europeas unir de nuevo Estado e Iglesia de modo que, o bien establecen, como en Rusia, una doctrina política a manera de sucedáneo de la religión, o bien, como en las dictaduras fascistas, convierten a las confesiones cristianas en meras funciones de política dictatorial. Con esto, sin embargo, el nacionalismo fascista entra necesariamente en agudo conflicto con el monoteísmo universalista del cristianismo que no deja lugar para los dioses nacionales. La Iglesia puesta al paso de la dictadura queda tan desnaturalizada en su función específica como el Estado se vería sustraído a su función social si se le quisiera subordinar completamente a la legalidad propia de la Iglesia.

La conciencia de la diferenciación objetiva entre la función eclesiástica y la estatal, hoy tan oscurecida, había sido muy clara y viva tanto en la Antigüedad como en la Edad Media, y sobre todo en esta. No entraña una objeción a esta tesis la existencia de la llamada teocracia. Sin duda, el poder secular, especialmente en las religiones politeístas, puede ser un apéndice del eclesiástico, y viceversa. Pero también entre los hindúes y judíos, y en otras teocracias orientales, y mucho más entre los griegos y romanos, y ya de una manera plena en la Edad Media, se hizo una distinción neta entre la función estatal y la eclesiástica, incluso cuando ambas eran ejercitadas por las mismas personas. «La comunidad estatal no es la Iglesia, en cuanto Estado, ni la Iglesia es Estado, en cuanto Iglesia» (Rehm, *Staatslehre,* p. 35). Aristóteles, especialmente, hizo también *(Política,* VII [VI], 1322 o 19) una clara distinción entre la epimeleia peri tonV JeouV, la actividad sacerdotal, y la epimeleia politikh, el cuidado de los asuntos políticos seculares. Es en la segunda mitad del siglo XIX cuando empieza a perderse esta capacidad de diferenciación. Hasta entonces se venía recalcando, incluso por aquellos que postulaban un Estado cristiano, la diferencia entre ambas funciones. Pero después dirá Hermann Schulze *(Einl. i. d. deutsche Staatsrecht,* 1867, p. 121) que el Estado es una unión de hombres para la realización «de todos los fines comunes» y la *Enciclopedia Jurídica de Merkl* (1885, p. 179), que tanto influjo ejerció, considerará al Estado como el soporte de la ordenación «en que se realiza la comunidad de vida del pueblo».

La incapacidad espiritual para distinguir el Estado de la Iglesia ha abierto el camino a la incapacidad para soportar prácticamente la tensión existente entre ambas funciones. En los tiempos en que florecía el liberalismo se había preparado ya el terreno para el Estado totalitario, que amenaza destruir toda cultura espiritualmente diferenciada, por haberse hecho esta demasiado complicada para el sentido primitivo de la vida de una masa uniformada de modo nacionalista.

b) *El Estado y la economía*

Ammons: *Legal Foundations of Capitalism,* Nueva York, 1924; Brinkmann: «Die moderne Staatsordnung und der Kapitalismus», *Grundriss d. Sozialök.,* IV, I, 1925; Heimann: *Soziale Theorie des Kapitalismus,* 1929; Sulzbach: *Nationales Gemeinschaftsgefühl und wirtschaflliches Interesse,* 1929; Salz: *Macht u. Wirtschaftsgesetz,* 1930; Rubinstein: *Herrschaft u. Wirtschaft,* 1930; Ritschl: *Gemeinwirtschaft u. kapit. Marktwirtschaft,* 1931; Hermens: *Demokratie u. Kapitalismus,* 1931; Behrendt: *Wirtschaft und Politik,* etc.; Schmoller: *Jhrb.,* vol. 57, 1933, pp. 223 ss., 337 ss.

La relación que existe entre la función estatal y la economía es una de las cuestiones sobre las que más se habla en nuestra época. A pesar de que se ha llegado casi a exagerar su importancia, a expensas de otras zonas de vida, hasta hace muy poco tiempo no existía, y ello es significativo, una investigación fundamental sobre tal problema, e incluso se buscará en vano muchas veces, en los tratados científicos de Teoría del Estado de todos los países, el epígrafe correspondiente. La diferenciación entre Estado y economía supone que se trata de dos conexiones de actividad con leyes propias, las cuales, no obstante las relaciones que puedan tener prácticamente entre sí, poseen cada una su específica función de sentido en la vida social. El mismo marxismo es incapaz de plantear de modo cabal el problema porque se ve atado por el dogma de que lo estatal es tan solo un medio para la función económica. Las diversas investigaciones, llevadas a cabo casi sin excepción por teóricos de la economía, adolecen del defecto de ser tan claras respecto a la legalidad propia de esta como oscuras en lo concerniente a la legalidad propia del Estado; de ordinario identifican a este con lo militar o con la ordenación de derecho privado o, sencillamente, con el «poder».

La distinción entre la función estatal y la economía resulta, evidentemente, imposible asimismo, cuando, según un uso muy extendido pero erróneo del lenguaje, se entiende por economía todo obrar sometido al principio del ahorro, o incluso todo obrar racional para un fin. Ni es tampoco economía la conducta encaminada a lograr el mayor éxito con el menor esfuerzo, pues esto es más bien técnica racional para un fin, común a todas las funciones sociales (Weber, *Economía y Sociedad,* II, pp. 7 ss.). Con esa economía de medios de carácter racional final y según el principio de lo óptimo técnico, el Estado y la Iglesia quedan también sustancialmente «economizados». No vamos ahora a averiguar si es suficiente el caracterizar a la economía como la consecución de bienes que, a juicio del que administra, son reducidos en relación con la necesidad. Sobre lo que, en todo caso, existe general acuerdo, es en que la legalidad propia de lo económico aparece representado, en su forma más pura, por la economía capitalista. Por tal razón, podemos ya limitar nuestro tema a la cuestión de las relaciones entre el Estado y la economía capitalista, y ello lo podemos hacer con tanto mayor fundamento cuanto que la función del Estado aparece por vez primera, de un modo claro, con la sociedad económica capitalista.

La ley fundamental de la economía capitalista se puede condensaren la siguiente fórmula: «posibilidad de una orientación exclusiva, en la satisfacción de las necesidades, en un sentido mercantil y de rentabilidad» (Weber, *Historia económica general,* p. 298). Existe un capitalismo desarrollado allí donde todas las grandes empresas lucrativas que se dedican a la satisfacción de las necesidades cotidianas siguen el principio de la máxima economía elevando la rentabilidad, y para este fin se apoyan en la racionalización capitalista. Pero esta legalidad de la economía poseería una efectividad plena y firme solo en el caso de que se pudieran desenvolver los procesos de cambio de la sociedad capitalista monetaria de modo completamente libre de toda clase de obstáculos y trabas extraeconómicas, y singularmente si pudiera mantenerse al margen de toda clase de influencias políticas, de limitaciones y regulaciones estatales. La ciencia económica se vale, por esto, para sus fines teóricos, de un artificio que Marx describe en la forma siguiente: «para captar el objeto de la investigación [es decir, la economía capitalista] libre de todas las circunstancias anexas perturbadoras, hemos de concebir y suponer al mundo entero del comercio como una nación y que el sistema capitalista de producción se ha implantado en todas partes haciéndose dueño de todas las ramas de la industria» (cf. Heller, *Sozialismus u. Nation*, 1931, pp. 56 s.).

Una legalidad económica que, correspondiendo a esta abstracción lógica, actuara como libre juego de las libres fuerzas económicas no ha existido nunca, sin embargo, ni puede existir. Pues ello supondría admitir no solo que la humanidad entera fuese una sociedad territorial de producción capitalista en todos sus aspectos, y unitariamente organizada, sino además que los hombres solo pudieran obrar económicamente y orientar su conducta toda según las oportunidades del mercado y la rentabilidad económica.

En los últimos tiempos fue creencia muy extendida entre los marxistas y no menos entre sus opositores, «que el valor económico, a diferencia de otros valores, domina y dirige de hecho el obrar real de los hombres» (Salz, p. 140). Se consideraba a la economía como la verdadera realidad, como la infraestructura sustentadora y motivadora; a todas las demás funciones sociales, y especialmente a la política, se las consideraba como coberturas ideológicas de una situación económica, como realidades de segundo orden que, fundamentalmente, habían de ser interpretadas como epifenómenos de la economía. La frase de Rathenau *(Obras,* I, p. 115): «toda política es política económica, preparación para la lucha», enunciaba una convicción generalmente dominante. No hay duda de que esta creencia de que la política es solo un medio racional-final de la economía ha influido también sobremanera la actuación de los políticos prácticos. La frase aparecida en un diario conservador inglés en 1911: «que después de la derrota de Alemania todos los ingleses serían ricos» (en Rubinstein, p. 374), era la expresión de algo que se tenía por artículo de fe tanto aquí como allá.

Los socialistas, siguiendo a Saint-Simon, habían hecho ya de la disolución de la política en la economía un dogma teórico y un ideal práctico para el futuro (cf. *supra*, pp. 186 s.). Según Saint-Simon, la política debía convertirse en una ciencia de la producción «cuyo objeto es la ordenación más favorable a todas las ramas de la producción... En el estado actual de los conocimientos lo que la nación exige no es ser gobernada sino ser administrada y, además, serlo de la manera que resulte más barata». La idea de que el gobierno de los hombres será sustituido por la administración de las cosas, con lo que desaparecerá el Estado, fue tomada por Engels del saint-simonismo (cf. Gide-Rist, *Historia de las doctrinas económicas*, ed. alem., 1923, pp. 226 ss.). El máximo filósofo del derecho del idealismo, en los tiempos de la anteguerra, creyó, sin embargo, poder superar la concepción materialista de la historia sosteniendo que la economía era la materia y el derecho la forma (Stammler, *Wirtschaft und Recht nach d. mater. Geschichtsauffasung*, 1921).

Frente a estas inadmisibles concepciones hay que proclamar la relativa autonomía de la función estatal. Es verdad que, en la realidad social, causas económicas producen consecuencias políticas, como también es verdad, a veces, lo contrario. Pero por principio nada tiene que ver la ley del máximo rendimiento con la ley de la cooperación social territorial. No hay duda de que el Estado tiende también que administrar económicamente. Pero su actividad en este sentido no se basa en el poder económico sino en el poder político. Aquél ha de atenerse al principio del cambio, del *do ut des*, en tanto que el Estado puede y debe obligar a prestaciones unilaterales, mediante sus impuestos, etc. En los presupuestos del Estado se ve que la economía estatal no busca solo, y en la mayoría de los casos ni siquiera preferentemente, el máximo rendimiento.

Es aún más importante el hecho de que la función política tenga que desviar y frenar, de modo ineludible, las repercusiones de la función económica. La razón de Estado y la razón económica han sido siempre cosas distintas. Todo Estado, incluso el propio Estado capitalista, por virtud de su función necesaria, tiene que utilizar a la economía exclusivamente como un medio para su acción peculiar. Pues, por razones de carácter existencial, todo Estado tiene que restringir de algún modo los procesos de cambio del tráfico económico y limitar o eliminar la libre concurrencia. Aun el Estado que se propusiera renunciar a toda expansión de poder hacia afuera y a toda política social y aduanera, que renunciara a toda reglamentación de cárteles y sindicatos, y que, en fin, incluso suprimiera toda policía sanitaria, de la construcción y otras ramas de la policía administrativa, un tal Estado, solo posible en el reino de las utopías, se vería obligado no obstante, para poder organizar la cooperación social-territorial, a intervenir, desde un punto de vista extraeconómico, en la economía, regulándola.

La necesidad de una regulación extraeconómica de la economía por el Estado nace de la necesidad de una ordenación estatal de carácter general referida esencialmente a un determinado territorio. La propia administración económica debe ser considerada como algo político (Heimann, p. 60). El mantenimiento de una organización política con legalidad propia aparece justificado porque todos los sujetos económicos tienen que convivir dentro de los límites del mismo espacio, pero el libre tráfico económico, si puede producir, en todo caso, una ordenación del mercado, nunca puede engendrar un ordenamiento jurídico y una seguridad jurídica; y, de otra parte, porque la esfera a que se extiende el establecimiento y garantía del derecho por el Estado, imprescindible también para la economía, aparece determinada geográfico-políticamente y no económicamente. El hecho de que toda regulación de la economía tenga que ser condicionada por el Estado desde fuera de lo económico se explica por la simple circunstancia de que los sujetos económicos que conviven en el territorio del Estado son precisamente algo más que meros sujetos económicos. El *homo œconomicus,* que obra de modo racional para un fin, es una ficción teóricamente admisible. Pero el hombre real vive vinculado a su situación natural y cultural, a las que puede, sin duda, influir fuertemente la *ratio œconomica,* pero en ningún caso desplazar por completo. El hombre real, ligado voluntaria y efectivamente a su tierra, familia, educación, religión, nación, clase, partido, pero, sobre todo, a su Estado, obra con independencia de consideraciones económicas, e incluso en su contra, por lo menos con tanta frecuencia como motivado por ellas. De este modo viene a organizarse y a activarse en el Estado no solo una sociedad económica sino una sociedad territorial, con todas sus comunidades y oposiciones de carácter natural o cultural. Pero la función estatal consiste precisamente en acomodar los fines económicos a la situación política total, lo que, naturalmente, solo puede realizarse desde una posición supraordinada a la economía.

La legalidad propia de la función política se funda, sobre todo, en el hecho de que el ámbito del poder está limitado por el de los Estados vecinos, mientras que el ámbito de las relaciones de tráfico económico es esencialmente ilimitado. Ámbito económico y ámbito estatal no coinciden nunca, y mucho menos en la economía capitalista. En esta el concepto, absolutamente político, de la economía nacional, en el sentido de una unidad económica, no hay duda que es, asimismo, una mera ficción. Pero, como base económica del poder político, el círculo económico delimitado por el Estado tiene una gran importancia mayor o menor entre el ámbito económico de su población y el territorio estatal. El imperialismo de la preguerra quería alcanzar este objetivo mediante la expansión de la esfera del poder político, y el proteccionismo y autarquismo de los tiempos de la posguerra mediante la reducción del ámbito económico (cf. Behrendt, pp. 349 *ss.).*

Es error de graves consecuencias teóricas y prácticas el de muchos socialistas que esperan llegar a una economía colectiva mediante el desplazamiento de la función política por la económica, en lugar de tender, al contrario, hacia una gradual reducción o eliminación de la pura legalidad económica por el poder político. Una economía colectiva, en la actualidad, solo se puede planear y realizar desde un campo situado fuera de lo económico y únicamente mediante la organización y actuación de la cooperación social en el territorio. En una tal economía habría que procurar una coincidencia relativa entre el territorio del Estado y la esfera económica por lo menos en la forma de un monopolio del comercio exterior. De este modo, sería economía colectiva solo en cuanto fuera economía políticamente dirigida. Ello nos suministraría, cabalmente, la más clara prueba de la relativa autonomía de la función política respecto a la economía. La objeción, frecuentemente formulada por sus opositores, de que la mecánica económica de una economía colectiva socialista sería regida en un sentido no económico, es decir, no exclusivamente según oportunidades de mercado y puntos de vista de rendimiento, es objeción en general aplicable, incluso, naturalmente, a la economía capitalista.

2. La justificación del estado

Función del Estado y función jurídica

Krabbe: *Die moderne Staatsidee,* ed. mpe., 1919; Scheler: *Der Formalismus i. d, Ethik,* etc., 1921; Nelson: *System der philosophischen Rechtslehre u. Politik,* 1924; E. Huber: *Recht und Rechtsverwirklichung,* 1925; Wackernagel: *Die geistigen Grundlagen des mittelalterl. Rechts,* 1929; Sauter: *Die philos. Grundlagen des Naturrechts,* 1932; Schmitt: *Legalität mund Legitimität,* 1932.

Desde que el positivismo y el historicismo dominan en la Teoría del Estado es corriente resolver la cuestión del valor del Estado refiriéndose a su sentido comprensible o «fin». Esta confusión entre el sentido y el valor de un fenómeno cultural es uno de los más funestos errores del pensamiento contemporáneo. La función de sentido del Estado, como la de todo fenómeno histórico, siempre está, ciertamente, referida a valores. Pero esta relación puede ser positiva o negativa. Cualquier banda de ladrones u organización de asesinos tiene también un sentido comprensible. La cuestión de la consagración o justificación del Estado no puede, pues, resolverse con la simple consideración de su función comprensible.

Pero ¿tiene lugar adecuado en una Teoría del Estado (cuyo objeto es, tan solo, según expresamente se declara, la realidad del Estado) el problema de su justificación? Una metodología que conteste negativamente es que desconoce la especial naturaleza de la realidad estatal en cuanto esta es, únicamente, efectividad humana. Esa realidad existe solo como un plebiscito de *tous les jours*. Ciertamente que en el seno del pueblo del Estado hay siempre una reducida minoría para la que el ser y modo de ser del Estado desembocan constantemente en una decisión de deber ser, minoría, que participa, pues, con actividad consciente, en la conservación y formación del Estado. Pero la gran masa, en cuanto es impulsada a un obrar concorde con lo estatal por algo más que la dominación y las necesidades elementales, concibe la realidad normal o eficaz como un deber ser; para esa masa la normatividad o, más exactamente, la habitualidad apenas consciente de lo fáctico significa una base de justificación suficiente del Estado.

Para la minoría influyente, sin embargo, y con ella, la cuestión de la justificación jurídica se convierte en la cuestión de la existencia del Estado. En cuanto se pierde la fe en la legitimidad de la existencia del Estado concreto o del Estado como institución, puede estimarse que ha llegado su fin, ya sea para el pueblo del Estado, ya para el correspondiente círculo de cultura, ya incluso para toda la humanidad. En este sentido el Estado vive de su justificación. El problema de la consagración del Estado hay que plantearlo de nuevo, con carácter de necesidad psicológica, para cada generación. Por este motivo, cabalmente, no puede pasarlo por alto una Teoría del Estado que tenga carácter científico-real.

No constituye el único objetivo del problema de la justificación del Estado, como se dice corrientemente, la cuestión de por qué hay que soportar la coacción estatal sino, en primer lugar, la de por qué hay que ofrecer al Estado los máximos sacrificios personales y patrimoniales: pues el Estado nace y se mantiene, en primer término, por este sacrificio espontáneo y, solo en segundo lugar, por la coacción soportada pasivamente.

Todo poder estatal, por necesidad existencial, tiene que aspirar a ser poder jurídico; pero esto significa no solamente actuar como poder en sentido técnico-jurídico (cf. *Supra* p. 212), sino valer como autoridad legítima que obliga moralmente a la voluntad. La legitimidad moral de su pretensión de máximo sacrificio y poder coactivo no puede ser fundamentada con la mera remisión al carácter necesario de su función social, o sea, la organización y actuación de la cooperación social-territorial. Pues esta función social podrá, en todo caso, hacer comprensible y explicar por qué existe el Estado como institución, pero nunca justificar por qué la institución estatal o un Estado concreto debe existir. Toda explicación se refiere al pasado, toda justificación al futuro. Afirman muchos teóricos, para probar que el Estado responde a una necesidad humana general, que el Estado ha existido siempre y algunos llegan a decir que es más antiguo que el género humano. Tal afirmación, es evidentemente, falsa; pero aunque fuera cierta no podría demostrar que existirá el Estado en el futuro y, mucho menos, convencer a un anarquista o a un marxista de que debe existir. Así Engels acepta expresamente que el Estado es una necesidad histórico-social en la sociedad dividida en clases pero, a la vez, combate la legitimidad de este «instrumento de explotación».

Las pretensiones realmente extraordinarias del Estado no se justifican por el hecho de que este asegure «cualquier» ordenación social territorial, sino, tan solo, en cuanto aspire a una ordenación justa. La consagración del Estado únicamente se hace posible relacionando la función estatal con la función jurídica.

Así como el Estado solo se puede explicar por la totalidad de nuestro ser social, del mismo modo solo se le puede justificar por la totalidad de un ser aceptado por nuestra conciencia moral. La justificación únicamente puede ser moral, no solo cuando se aplican al Estado criterios humanos de justicia, sino también en los casos en que su consagración aparece basada en la voluntad divina. Pues solamente cuando se distingue, en la totalidad del ser y sobre la base de un juicio moral, entre lo jurídico y lo antijurídico, puede hablarse de la justificación de una parte de esta totalidad. La frase bíblica: «non mperio potestas nisi a Deo» *(Ro.,* XIII, 1), al referir todo poder a Dios, fundamento primario, sobre todo valor, de las cosas que existen, lo justifica todo y por eso cabalmente no justifica nada. A tal concepción se opondrá siempre la malintencionada pregunta de Rousseau de si, dado que toda enfermedad como todo poder proviene de Dios, debe estar prohibido el llamar al médico *(Contr soc.,* I, 3).

Si no se hace la separación entre lo jurídico y lo antijurídico, no es posible una justificación del Estado. Para llevar a cabo esa separación se precisa, como base, de un criterio jurídico que hay que admitir que está por encima del Estado y de su derecho positivo. Al derecho, como valor suprapositivo de distribución y medida, le incumbe la función de ordenar rectamente la vida social, es decir, atribuir a todos sus miembros lo que, con referencia a un todo, les corresponde en facultades y obligaciones, establecer entre ellos una justa relación. Si, de acuerdo con el Derecho Romano, se hace consistir la ley jurídica formal en un *suum cuique tribuere,* se comprende inmediatamente que no puede existir una justicia individualista y una justicia colectivista. El derecho justo no puede ser determinado ni partiendo del miembro que se afirma como exclusivamente valioso ni adoptando como únicamente valioso el punto de partida de un todo supraindividual. La ley jurídica, que obliga a nuestra conciencia jurídica, ordena la parte en el todo y el todo por las partes.

En los tiempos primitivos la conciencia jurídica no se extiende más allá de la propia comunidad que aparece sancionada por la divinidad del grupo. Todas las facultades y obligaciones se determinan entonces por la justa relación del miembro reconocido como valioso con el grupo. El ámbito del grupo y el ámbito jurídico coinciden en lo esencial. La conciencia jurídica concede solo a los miembros la misma pretensión, acaso no la igualdad de los derechos, pero sí la igualdad del derecho, es decir, la misma pretensión a un orden justo. Con el tránsito del henoteísmo del dios nacional del grupo al monoteísmo universal se transforma también la conciencia jurídica. Primitivamente todo grupo tiene su dios, que debe sostenerle para vencer a los otros grupos y dioses y conseguir así el poder y el derecho a la dominación sobre ellos. Del mismo modo que entre los judíos la idea de Dios y del derecho se refería en un principio tan solo al propio pueblo, así también el griego se representaba, primitivamente, la ley jurídica suprapersonal solo en la imagen de la *polis* sancionada por la religión. Por el contrario, en el *corpus cristianum* de la Edad Media se adscribe a cada alma humana su lugar adecuado dentro de la misma sumisión filial a Dios, sobre la base de la *lex externa* revelada según un orden querido por Dios; tratábase de una universalidad cósmica que abarcaba tanto a esta vida como a la otra en un orden unitario. Este tan amplio sentimiento jurídico del hombre occidental se seculariza en la Edad Moderna; el Derecho Natural cristiano se laiciza, pero ni el Derecho Natural dogmático ni el racional renuncian a la pretensión de validez universal. La misma doctrina del Estado de Fichte en 1813, cuando pretende concebir a la cristiandad como el evangelio de la libertad y de la igualdad, tanto en sentido metafísico como civil, no encuentra otra justificación para el ansiado reino de los alemanes, pues entiende a este como «un verdadero reino del derecho» como nunca ha existido en el mundo, es decir, «para la libertad fundada en la igualdad de todo lo que tiene rostro humano» *(Obras,* IV, pp. 523, 423). Durante dos mil años se justificó, si no el Estado, al menos el poder político, por la necesidad de asegurar el Derecho Natural suprapositivo.

La exigencia de una consagración del Estado por un principio humano general y, en consecuencia, por una idea jurídica universal, comienza a desvanecerse en el siglo XIX. Es verdad que ya Blackstone, por ejemplo, había dicho: «The mpe is not only incapable of doing wrong, mperio of thinking wrong» (cf. Laski, *The Foundation of Sovereignty,* 1931, pp. 103 *ssf.* Pero fueron el romanticismo, Hegel y el historicismo quienes prepararon definitivamente el camino a aquella concepción positivista que sostiene que el pueblo y el espíritu del pueblo son la única fuente del derecho y que no están limitados por norma alguna; y como el espíritu del pueblo no existe de modo tangible, en la realidad ha de ser representado siempre por el legislador que, como tal, no puede nunca caer en lo antijurídico. Esto significa, prácticamente, que todo aquel que logre hacerse dueño del poder en el Estado, por el hecho de haberlo conseguido encuentra ya moralmente justificado su derecho a representar al pueblo y a darle leyes sin sumisión a ninguna clase de principios jurídicos. La reducción del derecho al espíritu del pueblo democrático-nacional hubo de acarrear como consecuencia una restricción de la ley jurídica universal. De hecho, vemos ya en 1801 a Hegel burlarse de los filántropos, amigos del derecho y de la moralidad, y considerar disparatado «oponer la utilidad del Estado al derecho». Idealizando a la Antigüedad, propugna una contracción de la conciencia universal; lo moral consiste en «vivir conforme a las costumbres de su país» (cf. Heller, *Hegel,* etc., 1921, pp. 45, 77 ss.). Al hacer del Estado «la realidad de la idea moral», puede muy bien pretender que su poder y el derecho que de él emane han de prevalecer sobre todas las convicciones morales del individuo. Un epígono de Hegel se atreve, finalmente, a hablar, en términos precisos, de una armonía preestablecida entre derecho y poder señalando, según eso, a la guerra victoriosa como ideal social (E. Kaufmann, *Wesen d. Völkerrechts,* etc., 1911, pp. 135, 146 ss.). Y otro contemporáneo opina que, con la definitiva emancipación de toda legitimación que trascienda de la esfera política, el Estado moderno se ha convertido en el moderno «Estado de Derecho» (Smend, *Verfassung*, etc., p. 102).

De esta suerte la época que siguió a la quiebra del Derecho Natural se caracterizó por una incapacidad de principio para comprender la cuestión de la justificación del Estado y, con mayor motivo, para contestarla satisfactoriamente. El problema del fundamento moral de la validez del Estado aparece casi siempre confundido con la cuestión del fundamento sociológico de la validez del poder estatal en cuanto, para justificar al Estado, se remiten a su reconocimiento por el pueblo democrático o al espíritu del pueblo y a las ideologías de legitimación dominantes (cf. Wolff, *Orgnaschaft u. Jur Person*, I, 1933, páginas 1379 ss.). Pues en cada pueblo existen diversas ideologías de esa clase que legitiman el poder actual o futuro. A falta de un criterio objetivo de justicia, la doctrina dominante tiene, por eso, que reconocer necesariamente el derecho del más fuerte, el cual solo porque posee el poder tiene derecho a imponer su ideología de legitimación independientemente de todos los principios jurídicos divinos y humanos.

No hay duda de que la doctrina del derecho del más fuerte pretende ser una justificación moral del Estado al sentar la afirmación de que, según un plan metafísico del mundo —aunque no ciertamente cristiano— resulta garantizado que solo el que goce de supremacía moral puede imponerse también en lo político. Esta tan infantil creencia de que el existente es el mejor de los mundos, carente, a todas luces, de sostén histórico, no encierra otro sentido que el de una capitulación sin reservas de nuestra conciencia jurídica ante el éxito político momentáneo. Como tal creencia está reñida con la historia real, se la completa de ordinario con un historicismo cuya característica es la confusión radical entre acción política y valor moral, entre validez ideal y validez política. Al demostrar que, históricamente, ha prevalecido siempre el derecho del más fuerte se cree haber demostrado también que siempre debe ser así. Para ser consecuentes no debieran ceñirse al breve espacio de tiempo que se llama corrientemente historia, sino que debieran referirse también a la prehistoria y proponer como modelo moral al hombre de Neanderthal, cuando no a sus predecesores. Olvídase que solo existe una historia específica del hombre o de la cultura debido a que el hombre es esencialmente «utópico», es decir, porque es capaz de contraponer al ser un deber ser y valorar el poder actual según una idea del derecho.

Es evidente que, para la cuestión de la justificación del Estado, nada se consigue con oponer a la realidad social, desde un punto de vista meramente técnico-jurídico, un deber ser jurídico-positivo, es decir, establecido por el poder concreto. Así, la norma fundamental kelseniana, que lleva en sí «potencialmente todas las posibles variaciones de su contenido normativo», nos remite al arbitrio del legislador real, libre de todo vínculo jurídico-moral, y llega, de esta suerte también, en último término, a la identificación de derecho y fuerza y a la afirmación de que todo Estado es Estado de Derecho (cf. Heller, *Souveränität*, pp. 93 s.). La conformidad de un acto estatal con la ley y de esta con la constitución jurídico-positiva o con la constitución hipotética «lógico-normativa», solo puede constituir la base de una legalidad, nunca de una legitimidad justificadora. La afirmación de que la forma de legitimidad más corriente en la actualidad sea la creencia en la legalidad, la sumisión a «preceptos... estatuidos según el procedimiento usual y formalmente correctos» (M. Weber, *Economía y Sociedad,* I, p. 36), es, sencillamente, inexacta, aunque puede ser también la involuntaria constatación de una degeneración de la conciencia jurídica. Solo en el Estado de Derecho con división de poderes existe una conexión entre legalidad y legitimidad, y esa conexión es tanto una conexión material como formal y de técnica de organización. En la lucha contra la arbitrariedad absolutista se creyó poder asegurar la legitimidad por la legalidad, en tal manera, que el pueblo venía a dictar leyes por sí mismo y el resto de la actividad estatal debía someterse a estas leyes. Únicamente pudiera admitirse la existencia de una garantía de juridicidad de las leyes dictadas por el legislativo popular si se estimara que la legislación democrática fuese un acto de la razón determinándose moralmente a sí misma. Pero la división de poderes, de carácter organizatorio, tiene solo como fin el garantizar la seguridad jurídica y es, por ello, un medio técnico, simplemente, que nada dice respecto a la justicia del derecho (cf. Heller, *Veröff. D. Verein. D. d. Staatsrechtslehrer,* n.º 4, pp. 103 ss.). Nadie cree hoy que todas las disposiciones del legislativo popular, en virtud de una especie de predestinación metafísica, sean derecho justo. Por este motivo, la legalidad del Estado de Derecho no puede sustituir a la legitimidad.

La teoría del Estado se encuentra, así, ante el hecho de que ni la armonización de derecho y fuerza, ni la legalidad, ni tampoco una ideología democrática, nacionalista, o bolchevique que pretenda, como tal, legitimar el Estado, pueden darle una consagración de valor general. Todo ejercicio de poder político afirma de sí mismo, sin embargo, que está para servir a la justicia. Tal pretensión no la formula solo el Estado de Derecho, como sostiene un propagandista de la dictadura. No hay forma alguna de Estado o de gobierno en la cual un mandato signifique, ya en sí, un «valor jurídico» positivo, y la frase «lo mejor en el mundo es un mandato» (cf. Schmitt, *ob. Cit.,* pp. 13 ss.) podrá entusiasmar a los estetas del poder fatigados de la cultura, pero es absolutamente falsa para cualquier especie de poder político. Pues el poder, como es sabido, consiste solo en mandatos que se obedecen, y la obediencia, siempre y en todas las formas de dominación, depende esencialmente de la creencia en que el mandato está justificado.

¿Ha de contentarse la Teoría del Estado, ante esta situación de hecho, con un agnosticismo relativista? ¿No le quedará más recurso que reconocer que todo poder, por el hecho de serlo, sirve a la justicia de modo permanente, o podrá descubrir principios de justificación del Estado con validez universal?

No es difícil razonar una respuesta afirmativa, en tanto se trate de la justificación del Estado como institución: el Estado está justificado en cuanto representa la organización necesaria para asegurar el derecho en una determinada etapa de su evolución. Al hablar aquí de derechos nos referimos, en primer término, a los principios morales del derecho que constituyen la base de las normas jurídicas positivas. Es inmanente a todos estos principios, cuya validez ideal ha de ser supuesta, la exigencia de una validez social. Tan solo como algo que es a la vez ser y deber ser tiene, en genera, un sentido el deber ser de tales principios del derecho; no se contentan con poseer una validez de carácter ideal, absoluto, sino que aspiran a operar también como preceptos jurídicos positivos hasta donde sea posible. Para ello es preciso que los principios generales del derecho, tal como se contienen por ejemplo en el Decálogo, sean establecidos, aplicados y ejecutados por un poder autoritario como preceptos jurídicos positivos. El precepto jurídico recibe toda su fuerza moral obligatoria exclusivamente del principio ético del derecho, supraordinario. Este principio del derecho, sin embargo, se distingue del precepto jurídico por su carencia de seguridad jurídica o certeza jurídica, que consiste, de una parte, en la certidumbre de su sentido, en la determinación del contenido de la norma y, de otra parte, en la certeza de su ejecución (cf. Heller, *Souveränität*, pp. 48 ss.). Los principios del derecho proporcional solo las directrices generales sobre cuya base debe establecerse el *status* jurídico entre los miembros de la comunidad jurídica; nos suministran una decisión para el caso concreto. Fáltales para ello el carácter de determinación taxativa, o sea que se precisa siempre de una decisión sobre lo que, en una situación de intereses determinada espacial, temporal y personalmente, debe ser derecho según aquellos principios. Sobre la base de idénticos principios jurídicos cabe que sean posibles (y a veces incluso tienen que serlo) decisiones jurídicas diversas, lo mismo ordenaciones jurídicas, constituciones que leyes, sentencias y actos administrativos. Pero tanto la certidumbre de sentido como la certidumbre de ejecución requieren la existencia de un poder autoritario que declare y ejecute lo que en cada situación concreta debe ser derecho. La mera convicción jurídica no basta ni para lo uno ni para lo otro.

En los tiempos primitivos, en que solo había una división de trabajo y un tráfico reducidos, bastaba una pequeña cantidad de certidumbre jurídica racionalmente formulada, tanto de sentido como de ejecución, para establecer el *status* jurídico necesario. Para el individuo ligado por las tradiciones firmes e indiferenciadas de un círculo jurídico de fácil control, bastaban todavía los principios generales del derecho apenas diferenciados de la moral y de las costumbres. Sin embargo, cuando en un caso concreto, se impugnaba la justicia de las limitaciones impuestas a la voluntad, se hacía necesario, en la misma comunidad primitiva, una instancia de decisión para realizar la certeza de sentido del derecho. Y para la certidumbre de ejecución del mismo es siempre y en todas partes necesario el ejercicio de poder por medio de hombres, aun cuando las primitivas comunidades dejan gran parte de la ejecución a la acción privada.

La institución estatal se justifica, pues, por el hecho de que en una determinada etapa de la división del trabajo y del intercambio social la certidumbre de sentido y de ejecución del derecho hacen preciso al Estado. Del mismo modo que el aumento del tráfico urbano hasta un cierto grado reclama una regulación de este, e incluso órganos especiales de policía de tráfico, así también el desarrollo de la civilización hace precisa una organización estatal cada vez más diferenciada para el establecimiento, aplicación y ejecución del derecho.

La institución del Estado aparece, de esta suerte, justificada por el hecho de ser una organización de seguridad jurídica, y solo por ello. Pero no hay que interpretar erróneamente esta afirmación dándole un sentido liberal o entendiéndola según una acepción técnica. No se trata de restringir la actividad del Estado a la legislación y a la organización judicial, ni que la seguridad jurídica consista exclusivamente en una actividad de policía. Cuando se declara que el Estado solo puede ser consagrado por su calidad de organización para la seguridad jurídica, quiérese decir que solo puede justificarse en cuanto sirva a la aplicación y ejecución de los principios morales del derecho. Nada tiene que ver tampoco esta seguridad jurídica del Estado con la distinción positivista de un fin de derecho y un fin de cultura. Son, cabalmente, ciertos principios morales del derecho los que, en determinadas circunstancias, reclaman del Estado actividades culturales de tipo económico, educativo o de otra índole. Es evidente que nuestro concepto de la seguridad jurídica resulta mucho más amplio que el usual. No es tan solo la exigencia de una certidumbre de ejecución, asegurada por la coacción organizada estatalmente, sino además, y antes de ella, tanto histórica como conceptualmente, la certidumbre de sentido del derecho es lo que reclama la organización del Estado por vías de derecho.

Los principios éticos del derecho no sancionan de modo inmediato más que las normas de conducta y no las normas de competencia. Las ideologías legitimadoras socialmente válidas en una comunidad jurídica son las que deciden qué autoridad está llamada a establecer, aplicar y ejecutar los preceptos jurídicos positivos. Esta autoridad habrá de estar autorizada y dotada de poder para llevar a cabo el aseguramiento del derecho. Ha de tener el poder de declarar, aplicar y, en lo posible, también de ejecutar el derecho, y únicamente tendrá este poder si, por lo menos, los grupos que ejercen influencia decisiva están convencidos de que esa autoridad se halla dispuesta a asegurar el derecho. Pero esta legitimación social de la autoridad que asegura el derecho no debe ser confundida con la justificación ideal del Estado por los principios éticos del derecho. Solo mediante un juicio sobre la justicia del derecho que se asegura puede determinarse si, por acaso, la autoridad socialmente legitimada se reduce a servir a la seguridad jurídica normal y mantiene una ordenación injusta por la ordenación misma. La seguridad jurídica y la juridicidad pueden entrar en conflicto, y es cabalmente esta relación polémica la que plantea la problemática sustancial de la justificación del Estado concreto.

La Teoría del Estado tiene que dejar a la Filosofía del Derecho la cuestión de si los principios éticos del derecho se pueden referir únicamente a un sentimiento jurídico inmediato o si pueden derivarse, con certidumbre objetiva, de una ley jurídica o suprema que quepa formular racionalmente; y asimismo le dejará los difíciles problemas de si existen, y en qué sentido, principios jurídicos apriorísticos, qué principios jurídicos tienen validez general y cuáles dependen del círculo de cultura correspondiente. En una Teoría del Estado que tenga carácter de ciencia de la realidad hay que dar por admitido, sin embargo, que existen tales principios éticos del derecho que forman la base de justificación del Estado y del derecho positivo. Diferénciense claramente esos principios de las ideologías sociales de legitimación, siempre muy numerosas por su pretensión de validez general para todos los miembros del Estado; y esta pretensión de validez, además, si no es absolutamente universal, no obstante, siempre aspira a extenderse fuera del Estado. Hobbes —quien como se sabe sacrificó la juridicidad en aras de la seguridad jurídica—, expresa con las significativas frases siguientes la relación entre precepto jurídico y principio jurídico: «Furtum, homicidium, adulterium atque iniuriæ omnes legibus naturæ prohibentur; ceterum quid in cive furtum, quid adulterium, quid denique iniuria appellandum sit, id non mperio, sed civili lege determinandum est» (*De Cive*, 6, 16).

Cada Estado puede dotar de esa determinación y de la certidumbre de ejecución correspondiente a los principios éticos del derecho únicamente para su ámbito de acción. Es aún más difícil que coincidan territorio del Estado y esfera jurídica que territorio del Estad y esfera económica. Pues esos principios jurídicos constituyen el fundamento normativo no solo del derecho estatal sino también del derecho interestatal. De acuerdo con el art. 38, ap. 3 de los estatutos del Tribunal Internacional de La Haya, este organismo debe aplicar —además del Derecho Internacional consuetudinario y contractual— «les mperios généraux de droit reconnus par les nations civilisées». Estos principios jurídicos no vienen a estar «al lado» de derecho contractual y del consuetudinario, sino que constituyen el fundamento normativo de todas las formas jurídicas nacionales e internacionales y, en el caso referido, reciben la certidumbre de su sentido en virtud del pronunciamiento del Tribunal, quien crea así preceptos jurídicos positivos (cf. Heller, *Souveränität,* pp. 137 *ss.).* El Derecho Internacional es, en relación con una parte del Derecho Nacional, un derecho técnicamente imperfecto tan solo porque su certidumbre de sentido en muchos casos, y su certidumbre de ejecución, siempre y necesariamente, son problemáticas. Es en el Estado moderno donde alcanza el más alto grado de seguridad jurídica el *status* social del derecho, tanto en relación con la certidumbre de sentido como con la de ejecución, porque la organización jerárquica de aquél dispone de un cuerpo extraordinariamente diferenciado desde el punto de vista técnico, integrado por órganos dedicados al establecimiento, aplicación y ejecución del derecho positivo. Para garantizar tan alto grado de seguridad jurídica es supuesto necesario la soberanía del Estado. Su cualidad de unidad suprema de decisión y acción es lo que le permite asegurar la unidad del derecho y de la ejecución, así como mantener, con carácter unitario y perfectamente organizadas, vías de derecho y de reclamación. La eficacia de este sistema de control jurídico está condicionada por el monopolio estatal de la coacción física legal, es decir, por la inadmisibilidad de un derecho legal de resistencia contra las disposiciones del poder del Estado (cf. Wolzendorff, *Staatsrecht u. Naturrecht i. d. Lehre vom Widerstandsrecht,* etc., 1916). Gracias a haber eliminado el Estado toda especie de acción privada —salvo el exiguo resto representado por los incaptables casos de necesidad— pudo afirmar la seguridad jurídica con la amplitud que tiene actualmente (cf. *Supra,* pp. 150-55).

Las instituciones organizatorias del Estado, por perfectas que se las imagine, solo podrán garantizar la observancia de las formas jurídicas y la seguridad jurídica, pero en ningún caso la juridicidad: la legalidad pero no la legitimidad ética de los actos del Estado. Quien únicamente puede asegurar siempre la justicia es la conciencia jurídica individual. Pero, con esto, surge en el Estado moderno un conflicto necesario e insoluble entre juridicidad y seguridad jurídica. Este conflicto tiene carácter necesario porque en un pueblo vivo no puede reinar nunca pleno acuerdo sobre el contenido y la aplicación de los principios jurídicos vigentes. Y es insoluble porque tanto el Estado como el individuo se ven forzados a vivir en medio de esa relación de tensión entre derecho positivo y conciencia jurídica.

La razón de Estado tiene «derecho» a afirmar —aunque solo con referencia al Estado moderno— que la legalización de un derecho de resistencia contra una orden estatal que se estima éticamente reprobable no significaría otra cosa sino la legalización, en sí llena de contradicciones, de la anarquía. Y el abandono de toda seguridad jurídica conduciría al aniquilamiento tanto del individuo como del Estado.

Pero más «derecho» aún tiene la razón de derecho a sostener que una capitulación sin resistencia de la conciencia jurídica ante el poder estatal ha de conducir fatalmente al aniquilamiento del hombre como personalidad moral y, consiguientemente y a la postre, también a la destrucción de aquellas energías que posee para la formación del Estado (Laski, *Grammar;* p. 96).

Cuestión de enorme alcance es la de las consecuencias que deben deducirse en caso de una colisión entre los deberes impuestos por principios éticos del derecho y por preceptos jurídicos positivos. Kant ya había dado carácter absoluto a la validez del derecho positivo y negado todo derecho de resistencia, no obstante hallarse esto en oposición con los supuestos jurídicos racionales de su propia doctrina (cf. Hänsel, *Kants Lehre vom Widerstandsrecht,* 1926, pp. 58 ss.). Desde entonces el positivismo de la Teoría del Estado del continente europeo rechaza toda clase de derecho de resistencia, sacrificando por completo la juridicidad a la seguridad jurídica. Creíase abrir las puertas a la anarquía si se viniera a admitir un derecho de resistencia aunque fuese meramente ético. Y este axioma se estima cada vez más evidente y menos precisado de demostración desde que, a mediados del siglo XIX, se inicia el viraje hacia el Estado totalitario.

Una bien entendida razón de Estado, no requiere, sin embargo, en modo alguno la capitulación de la conciencia jurídica, y la admisión de un derecho de resistencia de carácter ético no nos lleva tampoco a la anarquía. Hay que dejar bien sentado que no se trata de tal o cual cuestión de legalidad, sino exclusivamente del problema de la justificación ética del Estado. No cabe discutir que en el Estado moderno es imposible reconocer un derecho legal de resistencia, del mismo modo que no debe admitirse a resistencia contra actos del Estado irregulares desde el punto de vista de la legalidad, pero moralmente indiferentes. En muchos casos, sin duda, constituye una exigencia necesaria de la seguridad jurídica que sean imputados al Estado ciertos actos que no responden a las condiciones de forma y contenido establecidas por la ordenación jurídica para su imputación. Por regla general trátase, en estos casos, de la infracción de prescripciones de formas y de normas de competencia; pero tales preceptos son casi sin excepción moralmente indiferentes y solamente la doctrina pura del derecho, que a todo derecho positivo sin distinción atribuye la cualidad de norma absoluta, puede introducir en la doctrina positivista de la fuerza del derecho un *pathos* que jamás pertenece a la seguridad jurídica, sino exclusivamente a la juridicidad (cf. Heller, *Souveränität,* pp. 100 s., 107 ss.). La exigencia de seguridad jurídica justifica plenamente el que los actos estatales entrañen la presunción de la legalidad que remedia los vicios de la validez jurídico-positiva. Si se dejara al parecer del hombre de la calle, en cada caso concreto, hacer depender su obediencia de su apreciación personal respecto a si el órgano estatal había obrado de acuerdo con todas las normas de competencia y formalidades jurídicas de lugar, tiempo y objeto, se llegaría fatalmente a la disolución del orden jurídico. En el Estado de Derecho resulta, además, en gran parte superfluo el derecho de resistencia contra actos del Estado legalmente irregulares, porque el súbdito o subordinado a quien afectan puede, en general, protegerse contra ellos valiéndose de medios jurídicos. Y a veces sucede también que, para proteger un interés jurídico más elevado, el Estado de validez jurídica a actos ilegales.

Pero esta cuestión del derecho de resistencia presenta otro cariz cuando se trata de un acto estatal moralmente condenable, pues en este caso carece de importancia si una norma semejante es o no legalmente correcta. Citamos un ejemplo bien palmario. Al que se niega conscientemente a prestar el servicio militar se le castiga con las penas más graves. La razón de Estado y el derecho positivo tienen que considerar inconcuso tal precepto por razones de seguridad jurídica. Pero no merece el nombre de conciencia jurídica la que no vea ante todo, en este caso, un trágico conflicto de deberes y, en segundo término, no reconozca al que se niega al servicio militar el derecho moral a la resistencia. Hay, sin duda, muchos que llaman incluso heroica a una tal concepción del Estado y del derecho, cuando lo cierto es cabalmente lo contrario. La realmente heroica es la concepción que no resuelve unilateralmente tal conflicto de deberes, antes bien afirma la trágica imposibilidad de solucionarlo y, con ello, el derecho moral de resistencia. Es trágico que toda realización jurídica depende del demonio del poder; pero es condenable la tendencia, hoy generalizada, a hacer moral lo demoniaco. El reconocimiento de un derecho moral de resistencia no implica, en modo alguno, que vaya a eliminarse de la eterna lucha de la conciencia jurídica contra el derecho positivo ese carácter trágico; no debe convertirla en un tema sentimental. Por eso, el derecho moral de resistencia no ha de constituir un fundamento para la exención de pena o responsabilidad.

Bueno y justo es que el poder del Estado se sienta requerido por la resistencia moral. Y es lo más opuesto a una justificación moral del Estado el convertir a este, de un modo metafísico y de una vez para siempre, en la «realidad de la idea moral», negando rotundamente, de esta manera, al único depositario de la conciencia jurídica que en la realidad existe, el derecho de resistencia contra actos estatales opuestos a la moral. Se conjura, sin motivo en este caso, al espectro de la anarquía. La resistencia no legalizada de la conciencia jurídica solo es posible, en último término —habida cuenta del desarrollo extraordinario de la técnica jurídica y de poder del Estado moderno—, arriesgando la vida. Tal como son los hombres, ese riesgo se corre muy raramente. Pero cuando tal sucede, constituye un ejemplo tanto más valioso cuanto que aquella técnica de poder y de masas del Estado actual lleva consigo el temible peligro de un decidido debilitamiento de la conciencia jurídica. Los que rigen el Estado en cada momento tienen siempre interés en justificar a este como la expresión objetiva de la razón moral. «Si se considerara a las instituciones sociales como razón objetiva quedaría anulada la función de la razón en la sociedad humana» (Hobhouse, *The Metaphysical Idea of the State,* ed. mpe., 1924, p. 91). Jamás podrá consistir la justificación del Estado en armonizar, a toda costa, el derecho con la fuerza. Pues todo poder estatal debe su conservación y formación a la voluntad humana, demasiado humana. De aquí que actúen en aquél tanto las fuerzas morales más elevadas como una imponente masa de estupidez y maldad, de infamia y arbitrariedad.

3. El estado como unidad organizada de decisión y acción

Von der Pfordten: *Die Organisation, Wesen und politische Bedeutung,* 1917; Burckhardt: *Die Organisation der Rechtsgemeinschaft,* 1927; O. Spann: «Organisation», en *Hdwb. D. StW.,* VI, pp. 766 *ss.;* Kestner: *Organisationszwang,* 1912; Hilferding: «Organisationsmacht und Staatsgewalt», *Neue Zeit,* vol. 32, II; pp. 140 *ss.;* Plenge: *Drei Vorlesungen über Organisationslehre,* 1919.

Hasta aquí hubimos de suponer al Estado como una unidad que actúa en la realidad social; cúmplenos ahora demostrar su existencia real. La doctrina dominante la niega, afirmando que el Estado es una mera abstracción o ficción, lo que le hace incurrir en numerosas contradicciones. Pero la teoría que pretende ver en el Estado un organismo real tampoco puede fundamentar científicamente su unidad.

La gran mayoría de las actuales teorías del Estado, llevadas de un individualismo alejado de la realidad y de un concepto naturalista de este, han llegado a la conclusión de que el Estado, prescindiendo de sus órganos, no tiene realidad alguna y que su unidad es, sencillamente, una mera abstracción impuesta por la economía conceptual o bien una ficción abreviadora (cf. Heller, *Souveränität,* pp. 59 ss.). Por virtud de la antidialéctica antítesis sujeto-objeto y a la luz de esta concepción científica objetivizadora, tiene que aparecer irreal y como una mera sucesión de situaciones no solo la unidad del Estado, sino también la del individuo humano, sucesión de situaciones que solo puede abarcarse en unidad por medio de «una síntesis que se realiza en nosotros» sin que se pueda afirmar, por ello, que esa unidad «existe también, del mismo modo, en la realidad, es decir, fuera de nosotros» (Jellinek, *Staatslehre,* p. 171). La unidad real del Estado aparece aún más oscura si se sigue el método propio de las ciencias del espíritu, utilizado por Smend, cuya concepción del Estado como «estructura de unidad de las vivencias de sentido» (*ob. Cit.,* p. 13) podría, cuando más, fundamentar una teoría de la idea del Estado, pero nunca una Teoría del Estado. Y Kelsen —en lógica consecuencia de sus premisas fundamentales— llega a una Teoría del Estado en la que esta designa únicamente la unidad de un orden jurídico que trasciende por completo de la realidad.

Pero la tesis opuesta a la que estima que la unidad estatal es una función del individuo, es decir, la doctrina orgánico-universalista de Estado, no puede aportar una solución científico-real del problema por que no considera a la realidad de la unidad estatal como una efectividad humana (cf. *Supra,* pp. 112 s.). Nosotros pretendemos demostrar que el Estado es un centro real y unitario de acción, que existe en la multiplicidad de centros de acción reales y autónomos, ya individuales, ya colectivos.

No es posible concebir al Estado como unidad, según un criterio científico-real, afirmando que consiste en la función real de una voluntad popular unitaria que vive en todos los habitantes, como unidad de conciencia, sentimiento, intereses o voluntad. Y como nuestros teóricos del Estado no pueden renunciar a considerar la *volonté genérale* como una transustanciación de la *volonté de tous,* se convencen fácilmente de que la unidad de tal «grupo de voluntad» no sea más que una ficción. Al negar, y con razón, al Estado en cuanto unidad de un organismo real, se cree, infundadamente, que hay que negarlo también como unidad real de organización. Formulado con la claridad precisa, el problema se presenta así: ¿cómo hay que concebir al Estado, en cuanto unidad, en la multiplicidad, sin afirmar que se trata de un ser autónomo, independiente de los hombres que lo actúan y sin considerarlo como una mera ficción? O, con otras palabras: ¿cómo hay que concebir al Estado dado que es producido por muchos y, sin embargo, él actúa unitariamente? Mucho se hubiera adelantado de admitirse que el problema de la unidad real en la multiplicidad de los hombres que actúan no es exclusivo del Estado sino que se da, sin excepción, en todas las organizaciones. Es absolutamente exacto decir que el Estado es algo más que la «suma» de los individuos que lo forman. Pero esto sucede también en la acción organizada de apagar un incendio; también aquí su efecto es completamente distinto de la suma de las acciones particulares que integran la operación total, en estado no organizado.

La unidad estatal no aparece, de hecho, ni como «orgánica} ni como ficticia, sino como unidad de acción humana organizada de naturaleza especial. La ley de la organización es la ley básica de formación del Estado (cf. *Supra,* p. 103 ss.). Su unidad es la unidad real de una estructura activa cuya existencia, como cooperación humana, se hace posible gracias a la acción de «órganos» especiales conscientemente dirigida hacia la formación eficaz de unidad. De máxima importancia para el nacimiento y conservación de la unidad estatal son, sin duda, los vínculos vitales e impulsivos, los lazos de la psicología colectiva y a la imitación, los geográficos, nacionales, económicos e incluso jurídicos, todas las comunidades naturales e históricas, todos los «factores de integración» reales y funcionales. Pero si se quiere captar la ley sustantiva del Estado hay que tomar en consideración en todas esas circunstancias tanto la función que tiende a la unidad como la que se opone a ella (cf. Heller, *Hdwb. D. Soziologie,* p. 614). La relativa homogeneidad puede ser una de las causas de la unidad del Estado; pero, a la inversa, esa homogeneidad puede ser resultado de la acción de la unidad estatal. Nunca, sin embargo, el carácter relativamente unitario, en lo natural o cultural, de los habitantes podrá engendrar por sí mismo la unidad del Estado. Esta solo puede concebirse, en última instancia, como resultado de una acción humana consciente, de una formación consciente de unidad, como organización.

Es evidente que, debido al alejamiento actual de la teoría respecto a la vida, la conciencia deviene no pocas veces fatal para la vida y la comunidad, por lo que nuestra época pretende —también en la esfera de lo estatal—, abandonar la acción consciente de una especie de consciente inconsciencia. Llevada de un comprensible resentimiento contra ciertas aberraciones de la organización, estima que la actividad organizadora, como mero proceder técnico-utilitario y no obstante heroico, no puede armonizar con la dignidad y el valor del Estado. Los grandes estadistas de todos los tiempos vieron, sin duda, más claro en esta cuestión.

Después que Plenge formuló la idea de una teoría de la organización demasiado «general», débese a O. Spann el haber acometido el problema de la organización, tan descuidado por la Teoría del Estado, y el haber puesto, asimismo, bien de relieve el valor creador de la actividad organizadora (cf. También Waldecker, *Staatslehre,* pp. 80 ss.). Ciertamente que la concepción orgánico-universalista de la organización de Spann es inaceptable porque desconoce la distinción fundamental entre organismo y organización. Apenas si tiene sentido, por ejemplo, considerar a la organización comercial de un cártel del hierro como un todo real y afirmar de él que no está formado por miembros, sino que se articula como un todo compuesto de partes. Es innegable que no se puede admitir que las partes que integran el todo se hallen ya perfectamente dispuestas antes de la organización, es decir, considerarlas, cuando no están aún organizadas, como si ellas fueran ya lo que son después, en el Estado organizado. Pero con más cuidado aún hay que evitar incurrir en el error universalista de asentar primeramente la organización como un todo y solo después articular a los miembros. Lo unilateral, tanto del individualismo como del universalismo, se evita en cuanto se concibe a la organización como estructura. En este caso toda afirmación sobre las partes constitutivas o momentos de la organización incluye ya la conexión organizada de la forma, y viceversa (cf. *Supra,* pp. 79 ss.).

El organizar es un obrar encaminado a promover y realizar aquellas acciones (u omisiones) necesarias para la existencia actual y constantemente renovada de una estructura efectiva ordenada (organización). La indagación fenomenológica descubre en toda organización tres «elementos» que se reclaman recíprocamente: *1)* el obrar social de un conjunto de hombres basado en una conducta recíproca, la cooperación de los cuales *2)* se orienta regularmente en el sentido de una ordenación normativa cuyo establecimiento y aseguramiento *3)* corre a cargo de órganos especiales. Todo grupo capaz de obrar y decidir, toda unidad colectiva de acción es una estructura organizada de efectividad, ordenada conscientemente, por medio de órganos, a la unidad de la decisión y de la acción. En qué medida los miembros organizados son, a la vez, órganos es cuestión que depende de la estructura más o menos corporativa o autoritaria de la organización. En todo caso, una organización de cierta amplitud, y especialmente el Estado, se apoya siempre en la división del trabajo social. La estructura efectiva llamada Estado ha cobrado autonomía, sobre todo, porque sus diferentes tareas particulares fueron adscritas a órganos especiales.

Por el hecho de la cooperación de miembros y órganos, sobre la base de una ordenación y para un efecto unitario, cobra existencia la unidad real de la organización como unidad de acción. Nace, en ese momento, un centro de acción producido por múltiples fuerzas pero que, por su parte, actúa unitariamente, cuyos actos —independientemente de toda clase de normas— no pueden atribuirse ni a la suma de los miembros tan solo, ni a los órganos en sí, ni mucho menos a la ordenación aisladamente considerada. Ni el Estado ni ninguna otra organización se «descompone» en gobernantes y gobernados; pues solo en virtud de su eficaz trabazón mediante una ordenación realizan unos y otros lo que, no solo frente a lo exterior sino ante sí mismos, aparece como una unidad de acción. El representarse a esta unidad de acción como un ser sustantivo totalmente desprendido de los hombres que sobre ella actúan es cosa imposible y superflua. El considerarla como mera ficción o abstracción y el negar que ella sea un centro activo cuyas acciones puedan ser imputadas no a los miembros ni a los órganos en sí mismos sino tan solo a la organización como totalidad, implica un desconocimiento de la esencia del poder social (cf. *Infra,* p. 256-57).

Es un hecho de antiguo conocido en el campo de lo económico, aunque nunca lo suficientemente valorado en el de la teoría política, que el poder de acción organizado no es, en manera alguna, idéntico a la suma de las cantidades individuales de poder de que disponen los miembros o los órganos en cuanto individuos, fuera de la misma organización. La unidad de acción operada en forma organizada produce, por regla general, una multiplicación de las fuerzas individuales. Esa multiplicación del resultado de la acción no es, ciertamente, una consecuencia necesaria porque en toda organización se producen también reacciones contra la acción conjunta y no es raro que una organización signifique también un obstáculo y debilitamiento precisamente para las fuerzas más potentes. Pero, en general, puede decirse que toda organización es una cooperación planificada de hombres e instituciones «para el incremento de la potencia operante de los esfuerzos humanos» (Schultze, en el *Hdwb. D. Arbeitswiss,* de Giese, II, 1930, p. 3460). Este aumento del efecto operante por la organización excede con mucho a la mera suma de las actividades individuales. Esta superioridad del poder humano organizado sobre el no organizado no se basa en la mera acumulación, sino en la actualización unitaria y planificada de los esfuerzos coaligados. La organización no se convierte en una acción combinada, en una unidad de actividad que se diferencia de todos los individuos participantes y que excede de la simple suma de las fuerzas activas individuales, por el hecho de que un número de hombres acumule de cualquier manera sus actividades económicas o de otra índole. Una unidad de poder, política, económica o militar surge tan solo en el momento en que determinadas actividades corporales o espirituales son separadas del conjunto de la actividad individual para servir al poder de organización, según una división de trabajo y una articulación del mismo ordenadas de acuerdo con un plan, y esas actividades son encaminadas unitariamente con firmeza por órganos especiales hacia una conexión unitaria de acción. Para un observador ajeno a la organización nace precisamente en ese momento una unidad activa con capacidad de obrar y decidir cuyo efecto operante no cabe atribuir ni casual ni normativamente, ni cuantitativa ni cualitativamente, ni desde un punto de vista económico ni convencional-político ni jurídico, a un solo elemento de la organización. Pero esa unidad de poder se aparece también a los que forman parte de la organización por ellos mismos creada como un centro sustantivo de acción. Ni la ordenación ni los órganos ni los miembros por sí mismos pueden, por eso, en ningún respecto identificarse con la organización, que solo se engendra por la cooperación de esos tres elementos integrantes.

La organización es un centro unitario de efectividad que no cabe identificar con sus elementos integrantes por la razón de que las actividades que en ella se enlazan son actualizadas unitariamente al menos por un órgano; precisamente por eso la unidad actual de la organización, dentro de una pluralidad de colaboraciones, se funda primariamente en la unidad del órgano. Una estructura operante de rápida transitoriedad, por ejemplo, una acción de salvamento emprendida repentinamente por varias personas, no deviene una en el tiempo en virtud de la unidad de una ordenación permanente sino por la unidad del órgano que aplica la acción común en la forma adecuada a la situación constantemente cambiante. El obrar organizador actúa de modo mediato para formar la unidad en cuanto cuida de los medios precisos para la cooperación y trata de procurárselos. Creará, por eso, las instituciones y preparará los medios, tales como alimentación, vestido, habitación, armas, dinero, etc., que sean necesarios para realizar la conducta que forma la unidad. Pero no se agota, con esta actividad económica, en el sentido más lato, la función organizadora. Como los modos de conducta constitutivos del todo no existen en la cantidad y calidad necesarias antes de que exista la propia organización, es, en su mayor parte, la acción organizadora la que ha de suscitarlos, disponerlos y agruparlos y dirigirlos a la unidad de la acción. Para llevar a cabo todos los cometidos de la acción organizada encaminados a realizar esa unidad y a señalar objetivos y vías a la acción humana organizada precisa que el órgano posea todas las cualidades creadoras del conductor.

La unidad potencial de la organización, su permanencia como unidad real de acción en el sucederse de los partícipes solo se constituye mediante la unidad de su ordenación normativa. Gracias, sobre todo, a la unidad de la ordenación objetiva se crea en el tiempo —no obstante, el cambio de los miembros—, una conexión tradicional que acrece poderosamente la seguridad de una reiteración regular de la conducta formadora de unidad y, con ello, la seguridad de la permanencia de la estructura eficaz. Pero el hecho de que toda organización precise, para perdurar, de una ordenación objetiva, no contradice, en manera alguna, la afirmación de que la unidad real, es decir, actual, de la organización como estructura de efectividad, no consiste sino en la cooperación de los miembros actualizada unitariamente mediante órganos. La unidad de la ordenación objetiva es la unidad ideal de una conexión normativa de sentido y la unidad de la organización es la unidad de una conexión activa efectuada. Sin la ordenación objetivada, en cuanto disposición concreta del obrar que forma la unidad, no es posible una organización duradera y mucho menos la estructura de efectividad que se llama Estado. Pero es solo la unidad de esa orden o disposición la que hace posible la unidad de la ordenación, así como la decisión y eficacia que ella supone. Todo lo dicho sobre las relaciones entre Estado y Derecho (cf. *Supra,* pp. 206 ss.) vale, en general, *mutatis mutandis,* para las que existen entre organización y ordenación. Si por «ordenación» se entiende una jerarquía real de preceptos normativos de deber ser, cabe considerar al Estado, ciertamente lo mismo que a cualquier otra organización, como una unidad de ordenación. La confusión entre la ordenación como conexión normativa y como conexión activa actual debiera estimarse tan inaceptable como la confusión del acto como documento escrito, y en cuanto acto real de voluntad. La organización como estructura permanente de acción tiene una «ordenación» que es una estructura de sentido, pero ella no es sino una ordenación real.

El Estado, lo mismo que las demás organizaciones, solo puede organizar de manera inmediata actividades, no opiniones; actos de voluntad que operan en el mundo circundante, que a su vez actúa sobre ellos, y no convicciones internas de voluntad. Por esta razón no hay que caer en el error de estimar que la unidad del Estado es una unidad de voluntad, pero, en cambio, sí hay que considerarla como una unidad real de acción.

La afirmación de que toda organización de tipo amplio y especialmente la estatal, que abarca y comprende una pluralidad de oposiciones sustanciales, no entraña una unidad de contenido de opiniones iguales o paralelas, no ha de ser interpretada en el sentido de que cualquier organización pudiera renunciar a una comunidad de voluntad. Por el contrario. Jamás podrá existir una organización ni un Estado sin una voluntad común eficaz, aunque, en modo alguno, general. El Estado, lo mismo que cualquier otra organización, tiene que mantener, extender y reproducir de manera permanente una comunidad de voluntad y valores que vendrá a servirle de cimiento, lo que realizará de modo mediato valiéndose de instituciones de toda clase y especialmente por la influencia ejercida en la enseñanza y en la formación de la opinión pública. Por ser necesario para su propia conservación, el Estado se ve forzado a promover renovadamente un sistema de unificaciones mediatas de voluntades. Si la unidad del Estado solo nos fuera dada realmente «por la ciencia jurídica» (Kelsen, *Staatsbegriff,* p. 8), sería evidentemente inconcebible como realidad. La unión normativa interindividual que se da en el orden jurídico entre voluntades individuales que en la realidad están disociadas, no basta para explicar la existencia del Estado. La unificación volitiva, en virtud de la cual nace en el individuo la voluntad eficaz para lo colectivo, se produce, sobre todo, como un proceso de ordenación y acomodación dentro de cada individuo, que se ve presionado en cada momento por la conveniencia social y en quien la educación de numerosas generaciones ha engendrado el estado habitual de una conciencia del nosotros más o menos clara y firme. Por mucho que el obrero combata las leyes tributarias o aduanales, las disposiciones militares o cualquier otra cosa del Estado, en tanto las soporta porque, en cambio, está conforme, *v. gr.*, con la legislación social, el derecho del trabajo, etc., del mismo Estado, su voluntad respecto al Estado concreto es tan segura como, inversamente, en el patrón en el caso de que este soporte la forma de Estado, la legislación social, etc., porque su propiedad privada y la política aduanera, que le favorece, están garantizadas. Se negará el uno al servicio militar, el otro defraudará a la tributación y alguno llegará incluso a cometer un asesinato; pero no solo en cuanto los demás cooperan en el sentido de la unidad, sino en cuanto los mismos infractores de las normas utilizan en su favor la protección del Estado —con lo cual, además de reconocerlo teóricamente, contribuyen, en general, a su proceso constitutivo—, se realiza en los individuos la necesaria compensación. En este sentido, la voluntad concreta de Estado es real, normalmente, en la mayoría aunque no en todos los individuos, lo mismo que en el todo organizado, porque en ambos opera (cf. Heller, *ob. Cit.,* pp. 86 ss.).

Sin esta unificación volitiva intraindividual, que no es ciertamente un contrato jurídico sino un entenderse, de realidad psicológica, no es posible organización alguna. Pero con ella no puede cobrar realidad la organización estatal. La sociología del Derecho Natural, que tiene sus raíces en la Antigüedad, pretendía no solo justificar el nacimiento del Estado, sino, además, explicarlo como un contrato de unión que, en su forma definitiva, era considerado como un contrato de sociedad y a la vez como un contrato de sumisión (cf. Jellinek, *Staatslehre,* pp. 201 ss.). Luego se formuló la acertada idea de que debe concebirse la unidad de la organización estatal no como mera unificación de voluntades, sino, ante todo, como unidad de dominación. De hecho, hay, sin excepción, en todas las organizaciones una serie escalonada de grados que van desde el consentimiento espontáneo y el obrar voluntario, pasando por la observancia intraindividual que se realiza por la «coacción de las relaciones sociales», hasta la observancia producida por una imposición autoritaria que, en último término, especialmente en el caso del que se opone activamente, así como en el del incapaz, ya no es unificación de voluntades sino solamente unificación interindividual de la conducta externa por medio de la coacción física.

Solo cabe hablar de la formación de una unidad de organización por medio de la voluntad psicológica real de todos cuando se trata de organizaciones que se concluyen por acuerdo unánime. La insuficiencia de tales formaciones, su construcción rudimentaria y su endeblez constitucional se revelan especialmente en aquellas organizaciones de Derecho Internacional que se basan exclusivamente en la unidad. En cambio, la introducción del principio de las mayorías entraña ya un momento autoritario que obliga a consolidar a la mayoría como órgano dominador y a no estimar a la organización como consistiendo exclusivamente en una unidad de voluntad. La amplitud que puede alcanzar la coacción en las organizaciones privadas nos lo revela la eficacia de las grandes organizaciones económicas del presente. Con el boicot, el cierre de empresas, la supresión del crédito, la baja de precios, por parte de los patronos, y por la huelga contra la admisión de trabajadores no sindicados, por parte de los obreros, los cárteles, *trusts* y sindicatos pueden forzar incluso al que se resiste enérgicamente, y no es raro que ejercite, en virtud de sus medios coactivos económicos, un poder que llega en ocasiones a socavar el del Estado.

Si la unidad de una organización semejante no puede nunca considerarse como una unidad real de voluntad, con mayor motivo es ello inadmisible para el Estado. Los órganos «capacitados» —en sentido sociológico, no jurídico— pueden adoptar en ambos casos decisiones de valor obligatorio general y asegura su observancia aplicando contra los reacios toda la fuerza eficaz de la organización. Estas organizaciones no son, pues, unidades de voluntad, pero sí unidades reales de acción y decisión.

Sería absolutamente erróneo, por tanto, referir la organización estatal a la coacción y aquellas organizaciones económicas, en cambio, al consentimiento. En uno y otro caso se observa toda la escala, desde el consentimiento hasta la coacción, como motivaciones de la conducta engendradora de unidad. El poder de la organización estatal se diferencia de cualquier otro únicamente por la clase de coacción que aplica, así como por la específica relación de la dominación con el territorio. Las decisiones adoptadas por los órganos estatales «capacitados» poseen obligatoriedad general no solo para los que sean jurídicamente miembros de la organización estatal, sino en lo fundamental, para todos los habitantes del territorio. En virtud de esta propiedad, el Estado se considera como un grupo territorial de dominación, a diferencia de los grupos de carácter personal.

El Estado se diferencia de todos los otros grupos territoriales de dominación por su carácter de unidad soberana de acción y decisión. El Estado está por encima de todas las demás unidades de poder que existen en su territorio por el hecho de que los órganos estatales «capacitados» pueden reclamar, con éxito normal, la aplicación, a ellos exclusivamente reservada, del poder físico coactivo, y también porque están en condiciones de ejecutar sus decisiones, llegado el caso, frente a quienes se opongan a ellas, por medio de todo el poder físico coactivo de la organización estatal actualizado de manera unitaria. Cuando con los hechos se viene a negar a la unidad estatal de decisión y acción la pretensión a su autoafirmación soberana, solo caben dos posibilidades: o bien la unidad de poder que niega el del Estado es sometida por la coacción o se la convierte en órgano del poder estatal. Esto es lo que hace que el Estado sea un grupo soberano de dominación territorial.

El género próximo del Estado es, pues, la organización, la estructura de efectividad organizada en forma planeada para la unidad de la decisión y la acción. La diferencia específica, con respecto a todas las demás organizaciones, es su calidad de dominación territorial soberana. En virtud de la soberanía y la referencia al territorio del poder estatal, todos los elementos de la organización estatal reciben su carácter específico. El Estado es soberano únicamente porque puede dotar a su ordenación de una validez peculiar frente a todas las demás ordenaciones sociales, es decir, porque puede actuar sobre los hombres que con sus actos le dan realidad de muy distinta manera a como lo hacen las otras organizaciones.

Una consideración científica de la unidad estatal no puede identificar a esta con ninguno de sus elementos. El Estado no es un orden normativo; tampoco es el «pueblo»; no está formado por hombres sino por actividades humanas. Un hombre, por mucho que se someta a un Estado, aunque se trate de un Estado «totalitario», pertenece siempre a diversas organizaciones, de naturaleza eclesiástica, política, económica, etc., que le reclaman con distinta intensidad y, con frecuencia, también según zonas diferentes de su personalidad y da realidad a todas esas organizaciones por medio de actividades particulares que de él se destacan. El Estado, en fin, tampoco puede ser identificado con los órganos que actualizan su unidad de decisión y acción. Desde hace tiempo las llamadas teorías realistas del Estado quieren reducir este a las personas que poseen el poder y cuya realidad física es tangible, identificándolo, pues, con los órganos de dominación (cf. Jellinek, *Staatslehre,* pp. 145 *ss.).* Al Igual que su cabal contrapartida, la teoría que reduce el Estado al pueblo, la que lo confunde con el dominador desatiende, asimismo, el hecho de que toda organización de dominación solo es real en cuanto unidad de dominadores dotados de poder y súbditos que les han conferido ese poder. Pues así como lo que hace a uno guía es la sumisión de los que son guiados, así también lo que engendra la dominación es la obediencia. Por tal motivo la organización estatal es aquel *status,* renovado constantemente por los miembros, en el que se juntan organizadores y organizados. La unidad real del Estado cobra existencia únicamente por el hecho de que un gobierno disponga de modo unitario sobre las actividades unidas, necesarias para la autoafirmación del Estado.

Al analizar, pues, la ordenación, el pueblo, el territorio y los órganos del Estado, no hay que olvidar en ningún caso que estos elementos del Estado solo adquieren plena verdad y realidad en su recíproca interrelación.

4. EL PODER DEL ESTADO

A. EL PODER DEL ESTADO COMO UNIDAD DE ACCIÓN POLÍTICA

LEHMANN: *Das Kollektivbewusslsein,* 1928; WIESER: *Das Gesetz der Macht,* 1926; KELSEN: *Der jurist. Und soziolog. Staatsbegrifft;* WOLFF: *Juristische Person und Staatsperson,* 1933; HELLER: *Die Souveränität,* 1927.

Al decir que el Estado es una unidad real queremos significar que aquel, al igual que cualquier otra organización, es ante todo una conexión real de efectividad, por lo que el poder estatal se nos aparece no como una unidad meramente imaginada por nosotros, sino como una unidad que actúa de modo causal. El Estado, como toda organización, es un poder engendrado por varios factores pero que, por su parte, actúa unitariamente, y cuyos actos no pueden ser imputados ni a los órganos exclusivamente ni a la ordenación entrelazante en sí misma y ni siquiera a todos los actuales partícipes. La unidad real del Estado no puede ser referida a la unidad de la ordenación que regula la conexión de quehaceres. Es natural que Kelsen y su escuela, que son quienes sostienen esta tesis, lleguen a vaciar de toda realidad al Estado, a negar el poder del Estado como hecho y considerarlo solo como «validez deontológica del derecho» (Kelsen, *Staatslehre,* p. 97). Pues solo en y por los partícipes es real y eficaz este orden deontológico. Si lo pensamos fuera de ellos, apareciendo frente a ellos como orden normativo ideal, llegaremos, en el mejor de los casos, a la mera representación de una unidad de ordenación, pero nunca a una unidad real de ordenación.

Según es de esencia de todo poder social, el poder del Estado, como unidad de acción, no puede ser referido ni a los actos de los que tienen el poder ni a los de los sometidos al mismo. El que las varias actividades de los súbditos vengan finalmente a dar lugar a una unidad de acción se explica porque esas actividades acumuladas son actualizadas unitariamente por un gobernante. Pero el que este, a su vez, posea el poder solo se explica por las actividades de los súbditos. Tiene decisiva importancia que el poder del Estado, como unidad de acción, solo se pueda explicar causalmente por la cooperación de todos los miembros, por lo cual solo se puede atribuir —con plena independencia de toda norma— a esta cooperación. Pero como miembros pueden valer otros que no actúan de modo concreto en la relación interna. Hay que considerar que en la formación del poder del Estado —que solo es en cuanto deviene— intervienen también las generaciones pasadas. Y esa unidad de acción objetiva es también —cosa que con frecuencia se pasa por alto— el producto de fuerzas que actúan desde fuera sobre la organización.

Dos cosas son necesarias para la clara comprensión del poder del Estado como unidad de acción engendrada por varios factores: no debe ser concebido como un ente fantástico que exista independientemente de quienes lo producen y fuera de ellos, y, sin embargo, ha de ser diferenciado claramente de todas las actividades particulares que lo crean. El poder del Estado no es solo un punto cualquiera de referencia imaginado para las orientaciones psíquicas internas de los miembros (como dice, por ejemplo, Waldecker, *op. Cit.*, pp. 80 *ss.*, 215 ss.), sino que es vivido por todos ellos como una nueva unidad de acción, y la ciencia no puede hacer otra cosa que confirmar la exactitud objetiva de tal vivencia. La ciencia tiene que proclamar que el poder del Estado es más, o también menos, que la suma de las actividades individuales correspondientes, pero en todo caso que se trata de algo distinto (cf. *Supra,* p. 250). Tampoco puede considerar a la unidad del Estado como una mera forma de expresión de la suma de los partícipes puesto que estos intervienen solamente con ciertas y determinadas actividades, y la unidad estatal toma de ellos, incluso en el Estado totalitario, únicamente una parte de su ser total. Lo mismo que las demás organizaciones, el Estado no está formado por «hombres», en sentido total, aunque es verdad que el Estado reclama, en general, actividades más intensas y amplias que la mayoría de las restantes organizaciones. El mismo individuo realiza mediante sus actividades no solo el Estado, sino un gran número de otras organizaciones que desenvuelven su vida propia frente al Estado como unidades de acción de carácter religioso, económico, político, etc. Lo mismo que sucede en el Estado, las actividades particulares que se destacan de los individuos en favor de las otras unidades de acción se concentran y actúan por las organizaciones correspondientes de manera muy variada. Y, lo mismo que en el Estado también, estos poderes de las organizaciones se aparecen, no solo hacia fuera sino, asimismo, hacia dentro, es decir, ante los individuos que los constituyen, como unidades objetivas de acción, claramente diferenciables de aquellos, de los que no se pueden, sin embargo, separar.

Tal como actúa el poder del Estado, al igual que el de las demás unidades organizadas de acción, no es querido por ninguno de los que lo crean. No cabe referirlo a ninguna unidad de voluntad, de intereses, de conciencia, etc. Todas estas unidades, en cuanto son, en general, realidades psicológicas, comprenden solo determinados grupos dentro de la organización estatal, pero nunca a todos los que la engendran. La acción objetiva del poder del Estado no puede ser atribuida ni a los súbditos exclusivamente ni a un gobernante, aunque sea el dictador más absoluto. Siempre deberá aquélla su nacimiento y su permanencia a la cooperación de ambos. El gobernante tiene poder *en el* Estado, pero nunca posee el poder *del* Estado.

El análisis cuantitativo del poder del Estado ha de conducirnos siempre, por tanto, a una cooperación causal «de todos». El concepto de totalidad, tan abusivamente empleado por la Teoría del Estado, ha de entenderse aquí excepcionalmente en sentido literal, porque el poder del Estado no es ni la suma ni la mera multiplicación de las fuerzas particulares comprendidas, sino la resultante de todas las acciones y reacciones políticamente relevantes, internas y externas. En líneas generales se distinguen en esta cooperación tres grupos que, naturalmente, no han de concebirse como magnitudes estáticas, sino como dinámicamente cambiantes: el núcleo de poder que realiza positivamente el poder del Estado, los que le apoyan y los partícipes negativos que a él se oponen.

Los errores más extendidos del pensamiento político proceden de que se confunde el núcleo de poder que realiza positivamente el poder estatal con el Estado mismo. Del hecho, ciertamente exacto, de que el Estado se apoya en ese núcleo de poder, se extrae la falsa consecuencia de que este núcleo de poder «es» el Estado. Este sofisma está en la base de todas las inadmisibles concepciones que confunden al Estado con su Gobierno y al poder del Estado con el poder del Gobierno. En manera alguna debe admitirse que el poder del Estado, como unidad de acción objetiva, coincida con el del núcleo de poder ni con el de este junto con el de sus adherentes. Es posible que en la época en que el término *lo stato* apareció, en el Renacimiento italiano, se designara por tal «a los dominadores y sus secuaces» (Burckhardt, *La cultura del Renacimiento,* ed. mpe., 1860, p. 2 A. 2). Siempre se ha vuelto a usar en la lucha política un tal concepto *pars pro loto* del Estado. El Gobierno que está en el poder intenta siempre desacreditar a sus opositores calificándolos de enemigos del Estado. De una manera bien palmaria, el marxismo ha identificado al Estado con la clase que domina en cada momento (cf. Heller, *Die politischen Ideenkreise,* pp. 127 s.). Pero la ciencia tiene que rechazar tales concepciones del Estado porque debe considerar a la unidad objetiva de acción del poder del Estado como la resultante de todas las fuerzas que actúan dentro y fuera, incluyendo las de los oponentes. El núcleo de poder tiene poder en el Estado, pero no el poder del Estado.

Es ciertamente imposible imaginarnos un poder estatal sin la solidaridad política de un núcleo de poder; pero el poder del Estado solo surge en el momento que el núcleo de poder realiza su propia comunidad de voluntad y de valores frente a los adherentes y opositores mediante la persuasión o la coacción. Sin embargo, aun en los casos más primitivos de dominación el poder del Estado no aparece condicionado solamente por el núcleo de poder sino pro todas las relaciones de las fuerzas políticas internas y externas. Implica cuando menos engañarse a sí mismo el pretender, siguiendo al idealismo hegeliano del Estado, que este poder del Estado es la expresión de una conciencia de Estado general, de una voluntad de Estado común, o de un interés común, de tal suerte que todo miembro del Estado haya de ver en el poder del Estado su «verdadero» yo. Tal solidaridad de una «comunidad» del pueblo del Estado no ha existido nunca ni podrá existir a causa de la estructura necesariamente antagónica de la sociedad. Esa pretendida comunidad de voluntad y valores del Estado en su totalidad es aplicable únicamente a la solidaridad del grupo que constituye el núcleo de poder del Estado. Este grupo es una comunidad casi homogénea que vive bajo condiciones naturales y culturales casi iguales, que profesa sensiblemente las mismas ideas políticas y, en parte también, tiene los mismos intereses comunes.

Pero desde ese núcleo de poder con sus adherentes, hasta el Estado y su poder hay una gran distancia. Y no solo porque en esa conexión de actividad que se llama Estado han de incluirse «todos» los miembros, sino también porque el Estado es una conexión social de quehaceres y el poder del Estado una unidad de acción organizada. Lo que crea el Estado y el poder del Estado es la conexión sistemática de actividades socialmente efectivas, la concentración y articulación, por la organización de actos que intervienen en la conexión social de causas y efectos, y no la comunidad de voluntad y valores como tal y mucho menos cualesquiera comunidades naturales o culturales.

Solamente desde el momento en que, sobre la base de una ordenación, se producen y concentran de modo organizado, en la vida socia, actividades políticas, militares, económicas y otras, que luego, como unidad política objetiva de efectividad, reaccionan sobre la vida social, solo a partir de ese momento cabe hablar de un poder del Estado producido por todos los miembros, pero que hay que distinguir de ellos y frente a los que aparece como algo objetivo y real. Lo más evidente y lo que por eso menos se discute es la unidad de acción del Estado en orden a la política exterior. Es realmente cosa que sorprende el que algunos escritores piensen que pudiera admitirse el poder estatal en cuanto unidad de acción en lo exterior, negando, a la vez, su existencia real en lo interior. Quienes así opinan, olvidan el principio sociológico *nemo pus potestatis transferre potest quam ipse habet.* La organización estatal solo puede desplegar una unidad de poder en lo exterior si y en cuanto la ha forjado interiormente. En la realidad tenemos, por ejemplo, el caso del Estado en cuanto legislador como modelo de un poder determinado de modo plural, pero que actúa unitariamente y que no puede ser atribuido causalmente ni al legislador ni a los sometidos a la ley sino solo a la cooperación de ambos. Es patente que la unidad del poder del Estado encuentra su expresión en la unidad del poder militar.

Especial interés presenta la consideración del poder del Estado como unidad de acción de carácter económico. En este particular la misma doctrina pura del derecho admite una unidad del Estado no solo ideal sino real, definiéndola, de modo harto deficiente, como «un complejo de órganos que se mantiene en función mediante un fondo central que se alimenta de fuentes de ingresos reguladas jurídicamente» (Merkl, *Allg. Venualtungsrecht,* p. 295). De hecho, representa el patrimonio del Estado, como patrimonio para un fin como función política, una unidad de acción de carácter económico y «autónomo», siendo evidente que no es producida de un modo metafísico, sino por una pluralidad de hombres y que, de su parte, opera unitariamente. Este patrimonio es autónomo porque tiene que distinguirse económicamente del de los particulares. Las actividades económicas del poder del Estado se realizan inmediatamente en favor o a expensas de esta unidad patrimonial especial. Esta unidad económica tampoco puede ser imputada ni a los gobernantes ni a los súbditos, pero es asimismo imposible separarla de quienes la realizan.

B. *EL PODER DEL ESTADO COMO UNIDAD DE DECISIÓN POLÍTICA*

Las relaciones entre el poder del Estado y el Derecho, tema de tan gran importancia y con tanta frecuencia mal entendido, pueden, de modo general, caracterizarse diciendo que todo poder político, en virtud de su propio sentido, aspira a la forma jurídica establecida y asegurada por órganos estatales. Y ha de extrañar tal tendencia porque en el Estado moderno el Derecho representa normalmente la forma necesaria de manifestación, tanto desde un punto de vista técnico como ético-espiritual, de todo poder político que quiera afianzarse. Es la forma técnicamente —aunque no siempre políticamente— más perfecta de la dominación política, porque hace posible, por lo general y a la larga, la orientación y ordenación más precisas y practicables del obrar político, es decir, la previsión y la imputación más seguras de la conducta que constituye y activa al poder del Estado. Su precisión y practicabilidad se basan cabalmente en que la creación jurídica y la ejecución jurídica (al contrario de las costumbres, las reglas convencionales y el Derecho Internacional) se adscriben al poder del Estado, el que, para estos tiene, sostiene un aparato especial que se presenta de ordinario como la unidad de decisión y acción más fuerte dentro del territorio del Estado. Al disponer de modo expreso esta unidad de poder quién ha de «valer» como depositario del poder y quién como sometido al mismo, qué actividades y de quién «deben» esperarse y a quién «deben» ser imputados determinados actos del poder estatal, y al crear, además, dentro de la organización, instituciones que cuidan de que a ese deber ser corresponda normalmente un ser, hace posible una orientación y organización dentro de las situaciones de poder constantemente cambiantes, consolidando con ello la situación inestable de dominación, que se convierte así en estable. En virtud de estos «preceptos jurídicos» de deber ser, que no siempre concuerdan, sin embargo, con la realidad política, en lugar, por ejemplo, de la pregunta, a menudo sin posible respuesta: ¿quién ejercita realmente el poder estatal decisivo, el autócrata, su ministro, su banquero, su ayudante de cámara o su amante?, se plantea y responde la cuestión precisa y practicable: ¿a quién corresponde jurídicamente el poder estatal?

Por tales razones técnicas, el poder del Estado es, pues, siempre legal, es decir, poder político jurídicamente organizado. Un complejo de relaciones sociales organizadas sistemáticamente en unidad de poder se convierte en un complejo de relaciones jurídicas ordenadas sistemáticamente en una unidad de ordenación —derivado de la constitución positiva. Pero, a causa de su función social, el poder del Estado no ha de contentarse con la legalidad técnico-jurídica sino que, por necesidad de su propia subsistencia, debe también preocuparse de la justificación moral de sus normas jurídicas o convencionales positivas, es decir, buscar la legitimidad. Antes hemos dicho que la legitimidad engendra poder. El poder del Estado es tanto más firme cuanto mayor es el voluntario reconocimiento que se presta, por quienes lo sostienen, a sus principios ético-jurídicos y a los preceptos jurídicos positivos legitimados por aquéllos. Solo goza de autoridad aquel poder del Estado a quien se le reconoce que su poder está autorizado. Su autoridad se basa únicamente en su legalidad en tanto esta se fundamenta en la legitimidad. La legitimación del poder del Estado puede ser referida a la tradición, de suerte que ese prestigio aparezca consagrado por su origen; o puede apoyarse en la creencia de una especial gracia o capacidad, es decir, en la autoridad que da al depositario del poder el ser estimado como personalidad superior; o bien, finalmente, puede basarse en el hecho de que se vea en el depositario del poder al representante de determinados valores religiosos, ético-políticos o de otra naturaleza. En este sentido solo puede considerarse asegurado aquel poder que goce de autoridad entre aquellos que, de los que sostienen al poder, sean políticamente relevantes.

Los ideólogos de la violencia desconocen esta formación de poder por el derecho, en tanto que los ideólogos pacifistas, por el contrario, no quieren admitir la formación de derecho por el poder. Dado que no puede existir una comunidad jurídica absolutamente homogénea, ni en la sociedad dividida en clases ni tampoco en una sociedad económicamente solidaria —porque ello supondría la liquidación de todas las diferencias (no solo de las económicas) entre los individuos—, la convivencia humana precisa siempre de un poder del Estado que establezca el derecho positivo y que lo ejecute contra los que a él se opongan. Pero la historia nos muestra repetidamente ejemplos de la «fuerza normativa de lo fáctico» por la cual un poder que al comienzo lo era meramente de hecho, e incluso se tenía por injusto, consigue poco a poco que se le llegue a considerar como poder legítimo.

La consideración de la técnica jurídica como técnica estatal de poder nos lleva, desde el Estado como unidad existencial de poder, al Estado como unidad de ordenación. En cuanto tal, se le atribuye la soberanía. Consiste está en la capacidad, tanto jurídica como real, de decidir de manera definitiva y eficaz en todo conflicto que altere la unidad de la cooperación social-territorial, en caso necesario incluso contra el derecho positivo y, además, de imponer la decisión a todos, no solo a los miembros del Estado sino, en principio, a todos los habitantes del territorio. La soberanía supone, según eso, un sujeto de derecho capaz de voluntad y de obrar que se impone regularmente a todos los poderes, organizados o no, que existen en el territorio; lo que significa que tiene que ser un poder de ordenación territorial de carácter supremo y exclusivo. El Estado es la organización normalmente más poderosa dentro de su territorio. Como poder constituyente y como personificación de la organización estatal aparece la unidad social de poder del Estado, que técnicamente no cabe limitar, como personalidad jurídica en relación con normas. Así, pues, se llama soberano al poder que crea el derecho, en su caso al constituyente, pero eso es la organización estatal como un todo. Solo ella es el sujeto de la plenitud de poder concentrada y actualizada en la conexión estatal de efectividad que hace posible el imponerse a cualquier otro poder dentro del territorio. Ello es aplicable, sin embargo, tanto al Estado como a otra organización cualquiera.

En toda organización hay que distinguir la cuestión del poder objetivo *de* la organización de la del poder subjetivo *sobre* la organización y la del poder subjetivo *en* la organización. El poder de la organización es la capacidad de acción del todo, según su volumen y contenido, en cuanto acción que se desarrolla hacia dentro y hacia fuera por la organización combinada de todos los miembros de la organización. Este poder objetivo puede medirse objetivamente hasta cierto punto (crédito, probabilidad de obediencia), pero no cabe localizarlo en ningún miembro particular de la organización, de modo que como sujeto solo se puede considerar a la organización en su totalidad. Resulta esto, en primer término, de la esencia del poder social, que es siempre una relación social del depositario del poder con los súbditos, de un lado, y con otros depositarios del poder, de otro. Para que el gobernante disponga de poder social no basta con que motive las voluntades de otros hombres, sino que es preciso que pueda motivarlas para actividades socialmente eficaces que él determina. «Su» poder social consiste en las actividades de los que le obedecen: *obcedientia facit imperantem.* Todo poder social en lo interior es una cualidad engendrada de modo bilateral y nunca una cualidad inherente al depositario del poder que solo quepa localizar en él. Por eso, la localización en la persona del gobernante de cualquier poder social, es decir producido mediante actividades combinadas, es siempre una imputación social.

Pero la totalidad de poder objetivo de la organización tampoco puede ser localizada en ningún miembro de la organización por la razón de que, para que una organización permanente e importante disponga de poder, precisa de una permanente división de poderes, es decir, de competencias, con el objeto de combinar las actividades y, por tanto, de una división del poder de la organización entre diversos depositarios de poder, aunque ordenados jerárquicamente. Como, por este motivo, la capacidad de acción del todo no está nunca a la libre disposición de un único sujeto de poder, como existen siempre limitaciones del poder de cada uno de sus depositarios por otros, y no se da una omnipotencia social absoluta, solo puede atribuirse, en último término, el poder objetivo de una organización a ella misma como un todo.

La cuestión del poder sobre la organización se refiere al soporte del poder de la organización, al poder que decide sobre el ser y la forma de la organización. El soporte de la organización puede ser un poder que se halle dentro de ella misma, pero también puede encontrarse fuera. En atención a esto se califica a la organización, según se trate de un poder que se organiza a sí mismo o que es organizado desde fuera, como grupo «activo» o «pasivo». La cuestión del sujeto de la decisión sobre el fundamental empleo y división del poder concentrado de la organización plantea especiales dificultades cuando se trata de que esta instancia es inmanente a la organización, es decir, en el caso de la organización que se organiza a sí misma. En este caso se trata, sobre todo, de una cuestión de imputación cuando no se busca solo averiguar quién puede decidir sobre el ser y la forma de un grupo que se organiza a sí mismo sino que, con más justeza, se pregunta por aquel en cuyo nombre se ejerce el poder actual de la organización, por aquella parte del poder ejecutivo de la organización —miembros o dirigentes, fieles o príncipes— que constituye el soporte de la organización.

El poder subjetivo en la organización entraña la cuestión de la jerarquía de los que efectivamente ejercen el poder. Constituyen el sujeto de aquél las personas que, en el caso concreto, aplican y actualizan el poder de la organización y concretan en una actividad individual el poder creado por la acumulación de actividades particulares. El sujeto del poder en la organización puede coincidir con el soporte de ella. El poder en la organización se caracteriza por la supraordinación del órgano superior con respecto al inferior en la jerarquía de poder.

A esta distinción corresponde la separación neta entre sujeto y soporte de la soberanía. Es soberana aquella organización a la que es inmanente el poder sobre sí mismo, la que es capaz de determinar sustancialmente por sí misma el uso del poder de la organización. Solo existe un Estado allí donde el poder sobre la organización social-territorial le pertenezca a ella misma, le sea propio, donde la decisión sobre el ser y modo de la organización tenga lugar dentro de ella. El poder del Estado es soberano, lo que significa que es, dentro de su territorio, poder supremo, exclusivo, irresistible y sustantivo. La soberanía del Estado significa, pues, la soberanía de la organización estatal como poder de ordenación territorial supremo y exclusivo. El Estado, como organización territorial soberana, es creador supremo de las normas y tiene el monopolio del poder de coacción física legítima, la *ultima ratio* de todo poder. Las expresiones soberanía del pueblo o soberanía del príncipe no se refieren, en cambio, al sujeto sino al portador de la soberanía en la organización estatal. El pueblo y el príncipe pueden ser a veces portadores y, al mismo tiempo, órganos del poder del Estado, y en ese caso cabe hablar de una soberanía del órgano, que puede tener el carácter de soberanía del pueblo o del príncipe.

El dominador y los órganos no son sujetos sino solamente portadores de la soberanía cuya realidad no se ve, pues, afectada por el hecho de que no sea localizable en un determinado portador. No hay que hacer consistir su esencia en la independencia de una instancia representativa, sino en la irresistibilidad del poder del Estado como tal. Esta supremacía social del poder del Estado aparece como soberanía en la supraordinación de su órgano supremo sobre todos los demás órganos. El poder del Estado, considerado desde un punto de vista existencial y en la relación con otros poderes que se encuentran en su territorio, es un poder superior porque está sobre ellos, del mismo modo que una organización económica puede ser superior a otra. Pero es el poder supremo como sujeto de la soberanía, porque está supraordinado a todos los restantes poderes dentro de su territorio y dicta las normas jurídicas supremas. Según esto, la soberanía del Estado no es más que la consecuencia necesaria de su función social. El poder del Estado tiene que ser, desde el punto de vista del derecho, el poder político supremo, y desde el punto de vista del poder, el poder político normalmente más fuerte, dentro de su territorio, pues de lo contrario no será soberano ni poder del Estado.

C. *Poder del Estado y formas de Estado*

La manera como se distribuye el poder del Estado determina la forma del mismo. Esto es aplicable, en primer término, a las dos formas fundamentales del Estado. La democracia es una estructura de poder construida de abajo arriba; la autocracia organiza al Estado de arriba abajo. En la democracia rige el principio de la soberanía del pueblo: todo poder estatal procede del pueblo; en la autocracia, el principio de la soberanía del dominador: el jefe del Estado reúne en sí todo el poder del Estado. El derecho y la realidad pueden e, incluso, deben separarse, pero no en la soberanía de la unidad de acción estatal, que comprende al pueblo y al dominador, sino en estas localizaciones de la soberanía en el pueblo o en el dominador. Pues tales principios de localización son solo en parte expresión de lo real, tratándose, en lo restante, de juicios deontológicos con los que no siempre concuerda la división real del poder del Estado. El derecho de la democracia, respondiendo a su función como regla de orientación y previsión, atribuye la formación de poder del Estado al «pueblo», aun cuando el cuerpo electoral esté constituido por una pequeña parte de la población real y haya individuos que, valiéndose por ejemplo de su superior potencialidad económica, contrapesen buena parte del poder electoral. Pero incluso en una democracia en que exista igualdad de oportunidades sociales, el pueblo solo puede mandar por medio de una organización de dominación. Toda organización, sin embargo, precisa de una autoridad y todo ejercicio de poder está sujeto a la ley del pequeño número; los que actualizan las actividades de poder unidas en la organización han de disponer siempre de una determinada suma de libertad de decisión y, con ello, de poder no limitado democráticamente. Esto se aplica tanto al poder del Estado como a la estructura de poder de los partidos políticos que organizan en la democracia las exteriorizaciones de voluntad de los electores. En los partidos, el reducido grupo de los dirigentes, juntamente con la burocracia del partido, concentra el poder en su mano tanto más fácilmente cuanto mayor y más complicada sea la organización y cuanto más reducida sea la preparación e interés político de los electores. Pero sobre todo la administración estatal, cada vez más extensa y complicada, hace preciso en todas sus ramas un cuerpo profesional de funcionarios, especializado y conocedor de los asuntos, cuya competencia y experiencia absorben una parte no pequeña del poder estatal localizado jurídicamente en el pueblo, especialmente cuando la burocracia permanente se halla frente a mayorías parlamentarias cambiantes y a una dirección política también cambiante.

A pesar de todas estas limitaciones y falseamientos, la localización jurídica de la soberanía en el pueblo no es, en absoluto, una mera ficción, sino una realidad política cuya importancia solo se comprende cuando se concibe a la soberanía del pueblo como debe concebírsela, es decir, como un principio polémico de la división política del poder, opuesto al principio de la soberanía del dominador. Que este principio no se realice en forma pura en la vida política es cosa que solo puede desilusionar al doctrinarismo. Por el contrario, solo la ignorancia o la demagogia pueden negar que la soberanía el pueblo exprese un principio de estructura de la división política real del poder. Pues es siempre un hecho que, al contrario de lo que sucede en la autocracia, en el régimen democrático determinados círculos, más amplios o más reducidos, del pueblo del Estado disponen de un poder político eficaz que se revela prácticamente, sobre todo, en el nombramiento, revocación y control de los dirigentes políticos. Constituye singularmente una realidad política de máxima importancia práctica el que la organización democrática del Estado de Derecho, con su división de poderes y garantía de los derechos fundamentales, limite eficazmente el poder político de los dirigentes mediante preceptos constitucionales, asegurando a todos los miembros del pueblo del Estado sin excepción una suma, muy variable, ciertamente, en la realidad, de «libertades», es decir, de poder social y político.

En cambio, en la autocracia la división del poder del Estado presenta una fisonomía totalmente distinta, tanto según los principios como en la realidad. Todo poder estatal proviene aquí del autócrata; a él incumbe adoptar todas las decisiones políticamente relevantes. Es evidente que este principio jurídico de imputación se aleja más de la realidad política que el principio de la soberanía del pueblo. Pues solo un autócrata omnisciente y omnipotente pudiera dirigir la ingente y complicada organización del Estado actual, en sus complicadas vinculaciones internacionales, con una plena libertad de decisión. En la práctica, el monarca absoluto y, con mayor motivo, el moderno dictador han de repartir ampliamente su poder ante todo con su burocracia y los demás órganos de dominación, con grupos de poder religiosos, económicos y de otra índole, tanto nacionales como internacionales, pero, en primer término, con la clase privilegiada y, en la dictadura, por consiguiente, con la camarilla del partido dictatorial que constituye la base sustentadora de su poder. No se puede evidentemente negar que el principio de localización de la soberanía del dominador representa una concentración del poder estatal en las manos del autócrata que es completamente desconocida en la democracia y el Estado de Derecho. El hecho de que desaparezca todo límite jurídico al poder dictatorial del Estado no significa, naturalmente, que el dictador sea omnipotente, ni siquiera que todo el poder aparezca concentrado de modo real en su persona. Ello significa, en cambio, que su poder solo encuentra límites en las relaciones efectivas de poder en la sociedad. Mas como —gracias al enorme desarrollo experimentado en los últimos cien años por la técnica de la dominación física y psíquica de las masas mediante tanques, aviones y gases y por la prensa, el cine, la radio y la escuela, así como, y, sobre todo, por la presión sobre los estómagos— el aparato dictatorial puede ser perfeccionado considerablemente, le es posible al conductor de este aparato monopolizar el poder del Estado hasta un grado insospechado.

5. La constitución del Estado

A. La Constitución política como realidad social

Kornfeld: *Soziale Machtverhältnisse,* 1911; Ehrlich: *Grundlegung der Soziologie des Rechts,* 1913-19; Wolff: *Grundlehre des Sollens,* 1924; Burckhardt: *Organisation der Rechtsgemeinschaft,* 1927; Jahrreis: *Berechenbarkeit und Recht,* 1927; Schmitt: *Verfassungslehre,* 1928; Schindler: *Verfassungsrecht und soziale Struktur,* 1932.

Entendemos por organización la acción concreta de dar forma a la cooperación de los individuos y grupos que participan en el todo, mediante la supra-, sub- y co-ordinación de ellos. La constitución de un Estado coincide con su organización en cuanto esta significa a constitución producida mediante actividad humana consciente y solo ella. Ambas se refieren a la forma o estructura de una situación política real que se renueva constantemente mediante actos de voluntad humana. En virtud de esta forma de actividad humana concreta, el Estado se convierte en una unidad ordenada de acción y es entonces cuando cobra, en general, existencia. Al adquirir la realidad social ordenación y forma de una especial manera, es cuando el Estado aparece en su existencia y modo concretos. De esta constitución «real» que todo país ha poseído en todo tiempo, dice Lassalle en su conocida conferencia *Über Verfassungswesen* (1862), que no es la constitución escrita o la hoja de papel, sino las relaciones reales de poder que se dan en un país; en la Prusia de entonces señalaba él como parte de la constitución real al jefe del Estado, al ejército, la Justicia y la Administración, la nobleza influyente, la bolsa, los banqueros e industriales y, en fin, la conciencia general y, en último término, la pequeña burguesía y los trabajadores.

Pero esas relaciones reales de poder se hallan en constante movimiento y cambian a cada momento, no obstante lo cual no dan lugar a un caos sino que engendran, como organización y constitución, la unidad y ordenación del Estado. Toda organización humana perdura en cuanto constantemente renace. Su realidad actual consiste en la efectividad presente de la conducta de los miembros ordenada para la acción unitaria. Su realidad potencial tiene su expresión en la probabilidad relativamente previsible de que la cooperación entre sus miembros vuelva a producirse de modo semejante en el futuro. La configuración actual de la cooperación, que se espera se mantenga de modo análogo en el futuro, por la que se produce de modo constantemente renovado la unidad y ordenación de la organización, es lo que nosotros llamamos Constitución en el sentido de la ciencia de la realidad.

El conocimiento del Estado y del Derecho no debe olvidar nunca, ciertamente, el carácter dinámico de su objeto (cf. *Supra,* p. 61 s.). Pero menos aún debe olvidar que solo cabe hablar de una Constitución si se la afirma, no obstante, la dinámica de los procesos de integración constantemente cambiantes y, en ellos, con un carácter relativamente estático. La Constitución del Estado no es, por eso, en primer término, proceso sino producto, no actividad sino forma de actividad; es una forma abierta a través de la cual pasa la vida, vida en forma y forma nacida de la vida. Así como en una melodía «transportada» han cambiado los «elementos» y, sin embargo, la melodía se estima idéntica (cf. *Supra,* p. 79 s.), así también en el sucederse y el coexistir de los cooperadores que cambian se ve cómo la Constitución persiste como unidad diferenciable.

La Constitución permanece a través del cambio de tiempos y personas gracias a la probabilidad de que se repita en lo futuro la conducta humana que concuerda con ella. Esta probabilidad se asienta, de una parte, en una mera normalidad de hecho, conforme a la Constitución, de la conducta de los miembros, pero además en una normalidad normada de los mismos y en el mismo sentido. Cabe, por eso, distinguir en toda Constitución estatal, y como contenidos parciales de la Constitución política total, la Constitución no normada y la normada, y dentro de esta, la normada extrajurídicamente y la que lo es jurídicamente. La Constitución normada por el derecho conscientemente establecido y asegurado es la Constitución organizada.

Así como no pueden estimarse completamente separados lo dinámico y lo estático, tampoco pueden serlo la normalidad y la normatividad, el ser y el deber ser en el concepto de la Constitución. Una Constitución política solo puede concebirse como un ser al que dan forma las normas. Como situación política existencial, como forma y ordenación concretas, la Constitución solo es posible debido a que los partícipes consideran a esa ordenación y a esa forma ya realizados o por realizarse en el futuro, como algo que debe ser y lo actualizan; ya sea que la forma de actividad acomodada a la Constitución se haya convertido para ellos, por medio del hábito, en una segunda naturaleza, en conformación habitual de su propio ser apenas estimada como exigencia normativa consciente; ya sea que los miembros motiven su conducta, de modo más o menos consciente, por normas autónomas o heterónomas.

El Estado, empero, no puede ser concebido ni como sociedad ni como comunidad exclusivamente (cf. *Supra,* pp. 104 ss.). Su ley decisiva de formación es ciertamente la organización; pues no solo por medio de ella crece considerablemente su valor de efectividad social, sino que sin ella no tiene, en general, existencia. Pero, por otra parte, no se le debe considerar en ningún caso como mero producto de la técnica organizadora, como sucede en la sociedad anónima; el individuo aparece siempre inserto en el Estado, voluntaria o involuntariamente, según zonas vitalmente importantes de su ser. La organización de la sociedad anónima puede ser completamente independiente de la manera de ser de los accionistas. En cambio, la organización estatal penetra hondamente en la vida personal del hombre formando así su ser, a la vez que, por su parte, los miembros influyen decisivamente sobre ella. Por eso decimos que el Estado es una forma organizada de vida cuya Constitución se caracteriza no solo por la conducta normada y jurídicamente organizada de sus miembros, sino además por la conducta no normada, aunque sí normalizada, de los mismos. La normalidad de una conducta consiste en su concordancia con una regla de previsión basada sobre la observación de lo que sucede por término medio en determinados períodos de tiempo. Todas las ordenaciones sociales que tienen validez real consisten en ciertas esperanzas de los miembros basadas en el siguiente principio: por el hecho de que tal hombre o grupo en tales circunstancias, de manera constante y por lo regular, se hayan comportado, en general, de tal modo, se puede confiar y contar con que, a pesar de las excepciones que pueda tener la regla, se comportarán también así, bajo las mismas circunstancias, en el futuro. La convivencia humana, y con mayor motivo la cooperación entre hombres, son totalmente imposibles sin la aplicación consciente o inconsciente de esta regla de previsión. Todas las cualidades que atribuimos a individuos o grupos se refieren a tales criterios de cálculo en los que se expresa una conducta normal con la que creemos poder contar por parte de los hombres a que se refiere. Valiéndonos de esta elaboración de tipos, por la que se distinguen, por ejemplo, las cualidades del hombre económico y las del hombre político, del alemán y de francés, del trabajador y del empresario, del conservador y del revolucionario, etc., formulamos determinadas probabilidades cuya realización esperamos y en virtud de las cuales se hace posible un obrar ordenado (cf. Spranger, *Lebensformen*). Sin que sea preciso que los miembros tengan conciencia de ello, las motivaciones naturales comunes como la tierra, la sangre, el contagio psíquico colectivo, la imitación, además de la comunidad de historia y cultura, originan de modo constante y por lo regular, una normalidad puramente empírica de la conducta que constituye la infraestructura no normada de la Constitución del Estado.

Estos factores naturales y culturales tienen para la Constitución del Estado una gran importancia, tanto constructiva como destructiva; pero la Constitución no normada es solo un contenido parcial de la Constitución total. La normalidad tiene que ser siempre reforzada y completada por la normatividad; al lado de la regla empírica de previsión ha de aparecer la norma valorativa de juicio. La idea de la normatividad, es decir, de la ejemplaridad u obligatoriedad de un obrar concorde con determinados criterios positivos de valor, presenta para la Constitución del Estado la inmensa importancia de que no solo eleva considerablemente la probabilidad de un obrar conforme a la constitución por parte de los miembros actuales o futuros, sino que es solo ella quien, en muchos casos, la hace posible. La transformación de la normalidad en normatividad, que pudiera ser atribuida a una ley de inercia psíquica, es idea en la que frecuentemente se insiste y con razón; pero a veces se incurre en un excesivo unilateralismo. Pues al lado de esta fuerza normativa de lo normal fáctico (Jellinek, *Staatslehre*, páginas 337 ss.) tiene también una gran importancia la fuerza normalizadora de lo normativo. La afirmación de que todo derecho no es «originariamente más que un uso de carácter fáctico» (Jellinek, *ob. Cit.*, p. 339) responde a la idea romántica del espíritu del pueblo, totalmente alejada de lo real. En la realidad, sobre la infraestructura de la Constitución no normada, e influida esencialmente por esta infraestructura, se yergue la Constitución formada por normas en la cual, al lado de la tradición y del uso, desempeña su papel peculiar la función directora y la preceptiva, que tienen carácter autónomo y que, con frecuencia, deciden contra lo tradicional.

La Constitución normada consiste en una normalidad de la conducta normada jurídicamente, o extrajurídicamente por la costumbre, la moral, la religión, la urbanidad, la moda, etc. Pero las normas constitucionales, tanto jurídicas como extrajurídicas, son, a la vez que reglas empíricas de previsión, criterios positivos de valoración del obrar. Porque también se roba y se asesina con regularidad estadísticamente previsible sin que, en ese caso, la normalidad se convierta en normatividad (cf. Jahrreis, pp. 16 ss.). Solo se valora positivamente y, por consiguiente, se convierte en normatividad, aquella normalidad respecto de la cual se cree que es una regla empírica de la existencia real, una condición de existencia ya de la humanidad en general, ya de un grupo humano.

La Constitución real del Estado conoce ciertamente una normalidad sin normatividad pero no, al contrario, una validez normativa sin normalidad. Pues todo derecho vigente es una «realidad conforme a la regla» (W. Jellinek, *Gesetz, Gesetzesanwendung*, etc., 1913, p. 23) y todas las normas constitucionales vigentes valen en cuanto reglas empíricas de la situación real de la organización estatal; poseen una normalidad normativa. Como reglas prácticas de valoración valen en tanto que son, a la vez, criterios de previsión para el obrar humano. No cabe, pues, mantener con la usual rigidez la separación entre las leyes del ser y las del deber ser (cf. Kornfeld, pp. 15 *s.*, Jahrreis, pp. 4 s.). Es inexacto afirmar que «el sentido de las leyes de la naturaleza es que las cosas se comportan en la realidad como las leyes dicen, en tanto que el de las normas jurídicas no consiste en que los hombres se comporten según estatuyen las normas sino en que así deben conducirse». Esta concepción de Kelsen priva a las normas precisamente de su sentido de ser-deber ser; pero, además, no puede desarrollarla por completo, pues inmediatamente se ve obligado a poner de relieve la importancia que tiene el momento de la «observancia ordinaria» para la positividad, o sea, en realidad, para la validez y existencia de las normas jurídicas. En el error opuesto incurre C. Schmitt, quien subestima completamente la normatividad exaltando, en oposición a ella, la existencialidad, de modo que viene a concebir a la Constitución no como norma, sino solo como «decisión» (cf. *Supra*, pp. 112 *s.*; Heller, *Souveränität*, p. 69). No existe Constitución política, alguna que, cabalmente como *status* real, no sea, a la vez, un ser formado por normas, es decir, una forma de actividad normada, además de una forma de actividad meramente normal.

Para la existencia de la Constitución del Estado tienen, entre todas las demás normas sociales, una importancia singular aquellas caracterizadas como derecho, que son formuladas de modo expreso por los órganos del Estado y promulgadas y aplicadas autoritariamente con la pretensión de obligatoriedad general. A veces no son, por su contenido, más que reglas empíricas del obrar que únicamente han sido abstraídas de la realidad social por los órganos estatales, formuladas y, en cierto sentido, sistematizadas. Pero, con frecuencia, se presentan como un querer y un deber ser opuestos al ser social, como una disposición nueva con respecto al orden social hasta entonces existente. Precisamente en el hecho de que la Constitución política se vea influida de manera consciente y según un plan por una creación autoritaria de normas, en este intento de una normalización general para el territorio pro medio de una normación central, radica la esencia del Estado moderno.

Aparece así como problema fundamental de toda Sociología del Derecho y del Estado la cuestión de la relación entre normalidad y normatividad en la Constitución del Estado. Desde un punto de vista histórico trátase aquí de la cuestión de las causas del aumento de la normalización por normación autoritaria y con ello, en general, de la cuestión del nacimiento del Estado moderno. Desde un punto de vista sistemático se trata de indagar, por una parte, en que manera pueden complementarse la normalidad y la normatividad y, por otra parte, en qué manera pueden ser contradictorias. Requiere una especial investigación la cuestión de las causas de la emancipación de la normatividad respecto a la normalidad.

El aumento de la normalidad por el aumento de la normatividad autoritaria y según un plan, en las modernas Constituciones, guarda la más estrecha conexión con la necesidad de producir, con arreglo a un plan y mediante una creación consciente de normas, una normalidad y previsibilidad cada vez más amplias en las relaciones sociales. El desarrollo cultural está siempre condicionado por una creciente división del trabajo y, con ello, por un aumento de la dependencia recíproca de grupos sociales espacialmente separados que se ven forzados a entrar en relaciones estrechas unos con otros. La intensificación de la división del trabajo y del intercambio reclama una mayor seguridad del tráfico, que viene a ser lo que los juristas llaman seguridad jurídica. La seguridad del tráfico y la seguridad jurídica reclaman en alto grado una sujeción a plan y una previsibilidad de las relaciones sociales. A esta intensa y amplia racionalización solo se puede llegar, en lo que no baste lo tradicional geográficamente limitado, haciendo que las relaciones sociales, singularmente las políticas, económicas y militares, se vean sometidas en medida creciente (tanto en su materia como respecto al territorio) a una ordenación unitaria, es decir, que sean normadas de modo planificado desde un centro y, por eso mismo, normalizadas. El resultado final, por el momento, de este proceso formal de racionalización social es el Estado actual, que ha organizado de manera unitaria la administración de justicia y la ejecución coactiva gracias a su cuerpo de funcionarios, y que ha centralizado la legislación especialmente por medio de las Constituciones escritas así como por las grandes codificaciones de los siglos XVII al XIX.

La Constitución estatal, así nacida, forma un todo en el que aparecen complementándose recíprocamente la normalidad y la normatividad, así como la normatividad jurídica y la extrajurídica. En la fuerza normalizadora de las normas sociales se apoya principalmente la permanencia y generalización temporal y personal de la normalidad y, con ello, la permanencia de la Constitución (cf. *Supra,* p. 210 5.). Alcanzase aquélla por la fuerza obligante que ejerce la norma sobre todos los miembros, no solo sobre los súbditos sino, hasta cierto punto, también sobre los dirigentes. Toda norma social aspira a tener validez general. Pretende valer, al menos dentro de determinados grupos sociales, para todos los casos semejantes, aunque se den separados espacial y temporalmente; la desigualdad contradiría su sentido en cuanto norma, sería arbitrariedad (cf. Leibholz, *Gleichhet von dem Gesetz,* 1925). Respondiendo al paralelismo general entre ser y deber ser, normalidad y normatividad, esta exigencia de igualdad no solo emana del ideal de justicia sino también del postulado de la previsibilidad de las relaciones sociales. Constituye una exigencia de la justicia y de la previsibilidad que la norma aparezca ante sus destinatarios, tanto ante los que coexisten como ante los que se suceden y aun especialmente ante estos, como relativamente objetivada y despersonalizada, con lo cual se hace posible la continuidad de la Constitución que, como decisión personal, sería inconcebible. Solo puede crearse una continuidad constitucional y un *status* político si el creador de la norma se considera también ligado por ciertas decisiones, normativamente objetivadas, de sus predecesores. Solo mediante el elemento normativo se normaliza una situación de dominación actual y plenamente imprevisible convirtiéndose en una situación de dominación actual y plenamente imprevisible convirtiéndose en una situación de dominación actual y plenamente imprevisible convirtiéndose en una situación de dominación continua y previsible, es decir, en una Constitución que dura más allá del momento presente.

Sin la permanencia de las normas sociales no existe permanencia del status social, no existe Constitución. Problema especial es el de determinar de qué modo se puede armonizar la permanencia de las normas con el cambio constante de la realidad social. Pero implica una incomprensión total de la importancia política y jurídica del elemento normativo de la Constitución la osada afirmación de C. Schmitt de que todo Derecho es «derecho de situación». No hay duda de que la normatividad requiere como supuesto permanente una cierta normalidad y no existe, evidentemente, norma alguna que pudiera aplicarse a un caos (Schmitt, *Polit. Theologie,* p. 13). La validez de una norma presupone aquella situación general para la que es prevista, y es imposible valorar normativamente una situación excepcional imprevisible. Pero precisamente lo que correspondería al caos social sería un «derecho de situación», un derecho semejante no aparecería ya como una construcción relativamente estática en el devenir social ni como una estructuración de las situaciones de poder siempre cambiantes, dando solo lugar, en el mejor de los casos, a situaciones constitucionales en constante mutación, pero nunca a un *status* constitucional o a una Constitución estatal.

La Constitución normada jurídicamente no consiste nunca de modo exclusivo en preceptos jurídicos autorizados por el Estado, sino que, para su validez, precisa siempre ser complementada por los elementos constitucionales no normados y por aquellos otros normados pero no jurídicos. El contenido y modo de validez de una norma no se determina nunca solamente por su letra, ni tampoco por los propósitos y cualidades del que la dicta, sino, además y sobre todo, por las cualidades de aquellos a quienes la norma se dirige y que la observan. El mismo reglamento judicial dictado por José II dio lugar en Austria a un procedimiento escrito e indirecto y en los Países Bajos, en cambio, a un procedimiento oral y directo (cf. Ehrlich, pp. 295 s.). Lo que Schindler (p. 93) llama ambiente, el medio cultural y natural, las normalidades antropológicas, geográficas, etnográficas, económicas y sociales, así como las normatividades no jurídicas, aquella parte del mundo circundante con la cual o frente a la cual la Constitución normada jurídicamente debe formar un todo, es lo que, en primer término, determina su contenido y su individualidad. Por esta razón, el precepto jurídico particular solo puede ser fundamentalmente concebido, de modo pleno, partiendo de la totalidad de la constitución política.

Al lado de las numerosas reglas del ser, privadas por completo de toda normación pero que intervienen determinando esencialmente el contenido normativo de la Constitución, están aquellas normatividades extrajurídicas que tienen decisiva importancia, en cuanto principios de Derecho, para la validez y el contenido de las normas constitucionales (cf. Heller, *Souveränität,* pp. 47 55.). No nos referimos aquí a los principios lógicos del Derecho, resultado de la inducción de preceptos jurídicos y decisiones judiciales, obtenidos por mera abstracción. No les pertenece a tales principios validez lógica alguna dirigida a nuestra voluntad. Un precepto jurídico positivo puede herir, ciertamente, principios éticos del Derecho pero nunca principios lógicos de constitución del Derecho. Los principios éticos del Derecho, legitimados por la sociedad, a veces no autorizados por el Estado e incluso expresamente condenados, en ocasiones, por él, tienen, para la existencia de la Constitución del Estado, la máxima importancia, en parte por sí mismos y en parte en cuanto complemento. Esos principios se caracterizan porque, careciendo de una concreción suficiente, no pueden encontrar aplicación como normas inmediatas para la decisión judicial, a pesar de lo cual, sin embargo, son imprescindibles en la Constitución jurídica del Estado como normas sociales de ordenación, así como también en cuanto reglas interpretativas para la decisión judicial. La validez de esos principios es de naturaleza general y apriorística en parte, pero con más frecuencia, es históricamente variable y depende del círculo de cultura correspondiente.

El carácter necesario de esos principios para la Constitución aparece reconocido por el legislador en cuanto suele referirse a él de dos maneras: o de un modo material, formulando el contenido del principio jurídico, o de un modo formal. La Constitución de Weimar, en su segunda parte, y las listas de derechos fundamentales de la mayor parte de las Constituciones escritas se remiten, con carácter material, a principios éticos del Derecho. Al formular, por ejemplo, los artículos 119 y 120 de aquella Constitución el principio de la monogamia y de la educación familiar de los hijos, no establecen todavía, con ello, ciertamente, un precepto jurídico positivo que pudiera servir al juez como norma de decisión; pero esta formulación contiene, sin duda, algo que es distinto y superior a una mera abstracción de los preceptos jurídicos vigentes, y establece también algo más que una simple directriz para el legislador futuro. En realidad, los principios jurídicos que allí se formulan son las únicas normas que conoce la inmensa mayoría de los miembros de la comunidad jurídica y las únicas realmente vivas en su espíritu, en tanto que las numerosas normas para la decisión judicial comprendidas en el Derecho de la familia del Código Civil sobre el matrimonio y la familia le son desconocidas e incluso, mientras no haya que comparecer ante el juez, pueden ser ineficaces. En la práctica, pues, no son estos preceptos jurídicos positivos, sino aquellos principios generales del Derecho los que ayudan a asegurar la ordenación de la realidad social.

El legislador realiza una remisión formal a los principios jurídicos que imperan en la sociedad cuando, sin formular el contenido de estos, se refiere sencillamente a las buenas costumbres, a la buena fe, a los usos del comercio o a la equidad. En este caso, el legislador autoriza al juez, mediante un poder en blanco, a concentrar en normas de decisión los principios jurídicos inicialmente solo legitimados por la sociedad. Con ello reconoce dos cosas: primera, la necesidad en que se halla la normatividad jurídica de ser complementada por una normalidad social a la que se le da valor de manera positiva; y segunda, la incapacidad en que se halla para establecer, de una vez para siempre, el contenido, históricamente cambiable en la mayoría de los casos, de las normas sociales que complementan a las jurídicas.

Sin esa apelación a los principios del Derecho, incluso en los casos en que el legislador no se remite expresamente a ellos, no se pueden comprender ni interpretar ni aplicar la mayoría de los preceptos positivos del Derecho constitucional. Pues nunca está comprendido todo el Derecho en la letra de los preceptos jurídicos positivos (Ehrlich, pp. 393 55.). Si se prescinde de la normalidad social positivamente valorada, la Constitución, como mera formación normativa de sentido, dice siempre muy poco. La mayoría de sus preceptos jurídicos y, sobre todo, los más importantes, cobran únicamente un sentido practicable cuando se ponen en relación con los principios jurídicos que son expresión de la estructura social (cf. Del Vecchio, *Grundprinzipien des Rechts,* edic. mpe., 1923, pp. 25 s., 60 5.; Heller, *Souveränität,* p. 76). Un ejemplo clásico de lo que antecede es el precepto de la igualdad ante la ley que existe en todas las democracias y cuyo contenido tiene importancia decisiva para determinar la estructura constitucional de cada Estado. Pero ese precepto recibe únicamente su contenido de las concepciones que dominan en la realidad social, y que en la Constitución misma no se formulan o solo se formulan en muy pequeña parte, sobre lo que debe estimarse igual y desigual. Originariamente el precepto de igualad, cuya letra no ha experimentado después cambio alguno, se refería tan solo a la igualdad política de los varones; hoy, en ciertos Estados, se refiere también a la de las mujeres; en la primera mitad del siglo XIX significaba solo la igualdad de los derechos políticos, mientras que actualmente, y en medida creciente, significa también la igualdad social; hasta hace una década se aplicaba, «según la opinión dominante», nada más que a la Administración, en tanto que hoy se le interpreta como límite y pauta también para el legislador.

Es precisamente esa ausencia de determinación del contenido lo que capacita a esos principios jurídicos para desempeñar una función perpetua a la Constitución. Un precepto jurídico positivo ha de decir, según lo que hoy, se reclama de la seguridad jurídica, lo siguiente: en tales circunstancias el hombre debe comportarse de tal modo. Con ello, el precepto jurídico válido garantiza una previsibilidad mayor de la conducta social que el principio jurídico que es menos preciso. Pero justamente esta precisión del precepto jurídico se opone a la necesaria capacidad de acomodación y a la continuidad de los preceptos jurídicos. El que la permanencia de la norma pueda ser armonizada con el cambio ininterrumpido de la realidad social, se debe, en gran parte, a que la normalidad social que se expresa en los principios jurídicos va transformándose en la corriente imperceptible de la vida diaria. Mediante la evolución gradual de los principios jurídicos puede suceder que, no obstante permanecer inmutable el texto del precepto jurídico, su sentido experimente una completa revolución, aunque queda salvaguardada la continuidad del Derecho ante los miembros de la comunidad jurídica (cf. Freyer, *Theorie d. obj. Geistes,* 1928, pp. 122 ss.). Tal cambio de significación de precepto jurídico se realiza gracias a los principios jurídicos cambiantes, que vienen a ser la puerta por donde la realidad social valorada positivamente penetra a diario en la normatividad estatal. Dado que tradición y revolución suponen solo oposiciones relativas, se hace posible la permanencia y capacidad de acomodación de la normatividad respecto a la normalidad y puede así concebirse a la constitución total del Estado como «forma acuñada que viviendo se desarrolla».

Hasta aquí hemos considerado exclusivamente el caso en que la Constitución del Estado normada jurídicamente es completada por normas no jurídicas y por normalidades; pero también puede hallarse en oposición con ellas. La creación de normas por el Estado, como ya lo observó Bülow *(Gesetz und Richteramt,* 1885, pp. 3 s.), no crea, desde luego, un Derecho válido, sino solo el plan de un derecho que se desea para el futuro. Esta «oferta» que el legislador hace a los destinatarios de la norma solo produce derecho vigente en la medida en que las normas «salen de su existencia en el papel para confirmarse en la vida humana como poder» (Hold v. Ferneck, *Rechtswidrigkeit,* I, 1913, p. 11; Jahrreis, pp. 19 s.). Puede faltar esta confirmación por muy diversos motivos, ya porque la vida no precise de tales normas, ya porque las rechace, y en tales casos la normatividad pierde su fuerza normalizadora. Basándose en una encuesta, estima Ehrlich (p. 297) en una tercera parte del total el número de artículos del Código Civil austríaco que han pasado por la vida sin dejar rastro y que podrían derogarse sin que ello tuviese importancia para la realidad social.

Toda creación de normas es, por esto y ante todo, un intento de producir, mediante una normatividad creada conscientemente, una normalidad de la conducta concorde con ella. Que el experimento de la creación de normas tenga éxito en el Estado moderno, en la mayoría de los casos, a causa de su rigurosa organización burocrática, no autoriza a olvidar el hecho de que ese mismo Estado no es capaz, en manera alguna, de procurar vigencia a todas sus normas, y que, aunque el experimento tenga éxito, tal éxito y, en consecuencia, la vigencia que se logra, pueden presentarse en grados muy diferentes. Pues la creación de normas puede dar lugar a una normalidad correspondiente a ella en la mayoría de los destinatarios de las normas, en muchos o en pocos, o solo en los tribunales y demás autoridades o, finalmente, ni en estos siquiera. Con bastante frecuencia, el uso social, la realidad social no normada extrajurídicamente, se revela más fuerte que la norma estatal.

En última instancia, siempre veremos confirmarse la tesis de que la Constitución real consiste en las relaciones reales de poder. La nueva Teoría del Derecho Político se ha ocupado de los casos menos importantes de cambios de las normas constitucionales por relaciones sociales de poder que las contradicen, en la doctrina de la reforma constitucional (G. Jellinek, *Verfassungsänderung,* 1906; Teznor, *Grünhuts Ztschr.,* 42, pp. 557 ss.). Pero en todos los casos en que el poder propio del depositario supremo del poder se oponga con éxito a las normas constitucionales, se da la posibilidad —no obstante las firmes barreras del Estado de Derecho— de una creación jurídica por violación del

Derecho. Por muchos controles que se establezcan nunca podrá resolverse el problema: *Quis custodet custodem?* No hay forma ninguna de inviolabilidad de las normas constitucionales que pueda detener revoluciones y restauraciones; ninguna división de poderes de Derecho Constitucional puede impedir que, en un conflicto insoluble, por ejemplo entre el Gobierno y el Parlamento, decida, a falta de una unidad superior de acción, el poder prácticamente más fuerte, realizando así la necesaria unidad del poder del Estado.

B. *LA CONSTITUCIÓN JURÍDICA DESTACADA*

HECK: *Gesetzesauslegung und Interessenjurisprudenz,* 1914; EHRLICH: *Juristische Logik,* 1925; MAX WEBER: «Sociología del Derecho», en *Economía y Sociedad* (1922), ed. Esp., 1944, III, pp. 9 ss.

No solo según una acepción vulgar, sino también en el lenguaje jurídico suele entenderse por Constitución del Estado no la estructura de un *status* político total, antes descrita, sino únicamente el contenido normativo Jurídico destacado de esta realidad; no una estructura social conformada por normas, sino una estructura normativa de sentido; no un ser, sino un deber ser. La doctrina dominante, bajo la dirección de Georg Jellinek, se contenta con poner la Constitución como ser al lado de la Constitución jurídica, como deber ser, sin conexión científica de ninguna clase entre sí. Los intentos de superar este insostenible dualismo no han conducido, hasta hoy, más que a la absolutización de una u otra de ambas posiciones. Kelsen hace consistir al Estado y a la Constitución en un deber ser, exclusivamente; C. Schmitt pretende eliminar de la Constitución toda normatividad. La teoría del Estado solo podrá evitar estas unilateralidades si consigue descubrir la conexión real partiendo de la cual pueden ser explicadas y comprendidas tanto la Constitución en cuanto ser como la Constitución jurídica normativa y el método dogmático-jurídico a ella correspondiente (cf. *Supra,* páginas 63 s.).

La Constitución del Estado jurídicamente normada es también expresión de las relaciones de poder tanto físicas como psíquicas. En cuanto conexión social de acción, la Constitución se presenta como objeto del método propio de las ciencias de lo real. En cambio, la Ciencia dogmática del Derecho considera a la Constitución jurídica del Estado como una formación normativa de sentido, relativamente separada y emancipada de la realidad social. Frente a todas las confusiones y falsas comprensiones de una corriente de la Ciencia el Derecho que ha llegado a olvidar la base de su problemática, hay que sostener la tesis de que la dogmática jurídica es también producto de nuestra razón práctica y no de nuestra razón puramente teórica. En el estadio actual de nuestra evolución social es precisamente la Teoría del Estado la que ha de responder a la cuestión de cómo, dentro de la realidad social, cabe que tenga prácticamente sentido y sea, además, posible el hacer a la Constitución, relativamente separada de esta realidad social, objeto de un método dogmático especial.

La posibilidad de la emancipación de una conexión de normas jurídico-constitucionales respecto a la realidad social se apoya en el hecho básico de que tal realidad se halla construida dialécticamente; pues esta nace en virtud de una actividad humana siempre renovada en la que acto y sentido, realidad y significación, forman una unidad dialéctica. La conciencia humana puede extraer, del curso de la acción que desarrolla un obrar con sentido, su sentido objetivo trascendente del acto, separarlo de su proceso subjetivo de vivencia, convertirlo en objeto e incluso —lo que no es, en modo alguno, necesario— objetivarlo en algo corpóreo (v. *gr.*, por escrito). En virtud de esta operación de nuestra conciencia se emancipa un contenido de significación de la realidad social, convirtiéndolo en una conexión de sentido que puede ser luego recogida en otros actos y en ellos re-vivida (cf. Freyer, *Theorie*, pp. 33 ss.). El lenguaje, las costumbres y todas las formas del arte y de la vida, así como el Derecho, nacen y se mantienen como tales conexiones objetivadas de sentido, las cuales aparecen ante la acción individual del hombre del día como estructuras espirituales en las que en ocasiones conscientemente, pero con más frecuencia inconscientemente, se inmerge.

La emancipación de la conexión de sentido que se conoce como «Derecho» debe su gran importancia práctica al hecho de que esta objetivación de la «ordenación social» en cuanto formación ideal de sentido está al servicio de la «ordenación social» en cuanto formación social real. Por eso también la emancipación de una Constitución normativa jurídica tiene únicamente un sentido científicamente determinable si y en cuanto esta objetivación sirve a la Constitución real del Estado. La dogmática jurídico-constitucional se ha inspirado, asimismo, en este punto de vista al aislar de la realidad social el contenido de significación llamado «Derecho» e investigarlo en su legalidad relativamente propia. Pues también esta legalidad propia normativa del Derecho Constitucional solo se puede concebir, en último término, partiendo de la compleja conexión que existe entre el Derecho como norma objetiva y la realidad social total. A la Teoría del Estado incumbe, sin embargo, el cometido más limitado de mostrar cómo la Constitución real del Estado moderno ha hecho prácticamente necesaria una Constitución jurídica objetivada y un método correspondiente a ella. Si con eso se agota o no el sentido de la dogmática jurídica es cosa en la que no vamos a entrar ahora.

El primer paso para la objetivación de la normatividad frente a la normalidad puede realizarse ya de un modo autoritario, ya de un modo libre y, en último extremo, en forma de un uso común al que se reconoce valor positivo. No es necesaria una fijación por escrito: el Derecho Constitucional inglés se formó, en lo esencial, por el mero hecho de hacerse conscientes determinadas reglas de previsión a las que se les reconoció valor positivo por la formulación de una normalidad como normatividad. Hay casos en los que una normalidad social se convierte en una normatividad jurídica debido a que una regularidad real se formula conscientemente como regla cuyo cumplimiento se exige sin excepciones. O sea: «si A manda y B *en la mayor parte de los casos* obedece, A debe mandar y B obedecer» (Kelsen, *Staatslehre*, p. 127). El hecho de que la regularidad social sea formulada y objetivada como algo de carácter ideal-normativo que no admite excepciones con pretensión, además, en la mayoría de los casos, a una vigencia temporal ilimitada, encierra el sentido práctico de indicar el *optimum* de dominación y ordenación, por medio de una constante exclusión de excepciones respecto a la conducta que se exige, *optimum* que en realidad jamás puede conseguirse (cf. Heller, *Hdwb. D. Soziologie*, página 615). Esta función de la formulación normativa aparece más clara si, por ejemplo, en vez de decir: el poder del Estado debe venir del pueblo, se dice: el poder del Estado procede del pueblo, es decir, si el precepto jurídico no se objetiva como exigencia del deber ser, sino como afirmación del ser.

La objetivación de preceptos jurídicos firmes es, en general, un producto muy tardío en la historia del Derecho. En Europa no aparece plenamente desarrollada sino allí donde, debido al interés que ciertos sectores influyentes de la población tienen por la previsibilidad de determinadas relaciones sociales, surge una racionalización del Derecho en el sentido del mantenimiento de ciertos criterios de previsión y valoración. En la historia de Occidente la decisión de toda contienda se realiza primitivamente no como justicia normativa, sino como solución y mediación, es decir, como decisión de equidad que no juzga en el caso concreto según criterios objetivos. En los países donde la tradición jurídica no fue interrumpida por la recepción del Derecho Romano, como en Inglaterra, la decisión contenciosa puede realizarse durante mucho tiempo, sin que exista una gran cantidad de normas de decisión claramente determinadas. En cambio, no hay grupo humano alguno que pueda concebirse, ni siquiera en sus comienzos, sin criterios precisos de división de competencias, es decir, sin normas de organización o constitucionales; a diferencia de las normas de decisión, que sirven solo mediatamente a la formación de la organización por la decisión en los conflictos, promueven aquéllas de modo inmediato la formación consciente de unidad mediante la ordenación de la cooperación y previniendo las contiendas.

Decisiva importancia entraña, para la emancipación de la normatividad frente a la mera normalidad, el aseguramiento de la vigencia de la norma por la organización. Este aseguramiento se realiza mediante el establecimiento de órganos especiales a quienes incumbe, en la división del trabajo social, la aplicación de reglas normativas, su ejecución y creación, respecto a los demás miembros de la sociedad, por medio de una acción conscientemente dirigida a tal fin. Largo fue el camino que hubo de recorrerse hasta llegar, por fin, en la Europa de la Edad Moderna, al aseguramiento jurídico por medio de la organización estatal con una numerosa burocracia especializada. Hasta ese momento se debió dejar a la sociedad no organizada un curso más o menos libre y permitir que la validez del Derecho dependiera de organizaciones extraestatales, de un lado, y, de otro, de la conducta real de los miembros de la comunidad jurídica.

Con la emancipación de la organización estatal se produce, a partir del Renacimiento, una relativa objetivación de la jurisdicción, la ejecución coactiva y la creación jurídica, cosa que fue entonces posible por cuanto el papel del «tercero», de tanta importancia para la emancipación de las normas sociales, empieza a crecer poderosamente (cf. Simmel, *Soziologie*, pp. 76 *ss.)*. Ya actúe el tercero como mediador e imparcialmente, ya como dominador según el principio del *divide et impera,* ha de cuidar necesariamente, sea *rationis mperio,* sea —dado que no es parte en el asunto o tiene un interés equilibrado— *imperio rationis,* de la objetivación de las normas jurídicas, así como del aseguramiento de su validez. Aun en el caso de que la clase dominadora solo busque perpetuar su situación de dominación mediante la organización del Estado moderno, y habida cuenta del carácter creador de poder del Derecho (cf. *Supra*, pp. 208 ss.), debe procurar un cierto grado de objetividad e inviolabilidad de su justicia, ejecución y legislación, aunque a veces sean ciertamente muy elásticas. En todo caso, únicamente la creación de una organización ofrece la posibilidad de implantar el medio más eficaz para lograr la emancipación de la normatividad, es decir, la amenaza y la aplicación de la coacción organizada. Sin duda, la coercibilidad no es una nota necesaria del concepto del Derecho. Pero es lo cierto que la coacción organizada es un fenómeno que acompaña normalmente, aunque no sin excepciones, al Derecho. Las relaciones internacionales, con su defectuosa o inexistente organización, revelan hasta qué punto la falta de un sistema eficaz de garantías que nazca de la propia organización trae como consecuencia que la normatividad venga a depender precariamente de la realidad del momento.

Una Constitución jurídica unitaria en un territorio fue posible en Europa a partir del momento en que adquirió vida propia una organización estatal unitaria administrada por funcionarios (cf. *Supra*, páginas 145 ss.). Ella permitió el aseguramiento e imperio de la ordenación jurídica real y unitaria como estructura de sentido. Esta función histórica de las formas jurídicas de hacer posible una continuidad sistemática y temporal de la Constitución jurídica y, mediante ella, de la Constitución total del Estado, agota por completo el sentido científico-real y social-inmanente del derecho; solo ella nos puede, asimismo, explicar el llamado «método jurídico» de la ciencia jurídica dogmática. El filósofo del Derecho Natural racional puede sostener el dogma: *fiat jus, pereat mundus*. El teórico del Estado lo mismo que el jurista práctico, en cambio, solo puede admitir, en último extremo, el dogma: *fiat jus, ne pereat mundus*. El dogmático jurídico del Derecho Constitucional moderno tiene como tarea elaborar la materia jurídica positiva de modo que esta sea útil para la unidad y ordenación temporal y sistemática de la organización estatal. Toda la problemática de nuestra dogmática jurídico-constitucional desemboca, en último término, en la cuestión de cómo es posible la unidad y ordenación de la Constitución mediante la creación jurídica, la justicia y la ejecución, a pesar de que el legislador no puede abarcar ni prever completamente la conducta presente ni la futura de los miembros de la comunidad jurídica.

Desde un punto de vista metódico, la jurisprudencia dogmática es una ciencia normativa en cuanto no tiene que explicar ninguna conexión de realidad, sino que ha de proceder dogmáticamente dentro de nosotros mismos, partiendo de la conexión normativa, de la legalidad relativamente propia. Pero la dogmática jurídica no es ni plenamente autárquica ni autónoma; su sentido y su método no se pueden comprender ni explicar según un punto de vista normativo-inmanente, sino solo «metajurídicamente», es decir, desde un punto de vista político-histórico que es el correspondiente a la ciencia de lo real. Toda norma tiene como función el ligar a la voluntad, de modo eficaz y para el futuro, de acuerdo con su contenido. Las normas sociales sirven, por una vinculación intersubjetiva de voluntades, al mantenimiento de una determinada conducta social. En cuanto normas constitucionales, tienen la función de procurar vigencia a una normalidad a la que se reconoce valor positivamente, o sea a la conducta que realiza la Constitución, no obstante, el cambio de los tiempos y de las personas. La unidad y ordenación de la Constitución del Estado solo adquiere realidad por una cooperación de actividades que, tanto histórica como sistemáticamente y tanto en la sucesión temporal como en la coexistencia espacial, han de mostrar una continuidad en la que haya un ajuste perfecto. La Constitución jurídica representa el plan normativo de esta cooperación continuada. La dogmática jurídica del Derecho Constitucional existe para servir al fin de una continuidad histórica y sistemática de la Constitución real; hacia este fin ha de orientarse su método.

Esa objetivación, arriba descrita, de reglas de previsión y del valoración que llamamos normas jurídicas contribuye ya a producir la continuidad histórica de la Constitución real, la conexión estatal en el tiempo. Pero esa misma función cumple el carácter de generalidad en el tiempo que, como es lógico, la dogmática jurídica confiere en principio a todas las normas jurídicas, siempre que no se haya dispuesto positivamente otra cosa. La dogmática jurídica considera a la normatividad sociológica, es decir, la observancia corriente de representaciones normativas normales en que el tiempo aparece «estancado» por un período limitado, como una normatividad sin excepciones, de validez eterna por principio, en la que el tiempo no cuenta para nada (cf. *Supra,* p. 62 5.); solo puede concebir la Constitución jurídica como historia acontecida, no como historia que, a la vez, está aconteciendo, y tiene que proceder de modo inmanente a la norma y, por consiguiente, estáticamente. Por eso el problema de la continuidad o discontinuidad de una Constitución estatal solo puede plantearse con sentido desde el punto de vista de la ciencia de lo real y nunca desde un punto de vista lógico-normativo. Únicamente cuando se confunde a la Constitución política total con la Constitución jurídica aislada, la formación ideal de sentido que es el ordenamiento jurídico con la formación social real que es el Estado, puede llegarse a la errónea afirmación de que la cuestión de la continuidad jurídica prejuzga ya la cuestión de la identidad del Estado (Merkl., *Ztschr. Ö. R. V.,* p. 1521). La destemporalización metódica que en las normas constitucionales produce la dogmática jurídica no tendría, sin embargo, sentido si no entrañara el de servir a una prolongación de la temporalidad de la Constitución.

Ni el logicismo normativo de Kelsen ni el decisionismo schmittiano se dan cuenta de la función que, para la continuidad histórica de la Constitución real, desempeña la norma jurídica. La afirmación de C. Schmitt de que la Constitución no puede ser concebida como normación, sino que tiene que ser considerada como «decisión» sobre la especie y forma de la unidad política (*Verfassungsrecht,* pp. 20 ss.) proviene de su radical incomprensión del elemento normativo de la Constitución del Estado. Naturalmente que en la base de toda normación, no solo de la Constitución sino de cualquier ley, existe una decisión más o menos política del que crea la norma. Pero en cuanto la decisión adoptada pretenda validez que obligue a la voluntad, ya sea para el mismo que decide, ya para otros, tiene que ser objetivada como norma. Lo que, mirado desde arriba, aparece como mandato, sentencia o negocio jurídico, se presenta, desde abajo, como precepto jurídico (cf. Heller, *Begriff des Gesetzes,* p. 119). Ninguna decisión puede, sin normatividad, producir una normalidad y, por tanto, una continuidad de la conducta. La oposición de norma y decisión aparece aquí tan mal entendida como la antítesis entre normatividad y existencialidad. El concebir a las determinaciones fundamentales de organización de una Constitución jurídica no como «normaciones», sino como decisiones políticas concretas, impide considerar a la Constitución como una unidad en el tiempo. Si las decisiones adoptadas para esta o aquella forma de Estado o de Gobierno no poseyeran validez normativa para el futuro, difícil sería explicar cómo pudieran constituir en cuanto «decisiones», tanto hoy como mañana, «el supuesto básico de todas las normaciones ulteriores» (Schmitt, *ob. Cit.*, p. 24).

El pensar jurídico que se conoce como método jurídico ha de contribuir no solo a la conexión histórica, sino también a la continuidad sistemática de la Constitución jurídica, ya que ese método sirve a la unidad de la conexión estatal en la simultánea cooperación de los partícipes. No hay duda que la representación del ordenamiento jurídico como un sistema unitario, cerrado y sin lagunas, de preceptos jurídicos, cosa que la dogmática del Derecho Civil estima hoy como algo evidente, es idea que tiene una gran base histórico-sociológica; pero ella no pudiera concebirse antes de que el territorio del Estado se convirtiera en territorio jurídico unitario y antes de que el poder del Estado se convirtiera en unidad de decisión y acción en su territorio, fenómeno que se produjo entre los siglos XVI y XIX (cf. Ehrlich, páginas 121 *ss.)*. La idea de un sistema jurídico positivo unitario solo pudo aparecer en cuanto los intereses sociales reclamaron una ordenación planificada y previsible de la cooperación en todo el territorio e hicieron posible aquel sistema gracias a la organización burocrática. La emancipación de un ordenamiento jurídico «cerrado» no se pudo realizar sino como consecuencia de la emancipación de un poder estatal soberano a cuyas órdenes está sometida la jerarquía de los funcionarios. Pues solo a partir de entonces hubo un poder de voluntad unitario, actuando, por medio de la organización burocrática, desde un centro, poder que está en condiciones de reclamar con éxito, para sí exclusivamente, todo el poder coactivo físico legítimo y que, mediante la amenaza y la aplicación de la coacción organizada, es capaz de asegurar en su territorio un derecho unitario en oposición incluso con la conducta normal original de los habitantes del territorio.

Llegado ese momento es cuando corresponde al dogmático del derecho la tarea de concebir, hasta donde sea posible, a la totalidad de los preceptos jurídicos existentes como la expresión de la voluntad unitaria y sin contradicciones de un único legislador, aunque tales preceptos jurídicos procedan de distintas fuentes y tiempos. Nunca, empero, le es dado al jurista el sistema jurídico sin lagunas y sin contradicciones, como una realidad que apareciera, pronta ya, ante sus ojos; también en la situación actual de la evolución del Estado se le aparece únicamente como objeto de su interpretación. Cuando el jurista de nuestros días subsume un «caso» dado, es decir, una determinada conducta humana relevante para el ordenamiento jurídico en un precepto jurídico existente, o, también, cuando destaca esta misma proposición jurídica mediante actos de conocimiento, inserta tal proceder en el ordenamiento jurídico concreto y, por lo tanto, en la organización estatal. En estos casos se trata siempre de completar el derecho necesario para su aplicación; nunca se encuentra totalmente cerrado el ordenamiento jurídico, sino que es imprescindible complementarlo mediante actos de conocimiento y voluntad de hombres, quienes, en el escalonamiento de la organización estatal, se hallan voluntariamente supraordinados y subordinados entre sí. La conexión normativa jurídica es una conexión jurídica de referencia porque su fin es servir a una conexión real y autoritaria de mandatos. La orden y la sentencia en el

Estado de Derecho deben basarse en la ordenanza y la ley, y esta, a su vez, en la Constitución, por causa de que la unidad y ordenación de la conexión de acción organizada de Estado requiere un sistema de supra y subordinación eficaces.

El dogma insostenible del positivismo logístico de que el derecho, aun cuando no comprenda «casi nada» de materia regulada, es «algo que existe siempre como una totalidad sin lagunas» porque su «fuerza de expansión lógica» atiende en todo momento cuanto se precise en juicios de derecho (como Bergbohm, *Jurisprudenz und Rechtsphilosophie,* 1892, pp. 384 s.), esa representación del ordenamiento jurídico lógicamente cerrado, insostenible incluso en el terreno del derecho privado, fue llevada por Laband al campo del derecho público. «Las leyes —decía— pueden tener lagunas, pero el orden jurídico mismo no puede tenerlas, al modo como tampoco las puede tener el orden de la naturaleza» *(Ztschr. F Gesetzg. U. Rechtspfl.,* 1871, p. 75). Y en una insostenible trasmutación de las dependencias sociológicas en lógicas, en vez de jurídicas, se basa también la concepción de Kelsen de que un sistema normativo es «un complejo de normas, lógicamente cerrado, cuya ausencia de contradicciones internas y cuya unidad se acostumbran a expresar, de modo plástico y antropomórfico-ficticio, haciendo que todos los contenidos normativos se estimen, a la vez y conjuntamente, como queridos por un sujeto» *(Souveränität,* p. 114). Desde un punto de vista jurídico, carece de todo valor de conocimiento el concebir a las normas de orden inferior como incluidas «lógicamente» en las de orden superior y, finalmente, a todas en una norma hipotética fundamental.

Una conexión de normas es una unidad solo porque ella, como tal, es querida eficazmente por una autoridad de la comunidad. En realidad, la suma de los preceptos jurídicos existentes no constituye jamás un sistema lógicamente cerrado y unitario; son siempre una obra humana con lagunas e imperfecta. Pero como al jurista incumbe la misión de colaborar en la creación, que hay que renovar diariamente, de la unidad estatal organizada, valiéndose de la unidad jurídica sistematizada, se halla autorizado expresa o tácitamente —e incluso supone para él una obligación imperiosa— a interpretar los preceptos jurídicos existentes en tal forma que hagan posible la estructura activa organizada estatal, produciendo con este fin un sistema lo más cerrado posible. La exigencia jurídica de la ausencia de lagunas en la realidad normativa jurídica no es tampoco, como quieren los lógico-normativos, un postulado apriorístico del jurista, sino que solo puede proclamarse, con sentido, en la organización de Estado moderno, y realizarse, hasta un cierto grado, solo por ella y en ella. Pues al verse obligado por vez primera el Estado soberano de la Edad Moderna a eliminar toda acción privada, fuera del estado de necesidad, hubo de establecer, en lo posible para todo conflicto que pueda venir a dar en una situación de fuerza, una decisión de carácter jurídico, o bien político.

El que el Estado moderno, en este sentido, se esfuerce por ser una estructura eficaz cerrada, una unidad de acción y decisión sin lagunas no implica, sin embargo, admitir la conclusión de que su contenido de leyes jurídicas constituye realmente una conexión de sentido cerrada, un sistema lógicamente sin lagunas. Mientras el jurista trabaja hipotéticamente con el dogma del orden jurídico como algo cerrado, se halla imbuido de una confianza ilimitada en el funcionamiento de la organización total del Estado, según las normas. Esta confianza puede aparecer justificada, hasta cierto punto, cuando se trata de órganos y miembros de la comunidad jurídica cuya conducta normal-normativa aparece asegurada eficazmente por otros órganos. El moderno Estado de Derecho representa la magna tentativa de asegurar una continuidad normativa, histórica y sistemática, por medio de un sistema ampliamente ramificado de controles políticos, administrativos y judiciales, por la concesión de recursos en dos o más instancias y por la precisa determinación de las responsabilidades. Pero el orden jurídico cerrado es un objetivo inalcanzable, y lo único que cabe es irse acercando a él gradualmente.

El postulado de una continuidad normativa, histórica y sistemática solo podría darse en el caso de que la normatividad fuera realmente independiente de la normalidad y de que fuera siempre posible y eficaz el llenar, por vías legales, las lagunas jurídicas que en la realidad existen. El moderno Estado de Derecho puede realizar estos dos supuestos para extensas zonas de lo jurídico, en cierta medida; pero respecto al Derecho Constitucional nunca pueden ser realizados por completo. Porque el Derecho Constitucional presentará siempre, al lado de las lagunas de carácter lógico y de valoración conocidas también de todas las otras zonas de lo jurídico, las lagunas jurídicas absolutas (cf. Zitelmann, *Lücken im Recht,* 1903, pp. 32 ss.). Bacon había dicho ya: «ius privatum sub tutela inris publici latet». Y no solo el Derecho privado, sino también el procesal, el penal y el administrativo se hallan bajo la garantía del Derecho Constitucional. En todas estas zonas de lo jurídico, la organización jerárquica del Estado puede garantizar la armonía corriente entre normatividad y normalidad. Pero si los órganos supremos de la organización estatal no quieren o no pueden ejercitar las funciones que les señala el Derecho Constitucional, no existe fundamentalmente —*quid custodet custodem?*— ninguna unidad de decisión y de acción que pueda dictar y ejecutar legalmente, es decir, dentro del Derecho Constitucional vigente, una decisión jurídica. Si, por ejemplo, el precepto de Derecho Constitucional que dispone que el Gobierno, para poder actuar, precisa de la confianza parlamentaria, resulta de imposible cumplimiento cuando en el Parlamento solo se reúne una mayoría para negar la confianza a todo posible gabinete, no hay medio de llenar legalmente esta laguna jurídica absoluta (cf. Jellinek, *Staatslehre,* pp. 353 ss.). Este problema de las lagunas absolutas, insoluble para el jurista dogmático, puede irse reduciendo por medio de una jurisdicción constitucional muy amplia, pero nunca ser liquidado por completo.

El límite normativo-inmanente de todo Derecho Constitucional, límite caracterizado por las lagunas jurídicas absolutas, se funda en la conexión, en último término indisoluble, entre normatividad y normalidad. La sustancial ausencia, en el caso de las lagunas jurídicas absolutas, de toda previsibilidad y, por tanto, de toda regla de cálculo, impide que pueda darse, para la cuestión planteada, ninguna regla de valoración.

En la mayoría de los casos, aunque no de modo necesario, se confunde el límite normativo-inmanente del Derecho Constitucional con el normativo-trascendente. Respecto al primero, una eliminación de la laguna lesionaría el Derecho Constitucional existente; resulta imposible una solución legal de la cuestión planteada sobre la base de la situación normativa positiva. En cambio, se alcanza el límite normativo-trascendente del Derecho Constitucional allí donde es posible, ciertamente, una decisión legal pero el órgano competente no quiere o no puede adoptarla, al menos de manera eficaz. La validez jurídica positiva se basa en el hecho de que la norma cobra vigencia y se mantiene gracias a la actividad humana; pero esta también la destruye (Heller, *Souveränität*, pp. 49 sf.). La probabilidad de una normalidad conforme a la norma puede ser considerablemente aumentada por la organización estatal. Pero la cúspide de la organización significa siempre el límite del aseguramiento coactivo organizado del derecho. Si se niega, también para este objeto, la coacción no organizada de la sociedad, la validez en gran parte del Derecho Político, así como de todo Derecho Internacional, viene a depender exclusivamente de la situación de intereses y de la buena voluntad, es decir, conforme a la norma, de los órganos estatales supremos, cuya voluntad, empero, no podrá por su parte asegurar la normatividad en el caso de que su obrar conforme a la norma se vea obstaculizado por poderes independientes de ella. Se da esto, por ejemplo, en el caso de que el jefe del Estado, en un Estado parlamentario, tenga que incumplir su obligación de nombrar un Gobierno que goce de la confianza del Parlamento, disolviendo reiteradamente a este, por causa de que cualquiera que sea el Gobierno que se organice nunca puede obtener mayoría.

Hasta aquí hemos considerado a la Constitución del Estado, en un sentido, como formación de la situación política total; no en cuanto proceso de formación o integración, sino como el producto relativamente permanente de este proceso de formación, como la estructura de poder característica del Estado, que persiste a través de las vivencias y actos concretos de sentido. En este aspecto, se contrapone la Constitución como el momento estático, como el Estado en reposo, a la Administración como el Estado en movimiento y actividad. Hemos distinguido a la Constitución del Estado, como estructura de efectividad política, de su correlato objetivado en el campo jurídico como Constitución jurídica objetivada. Pero con mayor motivo hay que distinguir a este del proceso de nacimiento incesantemente renovado de la Constitución política total, debiendo ser concebida como la normación de ese proceso, frente al cual aparece con relativa objetividad. La objetivación de la Constitución jurídica no significa, sin embargo, en modo alguno que cobre calidad de cosa real. Correspondiendo a nuestra concepción gnoseológica fundamental sobre la relación entre sujeto y objeto en la realidad social, solo existe la Constitución jurídica objetivada en cuanto es constantemente referida al sujeto humano, en cuanto se actualiza constantemente por hombres. El hecho de que, a través de las vivencias y actos concretos en constante fluir, se descubra una estructura de unidad y una Constitución, se debe a que de este fluir trasciende una determinada estructura de poder y un derecho correspondiente a ella, cuyo derecho, precisamente porque sirve a la perduración de aquella estructura de poder, no puede ser un «derecho de situación».

C. *LA CONSTITUCIÓN ESCRITA*

GIERKE: *Althusius,* 1913; ROTHSCHILD: *Der Gedanke der geschrieb. Verf. i. d. engt. Revolution,* 1903; G. JELLINEK: *Erklärung der Menschen-und Bügerrechte,* 1895; ZWEIG: *Die Lehre vom pouvoir constituant,* 1909; R. SCHMIDT: *Die Vorgeschichte der geschr. Verf.,* 1916; LÖWENSTEIN: *Erscheinungsformen d. Verf ünderung,* 1931; HSÜ DAN LIN: *Die Verfwand-lung,* 1932.

Las entidades políticas siempre han tenido y tienen una Constitución en cuanto estructura de poder característica y como mínimo de normas jurídicas referentes a esa estructura. Pero en los dos últimos siglos se ha empleado la palabra Constitución en un sentido muy restringido; se entendió, en general, entonces por Constitución solo la Constitución jurídica y aun está en una forma determinada y con un contenido típico determinado.

Considerábase como Constitución tan solo a la ley fundamental del Estado que aparece en forma de un documento escrito. La objetivación escrita representa, en general, un amplio e importante avance en el proceso de la emancipación relativa de las formaciones del espíritu. En virtud de la fijación material, el contenido significativo objetivado se hace mucho más independiente de sus actualizaciones subjetivas transitorias. Un contenido de sentido de lenguaje, el arte o el derecho se trasmite de modo mucho más seguro mediante la escritura incluso, y aun especialmente, en aquellos casos en que no es posible una trasmisión personal y oral, o solo lo es de modo imperfecto. La fijación del Derecho por escrito es, sobre todo, necesaria en los casos en que, por haberse producido cambios bruscos en las relaciones de poder, no existe una tradición incontestable y se impugna la reglamentación que propugna el que dicta las normas. Esta necesidad se presenta, para las Constituciones jurídicas de los Estados modernos, en la época de las revoluciones burguesas.

La Constitución moderna no se caracteriza, sin embargo, propiamente por la forma escrita, sino por el hecho de que la estructura total del Estado deba ser regulada en un documento escrito único. La Constitución escrita del Estado moderno se propone —según la exacta indicación de Lasalle (*Obras,* 1919, II, p. 46)— comprender y establecer «en un documento, sobre *una* hoja de papel todas las instituciones y principios de gobierno del país». Como es natural, en un documento semejante no podían figurar todos los preceptos jurídicos de la organización estatal, sino solo algunos fundamentales y supremos sobre la estructura básica del Estado, respecto a los cuales todas las demás normas jurídicas debían tener tan solo una importancia subordinada y jurídicamente derivada. Esta voluntad consciente para la determinación unitaria del destino político por la sistematización y racionalización de la Constitución jurídica, y no el hecho de la mera codificación, distingue a los documentos constitucionales modernos desde el siglo XVIII de sus precursores, a los que faltara la concepción de que, en el Estado unitario, «su formación básica y su delimitación fundamental frente al individuo debían proceder de un centro» (Jellinek, *Staatslehre,* p. 521).

La exigencia de una Constitución en el sentido de una ordenación y unidad planificadas del Estado solo puede comprenderse en oposición con la tradicional y, en este sentido, irracional estructura de poder de los grupos políticos de la Edad Media. Los poderes políticos supremos en aquella época solo podían actuar como unidades de acción y decisión de un modo intermitente y muy imperfecto porque, prescindiendo de sus limitaciones en lo exterior, en lo interno aparecían normalmente escindidos en numerosos derechos subjetivos y se veían siempre trabados por los poderes intermediarios de la Iglesia, los señores feudales y las ciudades. Con la creciente centralización del poder de establecer el derecho, que puede coexistir con una Administración descentralizada, se elimina esa mediatización en la época del absolutismo. A medida que los que, con carácter más o menos autónomo, creaban el derecho en la Edad Media se veían obligados a entrar en la organización y ordenación jurídica unitarias del Estado, aumenta este considerablemente, tanto extensiva como intensivamente, el ámbito de sus posibilidades de acción y decisión y se constituye en una unidad y ordenación que se extiende a todo el territorio.

La unidad de la organización estatal viene condicionada por la estructura sistemática de su ordenación tanto real como normativa. Si, en último extremo, todos los habitantes del territorio deben estar sometidos mediata o inmediatamente a la unidad fundamental de la decisión central y todos deben también contribuir a la unidad de la acción central, es necesario que la organización total tenga un plan unitario, una Constitución normativa. La organización sistemática del Estado moderno y la previsibilidad del orden económico capitalista se condicionan recíprocamente. Ambas se hacen posibles técnicamente por una racionalización formal del derecho que procede del Derecho Romano común. Esta racionalización de la forma jurídica se realiza de dos modos: por análisis y por sistematización. Mediante el análisis de aquellas porciones de la actividad social relevantes para la ordenación jurídica, de las «situaciones de hecho» de carácter abstracto, se llega a la formulación de preceptos jurídicos generales; por medio de estos, se aspira a satisfacer la exigencia organizatoria de que, en lo posible, toda decisión jurídica concreta se conciba como aplicación de un precepto jurídico abstracto a la situación de hecho concreta. Esta subsunción racional del caso individual en el precepto jurídico abstracto se completa, finalmente, con la sistematización, es decir, con la ordenación lógica de todos los preceptos jurídicos obtenidos por análisis, en un sistema unitario y, en lo posible, sin lagunas ni contradicciones de reglas de derecho.

La tendencia a la racionalización de la estructura de poder, junto con los esfuerzos revolucionarios de la burguesía tendientes al establecimiento de límites jurídicos al ejercicio del poder del Estado, han influido en la creación de las modernas Constituciones. No quiere esto decir que los depositarios del poder político en la Edad Media no hayan tenido limitaciones. Sus «derechos de superioridad», que presentaban siempre formas de derecho privado —según nuestro modo de ver—, aparecían limitados por los derechos subjetivos de otros sujetos de derecho que poseían tales derechos como *iura quæsita* sobre la base de contratos y privilegios. No existía una clara oposición entre derecho subjetivo y objetivo, entre contrato y ley, entre derecho público y privado. El mismo príncipe absoluto, quien, con la racionalización del poder del Estado, sienta las bases para esas distinciones, se halla todavía sometido al principio al *ius divinum et natura,* herencia de siglos, aun cuando él se considere luego *legibus solutus* (cf. Heller, *Souveränität,* pp. 15 s.). Valiéndose del *ius eminens,* que se le atribuye, domina los derechos adquiridos de sus súbditos y se libra, finalmente, de todas las limitaciones del derecho positivo en cuanto no entrañen indemnizaciones de Derecho Civil.

Hay que considerar, en parte, a las revoluciones burguesas, con sus nuevos documentos constitucionales, como una continuación de la empresa heroica de ordenación consciente de la realidad social según un plan unitario, que el absolutismo continental había iniciado. Esa misma línea continúan todavía las dictaduras presentes y especialmente el bolchevismo ruso. Pero, de otra parte, los documentos constitucionales de las revoluciones burguesas reciben, precisamente, su peculiar ideal de ordenación, de la lucha sostenida por la democracia liberal contra el absolutismo feudal-estamental. El objetivo de las revoluciones burguesas de los siglos XVII al XIX y de las Constituciones que propugnaban era la limitación del poder absoluto del Estado por un Derecho Constitucional consignado en un documento escrito. Esta lucha fue apoyada, desde un punto de vista histórico-espiritual, por la tradición nunca interrumpida del Derecho Natural cristiano, que se había secularizado convirtiéndose en el Derecho Natural racional (cf. *Supra,* pp. 133 ss.).

La racionalización de la forma jurídica, tanto del constitucionalismo como del absolutismo, procedía del pensamiento jurídico romano. En cambio, la racionalización del contenido jurídico, la reducción de los preceptos jurídicos positivos, cada vez más numerosos y siempre cambiantes, a algunos pocos principios jurídicos materiales que se pretenden inmutables, procede del Derecho Natural racional. Ambas racionalizaciones, formal y material, del derecho hubieron de intervenir para engendrar la creencia en la posibilidad de una estructura unitaria de poder del Estado mediante una codificación sin lagunas de las normas jurídicas fundamentales. La pretensión de libertad e igualdad, que venía de atrás, recibe su contenido concreto de la situación histórico-social de la burguesía: libertad política y civil, así como libertad de la propiedad privada. El punto de partida histórico no ha sido, seguramente, la libertad de creencia: «la personalidad, desde el punto de vista del Derecho Político, no se ha impuesto primero en la esfera ideal del hombre, sino en su esfera material» (R. Schmidt, pp. 172 s.).

El contenido nuevo de los documentos constitucionales modernos consiste en la tendencia a realizar la limitación jurídica objetiva del poder del Estado y asegurada políticamente por medio de los derechos subjetivos de libertad e intervención de los ciudadanos respecto al poder del Estado, de suerte que los derechos fundamentales del individuo sean protegidos en virtud de la estructura fundamental de la organización del Estado (cf. Schmidt, pp. 98, 127 *ss.).* Implica una incomprensión radical y peligrosa del Estado de Derecho Constitucional el considerar a la división de poderes y a los derechos fundamentales como dos instituciones independientes una de otra. En realidad, la tendencia a la organización planificada y según el Estado de Derecho del poder del Estado y la encaminada a la salvaguardia de la libertad se condicionan recíprocamente. Solo se encuentran en oposición «plan» y «libertad» si se conciben como abstracciones sin entidad. En la realidad social la libertad humana tiene que ser siempre organizada.

La Edad Media había conocido también una especie de división de poderes para la protección de los derechos del individuo: consistía en el reparto de los poderes jurídicos subjetivos como *iura quæsita* entre los diversos depositarios del derecho. Pero es el constitucionalismo, en su lucha con el absolutismo unificador del poder, el que lleva por primera vez a cabo una distribución de funciones estatales entre varias organizaciones relativamente autónomas. En virtud de la ordenación fundamental basada en la división de poderes, en la que la Legislación como poder supremo corresponde al pueblo y el Ejecutivo al jefe del Estado, a la vez que el Poder judicial aparece como una organización independiente de ambos, debía quedar asegurado que el poder del Estado no se ejerciera de modo abusivo y, asimismo, que ese poder se viera obligado, por la propia mecánica de la organización, a respetar la libertad e igualdad de los ciudadanos. En la actualidad, tiene singular importancia referirse expresamente a la conexión recíproca e indisoluble que desde el principio existe entre la ordenación democrática de los órganos en las modernas Constituciones —por lo menos bajo la forma del Legislativo popular—, y la ordenación de las funciones que somete a las actividades estatales a una regulación jurídica cuando se ponen en inmediato contacto con los ciudadanos. En el siglo XIX se estimaba tan inconcuso este ideal constitucional que solo una Constitución jurídica con división de poderes y que garantizase los derechos fundamentales era considerada como verdadera Constitución o, sencillamente, como Constitución.

Para caracterizar la superior importancia, sobre las demás normas jurídicas de aquellas que, por expresa voluntad del legislador histórico de la Constitución, valían como normas fundamentales y tenían su expresión en el documento constitucional, les fue asegurada en muchos textos constitucionales una alta garantía de permanencia; debían tener una mayor duración y estabilidad que los restantes preceptos jurídicos de la ordenación estatal, subordinados a ellas y de ellas derivados (cf. *Supra,* pp. 133 s.). Por esta razón muchos textos constitucionales exigían, para su modificación, ciertos supuestos especiales y difíciles, y especiales responsabilidades de los órganos del Estado garantizaban su observancia. Tales Constituciones se llamaron rígidas, en oposición a las flexibles, correspondientes a aquellos Estados que, o bien no conocen una codificación constitucional especial, o bien sus preceptos jurídicos constitucionales no tienen ninguna garantía superior de permanencia. Naturalmente que las normas constitucionales de una Constitución flexible tienen gran importancia política; pero esa importancia no tiene expresión en su forma jurídica porque la Constitución puede reformarse por el mismo procedimiento que una ley ordinaria.

Resumiendo lo que hasta aquí hemos dicho, distinguiremos, primeramente, cuatro conceptos de Constitución: dos sociológicos y dos jurídicos. El concepto de Constitución de contenido más amplio se refiere a la estructura característica del poder, la forma concreta de existencia y actividad del Estado. La amplitud de este concepto, que significa «la situación total de la unidad y ordenación política» (Schmitt, *Verfassungslehre,* p. 3), la «totalidad de la vida y la realidad de la vida del Estado» (Smend, *Verfassung,* pp. 75 s.), incluyendo así todas las condiciones naturales y culturales de la unidad estatal, sin diferenciación valorativa de ninguna clase, lo hace científicamente inservible.

Mucho más fecundo, por más restringido, es ya el segundo concepto científico-real de Constitución que se obtiene al señalar, desde un determinado punto de vista histórico-político, a una estructura básica del Estado como fundamental, en la totalidad estatal, y al destacarla como estructura relativamente permanente de la unidad estatal.

A estos dos conceptos sociológicos de la Constitución corresponden otros dos conceptos del orden de la ciencia del sentido, es decir, jurídicos. El concepto jurídico más amplio abarcaría la situación jurídica total del Estado, o, por lo menos, todas las normas jurídicas contenidas en el texto constitucional junto con todos los demás preceptos jurídicos de la ordenación estatal conformes con la Constitución. No se trata aquí de la situación real en su totalidad, sino solo de la situación de la unidad y orden políticos jurídicamente válidos, sin tener en cuenta, ciertamente, cuáles, entre los innumerables preceptos jurídicos, han de valer como «fundamentales» y cuáles como derivados. Se puede hablar, en este caso, de una Constitución material en sentido lato.

Más usual es el concepto de la Constitución material en sentido estricto que extrae de la ordenación jurídica total del Estado un contenido parcial valorado como ordenación fundamental, y no solo como «norma fundamental» hipotética y lógica (Kelsen, *Staatslehre,* páginas 249 ss.) Para el Derecho Natural de la Ilustración no presentaba dificultad alguna la idea de una Constitución material en sentido estricto, escrita o no escrita, porque partía de la creencia de que sus postulados —que en realidad estaban condicionados por las circunstancias histórico-políticas— poseían una obligatoriedad jurídica absoluta y suprapositiva y permitían una derivación lógico-sistemática de todos los preceptos positivos. El propio Kant *(Rechtslehre,* § 55 s.) pretende aún concebir a la ley jurídica, en consciente analogía con el esquema lógico, como una premisa mayor general-abstracta. Solo partiendo de este punto de vista puede explicarse la exigencia de que el documento constitucional haya de contener «todas las instituciones y principios de gobierno del país».

Esta exigencia tiene que estimarse irrealizable porque una Constitución histórica concreta no es nunca un sistema cerrado, lógico, sostenido en algunos axiomas suprahistóricos. Ningún texto constitucional escrito contiene todas las normas fundamentales y, de otra parte, toda Constitución incluye algunos preceptos jurídicos que, desde el punto de vista de una sistemática política, no pueden valer como fundamentales. Por esta razón, las Constituciones materiales en sentido estricto consisten siempre en una pluralidad de leyes constitucionales entre las cuales se caracteriza a un documento, por su superior importancia, como la Constitución «formal».

El concepto de Constitución formal —en nuestra exposición el quinto concepto de Constitución— significa la totalidad de los preceptos jurídicos fijados por escrito en el texto constitucional. Qué preceptos jurídicos deben estimarse como bastante importantes para ser incluidos en el texto constitucional y, en su caso, gozar de garantía de permanencia, es cosa sobre la que decide únicamente el legislador de la Constitución. La tendencia a armonizar, hasta donde sea posible, el texto constitucional escrito con la Constitución material en sentido estricto se revela claramente en las Constituciones escritas y tiene su expresión en el hecho de que todas presentan un contenido típico consistente en la ordenación fundamental de órganos y funciones. El concepto de

Constitución formal es científicamente necesario porque nunca puede darse una coincidencia perfecta entre la Constitución material y la formal. Los textos constitucionales tienen, ciertamente, contenidos típicos pero no existen principios teóricos que determinen lo que hay que reservar a la ley constitucional. Sobre lo que ha de regular el texto constitucional deciden —como en general sobre lo que debe quedar reservado a la ley— la tradición, la conveniencia política, la situación de poder y la conciencia jurídica (Heller, *Begriff des Gesetzes,* pp. 123 ss.).

Quedan así rechazados los ataques que C. Schmitt dirige contra el concepto de Constitución formal, que llevarían, en último término, a una relativización de la Constitución del Estado de Derecho. No hay duda de que la ciencia interpretativa del Derecho Constitucional no solo puede sino que incluso debe formular también, partiendo de la situación jurídica total, al lado del concepto de Constitución formal, un concepto de Constitución material en sentido estricto. Pero el contenido de este concepto de Constitución, llamado sin razón por C. Schmitt positivo, lo mismo que el contenido de las Constituciones formales no será jamás independiente de las «exigencias de partido»; así se podrá discutir, por ejemplo, si la estructura federal, como Schmitt piensa, es realmente un precepto fundamental de la Constitución «positiva» del Reich de 1919. Por otra parte, no es fácil explicarse con qué derecho pretende Schmitt prohibir al legislador constitucional alemán el que estime, por ejemplo, la separación entre el Estado y la Iglesia, y la secularización de la inspección escolar, que es su derivado (art. 144 de la Constitución de Weimar), tan fundamental como la estructura federal del Estado. En último análisis, hay que explicar no solo algunos sino todos los preceptos jurídicos de una Constitución, material o formal, «por la situación política e histórica» del momento de su nacimiento (cf. Schmitt, *ob. Cit.,* pp. 12, 15, 20 ss.).

No es exacto decir que la Constitución «positiva», o sea, material en sentido estricto, no es una norma ni una ley, sino una «decisión única» o bien una pluralidad de «decisiones políticas concretas», y que las leyes constitucionales «tienen validez» en cuanto se apoyan en aquella decisión o decisiones (Schmitt, pp. 21, 23, 61). En cuanto decisión no normativa y meramente fáctica o como una pluralidad de tales decisiones, no puede, en general, concebirse la Constitución como «válida».

En la actualidad se hallan frente a frente, en la cuestión del fundamento de la validez de una Constitución estatal objetivada, dos concepciones irreconciliables e igualmente unilaterales. Para el normativismo «puro» de Kelsen y su escuela, es la norma fundamental, que representa el «origen lógico» de la Constitución, la que como hipótesis jurídica establece «la autoridad constituyente»; la Constitución recibe así su validez «jurídicamente» —no lógicamente— relevante de esta norma primordial, pero, en cambio, su contenido «del acto de voluntad empírico de la autoridad constituyente» (Kelsen, *Souveränität,* p. V; cf. Heller, *Souveränität,* pp. 53, 55 s.). A esta norma desprovista de poder, válida lógicamente, no jurídicamente, contrapone C. Schmitt el poder sin norma, carente por completo de validez. Según él, la Constitución «positiva» no es en absoluto algo normativo, sino que «vale en virtud de la voluntad política existencial del que la da» *(ob. Cit.,* p. 22).

Toda teoría que prescinda de la alternativa derecho o poder, norma o voluntad, objetividad o subjetividad, desconoce la construcción dialéctica de la realidad estatal y es, por eso, falsa ya en su punto de partida. El carácter de creador de poder del derecho no nos permite concebir a la Constitución como «decisión» de un poder sin norma. Una situación fáctica de poder se convierte en una situación de poder relativamente permanente, y con ello en una Constitución en cualquier sentido, lato o estricto, solo por el hecho de que las «decisiones» de los depositarios del poder son obedecidas, al menos por aquella porción de los súbditos más influyentes para la estructura del poder, porque —aparte de otros motivos (hábitos, fomento de intereses)— se les presentan como normas ejemplares u obligatorias que deben tener validez. Pero, por otra parte, debido al carácter de creador de derecho que el poder tiene, hay que rechazar la concepción de que la Constitución (sin contenido) recibe su validez jurídica de una norma con validez meramente lógica desprovista de poder, y en cambio su contenido proviene del acto de voluntad de la autoridad constituyente (establecida, sin embargo, por la norma fundamental) (cf. *Supra* pp. 199 ss.). Eficacia y validez, ser y deber ser de la Constitución han de mantenerse lógicamente separados, sin duda, pero aparecen relacionados, sin embargo, en la misma realidad constitucional en la que lo uno aparece siempre junto con lo otro.

No toda Constitución política, pero sí toda función constituyente, supone un sujeto constituyente que, como tal, solo puede ser una unidad de voluntad capaz de decisión y acción. Para la estructura política del poder en el mundo medieval, formada de modo tradicional a través de numerosas generaciones, hubiese sido superflua y completamente ficticia la admisión de un sujeto constituyente. Pero la normación planificada de una ordenación fundamental unitaria, característica del Estado moderno, supone la existencia de un *pouvoir constituant* real y con capacidad de obrar. Según la concepción inmanente, que no profesaba ya la creencia en el poder constituyente de un Dios trascendente, ese poder constituyente era, ya en Marsilio de Padua, el *populus*, la *universitas civium (cf.* R. Schmitt, pp. 132 *ss.).* En la Revolución francesa, el sector burgués del pueblo que llegó a adquirir una conciencia política, la nación en la acepción francesa, consiguió recabar para sí la decisión consciente sobre la forma de existencia del Estado y, con ello, el poder constituyente. La reacción monárquico-feudal contra este principio revolucionario-democrático se produce con la Restauración, que formula como principio monárquico la teoría del *pouvoir constituant* del soberano hereditario del Estado. El hecho de que esta doctrina no haya tenido éxito, ni siquiera en la historia de las ideas (Heller, *Polit. Ideenkreise,* p. 33), se debe a la dificultad insuperable, dentro de una concepción inmanente universal, de atribuir por la gracia de Dios el poder constituyente a una familia.

Solo cabe considerar como sujeto del poder constituyente al príncipe o al pueblo, si han adquirido esa condición en virtud de una norma. El príncipe porque posee su poder constituyente no por un motivo «existencial», sino solo en base de la ordenación normativa eficaz, es decir, como poder jurídico (Schmitt, p. 81). Y en cuanto al pueblo, considerado como «el que, informe, forma», no puede pertenecerle un *pouvoir constituant* porque «ha de existir y ser supuesto como unidad política para que sea sujeto del poder constituyente». Empero, si se niega que un pueblo deja de ser una multitud amorfa para convertirse, tanto sustancial como técnicamente, en una unidad de voluntad capaz de decisión, solo por la sumisión a un orden normativo; si, al preguntarse en qué consiste la unidad supuesta, se dice que el pueblo unitario se constituye «en cierto sentido» a sí mismo, que es, precisamente «en su consciente identidad consigo mismo», una unidad capaz de obrar políticamente, todo eso podrá ser teología política pero no es, evidentemente, Teoría del Estado (Schmitt, pp. 50, 61, 63). Puede considerarse como poder constituyente aquella voluntad política cuyo «poder y autoridad» esté en condiciones de determinar la existencia de la unidad política en el todo. Pero, sin normación, la masa humana no tiene ni una voluntad capaz de decisión ni un poder capaz de acción, y mucho menos autoridad. El elemento normativo no se puede separar, en modo alguno, del concepto de autoridad porque esta se interpreta como un prestigio que se basa esencialmente en la nota de continuidad, en la tradición y permanencia (Schmitt, p. 75); pues hay también autoridades revolucionarias cuya «validez social» cabalmente se apoya en la quiebra de la continuidad.

La cuestión de la legitimidad de una Constitución no puede, naturalmente, contestarse refiriéndose a su nacimiento según cualesquiera preceptos jurídicos positivos, válidos con anterioridad. Pero, en cambio, sí precisa una Constitución, para ser Constitución, es decir, algo más que una relación fáctica e inestable de dominación, para valer como ordenación conforme a derecho, una justificación según principios éticos de derecho (cf. *Supra,* pp. 268 ss.). Contradiciendo sus propios supuestos, dice C. Schmitt que a toda Constitución existente hay que atribuirle la legitimidad, pero que una Constitución, sin embargo, solo es legítima, «es decir, reconocida no solo como situación de hecho sino también como ordenación jurídica, cuando se reconoce el poder y (¡) la autoridad del poder constituyente en cuya decisión ella se apoya» (p. 87). La existencialidad y la normatividad del poder constituyente no se hallan, ciertamente, en oposición, sino que se condicionan recíprocamente. Un poder constituyente que no esté vinculado a los sectores que son de decisivo influjo para la estructura de poder, por medio de principios jurídicos comunes, no tiene poder ni autoridad y, por consiguiente, tampoco existencia.

Apéndice

No pudo Hermann Heller desarrollar por completo el plan original de su obra. El último capítulo fue el referente al poder del Estado. Sin embargo, con anterioridad, había terminado otros capítulos que, en el esquema de la obra, venían después de él. Para dar una idea del estado en que se encontraba la labor al ocurrir el fallecimiento de nuestro autor, reproducimos a continuación el plan que había trazado para el tercer capítulo de la tercera sección, habiéndose señalado con letra bastardilla los capítulos que quedaron sin redactar:

III. Esencia y estructura del estado

1. La función social del Estado.
   - A. Su legalidad peculiar.
   - B. Distinción de la función política de otras funciones sociales:
     - a) El Estado y la Iglesia:
     - b) El Estado y la economía.
2. La justificación del Estado (función del Estado y función jurídica).
3. El Estado como unidad organizada de decisión y acción.
4. El poder del Estado.
   - A. El poder del Estado como unidad de acción política.
   - B. *La técnica jurídica como técnica de poder.*
   - C. *La representación.*
   - D. *La soberanía.*
5. La Constitución del Estado.
   - A. La Constitución política total.
   - B. La Constitución jurídica destacada.
   - C. La Constitución escrita.
6. *El pueblo del Estado.*
7. *El territorio del Estado.*
8. *Las formas de Estado.*
9. *El Estado entre los Estados.*

El capítulo en que trabajaba Heller en el momento de su muerte, el 5 de noviembre de 1933 (referente al poder del Estado), quedó redactado basta la siguiente frase: «Esta unidad económica tampoco puede ser imputada ni a los gobernantes ni a los súbditos, pero es, asimismo, imposible separarla de quienes la realizan» (p. 260).

El apartado A de este capítulo nos pareció hallarse tan completo, en lo sustancial, por lo que con anterioridad a él se dice, que nos hemos creído autorizados para considerar a la fragmentaria redacción conservada como primera sección del capítulo. La segunda sección, tal como aparece en el texto, fue establecida de acuerdo con los esquemas que se encontraron, habiendo nosotros completado las notas de Heller a fin de darle una forma adecuada y articulada en el plan general. Este método, sin duda inusitado, puede estimarse lícito en el caso presente por tratarse de una obra con una tendencia claramente manifiesta y en la que, por tanto, la unidad del conjunto constituye un factor esencial. Nos vimos animados a seguir esta conducta por el deseo de los más próximos amigos científicos del autor de ver aparecer la obra en la forma más completa posible, así como por el consentimiento de la señora Gertrud Heller-Falke y por el contacto de ideas que mantuvimos con el autor hasta los últimos momentos. Para evitar todo motivo a una crítica injustificada, publicamos a continuación las notas que han servido de base a la elaboración de la sección B del capítulo citado. El apartado C, así como las frases que más adelante se indican del apartado B, están tomados del manuscrito de un artículo de Heller, todavía inédito, sobre «Political Power». El autor se había propuesto utilizar algunas partes de este artículo en su Teoría del Estado, habiendo, por eso, incluido el manuscrito de referencia entre los materiales para el capítulo referente al poder del Estado. Hemos creído que, para la comprensión del pensamiento de Heller, nada mejor hubiéramos podido hacer sino incluir, sin cambios y en los lugares correspondientes de la presente obra, el contenido del artículo que, aunque sumariamente, expone el núcleo del problema. Trátase de los siguientes pasajes:

Desde el comienzo del apartado B hasta la frase que termina con «poder político jurídicamente organizado» (p. 261, línea 36).

Desde la frase que empieza: «Pero a causa de su función social» (p. 261) hasta el fin del tercer párrafo (p. 262).

Lo comprendido entre las frases: «En cuanto tal» y «todos los habitantes del territorio» (p. 262, líneas 34-40).

El último párrafo del apartado B.

Todo el apartado C menos el primer párrafo.

Las notas siguientes han servido de base al resto del capítulo:

3. EL PODER DEL ESTADO

A. *El poder del Estado como unidad de acción política (producción múltiple y acción unitaria)*

a) La organización de la acción humana que actualiza la cooperación social-territorial.

El Estado no es un ser sustantivo separado de la multiplicidad de los hombres que lo producen (organismo), que tuviera voluntad, conciencia, intereses o fines propios y que fuera capaz de obrar. Interés en la unificación del derecho.

No existe tampoco una unidad permanente y general (paralelismo) de la voluntad, de los intereses, de la conciencia, de los fines. Sino que los múltiples centros de acción, individuales y colectivos, ya sean organizados o no, aparecen unidos gracias a la organización autoritaria del Estado en una unidad de acción estatal (la cual es ciertamente una realidad), por cuanto en esos centros:

a) se produce un proceso de acomodación y observancia intraindividual mediante un sistema de unificaciones de voluntad;

b) se produce una observancia interindividual por medio de un sistema de unificaciones de actos, en virtud de una disposición autoritaria.

b) La unificación orgánica de voluntad y acción:

1) El aparato estatal, especialmente la unidad de acción policíaco-militar y la ordenación jurídica estatal (soporte del órgano).

2) Los grupos políticos en el Estado, especialmente los partidos políticos. Partido parlamentario —estructura de abajo arriba—. Partido dictatorial —estructura de arriba abajo [instrumento autoritario de dominación del Estado]—. Aquí también función objetiva de los partidos dictatoriales y parlamentarios.

c) La unidad organizadora (autoridad) del poder del Estado. El poder del Estado se apoya en un núcleo de poder formado por hombres que están unidos por una ideología política casi común (comunidad de valores y de voluntad), legitimando por ella el poder del Estado (opinión pública).

d) El poder del Estado como unidad de acción económica:

El poder del Estado es un producto de todas las fuerzas ideales y materiales del pueblo y actúa sobre ellas también como unidad económica.

Patrimonio autónomo para un fin con función política. El Estado en cuanto crea dinero.

El elemento que constituye la unidad no es, pues, el pueblo ni el territorio ni tampoco la ordenación, sino la unidad de poder organizada y organizadora del poder del Estado.

B. *La técnica jurídica como técnica del poder del Estado*

Por esa razón los conceptos jurídicos positivos (completamente inexplotados) son una verdadera mina para el sociólogo.

El poder del Estado como unidad de decisión política.

El Estado como unidad de ordenación.

B) La unidad de poder del Estado como personalidad jurídica.

La unidad de poder social del Estado que no se puede limitar técnicamente.

1) como poder constituyente.

2) personificación de la organización estatal.

¿Cómo se pueden imputar derechos y obligaciones al Estado?

b) El sistema de poder como sistema jurídico.

Un complejo de relaciones sociales organizadas sistemáticamente en unidad de poder se convierte en un complejo de relaciones jurídicas ordenadas sistemáticamente en unidad de ordenación —derivado de la Constitución positiva.

Tipificación y fijación de las situaciones de poder.

(La parte A de estas notas corresponde a la sección A del capítulo sobre el poder del Estado, que Heller había redactado ya. Las ideas contenidas en el apartado B de las notas anteriores se refieren en parte al manuscrito del artículo citado sobre «Political Power», según puede verse en los pasajes de este artículo antes señalados. Por esta razón, hemos ordenado esas notas en relación con el artículo. En cuanto al desarrollo que Heller sin duda se proponía dar con más amplitud a este segundo apartado, no hemos encontrado por desgracia apunte alguno).

C. *Representación (autocrática y magistrática)*

La dominación implica disponer sobre actividades (no proceso psicológico), es decir, mediante actualización unitaria de las actividades acumuladas por la organización, voluntad común.

Error de los nomocratas. Unidad de poder real por la unión de poder individual (financiero, físico, por lo tanto, espiritual) y actualización representativa para una unidad de acción en lo interior y lo exterior.

«Información» de los actos individuales de voluntad por aquel mundo de la legalidad social natural y viceversa.

Así fundamenta 1) y 2) lo mismo que 3) (la sociedad sostiene al Estado), y viceversa, 3) asegura a 2) y 1) (el Estado sostiene a la sociedad).

(Estas notas se encontraron en una hoja que, evidentemente, contenía los pensamientos iniciales del trabajo. Algunas de las ideas que aquí aparecen han sido, entre tanto, desarrolladas en otros capítulos de la Teoría del Estado. En cuanto a notas de fecha posterior sobre este tema, solo ha aparecido la que contiene la definición de la representación como actualización de la unidad de una conexión de acción en una persona concreta organización y actualización por medio de hombres como portadores de órganos, así como diversos papeles con resúmenes acompañados de pensamientos propios. Como no se puede señalar en ellos, con seguridad, lo que es extracto de otros y lo que es idea del autor, se ha prescindido de la publicación de tales notas).

D. *La soberanía*

(El apartado referente a la soberanía había de ser desarrollado según el siguiente esquema:

1. *Parte histórica [diversas acepciones de la soberanía].*
2. *Sujeto.*
3. *La soberanía y el poder del Estado.*
4. *Contenido.*

Esta articulación ha sido utilizada para la ordenación de las diversas notas que sirvieron para la composición del apartado B del capítulo sobre el poder del Estado, en el texto. A continuación se transcriben las notas según puntos de vista distintos de plan indicado).

(Análisis sociológico)

En toda organización hay que distinguir:

B. El poder de la organización, es decir, el poder producido en lo interior y lo exterior por la acción combinada de todos los miembros de la organización, el volumen de su capacidad de acción en cuanto conjunto. Puede, hasta cierto grado, medirse (por ejemplo, bajo la forma del crédito del Estado), pero no se puede localizar en órgano alguno. El sujeto de este poder es la misma organización.

El Estado es soberano, es decir, es la organización normalmente más fuerte dentro de su territorio. El poder del Estado es irresistible. Es el creador supremo de normas y tiene el monopolio de la coacción física legítima (la última ratio del poder). Sujeto: «poder de ordenación territorial supremo y exclusivo».

2. El poder sobre la organización. La cuestión del portador del poder de la organización, del poder que produce el ser y el modo de la organización. Este poder puede ser inmanente o trascendente a la organización (organizaciones que se organizan a sí mismas o que son organizadas desde fuera).

¿En nombre de quién se ejerce el poder de la organización?

Solo existe Estado allí donde el poder sobre la organización pertenezca a la organización, le sea «propio»; allí donde se decida sobre el ser y modo de ser de la organización dentro de la organización misma.

3. El poder en la organización. La cuestión de la o las personas (mayoría) que actualizan, ejercen, en el caso concreto, el poder de la organización. El que ejerce este poder puede identificarse con el portador. Supraordinación del órgano superior al inferior en la jerarquía de poder.

(Por otra parte, las mismas ideas han sido expresadas en la forma siguiente). En toda organización hay que distinguir la cuestión del:

1. Poder ejecutivo de la organización, es decir, la capacidad de acción del todo según el volumen y contenido del efecto producido en lo interior y lo exterior gracias a la acción combinada de los miembros de la organización. Este poder objetivo es mensurable objetivamente en cierta medida (crédito, probabilidad de obediencia), pero no se puede localizar en un miembro particular de la organización, de modo que solo puede considerarse como sujeto al conjunto de la organización. Esto resulta:

a) de la esencia del poder social, que es siempre una relación del gobernante con los gobernados, de una parte, y con otros gobernantes, de otra. El gobernante únicamente tiene poder social en el caso de que no solo pueda motivar las voluntades de otros hombres, sino, además, si puede motivarlos a la realización de actividades socialmente eficaces determinadas por él. «Su» poder social —del gobernante— consiste en las realizaciones de los súbditos (obœdientia facit imperantem). Todo poder social es en lo interior un patrimonio (propiedad) producido bilateralmente y nunca algo inherente únicamente al gobernante y que solo quepa localizar en él. Por esta razón la localización de cualquier poder social (siempre producido por actividades combinadas) en la persona del gobernante es siempre una imputación social. Por otra parte, existen ligámenes del poder de un gobernante por el de los otros (existe omnipotencia absoluta).

b) de la esencia de la organización. La totalidad del poder objetivo de la organización no puede ser localizada en ningún miembro de ella porque toda organización permanente e importante, para tener poder, precisa de una división de poder —es decir, de competencias— permanente, para la combinación de las actividades, y, por consiguiente, de una división del poder de la organización entre diversos depositarios, aun cuando estos se hallan ordenados jerárquicamente; y, por consiguiente, también, la capacidad de acción del todo no está nunca a la libre disposición de un solo gobernante.

Por tal razón, el poder objetivo de una organización solo puede imputarse, en último término, a ella misma.

2. *El poder subjetivo sobre la organización.*

¿Quién sostiene la organización?

¿Quién puede decidir sobre el ser y la forma de la organización?

¿Un poder que se halla dentro o que está fuera de la organización? Según eso, poder que se organiza a sí mismo o que es organizado desde fuera (grupos activos y pasivos).

En este caso localización en las organizaciones como un todo.

Difícil cuestión es la de las organizaciones que se organizan a sí mismas.

¿Quién puede decidir sobre el ser y la forma de un grupo que se organiza a sí mismo?

Sobre todo, una cuestión de imputación —¿en nombre de quién se ejerce el poder actual de la organización? ¿Qué parte del poder objetivo de la organización sostiene a la organización? ¿Miembros o comité directivo, fieles o príncipe?

1) Justificación y 2) ¿posibilidad de responder a esta cuestión?

1) El principio de la organización necesario.

2) Solo como cuestión de imputación.

3) El poder subjetivo en la organización, es decir, el problema de la jerarquía de los que ejercen el poder.

(La soberanía como situación de hecho sociológica y jurídica)

La soberanía de la unidad estatal. Expresión sociológica para la capacidad real de una unidad de poder por la que se puede forzar, normalmente, y de modo autónomo, toda voluntad que amenace la unidad de dominación.

Poder «superior» en relación con otros que se encuentran en el territorio (en forma semejante a como una organización económica puede ser superior a otras).

Poder «supremo» porque está supraordinado a todos los que existen en su territorio y porque establece las normas jurídicas supremas.

Supraordinación del órgano supremo a todos los demás órganos.

Supraordinación del poder del Estado a todos los demás sujetos de derecho.

Es soberano el poder (constituyente) que crea el derecho = la organización estatal.

El poder del Estado es soberano, es decir, es el poder supremo en su territorio, exclusivo, irresistible y sustantivo.

(Sujeto de la soberanía).

La soberanía supone un sujeto de derecho capaz de voluntad y de obrar; y esto solo lo puede ser la organización como tal.

Esta organización ha de imponerse frente a todos los demás poderes que existen en su territorio tanto organizados como no organizados.

(Soporte de la soberanía)

1) Soberanía del Estado = soberanía de la organización del Estado conforme a la organización relación de la organización del Estado con otras unidades de acción.

2) Soberanía del pueblo o del príncipe. Soporte de la soberanía en la organización del Estado.

3) Soberanía del órgano, pueblo o príncipe, si y en cuanto son a la vez summum imperium portador y órgano del poder del Estado.

Pueblo y príncipes pueden ser órganos y a la vez portadores del poder del Estado, pero ello no es necesario.

Poder estatal = poder del Estado.

Rehm p. 60 = poder en el Estado.

(Contenido de la soberanía)

poder supremo de creación jurídica

por su función	determinación política suprema de amigo-enemigo poder económico (tierra)	
orgánicamente		poder supremo
conforme al ordenamiento jurídico		
facticidad de lo normativo		
independencia de otras organizaciones estatales.		

(Las indicaciones que preceden se refieren todas a la sección sobre el poder del Estado. Por lo que hace a las otras secciones, solo quedaron notas referentes al territorio del Estado, pues respecto a las demás no se encontró sino bibliografía y extractos. Sobre las formas de Estado se hallaron anotados algunos pensamientos que no coinciden, sin embargo, con lo que se contiene en el texto como parte del artículo sobre «Political Power»).

6. EL TERRITORIO DE ESTADO

HENRICH: *Theorie d. Staatsgebiets,* 1922; HENRICH: *Ztsch. F Völkerrecht,* 13, 1926; RADNITZKY: *Die rechtliche Natur d. Staatsgebiets;* DONATO DONATI: *Stato e Territorio,* 1924; VERDROSS: *Niemeyers Ztschr.,* 57, 1927.

B. *Como esfera de acción espacial del poder del Estado*

No opera (tampoco en lo geográfico) como superficie, sino como espacio tridimensional dentro del cual el poder del Estado moderno actúa (otra cosa fue en la Antigüedad y en la Edad Media).

El poder del Estado actuando unitariamente en diversos territorios geográficamente separados, por lo cual

el territorio no crea unidad.

La vecindad ejerce, sin embargo, gran influjo; la acción comprensiva del territorio —necesario un status vivendi para los hombres que viven en el mismo territorio.

Los barcos como territorio amplio poder soberano.

Por esa razón, acción, en principio, sobre todos los habitantes del territorio y decisión sobre todos los conflictos importantes para la existencia del poder del Estado en el mismo territorio.

Límites materiales y de sentido determinan la esfera de acción espacial de Estado (también en el extranjero); esta determinación visible de las fronteras es siempre necesaria.

El Estado es un ser que ocupa un espacio en el sentido de que los actos de dominación del Estado ocupan espacio.

La impenetrabilidad no es una propiedad del territorio, sino del poder del Estado (soberanía).

La exclusividad de la validez de la ordenación estatal es la acción exclusiva de un poder único del Estado.

El carácter sedentario (constancias e identidad geográfica) no tiene en principio nada que ver con el territorio del Estado, pues existe una función territorial también en los Estados nómadas.

B. *La técnica jurídica del territorio del Estado*

La determinación real y jurídica de los límites (fronteras).

Ultima precisión y practicabilidad.

Cuando no existen prescripciones jurídicas (aire, interior de la tierra) aparece la posibilidad fáctica de poder como determinación de las fronteras.

El espacio fáctico de los actos fácticos de dominación no es fácticamente ilimitado.

La oposición entre la «esfera de acción» del poder estatal y la «esfera de validez» de las normas jurídicas es errónea. Valer no significa otra cosa, en las normas jurídicas positivas, que operar socialmente: vigencia. Las normas absolutas, en cambio, valen aun sin acción, pero, por eso, no tienen un espacio de validez, de vigencia.

La esfera de competencia jurídica como (¿normal?) esfera de acción del Estado.

La primera puede también excepcionalmente (¿) llegar a ser esfera de acción regular.

Derecho penal.

Mar territorial, ocupación.

Aparte de las notas arriba publicadas, se encontró entre los papeles de Hermann Heller una muchedumbre de extractos, notas bibliográficas, recortes de periódicos y citas, de interés también para el plan general, aunque no procede reproducirlas aquí. Ello caracteriza el método de trabajo de Heller, que preparaba de un modo completo en pensamiento su obra antes de redactarla, porque, como solía decir, todo lo veía plásticamente antes de darle forma escrita. Por esta razón las notas precedentes pueden considerarse como el penúltimo estadio del proceso de composición del texto.

Tossa, agosto de 1934.

Gerhart Niemeyer

Teoría del Estado de HERMANN HELLER
se imprimió en la República Argentina en noviembre de 2021.

www.ingramcontent.com/pod-product-compliance
Lightning Source LLC
LaVergne TN
LVHW082237051026
849532LV00012B/4016

* 9 7 8 9 5 6 4 0 7 0 9 8 8 *